팬데믹과
한국 경제 위기

디지털화 · 불평등 · 한국 경제재정 위기

임성일

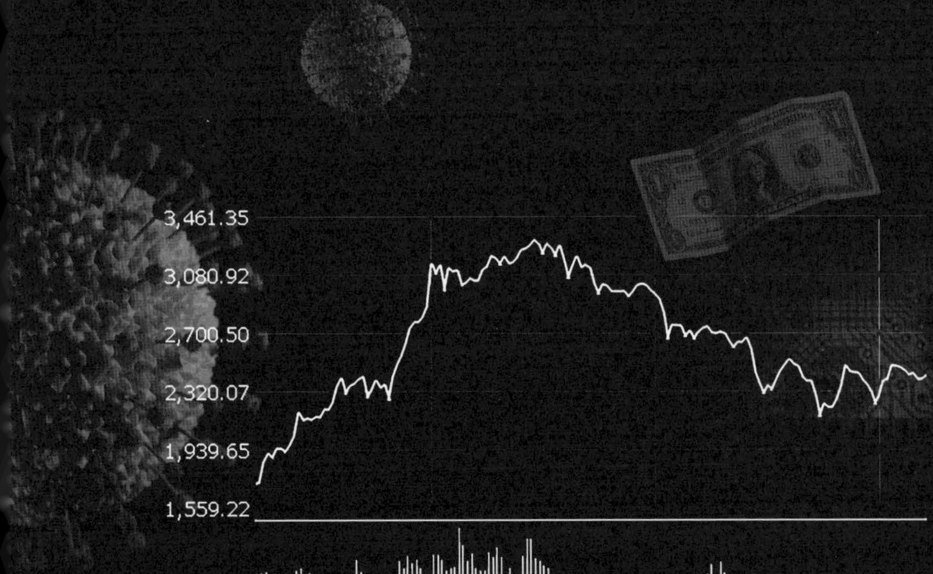

도서출판 해남

팬데믹과 한국 경제 위기

디지털·불평등·한국 경제재정 위기

초판1쇄 인쇄 2023년 3월 31일
초판1쇄 발행 2023년 4월 7일

저 자 임성일
발행인 노현철
발행처 도서출판 해남

출판등록 1995. 5. 10 제 1-1885호
주 소 서울특별시 마포구 마포대로8길 9 영명빌딩 405호
전 화 739-4822 **팩스** 720-4823
이 메 일 haenamin30@naver.com
홈페이지 www.hpub.co.kr

ISBN 978-89-6238-176-4 03320

| 머리말 |

팬데믹이 발생하자마자 이 책을 쓰기 시작하였다. 태어나 처음 경험하는 세기적 위기가 사회와 경제에 어떤 영향과 변화를 줄 것인지가 현상적으로 궁금하였고, 또한 인류 사회가 그것을 어떻게 받아들이고 반응할 것인지에 대해 탐구하고자 하였다.

팬데믹은 전 인류와 지구촌을 속수무책으로 만든 총체적, 체계적 위기였다. 건강과 생존, 사회와 경제, 복지 등 인류 사회는 무력하게 황폐화되었다. 무엇보다도, 인류가 성취한 경제 성장과 기술 발전 그리고 의학적 진보가 '특별한 외부 충격'에 얼마나 체계적으로 취약한지를 확실히 일깨워 주었다. 그리고 인류의 존재와 문화의 아킬레스건과 특정 사회와 국가가 할 수 있는 것의 한계를 명확히 가르쳐 주었다.

하지만 팬데믹은 인류에게 깊은 성찰의 시간과 창의의 기회를 주었고, 동시에 인류 사회가 지니는 강인한 회복력과 탄력성을 재확인시켜 주었다. 무엇보다도 신이 새로운 희망의 창문을 열어 준 것이 감사하다. 이 모든 것들은 먼 훗날 '코로나바이러스 팬데믹 유산'(COVID-19 Pandemic legacy)으로 오래 기억될 것이다.

팬데믹은 인류의 살아가는 방식을 완전히 바꾸어 놓았다. 일하는 방식, 노는 방식, 먹고 즐기고 여유를 부리는 방식, 표현하고 소통하는 방식, 정치하는 방식을 송두리째 바꾸었다. 그 중심에는 인간 삶에 다양한 디지털 요소를 가미시키는 디지털화(digitalization)와 디지털 사회화가 자리한다. 생활의 핵심인 노동과 여가의 균형과 안배 방식에 일대 지각 변동이 일어났다.

돌아보면, 팬데믹이 사상 최저금리와 고도의 디지털 기술 발전 상황에서 발생한 것은 역사적 행운이었다. 그렇지 않았더라면 인류의 비극과 고통과 불편은 훨씬 더 뼈아프고 심각하였을 것이다. 팬데믹은 디지털 사회를 안방과 손안으로 끌어당겼고, 그 결과 전대미문의 비대면·비접촉 환경 속에서도 인류가 실질적인 활동과 접촉과 소통을 할 수 있었다. 또한 역사적 최저 수준의 금리는 국가의 슈퍼 확장적 재정 정책을 집행할 수 있게 하였고, 민간 부문의 자금 활용 공간을 크게 확대하였다. 팬데믹의 가장 강력한 대항마인 백신과 더불어 디지털, 풍부한 자금, 이 세 요소가 강력하고 든든한 코로나바이러스 저격수로 활약하였다.

코로나바이러스 침투와 더불어 불거진 심각한 문제는 새로운 불평등 현상이다. COVID-19 팬데믹은 겉으로는 사람과 국가를 불문하고 무차별적이고 균등하게 공격한 것처럼 보이지만, 실제로는 감염(율), 생존(사망), 건강, 일자리와 생업, 교육, 분배(소득과 부), 젠더 위상, 디지털 활용, 일상생활 방식 등 거의 모든 중요한 경제·사회적 요소에서 기존의 불평등 상태를 철저히 악화시켰다. 팬데믹 중에 발생한 사회적 편익의 대부분은 가진 계층에게 돌아갔고, 반면에 사회적 비용의 상당 부분은 갖지 못한 계층에게 귀속되었다. 시간이 흐르자 소위 '가진 자와 갖지 못한 자, 가진 나라와 갖지 못한 나라' 간에 차이가 점점 확대되었다.

또 다른 차원에서 급부상한 문제는 '크고 막강한 정부 신드롬'이다. 대부분 나라에서 정부의 권한, 기능, 사람, 돈이 급격히 확대되는 현상이 두드러졌다. 사실상 팬데믹이 1990년대 이후 세계적 우위를 점유해 온 신자유주의적 '작은 정부(론)'을 무릎 꿇렸다. 태생적으로 확대 지향적 타성을 지니는 정부와 정치권이 모처럼 다시 붙잡은 큰 정부를 어떻게 해서든 놓지 않을 가능성이 커

보인다. 위기 상황에서 강하고 비대해진 국가의 존재 속에서 그동안 크게 제한되었던 개인의 자유와 권한과 존엄성이 어떻게 회복될 것인지는 시대적 과제로 남는다.

세계는 코로나바이러스가 사라지면 글로벌 경제가 빠르게 회복될 것으로 전망하고 기대하였지만, 현실은 다른 양상을 보이고 있다. 세계 경제는 40년 만에 찾아온 인플레이션과 가파른 금리 상승에 공급망 애로와 우크라이나 전쟁이 겹치면서 글로벌 경기 둔화와 침체 사이에서 헤매고 있다. 한국 경제는 갑자기 짙은 먹구름이 끼기 시작하였고, 침체 또는 위기에 들어서고 있다. 글로벌 상황 변화는 우리 경제의 근간인 수출에 큰 충격을 주었고, 그 결과 거시 경제 상황이 급격히 나빠졌으며, 그 영향이 기존의 국내 위험 요인(고금리, 고물가, 고환율, 과잉 채무, 부동산 시장 하락)과 빠르게 복합적 상호작용을 하면서 경제에 위기감을 고조시키고 있다.

만일 한국 경제에 위기 상황이 발생한다면 그 도화선은 글로벌 경기 침체로 인한 수출 충격이 될 가능성이 크다. 하지만, 실제 위기는 과잉 채무와 주택 시장 추락이 동시에 만들어 내는 급격한 채무 변제 능력 상실과 현금 공급·순환 단절을 겪는 수많은 가계와 기업의 일상에서 벌어질 것이다. 그곳이 경제 위기가 최종적으로 폭발하는 전장(戰場)이 될 것이고, 이때 격전지는 한 곳이 아니라 여러 곳이 될 것이다.

현시점에서 국가 재정은 국가 경제와 국민 생활의 구원 투수 역할을 해야 한다. 구체적으로, 수출 급감, 생산·투자·소비·고용 부진, 물가 상승, 개인과 기업의 채무 압박과 자금 경색, 부동산 시장 추락과 관련해서 발생하는 경제적 애로와 고통과 맞서는 역할을 해야 한다. 이런 점에서 확장적 재정 정책의 재등판 필요성이 제기된다. 다만, 이번에는 이전과 다른 정교한 재정 정책을 한시적으로 추진해야 하고, 그 목적과 내용을 국민에게 성실히 설명해야 한다.

이 책은 한국 경제의 위기 확정설에 경도되거나 집착하지 않는다. 다만, 그 가능성과 위험성에는 '합리적 무게'를 둔다. 그보다도 저자가 진정 바라는 바는 최악의 위기 상황을 염두에 두고 국가 경제와 재정이 운영되고, 우리 사회의 모든 경제 주체가 그러한 미래 상황을 경계하면서 합리적이고 지혜로운 사고와 행동으로 대응하는 국가적 변화이다.

개인적으로 한창 집필 중에 아버지가 돌아가셨다. 한동안 글을 놓았다가 아버지를 생각하는 마음으로 다시 집어 들었다. 나의 유년에서부터 가장 최근에 이르기까지 평생 사랑과 온화함과 친절과 대화로 늘 부족한 자의 곁에 계셨던, 진심으로 사랑하고 존경하는 분이시다. 작지만 이 책을 나의 아버지 (고) 임영호 교수님께 헌정하고자 한다.

끝으로, 이 책의 출판을 기꺼이 수락하고, 출판 과정에서 졸고를 끊임없이 격려하고 친절과 조언과 노고를 아끼지 않으신 도서출판 해남의 노현철 대표님께 깊은 감사를 드린다. 아울러 원고의 서술과 표현 등을 다듬어 주신 편집진에게도 고마움을 표한다. 팬데믹 끝물에서 찾아온 새봄의 신선함처럼, 우리 모두가 생명의 소중함을 다시금 깊이 깨닫고 서로를 돌보고 존중하면서 각자의 새로운 꿈과 희망을 가꾸어 나가기 원한다. 그리고 임박한 경제 위기도 슬기롭고 담대하게 잘 극복할 수 있기를 간절히 소망한다.

2023년 3월

임성일

| 차례 |

제1부

COVID-19 팬데믹이 만든 세상: 거대한 충격과 새로운 변화

1. 서론

세기의 충격: COVID-19 팬데믹

2020년은 인류 역사에 길이 남을 한 해가 될 것이다. 한동안 인류가 두고두고 기억할 안 좋은 한 해 말이다. 하지만 그것도 빠르면 2~3년, 늦어도 10년 후면 인류의 기억과 세계사에서 가물가물한 옛일이 될 것이다. 좋든 싫든 지금까지 세상은 그런 방식으로 돌아갔다.

COVID-19 Pandemic(coronavirus diseases 19(COVID-19) Pandemic; 이하 팬데믹 또는 코로나바이러스 팬데믹으로 표현함)은 어느 날 갑자기 지구촌을 강타하였다. 그리고는 인류를 마구잡이로 유린하였다. 세계는 일대 혼란에 빠졌고 지구상의 모든 나라에서 건강과 사회와 경제의 단절 현상이 나타났다. 무엇보다도 비극적인 것은 수백만 명이 생명을 잃었고, 약 5억 명 이상의 확진자가 질병으로 신음을 한 사실이다. 팬데믹은 일찌감치 '인류 최대의 공공의 적'이 되었다.

세계 경제는 고꾸라졌다. 여행, 숙박, 운수, 문화·오락 산업은 일찌감치 마비되었다. 바이러스와 방역 정책에 의해 일부 산업이 희생된 것이다. 세계 각국에서 수많은 일자리가 상실되었고, 생산량 감소와 막대한 기업 손실이 발생하였다. 국제노동기구(ILO)는 2020년 2, 3분기 중에 평균 4억 2,000만 명의 일자리(full-time equivalent: FTE)가 지구상에서 사라진 것으로 파악하였다.[1)]

눈 깜짝할 사이에 세계 경제는 제2차 세계대전 이후 가장 부진한 –3.1%(2020년)의 깊은 수렁에 빠졌다. 사람들은 1929년 세계 대공황(The Great Depression) 이후 최악의 세계 경제 실적이라고 말한다. 바이러스가 생명과 경제를 한꺼번에 잡아먹는 세기적 사건이 벌어졌다.

속단일 수도 있겠으나 세계 경제는 향후 수년간 팬데믹 이전 수준으로 회복되기는 어려울 것 같다. 세부 사정은 국가별로 다를 것이다. 팬데믹이 종식되더라도 폭풍처럼 휘몰아 닥친 사회·경제적 충격은 꽤 오랫동안 세계 경제의 성장과 활력에 만성적 장애 요인으로 작용할 가능성이 크다. 많은 나라들이 한동안 곤란과 고통 속에서 긴 호흡을 가다듬어야 할 것으로 보인다.

일부 국가는 불행히도 팬데믹 참화를 끝내 극복하지 못하고 장기간 고통과 방황의 긴 터널을 헤매야만 할 것이다. 이들은 성장 둔화에 물가 상승, 그리고 드세지는 국가 채무 압력을 악몽처럼 되풀이할 가능성이 크다. 어쩌면 이들에게는 일본의 '잃어버린 10년'과 같은 시간들이 기다리고 있을지도 모른다. 코로나바이러스가 할퀴고 간 상처는 그 위력만큼이나 깊고 오래 갈 세기적 상흔이 될 것이다.

전 지구적 취약성: 하나로 촘촘히 연결된 세계

팬데믹은 현대 사회가 안고 있는 가장 특징적인 문제와 한계를 적나라하게 노출시켰다. 세계가 전에 없이 촘촘하고 끈끈하게 연결된 데서 발생하는 문제들이다. 말하자면, 최첨단 기술에 의한 '초연결 사회'(super connected society)가

---

1 Global Economic Outlook, 2021.

노정하는 치명적인 문제 말이다. 이는 세계화(globalization)가 몰고 온 가장 심각한 폐해 중 하나이다. 지난 30년간 진행된 세계화는 많은 장점과 혜택을 자랑하였지만, 휴화산과 같은 위험한 잠재력을 지니고 있었다. 언젠가는 전 세계를 대혼란과 분열 상태로 몰고 갈 수 있는 매우 위험한 폭발력 말이다.

만일 전 세계가 지금처럼 물리적, 시간적, 공간적으로 밀착 연결되지 않았다면, 팬데믹의 확산 상황은 크게 달랐을 것이다. 아마도 시차를 두고 순차적으로 세계 각지로 퍼져 나갔을 가능성이 크다. 아니면 시간과 더불어 일정한 지역을 중심으로 기승을 부리다가 종식되었을 수도 있다.

그러나 각종 첨단 운송·통신 시설 등에 의해 세계가 사실상 하나의 거대한 시스템으로 연결되어 있는 오늘날의 상황은 과거와 완전히 다르다. 21세기 들어 급속히 진행된 세계화와 기술 발전에 힘입어 세계는 문자 그대로 '지구촌'(global village)이 되었다. 이러한 세계에서는 같은 팬데믹이라도 과거와 비교할 수 없이 빠른 속도로 지구 곳곳의 건강, 사회, 경제에 치명적인 손상을 가하는 괴력을 발휘한다.

21세기 지구촌 환경과 진행 중인 팬데믹 경험을 고려할 때, 인류 사회는 위기의식을 가져야만 한다. 그렇지 않으면 또다시 유사한 글로벌 팬데믹 위기나 외부 충격과 맞닥뜨릴 가능성이 매우 크다. 오늘날 글로벌 사회는 원하든 원하지 않든 간에 더 이상 G7 국가나 선진국 클럽만이 이기적으로 뭉쳐 살 수 있는 구조가 아니다. 특히, 바이러스와 질병과 건강 및 안전 문제가 그렇다. 글로벌 커뮤니티 전체가 건강하고 안전하지 못하면, 어떤 국가나 선진국 클럽도 결코 건강과 안전을 보장받을 수 없다. 어느 한 곳이 흔들리면 다른 곳도 흔들리고, 어느 한 지역이 불안하면 전 세계가 불안해지는 '원 세트 월드'(one set world)에 우리는 살고 있다.

팬데믹으로 확인되었다시피 전 세계가 하나이거나 아니면 거의 동일한 가치 사슬(value chain)에 얽혀 있다. 이러한 현상은 좋을 때는 전 지구적으로 규모의 경제와 생산성 향상을 이끌어 낸다. 하지만 나쁠 때(예컨대, 외부 충격 발생)는 작은 국지적 위험도 쉽게 글로벌 위험으로 비화된다. 후자는 이번에 코로나바이러스 차단을 위해 지역 봉쇄(록다운) 등 강력한 사회·경제적 통제 조치가 취해졌을 때 확인되었다. 한 예로 반도체를 비롯하여 주요 부품 및 원자재의 공급에 차질이 발생하자 심각한 글로벌 공급망 장애가 생겼다.

비단 바이러스뿐만 아니다. 주요 지역 단위에서 발생하는 금융 위기나 재정 위기가 순식간에 전 세계를 위협하는 일이 심심찮게 발생하고 있다. 지역 위기가 글로벌 위기로 쉽게 확산될 수 있다는 말이다. 사람, 물자, 서비스, 돈, 정보, 데이터, 뉴스, 인터넷·SNS 소통이 하나의 거대한 네트워크 시스템으로 작동하기 때문이다. 개인이 손안에 스마트폰을 들고 풍부한 정보 수집과 소통을 하고, 인터넷에 뛰어들어 세계를 깜짝 놀라게 할 수 있는 것이 오늘날이다. 유사 이래 오늘날처럼 시공간이 축소된 세계는 존재하지 않았다. 코로나바이러스는 이러한 새로운 시스템에 편승하여 거의 광속도로 퍼져 나갔다. 아마 바이러스로서도 첫 경험이었을 것이다.

총체적 충격, 체계적 취약성

코로나바이러스는 전 세계와 각국을 무력화시키는 거대한 외부 충격이었다. 그 위력과 위험성이 인간 생활의 모든 부문에 영향을 미치고, 특정 부문을 초토화시켰다. 이런 점에서 이번 팬데믹은 가히 '총체적 충격' 또는 '체계적 충격'(systemic shocks)이라고 말할 수 있다. 이는 글로벌 위기 가운데 최상급을 의미한다.

1950년대 이후 발생한 글로벌 위기는 대부분 금융·경제·재정의 위기였다(예컨대, 1970년대 초·중반과 1980년대 초의 오일 쇼크, 1990년대 말의 동아시아 금융 위기(우리의 경우 속칭 외환 위기), 2008년의 글로벌 금융 위기, 기타 남미 재정 위기 등). 이들이 글로벌 사회와 특정 국가에 미친 영향과 파급 효과는 대단히 컸다. 하지만 그것은 크게 보아 경제적 측면에 국한되거나, 아니면 그에 일부 사회적 영향이 추가되는 정도이다. 이는 총체적 충격이나 체계적 충격에 해당되지 않는다.

그러나 이번 팬데믹의 충격과 영향은 개인과 가계를 비롯하여 모든 민간·공공 부문을 망라하는 사회 전반에 체계적으로 미쳤다. 이 과정에서 사회, 경제, 정치, 문화 등 모든 영역과 활동이 제한을 받거나 새로운 형태로 바뀌는 변화가 일어났다. 심지어 국가의 존재와 운영 시스템마저 철저히 도전과 검증을 받고 새로운 변화를 모색해야만 하였다. 무엇보다도 보건 및 사회 보호·보장 시스템 전체가 심하게 흔들렸다. 따라서 국가와 사회는 어떤 형태로든 새롭고 굳건한 종합적 위기 대응 모드로 변신해야 하였다.

비록 발생의 원인과 진행 과정 그리고 파급 효과 등에서 차이가 있지만, 인류 사회를 강타한 가공할 만한 파괴력과 영향력만 보면 팬데믹은 세계대전에 필적한다. 이런 면에서 이번 팬데믹을 '제3차 세계대전'이라고 불러도 무방할 것이다. 다만, 전쟁의 대상(당사자)이 국가 대 국가(인간 대 인간)가 아닌 인류 대 바이러스라는 점에서 다를 뿐이다. 사망자 수만 놓고 보더라도 제2차 세계대전과는 비교할 수 없지만, 제1차 세계대전에는 필적할 만하다.

체계적 충격은 종합적이고 체계적인 대응 방식을 필요로 한다. 하지만 인류 사회는 이 점에서 매우 취약하였다. 세계는 팬데믹의 거대한 '체계적 충격'과 부딪치자마자 총체적 대응 역량 부족을 절감하였다. 어느 나라 할 것 없이 개인과 조직 및 사회는 그 영위에 필수적인 건강과 복지, 사회·경제적 활동에 강력한 위협과 제약이 가해지는 극단적인 상황과 조우하였다. 그 조우가 극히 불행하였던 것은 체계적 충격이 심한 위험 요인과 불확실성으로 인류 사회 전체를 완전히 뒤엎었기 때문이다. 특히, 팬데믹 초기 바이러스 위험이 극치에 달하였을 때, 인류 사회는 그 위험을 신속히 제압할 수 있는 대응책과 자원을 갖추지 못해 극도의 불안에 휩싸였다.

팬데믹이 무서운 이유는 개인적 위험과 사회적 위험이 공존하기 때문이다. 나아가 두 위험은 상호 상승 작용을 하는 최악의 치명성을 지녔다. 대면·접촉, 전파, 확산, 폭발의 과정은 개인적 위험이 순식간에 사회적 위험으로 변화되는 것을 압축적으로 말해 준다. 마찬가지로, 사회적 위험이 순식간에 개인적 위험을 현실화시킨다. 사실, 얼마나 많은 사람이 죽고 바이러스에 감염되었던가? 돌아보면, 얼마나 많은 굴곡의 순환 사이클이 있었던가? 이들은 개인적 위험과 사회적 위험이 상호 상승 작용을 일으킨 치명적 현상이자 결과이다.

팬데믹의 무서움은 바이러스의 치명적 위험성 외에 그것을 둘러싼 여러 가지 건강·사회·경제적 불확실성에 있다. 그 불확실성은 생계와 생존에 치명적인 영향을 미치기 때문에 특히 그러하다. 건강(감염과 사망), 경제 활동(실업, 노동 시간 단축, 소비와 영업 제한 및 금지, 비대면 활동), 사회 복지와 사회 보장, 그리고 일상생활에 덮친 위험이 언제 끝날지 모르는 거대한 불확실성이 바이러스 못지않게 우리를 두렵게 하였다. 최근 수십 년간 경험해 보지 못한 치명적인 위험과 불확실성 이 두 가지 요소가 팬데믹을 다른 글로벌 위기와 급을 달리하는 총체적이고 체계적인 충격의 반열에 올려놓았다.

요약하면, COVID-19 팬데믹은 그동안 인류가 성취한 경제 성장과 기술 발전 그리고 의학적 진보 등에도 불구하고 인류 사회가 '특별한 외부 충격'에 얼마나 체계적으로 취약한지(체계적 취약성: systemic vulnerability)에 대해 확실히 일깨워 주었다. 아울러 특정 사회와 국가가 할 수 있는 것의 한계가 무엇이고, 어디까지인지에 대하여도 명확히 가르쳐 주었다. 그 한계 이상은 모든 나라가 협력적 공조 체제를 구축해야만 특별한 글로벌 충격으로부터 벗어날 수 있다는 사실을 명확히 깨닫게 해주었다.

세계 경제의 대침몰, 경제적 고통

COVID-19 팬데믹은 세계적으로 수백만 명의 생명을 앗아가고, 감염의 고통과 불안을 야기하였다. 그리고 경제에도 엄청난 충격을 가하였다. 비록 단년도이지만, 세계 경제는 사실상 거의 침몰 직전까지 갔다. 세계의 생산량, 교역량, 경제 성장 실적 모두 제2차 세계대전 이후 최악이었다. 팬데믹이 절정을 이룬 2020년의 세계는 1929년 세계 대공황(Great Depression) 이후 처음으로 −3.1%(선진국 −4.5%)의 역성장 성적표를 거머쥐었다. 조금이라도 플러스 경제 성장을 기록한 나라는 중국 등 극소수뿐이었다. 도무지 믿기 어려운 현실이었다.

여행, 숙박, 문화·오락·스포츠·예술 활동 분야는 사실상 운영을 멈추었다. 운수, 음식, 도소매, 기타 자영업 분야는 영업은 하지만, 사실상 수익이 없는 적자 상태가 다반사였다. 이들 산업에 속한 많은 업체와 무수한 노동자들이 파산과 실직의 쓰라린 경험을 하였다. 가계 생활과 생존에 큰 어려움이 생긴 것은 말할 필요도 없다. 다른 산업 부문에서도 기업 경영에 애로가 생기고, 수많은 노동자들이 실직과 노동 시간 단축을 경험하였다. 자영업자와 비정규직 노동자들의 생계는 극단적 상황으로 내몰렸다. 한마디로, 세계적으로 수많은 일자리가 상실되고, 소득 감소와 생산량 감소 그리고 경영 손실이 발생하였다.

이번 팬데믹은 기존의 경제·재정 위기(예컨대, 1997년 외환 위기, 2008년 글로벌 금융 위기)와 달리 저소득층은 물론 소상공인·자영업자 등 중산층에 이르기까지 고용과 소득 및 수입에 큰 타격을 주었다. 그중에서도 특히, 엄격한 사회·경제적 활동 제약으로 인해 고용 시장이 갑자기 꽁꽁 얼어붙었다. 그 결과 많은 영세 소상공인과 자영업자들이 영업장 문을 닫아야만 하였다. 아울러 주로 대면 서비스업에 종사하는 저소득층과 일용직·계약직 근로자의 취업과 경제적 활동에 일대 위기가 발생하였다. 팬데믹이 인간에게 바이러스 감염을 통해 사망과 고통을 초래한 것 못지않게 엄청나게 큰 사회·경제적 피해를 폭풍처럼 몰고 온 것이다.

팬데믹 와중에서도 급성장한 산업 분야가 있다. ICT를 중심으로 인공 지능, 자동화, 로봇 분야가 총력을 다해 합세한 디지털 산업이 그것이다. 이들은 팬데믹 상황이 급조한 비대면·온라인 사회가 필요로 하는 각종 수요를 다채롭게 충족시켜 주는 '시대적 창조 산업'으로 급부상하였다. 특히 미국의 글로벌 빅테크(global big tech)가 주도하는 팬데믹 산업이 중원을 차지하였다. 글로벌 빅테크와 각국의 로컬 빅테크가 맹활약을 하면서 침몰하던 세계 경제는 다시금 항행할 수 있었다.

그러나 세계의 수십억 인구는 코로나바이러스 출현 이전보다 더 힘들고 비참한 사회·경제적 삶을 영위해야 하였다. 코로나바이러스는 선진국보다 신흥국과 개발 도상국, 그중에서도 특히 아프리카 등지의 저소득 국가에게 더 매섭고 가혹하였다. 모든 위기와 충격이 언제나 그렇듯이 위기의 고통과 부정적 여파는 부자보다 가난한 계층, 선진국보다 후진국에 더 강하고 혹독하게 나타난다. 이번의 COVID-19 팬데믹 또한 예외가 아니었다.

국가의 명운이 걸린 숙명적 과제: 국민 건강 보호, 사회 · 경제적 보호와 보장

팬데믹 상황에서 급부상한 국가적 이슈는 단연 국민의 건강 보호와 사회·경제적 보장 문제이다. 건강 보호 문제는 팬데믹 상황에서 바이러스 감염을 최대한 통제해서 생명을 보존하고, 사회적 건강 환경을 빨리 회복하는 데 핵심이 있다. 이는 팬데믹이 전 세계적으로 수백만 명의 생명을 빼앗고, 5억 명 이상의 누적 확진자를 발생시킨 사실만으로도 그 정당성이 충분히 인정된다.

국가별로 큰 차이가 나지만, 전 세계에서 가장 많은 사망자가 발생한 나라(2022년 4월 1일 기준, Our World in Data)는 미국(982,371명), 브라질(660,265명), 인도(521,264명), 멕시코(323,127명), 러시아(361,679명) 순이다. 우리나라는 사망자 수 16,929명, 누적 확진자 수 13,639,915명을 기록하였다. COVID-19의 치사율은 세계 평균이 1.26%인 데 비해 우리나라는 0.12%로 매우 양호하였다. 이러한 상황에서 각국은 인적·물적 자원과 의료 기술 및 역량을 총동원해서 팬데믹을 극복하고자 안간힘을 다하였다. 하지만 눈에 보이지 않는 코로나바이러스는 수시로 그것을 무력화시키면서 인류 사회를 희롱하였다.

사회·경제적 보장 문제는 팬데믹 상황에서 단행된 강력한 규제 조치로 큰 경제적 피해를 본 경제 주체와 급격히 위축된 사회·경제를 최대한 정상화시키는 데 관건이 있다. 강력한 규제 조치란, 사회적 거리두기(social distancing) 틀 속에서 단행된 각종 모임과 영업 제한 및 금지, 록다운(lockdown: 코로나바이러스가 극심하게 창궐하고 있는 도시 또는 지역의 일부 또는 전체를 봉쇄하는 조치로 중국, 동남아, 유럽 지역에서 적극적으로 실시), 그리고 개인과 기업이 자발적으로 선택한 소극적 사회·경제 활동을 총망라한다. 의무적 마스크 착용은 말할 것도 없다.

각국 정부는 팬데믹 고통 속에서 신음하는 개인(가계)과 기업의 어려움을 국가가 적극적으로 품는 다양한 공적 시스템을 가동하였다. 핵심은 각종 사회적 활동과 생산, 고용, 소득에 큰 어려움이 생긴 주체들의 생계와 생활의 지속가능성을 도와주고 지원해 주는 데 있다. 팬데믹 상황에서 급부상한 국민의 건강 보호와 사회·경제적 보장 문제는 세계 각국이 타개해야 할 절체절명의 과제이자 최우선 글로벌 이슈로 떠올랐다.

각국이 펜데믹 극복 과정에서 긴급히 실시한 국민의 건강 보호와 사회·경제적 보장 조치들(기존 시스템 가동 및 신설 팬데믹 프로그램 조치 등) 중에는 긴급 대응을 위한 임시방편적인 것이 많이 있다. 이들은 앞으로 포스트 팬데믹 시기에 종합적으로 재구조화해야 한다.

팬데믹의 선물: 디지털 전환 가속화, 앞당겨진 디지털 사회, 인류의 새로운 삶의 방식 전개

팬데믹은 이미 진행 중이던 디지털 전환(digital transformation)과 디지털 사회(digital society)를 급격히 가속화시켰다. 그리고 손에 잡히는 형태로 현실화시켰다. 그 결과 글로벌 사회의 기존 질서 체제가 순식간에 바뀌었다. '만남과 접촉'이 주도해 왔던 기존 체제는 팬데믹 상황에서 '비대면·비접촉'이라는 새로운 질서 체제와 맞닥뜨려야만 하였다. 그리고 얼마 되지 않아 만남과 접촉이 비대면·비접촉과 혼재되는 새로운 하이브리드 문화(hybrid culture)와 생활 양식이 전 세계에 스며들었다. 팬데믹 절정기에는 새로운 질서 체제가 기존 체제를 압도하기도 하였다.

비대면·비접촉 환경이 사회의 중심 무대에 들어서자 온라인·디지털 사회가 눈앞에 펼쳐졌다. 이는 기존의 사회, 경제, 정치, 문화의 존재 방식과 활동 흐름을 완전히 바꾸어 놓았다. 그야말로 혁명적이었다. 돌아보면, 팬데믹 대응에 가장 필요로 하였던 것은 인간의 강한 정신과 의지, 백신, 돈(재정과 민간 자금), 디지털 기술과 활용이었다. 특히, 디지털 기술과 활용은 팬데믹 환경이 강요한 비대면·비접촉이라는 각종 활동 통제 상황에서 인간 사회가 취할 수 있는 가장 합리적이고 강력한 선택지였다. 마침내 비대면·디지털(온라인) 사회가 탄생한 것이다.

디지털 사회의 수요(욕구)와 디지털 기술 파워는 마치 기다렸다는 듯이 용솟음쳤다. 시공을 뛰어넘는 디지털 사회를 중심으로 형성된 방대한 글로벌 디지털 마켓(global digital market)에서는 최첨단 기업의 용호상박(龍虎相搏)의 진검승부가 벌어졌다. 공급 축을 세차게 흔들어 놓은 것은 소위 글로벌 빅테크(global big tech)의 힘이었다. 창의력과 기업 정신 그리고 이윤을 갈구하는 기업 욕망으로 충만한 파워 말이다. 수요 축을 강타한 것은 느닷없이 비대면·비접촉 사회를 맞이한 소비자의 다양한 활동과 욕망이었다. 그 속에는 강력한 '보복 소비'(revenge consumption)도 포함되어 있다. 수요와 공급 모두를 강하게 지원사격을 해준 것은 역사상 가장 풍부한 '팬데믹 유동성 실탄'이다. 수요와 공급이 빠른 속도로 절묘한 균형점을 찾아 나가면서 디지털 전환과 디지털 사회는 급상승 기류를 탔다. 마침내 기존과 다른 새로운 세상 물결이 일어났다.

새로운 체제는 일하는 방식, 노는 방식, 먹고 즐기고 여유를 부리는 방식, 표현하고 소통하는 방식을 송두리째 바꾸어 놓았다. 인간 생활의 핵심인 노동과 여가(work and leisure)의 균형과 안배 방식에 일대 지각 변동이 일어났다. 원격근무(재택근무), 원격 진료, 화상 회의, 온라인 교육, 가상 공간에서의 소비, 오락, 사고 등이 소수나 부분이 아닌 사회·경제의 지배적 주류로서 전면에 포진하였다. 사람들이 부딪히며 살아가는 일상의 주제와 활동들이 점점 새로운 모습으로 변화되었다.

팬데믹은 마침내 인류의 위대한 신작을 만들어 내었다. 디지털 전환(제4차 산업혁명)에 동력과 부스터 샷(booster shot)을 추가하고 날개를 달아 준 팬데믹은 그 결과 누구도 부인할 수 없는 디지털 사회의 이정표를 재설정하였다. 인류의 위대한 신작과 새로운 질서가 미래에 어떤 모습을 하고, 어떻게 변화될지 매우 궁금하다. 하지만 현재로서는 그에 대해 예단하기 어렵다.

팬데믹의 저주: 새로운 사회·경제적 불평등

팬데믹 와중에서 세계적으로 주목을 받은 것은 사회·경제적 불평등 문제이다. 이는 글로벌 사회가 전혀 예상치 못한 복병이다. 코로나바이러스는 부자와 빈자를 구분하지 않고 무차별적으로 엄습하였다. 하지만 바이러스에 감염될 가능성(특히, 근무와 생활 관련 감염 가능성)과 감염 시 대처할 수 있는 대응 수단과 역량에서 부자는 가난한 사람보다 월등히 양호한 조건을 가졌다. 즉, 코로나바이러스에 감염될 확률과 사망 및 회생 확률 면에서 부자와 빈자 간에 뚜렷한 격차가 존재하였다(건강 보호 측면에서의 계층 간 불평등). 이는 일찍이 경험해 보지 못하였던 심각한 암묵적 불평등 현상으로 새로운 사회적 조명을 받았다.

코로나바이러스는 사회적 활동과 경제적 분배 상태에도 심각한 불평등을 초래하였다. 사회적 활동의 불평등 현상은 팬데믹이 사실상 주류로 등장시킨 비대면·온라인 사회에 신속히 적응할 수 있는 계층과 그렇지 못한 계층 간에 사회·경제적 활동의 범위와 내용 면에서 나타나는 새로운 격차를 말한다. 이러한 현상은 디지털 부자와 빈자(또는 디지털 보유자와 비보유자: 'digital have and have not') 간의 각종 역량, 기회, 결과의 격차를 핵심으로 한다.

디지털 부자들은 소셜 미디어 등을 통해 자신의 사회·정치적 주장과 목소리를 낸다. 그리고 틈만 나면 자신을 홍보하고, 제3자와 소통하거나 비판도 한다. 이를 통해 사고와 취향과 이해관계의 보이지 않는 크고 작은 카르텔이 은연중에 형성된다. 소위 먹고살 만한 계층들이 이 현상을 주도한다. 반면에 교육과 소득 수준이 낮은 계층, 사회적 취약 계층으로 구성되는 디지털 빈자들은 그러한 시도를 하거나 그것을 통해 사회·정치적 이해관계를 형성할 역량과 여유가 없다.

이러한 사실을 인식할 때, 앞서 살펴본 디지털 전환의 가속화나 앞당겨진 디지털 사회는 현대 기술 발전의 열매와 혜택을 사회의 모든 계층에게 골고루 공평하게 제공하지 않는다는 것이 보다 확실해졌다. 어떤 계층에게는 보편적이면서 확대 가능한 열매와 혜택이지만, 또 다른 계층에게는 접근성과 성장성의 기회가 제약되거나 박탈된 '빛 좋은 개살구'와 같은 것이다. 예를 들어, 여러 가지 최첨단 기능을 가진 로봇이나 디지털 제품이 출시되었을 때, 그 혜택을 볼 수 있는 사람은 최소한의 경제적 여유를 지녀야 한다. 가난한 사람들이 혜택을 볼 수 있는 것은 정부가 사회 복지·보장 차원에서 제공하는 디지털 제품이나 로봇에 제한된다.

팬데믹이 만든 디지털 사회는 기존의 디지털 격차 또는 디지털 분화(digital divide)를 한층 더 악화시켰고, 이는 곧바로 사회·경제적 불평등 심화 현상으로 이어졌다. 만일 글로벌 차원에서 강력한 코로나바이러스 침투가 없었더라면, 비대면·비접촉 문화가 사회의 전면에 등장하는 일은 결코 없었을 것이다. 따라서 코로나 사태와 관련된 사회·경제적 활동의 불평등 현상도 선명하게 나타나지 않았을 것이다. 다만, 지금까지 존재해 온 기존의 디지털 격차 상태는 사회의 물밑에서 그대로 유지되었을 것이다.

세계적으로 빈곤층은 급증하였고, 가진 자의 부는 큰 폭으로 늘어났다. 거의 모든 나라에서 부자와 빈자 간에 소득과 부의 격차가 더 크게 벌어지는 '새로운 양극화 현상'이 분출하였다. 바이러스 위기 상황에서 가진 사람의 소득과 부가 크게 늘어나는 현상은 다소 기이하고 역설적이다. 그중에서도 특히 최상위 소득 계층의 실적이 고공행진을 보인 것이 그렇다.

이에 대하여는 프랑스 파리경제대학의 세계 불평등 연구소(World Inequality Lab: WIL)가 발표한 『2022년 세계 불평등 보고서』나 블룸버그 억만장자 지수가 적나라하게 말해 준다. 이들은 하나같이 팬데믹 상황에서 세계의 부가 극소수의 최상위 부자 계층(억만장자들: billionaires)에 더 집중되는 쏠림 현상을 비판적으로 지적하였다. 예를 들면, 2022년 1월 초 현재 세계 500대 부자의 총자산은 8조 4,000억 달러(우리 돈으로 약 1경 원으로 우리나라 연간 GDP 총액의 약 5배에 해당)로 불어났고, 이는 미국과 중국을 제외한 다른 어떤 국가의 연간 GDP 규모보다 더 크다는 사실을 알렸다(제I부 뒤의 관련 내용 참조).

국내적으로도 팬데믹 기간 중에 부(특히, 자산 소득)가 소득 상위 계층에 이전보다 더 많이 몰리는 경향이 통계적으로 확인되었다. 통계청 조사에 의하면, 소득의 경우 팬데믹 기간 중에 불평등도가 악화되지는 않았지만, 개인과 가계의 자산 소득은 팬데믹 기간 중에 불평등도가 크게 나빠진 것으로 나타났다. 전자는 팬데믹 대응책으로 정부가 저소득층과 사회적 약자를 위해 다양한 현금 이전 프로그램을 적극적으로 실시한 결과로 이해된다. 몇 차례에 걸쳐 실시된 긴급 재난 지원금, 실업 급여, 아동 돌봄 쿠폰, 기타 다양한 현금 이전 보조금 등이 그것이다. 특히, 긴급 재난 지원금은 저소득층과 노인 가구에 상대적으로 큰 경제적 효과를 유발한 것으로 추측된다. 반면에 후자는 팬데믹 발생 이후 부동산, 주식, 채권, 가상 화폐, 기타 주요 자산의 가치가 급등한 데 그 원인이 있다. 이에 대하여는 뒤에서 별도의 장을 할애하여 자세히 다루고 있다.

팬데믹으로 인한 경제적 불평등(즉, 경제 양극화) 현상은 국가 내의 계층 간

뿐만 아니라 국가 간(대표적으로 선진국과 개발 도상국 간)에도 괄목할 만한 수준으로 표출되었다. 그리고 팬데믹은 국가 내의 지역 간 불평등(격차)을 심화시킨 것으로 조사되었다. 이와 관련된 내용도 뒤에서 구체적으로 다룬다.

팬데믹 위기 와중에서 부상된 경제적 불평등 현상은 과거 글로벌 경제 위기(또는 금융 위기) 때는 없었다. 팬데믹 불평등을 주도한 것은 비대면·비접촉 경제와 디지털 경제, 정부의 재정과 금융·통화 정책이 주도하는 새로운 경제 물결이다. 세계는 출렁거리는 새로운 경제 물결을 타고 일하는 방식, 수익과 이윤의 창출 방식, 수요·공급의 상호 작용 방식, 선도 기업(산업)과 쇠퇴 기업(산업)의 출몰, 현실과 가상 공간의 조화, 강한 정부와 금융 정책의 힘, 폭발적인 유동성 등 여러 면에서 다양한 변화와 이전에 없었던 불균형적인 실적(퍼포먼스)을 쏟아 내었다.

마지막으로, 팬데믹이 몰고 온 새로운 형태(유형)의 소득 양극화 현상은 기존 양극화 현상 위에 다소 복잡하고 이상한 덧칠을 하는 독특한 양상을 보였다. 그 결과 소득 양극화 현상의 구조와 해법이 이전보다 더 복잡하고 까다로워졌다. 이 문제는 국가와 사회가 적극적으로 해결해야 할 포스트 팬데믹 과제 중 최우선 순위 그룹에 속한다.

우연한 역사적 행운: 사상 최저 금리와 준비된 디지털 기술 발전

팬데믹 상황에서 우리나라를 비롯한 대다수 나라는 천문학적 규모의 확장적 재정 정책을 실시하였다. 자금은 공채 발행을 통해 조달하였다. 그 결과 팬데믹 기간 중 각국의 정부 채무와 민간 채무를 합친 전 세계의 국가 채무는 역사상 최고 수준을 기록하였다. 특히, 선진국이 기록을 견인하였다. 국제금융협회(IIF)에 따르면 코로나 위기 발생 직전 연도인 2019년 말의 정부 부문과 민간 부문을 합친 전 세계의 부채 비율(전 세계 부채를 전 세계 GDP로 나눈 값)은 320%였다. 그런데 코로나 위기가 발생한 2020년 말에는 전 세계의 부채 비율이 365%로 껑충 뛰었다(이는 전 세계 부채가 전 세계 GDP보다 규모 면에서 약 3.7배 크다는 것을 의미). 불과 1년 만에 세계 부채 비율이 무려 45%나 급증한 것이다. 이것은 뒤에서 자세히 설명하게 될 시중에 철철 넘치는 '팬데믹 유동성'의 중요한 원인이 된다.

세계적으로 국가 채무가 급증한 배경에는 각국이 팬데믹 재정 수요를 충족하기 위해 천문학적 규모의 빚에 기대는 초슈퍼 확장적 재정 지출을 단행한 점, 그리고 팬데믹 경제의 어려움을 타개하기 위해 개인과 기업이 적극적으로 자금을 빌린 점이 자리한다. 이때 결정적으로 그 밑자리를 깔아 준 것(환경적 요인)은 시중에 자금을 많이 푸는 양적 완화(quantitative easing: QE)와 역사상 가장 낮은 수준의 이자율이다. 돌아보면, 팬데믹은 코로나바이러스와 이자율 그리고 백신의 세 변수가 각축을 벌이는 보이지 않는 전쟁터였다.

세계 각국은 슈퍼 확장적 재정 정책과 쌍벽을 이루는 매우 완화된 금융통화 정책을 동시에 사용하였다. 그 결과 주요국과 세계의 통화량은 사상 최대로 팽창하였다. 가장 대표적으로 미국의 사례를 들 수 있다. 미국의 연방준비제도(Fed)는 과거 글로벌 금융 위기(2008) 이후 5년간 풀었던 통화량과 맞먹는 규모의 통화량을 팬데믹 발생 후 불과 세 달 동안 풀어 대었다. 이는 팬데믹 발생 후 예상하지 못하였던 글로벌 공급망 차질이라는 복병과 뒤엉키면서 현재 진행 중인 글로벌 인플레이션의 발생 원인이 되었다. 그리고 경제적 불평등 현상의 악화를 초래하는 주범 중 하나가 되었다.

이번에 고강도의 재정·금융통화 정책 합작이 가능하였던 것은 무엇보다도 시장 금리가 전례 없이 매우 낮은 수준을 유지한 데 있다. 실로 이것은 우연한 역사적 행운이다. 세계의 금리는 팬데믹 발생 수년 전부터 이미 크게 낮았고 하향 추세의 궤적을 그리고 있었다. 이러한 상태에서 팬데믹 사태가 터지자 전 세계의 주류 경제는 마치 사전 담합이라도 한 듯이 단번에 사상 최저 수준의 금리(0%대 금리, 제로 금리)를 만들어 내었다. 그 원인은 한 세기에 한두 번 있을까 말까 하는 초대형 팬데믹 재정 수요와 금융 수요가 초저금리를 강하게 필요로 한 데 있다. 그리고 그것을 강하게 뒷받침해 주어야 하는 시대적 정당성 내지 합리성도 톡톡히 한몫을 하였다.

만일 팬데믹이 고금리 상황에서 발생하였다면 세계 역사는 크게 달라졌을 것이다. 무엇보다도 인류의 비극과 고통이 지금보다 훨씬 더 비참하고 심각해졌을 것이다. 그 이유는 국가 재정이 팬데믹 대응 자금 조달을 위해 초대형 차입과 적자 재정에 기댈 수 있는 운신의 폭이 크게 협소해지기 때문이다. 높은 이자 비용 부담을 고려한다면, 국가 재정이 공채 발행을 통해 팬데믹 수요(방역 대책, 국민의 건강 보호와 사회·경제적 보장 지출 수요)를 충당하는 데 일정한 선(상한)을 그을 수밖에 없다.

마찬가지로, 기업과 가계도 코로나 사태 극복에 필요한 자금을 조달하는 데 근본적인 한계에 부딪힐 수밖에 없다. 실제로 이번의 팬데믹 위기를 극복하는 과정에서 민간 채무는 사회와 경제의 숨통을 틔어 주는 큰 완화제 내지 완충 역할을 톡톡히 하였다. 만일 그러한 역할이 없었더라면, 그 몫의 상당 부분을 정부가 떠안을 수밖에 없다. 즉, 정부는 국민의 건강·사회·경제적 보호 및 보장을 위해 전보다 훨씬 많은 예산을 투입해야 한다. 이 경우 정부의 재원 조달 역량이 거의 한계에 도달한 상태에서 심각한 재정 부하와 압박이 생길 수 있다. 극단적으로는 재정 위기에 내몰릴 수도 있다.

비슷한 맥락에서 중앙은행의 금융통화 정책의 역할과 운신의 폭이 크게 줄어든다. 중앙은행이 이자율을 인하할 때 한꺼번에 몇 퍼센트씩 낮출 수는 없다. 그럴 경우 금융 시장과 실물 시장에 엄청난 왜곡과 부작용이 초래되기 때문이다. 따라서 정부의 재정 정책과 통화 당국의 금융통화 정책의 기능과 역할은 지금보다 크게 축소될 수밖에 없다. 그 결과 시중의 유동성은 현저히 줄어든다. 아울러 팬데믹으로 신음하는 많은 경제인과 일반 국민을 위해 국가 재정과 금융 정책이 기여할 수 있는 금전적 역량은 크게 떨어진다.

우연한 역사적 행운 속에서 정부는 국가 재정을 거의 무한정으로 사용하였고, 금융 당국은 금리 인하와 자산 매입 등 양적 완화(QE) 정책을 통해 시중에 자금이 넘치도록 만들었다. 많은 나라가 팬데믹 위기 극복을 위해 막대한 차입과 적자 재정에 기대는 역대급 재정 확장 정책을 실시하였다. 그리고 중앙은행과 금융 당국은 파격적인 금융·통화 완화 정책으로 그에 화답하였다. 그중에서도 이번의 팬데믹 파이낸싱은 정부 재정이 주도하였다. 특히, 대다수 선진국은 사상 최대의 국가 채무와 재정 적자를 불사하는 초슈퍼 확장적 재정 정책을 감행하였다.

이러한 사실을 인식할 때, 때때로 신은 그 시대(상황)에 맞는 비극과 희극을 인류에게 적절히 허락하는 것 같다. 팬데믹이 초저금리 상황에서 전개된 것이 그러하다. 팬데믹은 비극 쪽이고, 초저금리는 희극 쪽이다.

팬데믹이 고도의 디지털 기술 발전 상황에서 발생한 것 또한 역사적 행운이다. 만일 디지털 기술과 장비와 콘텐츠가 준비되지 않은 상태에서 팬데믹이 발생하였다면, 세계 경제는 지금보다 훨씬 더 큰 폭으로 추락하였을 것이다. 그리고 코로나바이러스에 대해 빠르고 정확한 과학적 정책 대응을 하기가 어려웠을 것이다. 예컨대, 대표적인 핵심 방역 대책인 3T(추적, 점검, 치료) 정책을 효과적으로 수행할 수 없고, 빅데이터를 통해 분석 예측하는 과학적 예방 정책은 펼칠 수가 없다.

그 무엇보다도 인간 생활의 활동 양과 질이 현저하게 떨어졌을 것이다. 비대면·비접촉 시스템이 사회 전면에 포진된 상태에서 만일 스마트폰과 인터넷 등 각종 디지털 기술과 그것을 활용하는 생산·소비·투자 활동이 가능하지 않았다면, 일상생활과 근로, 대화와 소통 등 모든 것은 크게 축소·제한되거나 일부 정지되었을 것이다.

팬데믹 기간 중에 온라인 쇼핑과 배달·배송 시스템, 디지털 챗봇(chatbot) 등 다양한 로봇 서비스, 디지털 건강 보호 프로그램(제품, 서비스, Youtube 강좌 등), 줌(zoom) 영상 회의, 원격 근무·교육·진료와 같은 창조적이고 풍부한 디지털 시스템이 제때에 준비되어 있었기에 팬데믹 인류는 불안과 불확실성 속에서도 인간다운 삶을 영위할 수 있었다. 그렇지 않았더라면, 중세의 페스트 시대는 아니더라도, 1918년의 스페인 독감 속에서 전개되었던 인류 삶의 모습과 크게 다르지 않을 수 있다(물론 이는 다소 과장된 표현이다).

디지털 기술과 역량이 구비되고 디지털 사회가 기반을 구축한 상태에서 팬데믹이 발생한 것은 역사적 행운이다. 덕택에 코로나바이러스가 창궐하는 가운데서도 사회·경제적 활동의 본질이 디지털 공간과 네트워크를 통해 사실상 방대하게 전개될 수 있었다.

COVID-19 팬데믹의 유산: 성찰과 새로운 희망의 발견

역사적으로, 세계 대공황(Great Depression)과 제1, 2차 세계대전은 수많은 인류에게 실업과 빈곤, 죽음과 부상, 슬픔과 파탄의 깊은 상처를 남겼다. 이는 절망과 비극과 고통으로 점철된 역사의 한 장이다. 하지만 역사의 또 다른 한 장은 인류의 각성과 결단, 재기와 희망, 창의와 혁신으로 충만하다. 이번 팬데믹 또한 절망과 희망, 충격과 대응, 상처와 회복, 패배와 승리, 쇠퇴와 창의 혁신으로 대비되는 역사의 새로운 양면을 써 내려 갈 것이다.

팬데믹은 무엇보다도 인류 문화의 아킬레스건이 무엇인지를 명확히 가르쳐 주었다. 동시에 인류 사회가 지니고 있는 강인한 회복력과 탄력성(resilience)을 재확인시켜 주면서 새로운 희망과 창의의 장을 열어 주었다. 이 점이 가장 긍정적이다.

팬데믹의 가장 강력한 대항마인 백신이 비교적 빨리 개발되었고, 각종 창의적인 디지털 혁신이 팬데믹 환경을 유연하게 극복하는 데 크게 일조하였다. 역사적 최저 수준의 금리와 국가의 충만한 재정 자금과 민간 부문의 레버리지(채무 활용)로 커진 시중의 유동성(자금)은 백신 다음으로 든든한 코로나바이러스 저격수로 활약하였다.

팬데믹은 인류 사회로 하여금 인간의 존엄성, 공동체의 중요성과 상호 배려, 조화와 균형 등의 소중함을 깨닫는 전기를 마련해 주었다. 개인과 가정의 자유와 행복도 중요하지만, 그것을 확보하고 지켜 내기 위해서는 공동체의 다른 주체들과 협력하고 조화를 이루어야 하는 사실을 각인시켜 주었다. 팬데믹은 근 수십 년래에 처음으로 국제 사회가 자발적으로 공조 체제를 도모하는 물꼬도 터주었다. 대표적으로, 그동안 큰 진전을 보지 못하였던 기후 변화와 환경 문제에 새로운 관심과 경각심을 불러일으키고 새로운 실천 계획을 이끌어 내었다. 한마디로, 국가와 사회가 전 지구적 이슈에 대해 얼마나 협력적이면서 적극적으로 대응해야 하는지에 대해 깨닫게 해준 것이다. 이 모든 것들은 먼 훗날 '코로나바이러스 팬데믹 유산'(COVID-19 Pandemic legacy)으로 오래 기억될 것이다. 이런 점에서 팬데믹은 인류에게 실감나는 교훈과 경각심을 심어 주었다.

COVID-19 팬데믹은 건강, 사회, 경제, 복지를 통틀어 인류 사회에 말할 수 없이 심각한 폐해를 초래하였다. 하지만 아이러니하게도 팬데믹은 인류에게 깊은 성찰의 시간과 창의의 기회를 만들어 주고, 또한 새로운 희망의 창문도 열어 주었다. 신은 늘 한쪽 창문을 닫으면 다른 쪽 창문을 열어 주는 관용을 베푼다. 닫힌 창문만 바라보고 깊은 절망에 빠진 나머지 또 다른 창문이 열렸음을 보지 못하는 것은 전적으로 인간의 책임이다. 다행히도 이번 팬데믹 위기 중에 인류 사회는 그러한 오류를 범한 것 같지는 않다.

이 책의 기본 인식과 주요 내용

이 책은 크게 두 개의 큰 주제와 영역을 다루고 있다. 하나는 COVID-19 팬데믹이 인류 사회를 강타하는 가운데 급부상한 글로벌 현상이다. 특히, 새로 등장한 거대한 세계적 현상이면서 동시에 우리나라에서도 비슷하게 나타나고 있는 현상에 대해 집중적으로 다루고자 한다.

다른 하나는 팬데믹 이후(post COVID-19 Pandemic: 포스트 팬데믹)에 나타날 것으로 예상되는 주요 국가적 이슈에 관한 내용을 다룬다. 여기서는 글로벌 관점보다 우리나라의 관점, 우리 사회에 초점을 맞추고 있다. 처음에는 국민 경제와 국가 재정의 위기 발생 가능성과 지혜로운 대응, 디지털 사회의 정착과 과제, 사회·경제적 불평등 문제, 글로벌 어젠더(기후 변화 등)와 국가적 조화, 인구구조 변화 문제를 큰 틀에서 포괄적으로 다루고자 계획하였다. 그런데 집필 과정에서 국내외적으로 경제 문제가 크게 심각해지는 것을 보면서 팬데믹 끝물에서 불거지고 있는 경제 문제와 재정 문제에 대해 집중해서 다루는 것이 좋겠다고 판단하였다. 특히, 우리나라의 경제와 재정이 단·중기 시야에서 위기에 처할 가능성이 점점 높아지고 있는 것으로 보인다. 따라서 제2부에서는 포스트 팬데믹 초입에서 우리나라가 맞닥뜨릴 수 있는 경제 위기와 재정 위기, 그

중에서도 특히 경제 위기에 대해 중점적으로 다루고자 한다.

2022년 봄과 여름을 지나면서 글로벌 사회와 국내의 분위기는 어둡고 긴 COVID-19 팬데믹 터널의 거의 끝부분에 당도한 듯하다. 정확히 언제, 세계와 우리나라가 터널 밖으로 첫발을 내디딜지는 알지 못한다. 이는 어느덧 2023년도 벽두에 이른 지금도 마찬가지이다. 하지만 머지않아 팬데믹 터널이 끝날 것을 믿으면서 포스트 팬데믹 미래를 준비하고 설계해야 한다. 지금은 미래를 선점할 기회이자 시간이다.

2. 팬데믹 세상:
충격, 혼돈, 변화와 새 질서

코로나바이러스 세상, 충격에 빠진 세계

2020년 초 역사상 유례가 없는 글로벌 충격, 즉 코로나바이러스 팬데믹이 발생하여 현재도 진행 중이다. 팬데믹은 코로나바이러스가 처음 중국의 우한(武漢)에서 발생한 뒤 빠르게 전 지구를 초토화시키면서 단숨에 인류를 위협하는 '글로벌 마왕'(evil king)으로 등극하였다. 초기에 다소 머뭇거렸던 세계보건기구(WHO)는 코로나바이러스 발생 후 약 2달 만에 팬데믹(Pandemic), 즉 세계 대유행을 선포하였다. 현재 인류가 가장 경계해야 할 시대적 위험 대상으로 지목한 것이다. 그 후 세상은 완전히 뒤바뀌었다. 20세기와 21세기에 걸쳐 사는 인류 중 그 누구도 경험해 보지 못한 '코로나바이러스 세상'이 펼쳐졌다.

COVID-19 팬데믹은 전쟁과 다름없다. 어느덧 팬데믹 4년차를 향하는 지금, 이전보다 여러 면에서 나아진 것은 분명하다. 하지만 초기 상황과 절정기를 돌이켜 보면, 전 세계는 한 치 앞을 내다볼 수 없는 막막함 속에서 참담한 미래 전망을 그렸음을 부인할 수 없다.

팬데믹은 아마도 인류 역사상 사람이 사는 거의 모든 지역에 죽음과 질병의 고통과 공포를 느끼게 한 최초의 외부 충격일 것이다. 그것은 인체에 치명적인 코로나바이러스가 보이지 않으면서 빠르고 넓게 전파되는 침투력을 무기로 한다. 여기에 더해 오늘날 전 세계가 전에 없이 시공간적으로 촘촘히 연결되어 외부 충격의 공포감과 건강·사회·경제적 손실이 눈덩이처럼 불어났다.

이번 팬데믹은 현대사에서 가장 큰 비극으로 지목되는 제1, 2차 세계대전의 참혹함과 무수한 사망자(수천만 명의 사망자와 부상자)와는 비교될 수 없을 것이다. 그러나 세계대전은 지구상의 모든 인류에게 고통과 사회·경제적 어려움을 초래하지는 않았다. 그것은 전쟁에 직·간접적으로 연루된 국가와 지역에 국한되었다(물론 대전쟁 때문에 세계적으로 물자의 궁핍과 크고 작은 부정적 파급 효과가 발생한 것은 분명하다). 제1, 2차 세계대전은 많은 나라가 관여되고 인명과 재산 피해가 광범위한 점에서 분명 세계적이다. 하지만 지금의 팬데믹에 비하면 상대적으로 덜 세계적이다.

인류사에서 악명 높은 중세(14세기 중반)의 페스트(흑사병) 대유행이나 20세기 초반에 발생한 스페인 독감 또한 현재까지 COVID-19 팬데믹보다 훨씬 높은 치사율과 더 많은 사망자 수를 기록하였다. 특히, 페스트 대유행은 당시 유럽 인구의 약 1/3을 삼킬 만큼 극도로 치명적이었다. 하지만 이는 수십 년간 유럽 지역을 중심으로 진행되었을뿐 완전히 전 세계로 확산되지는 않았다.

스페인 독감은 1918년에 발생해서 약 2년간(1918~1919) 전 세계를 휩쓸었다. 이는 중세에 유행한 페스트 이후 사상 두 번째로 많은 사망자 수를 기록한 감염병이다. 아마도 이번 팬데믹은 세 번째로 많은 사망자 수를 배출하는 감염병이 될 것이다. 그러나 스페인 독감 또한 지금의 팬데믹처럼 지구촌 구석구석까지 스며든 위기 상황은 아니었다.

당시 세계는 이번 팬데믹 상황과 완전히 달랐다. 지금과 같이 세계가 인체의 신경망처럼 촘촘히 연결되어 작동하는 하나의 거대한 시스템으로 구조화되어 있지 않았다. 사람과 물자의 지역 간·국경 간 이동은 매우 제한적이었다.

이동에는 많은 시간과 비용이 들었다. 그리고 각종 사실과 정보의 대중적 공유는 극히 드물고 제한적이었다. 때로는 사실과 현상이 시대적 유행만큼이나 더디게 전파되었다. 그러나 21세기의 1/5을 관통한 오늘날은 그때와 완전히 다른 세상이다. 과거와 달리 지금은 각종 통계와 숫자와 정보가 넘쳐난다. 자국은 물론 거의 모든 나라의 팬데믹 상황(특히, 확진자와 사망자 정보)이 실시간으로 보도된다(국가 간 비교 정보는 유용한 점이 많지만, 때로 국민과 정부를 불필요하게 압박하고 불안하게 만든다). 사람과 물자와 정보 및 소통이 단기간에 어디든 자유롭게 이동하고 역동적으로 분출한다. 항공과 항해(특히, 물류 수송, 유람선)와 육상 교통, 정보통신 기술(ICT), 각종 디지털 기기와 기술 발전에 힘입어 사실상 전 지구가 하나의 거대한 네트워크로 연결되어 있다. 어느 한쪽에서 문제가 생기면 세계 도처로 문제가 번져 나가는 것이 오늘날의 세계 구조이자 역동성이다. 이것이 현재의 팬데믹이 과거의 팬데믹에 비해 시공간적 영향을 완전히 달리하는 결정적인 원인이다.

이미 모두가 경험하였듯이, 팬데믹은 코로나바이러스가 발생한 지 채 몇 달 되지 않아 전 지구를 죽음과 공포의 도가니로 몰아넣었다. 많은 면에서 지금의 팬데믹은 중세의 페스트 대유행과 감히 비교될 수 없다. 하지만 COVID-19 팬데믹은 감염의 속도와 시공간적 범위 그리고 영향을 받는 인류의 규모(인구수) 면에서 중세의 페스트 대유행을 능가한다.

현대, 그것도 최근 10~30년의 현대 사회는 비단 물리적 연결(여행, 수송, 배달 등)뿐만 아니라 ICT 등 각종 첨단 디지털 기술 발전에 힘입어 지구상의 거의 모든 지역이 정보, 데이터, 뉴스, 대화와 소통 등에서 초연결망으로 링크되어 있다. 현상과 사실과 소문이 몇 초 만에 전 세계에 알려진다. 각자의 손에 어지간한 소식과 정보가 다 들어 있고, 또 실시간으로 들어온다. 오늘날처럼 디지털로 무장한 개인이 사회와 국가, 언론, 심지어 세계에 영향을 미치고, 또한 그들로부터 무수한 영향을 받은 적은 인류 역사상 없었다.

가장 최근에는 스마트폰, 컴퓨터, 인터넷, 소셜 미디어(SNS 등) 등이 눈부시게 발전하고 있다. 이로 인해 가상 공간(virtual space)에서도 인류와 지역이 점점 촘촘히 연결되고 있다. 팬데믹 기간 중에 다양한 디지털 플랫폼과 인공 지능(AI), 로봇, 자동화, 메타버스(metaverse)가 이들과 합세하면서 비대면·가상 공간의 역할과 위력이 한층 더 강화되었다. 그 결과 오늘날에는 물리적·물질적 연결과 정보와 생각 및 대화의 연결이 시공간을 초월해서 동시에 이루어진다. 이제는 어지간한 오지가 아니라면 전 지구가 길게는 하루, 짧게는 수 초 내에 연결 도달된다. 과거에는 보이는 연결이 세상을 주도하였지만, 지금은 보이는 연결과 보이지 않는 연결이 합세해서 세상을 주도한다.

팬데믹 상황에서도 전개된 물리적·물질적 연결은 국가 간·지역 간 바이러스 전이(감염)를 급속히 확산시키는 요인으로 작용하였다. 아울러 정교한 ICT 시스템과 막강한 소셜 미디어에 기반을 둔 연결은 무수한 정보(객관적 사실과 현상, 올바른 정보, 그릇된 가짜 정보, 미확정·불확실 정보 등)를 통해 코로나바이러스에 관한 객관적인 인식과 바른 행동을 유도하는 한편 불안과 공포도 가중시켰다.

이러한 현대 사회의 특성에 편승해서 초대형 바이러스는 그 위력 이상 빠른 속도로 지구촌 전체에 엄청난 충격(impact)을 가하였다. 전 세계는 선·후진국 구분 없이 다 같이 흔들렸고, 함께 고통을 받았다. 마침내 세계는 지난 수십 년 만에 처음으로 모든 나라가 하나의 거대한 세트로 연루된 '시스템적 외부 충격'과 맞닥뜨렸다. 전 지구와 인류가 공동으로 피해를 보고, 또한 모든 나라가 함께 나서서 대응하지 않으면 안되는 희대의 글로벌 대사건이 벌어졌다.

팬데믹 위기는 전 세계가 전에 없었던 공동의 협력 체제를 구축하여 글로벌 자원과 지혜와 전략을 총동원해서 타개해야 하는 진정한 글로벌 과제이다.

이러한 사실을 인식하면서 다음 절부터는 COVID-19 팬데믹 사태가 전 지구적으로 어떤 중요한 현상과 상흔을 남기고, 또한 어떤 새로운 경향을 불러일으키고 있는지에 대해 거시적으로 조망하고자 한다.

모든 나라의 총체적 위기

팬데믹은 아시아, 유럽, 남북미, 오세아니아, 아프리카 등 예외 없이 거침없이 침범하였다. 2020년도 초·중반에 팬데믹이 감당할 수 없는 상태로 번지자 한동안 지구촌의 인적 이동은 사실상 중단되었다. 물적 이동에도 제동이 걸리면서 글로벌 공급망에 차질이 빚어졌다. 그로 인해 세계 경제는 극심한 불황에 시달렸다. 충격의 강도와 여파는 2021년 중반부터 다소 수그러들었다. 하지만 지구촌은 여전히 팬데믹의 늪에서 허덕였다.

2021년 중반 이후 세계적으로 백신 접종이 높아지자 팬데믹의 기세가 크게 꺾이는 듯하였다. 하지만 그것도 잠깐, 델타(delta) 변이가 빠르게 덮치면서 팬데믹의 불씨를 다시 지폈다. 그러나 다행히도 그 불꽃은 강하지 않아 오래 가지 못하고 사그라졌다. 그런데 이번에는(2021. 12) 오미크론(omicron)이라는 강력한 확장성을 지니는 신종 변이 바이러스(BA.1, BA.2, BA.5)가 득세하였다.

많은 나라가 코로나바이러스의 폭발적 확산과 강력한 규제 그리고 확산세 진정, 그 후 제2차 확산과 규제 및 확산세 진정으로 이어지는 사이클을 몇 차례씩 반복해서 경험하였다. 우리나라는 다른 나라에 비해 방역 상황이 상대적으로 양호하였지만, 지금까지 여섯 차례(6차 확산)의 사이클을 경험하였다. 이웃 일본은 우리보다 더 심한 사이클을 여섯 차례 겪다가 2022년 8월 오미크론 하위 변이 바이러스가 갑자기 득세하면서 제7차 코로나바이러스 사이클에

20세기 이후 발생한 인플루엔자 대유행

지난 약 100여 년 동안 지구상에서 발생한 인플루엔자 세계 대유행(influenza pandemic)은 이번의 COVID-19 팬데믹을 포함해서 총 다섯 번 있었다(이하 IMF 보고서(*Global Economic Outlook*, 2021) 참조). 그것은 소위 스페인 독감(Spanish flu)으로 불리는 1918~1919 팬데믹, 아시아 독감(Asian flu: 1957~1958), 홍콩 독감(Hong Kong flu: 1968), 돼지 독감(swine flu: 2009~2010), 그리고 이번의 COVID-19 팬데믹이다.

지금까지 인명 피해가 가장 심하였던 것은 1918년에 발생한 스페인 독감(the 1918 influenza pandemic)이다. 당시 대유행으로 전 세계 인구의 약 1/30이 감염되었고, 적게는 약 2,000만 명, 많게는 약 5,000만 명이 목숨을 잃었다. 2022년 4월 초 기준으로 전 세계의 COVID-19 확진자 수는 5억 명에 육박하고(전 세계 인구(약 78억 명)의 6.4%), 사망자 수는 600만 명(전 세계 인구의 0.08%)을 넘어섰다.

1918년도 팬데믹과 현재의 COVID-19 팬데믹 간에는 몇 가지 유사점도 있고 뚜렷한 차이점도 있다.

유사점으로는, 양자 모두 인플루엔자 바이러스가 호흡기(성) 비말과 에어로졸(respiratory droplets and aerosols)을 통해 전파된다는 사실이다. 그리고 바이러스 차단 내지 방역 조치에 양자 모두 안면 마스크 사용과 사회적 거리두기 그리고 다양한 검역 및 격리 조치(quarantine measures)를 적극적으로 활용한 점에서 유사하다.

그리고 국가의 재정 상황 면에서 1918년 팬데믹과 COVID-19 팬데믹 간에 비슷한 면이 있다. 1918년도 팬데믹 상황은 발생 직전까지 제1차 세계대전으로 인해 많은 나라가 막대한 공공 채무를 안고 있었다. 또한 그것은 전비 조달 과정에서 눈덩이처럼 불어났다. 배경과 상황 면에서 조금 차이가 있지만, 이는 팬데믹 극복 과정에서 많은 나라가 전에 없이 높은 수준의 국가 채무를 지게 된 오늘날의 현상과 비슷하다.

1918년 팬데믹과 COVID-19 팬데믹 간의 가장 큰 차이점은 치사율이다. 1918년도 팬데믹이 COVID-19 팬데믹을 단연 압도한다. 단적인 예로, 당시 청년층과 건강한 사람의 인플루엔자 치사율이 약 2~3%에 이를 정도로 매우 높았다. 참고로 COVID-19 팬데믹의 세계 평균 치사율은 1.26%이다(우리나라의 경우 0.12%임). 다만, 당시의 의료 기술과 처방 상황 및 대처 환경이 지금보다 크게 낙후되고 열악하였던 사실을 감안할 필요가 있다. 실제로 백신이나 적절한 치료약도 없었다.

끝으로, 1918년도 팬데믹으로 인한 수많은 인명 피해는 제1차 세계대전 중에 수천만 명이 목숨을 잃은 사태와 연결되어 그 후 노동 시장의 공급 부족과 그에 따른 임금 인상 현상을 유발하였다는 점을 강조하고자 한다.

진입하였다. 2022년 후반 내내 앞으로 발생할 수도 있는 제8차 코로나바이러스 확산 사이클에 대해 염려하였는데, 불행히도 2023년으로 해가 바뀌자 그것이 현실화되었다.[1)]

팬데믹 발생 후 불과 2년 반만에 전 세계적으로 코로나바이러스로 인해 목숨을 잃은 사람 수가 600만 명을 넘었다. 확진자 수는 5억 명을 초과하였다. 이 과정에서 세계적으로 수억 명의 노동자가 실직 상태에 내몰렸고, 그와 관련된 수많은 가계와 기업 경제가 파탄났다. 개인의 건강, 생업과 경제(일자리, 소득과 부, 생산, 투자, 소비, 저축), 사회·경제적 평등, 교육, 사회 생활 환경과 조건, 국민 경제와 국가 재정 등 인간의 생존과 사회와 국가 운영에 필수적인 것 가운데 그 어느 하나 심각한 타격과 손상을 입지 않은 것은 없다.

팬데믹이 본격적으로 위용을 드러내자 국가의 건강 및 사회 보장 시스템이 통째로 흔들렸다. 바이러스의 정체와 확산 경로 및 파급 효과를 추정하고 확진자를 적절히 조치하는 데 필요한 시간, 역량, 시설 모두가 부족하였다. 그 사이에 무수한 사람이 죽거나 바이러스에 감염되었다. 현대 국가와 사회의 취약하고 초라한 민낯이 그대로 드러났다.

세계적으로 자부심과 자랑거리로 가득 찼던 쟁쟁한 선진국들이 하나둘씩 망가졌다. 병상 부족으로 중증 환자들이 대기하다 죽어 가는 생생한 영상 뉴스가 실시간으로 전 세계에 전파되었다. 한시가 급한 상황에서 인공호흡기가 모자라 병원 복도에서 생명을 잃거나, 의료 체계 미비로 응급 상황에서 병원을 찾다 숨지는 일이 수없이 나타났다. 어떻게 할 수가 없어 비자발적으로 재택 치료를 받게 된 사람도 부지기수였다. 이미 병원의 수용 능력이 한계에 도달한

1 일본 정부는 2021년 10월 중순 이후 감염자 수가 급격히 줄어들자 방역과 일상생활의 양립을 추구하는 방향으로 팬데믹 정책을 선회하였고, 최근에 와서는(2023. 1) 금년 5월부터 COVID-19를 '계절성 인플루엔저(독감)'로 격하하기로 결정하였다.

것이다.

방역 차원에서 강요된 사회적 거리두기나 록다운(lockdown: 도시 및 지역 봉쇄), 영업 및 집합(모임) 제한 또는 금지 등 각종 만남과 경제적 활동에 제약을 가하는 강력한 정부 통제가 끊임없이 반복되었다. 자연히 국가의 사회적·경제적 역동성과 실적이 크게 위축되었음은 두말할 나위 없다. 아울러 세계의 교역량과 경제 성장도 큰 폭으로 떨어졌다.

팬데믹 사이클과 그에 따른 정부 통제는 다량의 실업과 성장 둔화 현상을 초래하였다. 마냥 튼튼해 보였던 국가 경제와 재정의 취약성이 앙상하게 드러났다. 그리고 팬데믹 상황이 깊어지자 그동안 잠복해 있었던 사회·경제적 불평등 문제가 적나라하게 노정되었다. 기존의 불평등 현상과 결이 조금 다른 팬데믹 불평등이 기존 불평등 현상과 겹쳐지면서 국가와 사회의 긴장과 갈등이 점점 고조되고 있다. 요약하면, 인체에 치명적인 바이러스가 득세하자 삽시간에 개인의 건강과 생명에 중대한 위협이 가해졌고, 국가 경제의 역동성과 사회의 활동성에 마비 현상이 나타났다. 그 사이에 각종 불평등 현상이 분출하였다.

종합적으로, COVID-19 팬데믹은 일차적으로는 인간의 생사와 건강 문제, 그리고 이차적으로는 인간의 '먹고 사는 문제'와 사회적 동물로서의 존재 의의에 치명타를 가하였다. 이 인류 공공의 적은 아직도 뜨거운 상태이고, 지구촌의 모든 인구가 이구동성으로 지목하는 퇴치 대상이다. 모든 인류는 이쯤 해서 팬데믹이 역사의 뒤안길로 사라지기를 간절히 원하고 있다.

전대미문의 확진자, 사망자 발생

COVID-19 팬데믹은 수많은 인류를 사망과 질병의 고통으로 내몰았는데, 국가와 지역에 따라 차이가 난다. 팬데믹 과정에서 사망자 수가 가장 많이 발생한 나라(2022년 4월 1일 기준, Our World in Data)는 미국(982,371명), 브라질(660,265명), 인도(521,264명), 멕시코(323,127명), 러시아(361,679명) 순이다. 국가 간 객관적인 비교를 위해 위의 국가들을 인구 100만 명당 사망자와 확진자의 수를 살펴보면 다음과 같다. 먼저, 사망자의 경우 미국 2,950.82명, 브라질 3,085.45명, 인도 374.09명, 멕시코 2,480.59명, 러시아 2,478.75명으로 파악된다. 다음으로, 확진자 수를 비교하면, 미국 240,722.98명, 브라질 140,090.80명, 인도 30,878.97명, 멕시코 43,466.73명, 러시아 120,633.70명으로 나타난다(〈표 2-1〉 참조).

인구 100만 명당 확진자 수를 지역별로 보면, 아시아(30,060.00), 아프리카(8,416.21), 오세아니아(129,255.81) 지역은 상대적으로 선방한 반면, 유럽(241,754.27), 북미(158,691.78), 남미(129,162.24) 지역은 그야말로 죽을 쑤었다. 의외로 선진 지역(유럽, 북미)에서 인구 100만 명당 확진자 수가 높게 나타났다. 여기에는 여러 가지 원인이 있지만, 그중 하나로 고령화 현상이 지목된다(이는 치사율과도 관련이 있다). 이것은 세계의 인구 통계(예컨대, 중위 연령)와 실제 사망자 현황 그리고 사망자 연령 분포 등에 대한 유럽 지역의 비교 데이터가 강하게 뒷받침해 준다. 예컨대, 이탈리아, 독일, 프랑스, 스페인, 그리스 등 대부분의 유럽 국가들은 65세 이상 인구가 전체 인구의 20%를 넘어서는 초고령 인구 국가이다.

치사율의 세계 평균은 1.26%인데, 남미(2.30%)와 아프리카(2.18%) 지역은 세계 평균의 거의 2배에 가까울 정도로 높은 위험 수준을 보였다. 즉, 이들 지역에서는 코로나바이러스에 감염된 사람(확진자) 100명 중 약 2명이 죽는 매우 높

〈표 2-1〉 COVID-19 팬데믹 관련 주요 통계(사망자, 확진자 등)

지역/국가	확진자 (명)	사망자 (명)	세계 인구 대비 사망자 비율 (%)	인구 100만 명당 확진자 (명)	인구 100만 명당 사망자 (명)	치사율 (%)	인구 100만 명당 백신 투여량
세계	489,608,730	6,148,594	100.00	62,172.81	780.78	1.26	143.39
유럽	181,065,001	1,774,536	28.86	241,754.27	2,369.32	0.98	167.65
북미	94,672,547	1,416,142	23.03	158,691.78	2,373.76	1.50	160.55
아시아	140,634,036	1,408,358	22.91	30,060.00	301.03	1.00	165.56
남미	56,090,447	1,288,288	20.95	129,162.24	2966.63	2.30	186.88
아프리카	11,559,547	251,961	4.10	8,416.21	183.45	2.18	32.78
오세아니아	5,586,430	9,924	0.15	129,255.81	215.04	0.17	164.65
미국	80,149,309	982,371	15.98	240,722.98	2,950.82	1.23	168.92
브라질	29,978,513	660,265	10.74	140,090.80	3,085.45	2.20	194.10
인도	43,027,035	521,264	8.48	30,878.97	374.09	1.21	132.19
러시아	17,601,907	361,679	5.88	120,633.70	2,478.75	2.06	112.14
멕시코	5,662,073	323,127	5.26	43,466.73	2,480.59	5.71	147.32
영국	21,285,727	165,721	2.70	312,074.88	2,429.67	0.78	206.77
프랑스	25,816,805	142,476	2.32	382,913.66	2,113.20	1.96	210.26
독일	21,394,691	129,695	2.11	255,000.85	1,545.82	0.61	205.09
일본	6,604,726	28,198	0.46	52,397.34	223.70	0.43	202.87
한국	13,639,915	16,929	0.28	265,858.42	329.97	0.12	235.21

자료: Our World in Data(2022. 4. 1 기준).

은 사망 확률을 뜻한다. 백신 투여량(인구 100만 명당)의 세계 평균은 143.39인데, 아프리카는 32.78로 세계 평균의 약 1/4 수준으로 매우 낮다. 이는 뒤에서 살펴보는 백신 접종률(이용률)의 선진국과 개발 도상국 및 저소득 국가 간의 백신 격차(백신 불평등) 현상을 시사하는 단면이다.

미국에서 사망자 수가 가장 많았던 사실(약 100만 명 사망)은 여러 면에서 의문과 아이러니한 측면이 있다. 여기에는 미국이라는 나라의 고유성과 독특성

(예컨대, 세계 최고 수준의 개인 자유 존중, 인종 다양성, 정치적 체계와 운영 방식(정부와 의회 관계, 연방정부와 주정부의 관계 등), 심각한 사회·경제·인종적 불평등 현상, 건강 및 사회 복지·보장 체계의 미흡, 높은 비만율과 기저질환 등)이 복합적으로 작용한 것으로 추측된다. 어쨌든, 세계 제3위의 인구 강국(2020년 기준 3억 3,100만 명)이자 1인당 소득 6만 달러를 넘어서는 최선봉 선진국에서 코로나바이러스 사망자 수가 세계 최고치를 기록한 것은 쉽게 설명될 현상은 아니다.

우리나라의 경우 사망자 수 16,929명이고, 누적 확진자 수 13,639,915명으로 파악되었다. 인구 100만 명당 사망자 수와 확진자 수는 각각 329.97명, 265,858.42명이고, 치사율은 0.12%이다. 이는 세계 평균 치사율 1.26%를 크게 밑돌 뿐 아니라 세계에서 가장 양호한 그룹 수치이다(〈표 2-1〉 참조).

우리나라는 코로나바이러스 발생 이후 줄곧 통계적으로나 실제 상황 면에서 매우 양호한 코로나바이러스 대응 국가로 평가받았다. 특히, 사망자 수와 치사율 그리고 백신 투여(접종률) 등에서 세계 최정상급 수준으로 평가되었다. 다만, 확진자 수(인구 100만 명당 확진자 수)는 세계 평균을 크게 웃도는데, 그것은 2022년 초에 변이 바이러스 오미크론을 제대로 통제하지 못해 단기간에 폭증한 데 기인한다.

지난해 2월에서 4월 중순까지 심각한 오미크론의 지배하에서 연일 세계적으로 코로나바이러스 확진자 수(인구 100만 명당 확진자 수)가 최고치를 기록하는 불명예를 안았다. 2022년 5월 중 한때는 우리나라의 하루 코로나바이러스 확진자 수가 전 세계 1일 확진자 수의 1/3 이상을 차지하는 매우 난감한 상황이 벌어지기도 하였다. 확진자 수는 일시적으로 폭증하였지만, 다행히도 사망자 등 위중한 피해자 수는 크게 심각하지 않았다. 국민의 70~80% 이상이 2차 백신 접종을 마쳤거나 이미 코로나바이러스에 걸린 사람 수가 상당하였기 때문이다. 아울러 코로나바이러스의 위력이 초기 절정기에 비해 약해진 것도 한몫을

<그림 2-1> COVID-19 누적 확진자 추이

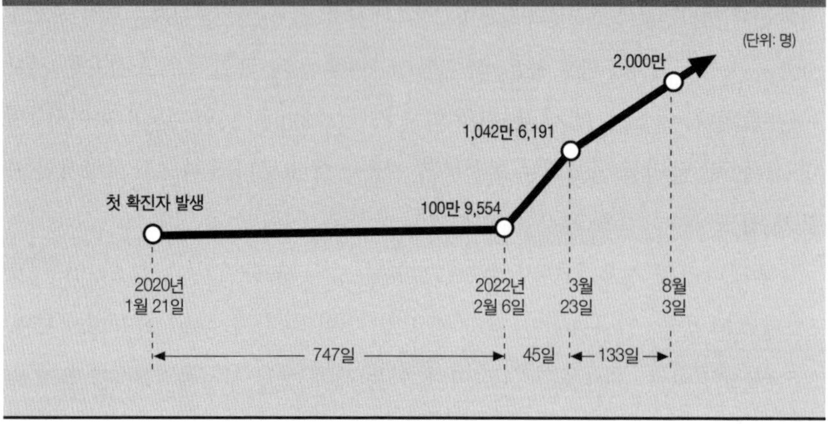

자료: 질병관리청(동아일보, 2022. 8. 3 재인용).

하였다. 그럼에도 불구하고 지난해 우리나라는 누적 확진자 수 2,000만 명을 넘는 세계 여덟 번째 국가(미국, 인도, 프랑스, 브라질, 독일, 영국, 이탈리아, 한국)의 범주에 속하게 되었다. 2022년 8월 말경 오미크론 변이 바이러스(BA.5)가 조금 득세하였지만(6차 유행), 당시 정부 당국이나 국민 모두 충분히 통제 가능할 것이라는 인식과 태도를 보였다.

끝으로, 빈곤 계층 등 사회적 취약 계층은, 과거에도 늘 그랬듯이, 더 크고 많은 피해를 보았다. 이들은 다른 계층에 비해 바이러스 감염 위험에 더 많이 노출되었고, 사회·경제적으로도 희생양이 되었다. 즉, 취약 계층은 감염(질병) 불평등과 함께 사회·경제적 불평등 소용돌이에도 말려들었다. 다만, 아직은 소득 계층별 코로나바이러스 피해 실태(예컨대, 사망자, 감염자, 중증 환자 등)에 관한 공식 자료가 없어서 그에 관한 보다 구체적이고 정확한 분석은 할 수 없다.

초유의 깊은 경제 충격, 회복을 향한 강한 기대, 신중한 낙관론

(1) 마이너스 세계 경제 성장, 심각한 고용 위기와 소득 감소

COVID-19 팬데믹은 세계적으로 무수한 사망자와 확진자를 발생시킨 것 못지않게 경제적으로 엄청난 악영향을 끼쳤다. 세계 경제는 곤두박질쳤고, 일부 산업(예컨대, 여행, 숙박, 관광, 음식, 운송, 오락·문화 활동 등 엔터테인먼트 분야)은 사실상 운영을 멈추거나 개점 휴업을 하였다. 이들은 현재까지 팬데믹으로 가장 큰 타격을 입은 산업 부문이다. 여기에 속한 업체의 상당수와 수많은 노동자가 파산과 실직의 쓰라린 경험을 하였다. 개인과 가계의 생활 및 생존에 큰 어려움이 생겼음은 말할 필요도 없다.

팬데믹은 다른 산업 부문에서도 수많은 노동자를 실직과 노동 시간 단축 상태로 내몰았다. 그리고 자영업자와 비정규직 노동자들의 생계를 극단적 상황으로 위협하였다. 세계적으로 수많은 일자리가 상실되고, 생산량 감소와 손실이 발생하였다. UN(2021. 3)은 전 세계적으로 비정규직 노동자를 포함한 비공식 경제(informal economy) 종사자 약 16억 명이 크나큰 피해를 입고 생계에 위협을 받는 것으로 추정하였다. 팬데믹이 인간에게 바이러스 감염을 통해 사망과 고통을 초래하는 것은 치명적이다. 마찬가지로, 팬데믹이 할퀴고 간 사회·경제적 피해 또한 말할 수 없이 쓰라리고 아프다.

통계청에 의하면, 우리나라의 자영업자 수(직원을 둔 자영업자)는 2018년과 2019년에 각각 165만 명, 153만 명이었는데, 팬데믹 발생 후 2020년과 2021년에는 각각 136만 명, 130만 명으로 크게 줄어들었다. 팬데믹으로 근 20만 명 이상의 자영업자가 감소한 것이다. 더 심각한 것은 자영업자의 매출액이 팬데믹 발생 후 그 이전에 비해 거의 반토막이 난 사실이다.

〈그림 2-2〉 세계 실질 GDP 성장률 추이(2000~2021)

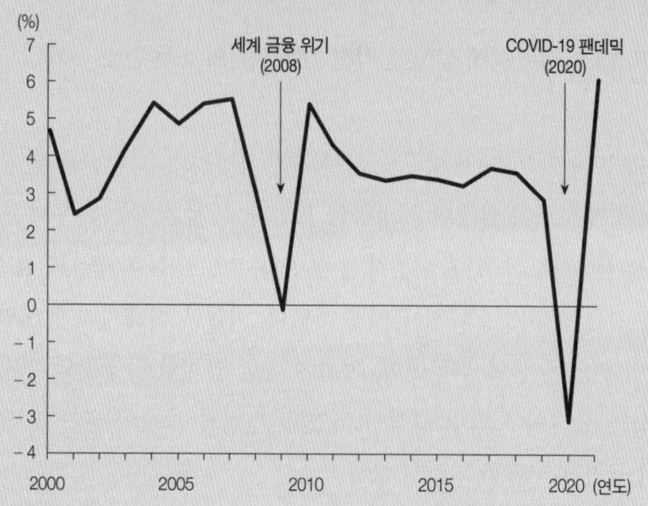

자료: IMF.

세계는 제2차 세계대전 이후 가장 부진한 마이너스 경제 성장의 늪에 빠졌다. 조금이라도 플러스 경제 성장을 기록한 나라는 중국 등 극소수이다. 국제통화기금(IMF)의 공식 통계에 의하면, 팬데믹이 절정을 이룬 2020년의 세계 경제는 -3.1%(선진국 -4.5%)의 처참한 성장률을 기록하였다. 글로벌 경제가 1929년의 세계 대공항(Great Depression) 이후 근 90년 만에 사실상 역사상 최악의 역성장 기록을 세운 것이다.

가장 최근의 글로벌 경제 위기인 2008년도 글로벌 금융 위기 당시 세계 경제 성장은 -0.1%(2009년)로 뚝 떨어졌다. 글로벌 위기의 진원지인 미국, 그리고 미국과 밀접한 경제 관계를 유지하는 유로존의 경제 성장률은 더 큰 역성장의 나락에 빠져들었다. 미국의 GDP는 위기 발생 후 5년이 되는 2011년이 되어서야 2007년 말 수준을 회복하였다. 이는 당시 미국 경제가 얼마나 큰 충격을 받았는지를 말해 준다.

그러나 우리나라와 일본 등 아시아 경제권은 글로벌 금융 위기의 경제적 타격이 상대적으로 적었다. 2009년도의 우리나라 경제 성장률은 0.8%의 플러스 성장을 보여 비교적 선방하였다. 참고로 우리 경제가 직격탄을 맞은 외환위기 당시, 1998년도 한국 경제는 −5.1% 성장률이라는 참담한 성적표를 거머쥐었다(당시 세계 경제 성장률은 2.6%). 그 후 IMF의 구제 금융 조치와 대규모 구조조정(부실기업 정리 포함) 및 수출 확대에 힘입어 2000년에는 11.5%라는 큰 폭의 경제 성장을 이루었다.

팬데믹 원년(2020년)의 경제 실적을 글로벌 지역별로 보면, 록다운 등 인적·물적 이동 및 활동을 강하게 통제한 유로존의 경제가 가장 큰 타격을 입었다. 구체적으로, 유로존의 2020년도 경제 성장률은 −6.4%로 세계 평균 성장률보다 2배나 나빴다. 그중에서도 스페인은 −10%를 넘는(−10.8%) 최악의 실적 부진을 경험하였다.

국경이 봉쇄되고 나라 간 여행이 엄격히 통제되면서 여행 및 관광 산업은 전 세계적으로 거의 질식 상태에 빠졌다. 특히, 관광을 주된 먹거리로 삼고 있는 상당수 저소득 국가와 선진국 내 일부 지역의 경제는 통째로 흔들리고 마비되었다. 팬데믹 발생 후 여행·관광 산업 분야의 상당수 중소기업은 일찌감치 폐업하거나 도산하였다. 만일 각국 정부가 적극적으로 재정 및 금융 지원을 하지 않았었더라면, 세계적으로 쟁쟁한 기업들 또한 파산하였을 것이다.

대표적인 예로 전 세계 메이저 항공사의 경영 상황을 언급할 수 있다. 팬데믹 발생 이후 우리나라를 비롯한 전 세계의 항공 산업은 장기간 운항 중단 내지 제한적 운항 사태로 말미암아 사실상 도산 일보 직전이었다. 거의 모든 항공사의 주가는 팬데믹 전에 비해 반토막 내지 1/3 내외 가격 수준으로 급전

〈표 2-2〉 팬데믹 발생 후 세계 경제 성장률

(단위: %)

	2020	2021
세계	-3.1	5.9
선진국	-4.5	5.0
미국	-3.4	5.6
유로존	-6.4	5.2
- 독일	-4.6	2.7
- 프랑스	-8.0	6.7
- 이탈리아	-8.9	6.2
- 스페인	-10.8	4.9
일본	-4.5	1.6
영국	-9.4	7.2
캐나다	-5.2	4.7
한국	-0.9	4.0
신흥국/개발 도상국	-2.0	6.5
중국	2.3	8.1
인도	-7.3	9.0
러시아	-2.7	4.5

자료: IMF(2022).

직하하였다. 그 당시 각국 정부가 적극적으로 개입하지 않았다면, 세계적으로 많은 항공사가 도산하였을 것이다. 그러나 전 세계의 대부분 주력 항공사들은 각국 정부의 파격적이고 우호적인 금융 및 재정 지원에 힘입어 파산하지 않았다. 적어도 명목은 유지할 수 있었고, 그중 일부는 창의적인 경영 전략(예컨대, 여객기를 화물 수송 용도로 전환)을 구사해서 경영 악화를 타개하였다.

2022년에 들어와서는 코로나 사태가 진정 국면에 접어들고 세계적으로 인적·물적 왕래가 크게 숨통을 틔우자 항공 산업은 빠르게 예전 모습을 되찾고 있다. 이와 유사한 사례는 여행·숙박·관광 분야에서도 쉽게 찾을 수 있다. 다만, 미국의 경우 코로나 사태로 빚어진 항공 인력 등 고급 숙련 노동자의 이탈, 이민 인구 감소, 소위 대사직(great resignation)·조용한 사직(quiet quitting)으로 인한 구인난에 몸살을 앓고 있다.

팬데믹 불황 속에서도 매우 예외적으로 뜻밖의 경제 활황을 경험한 분야가 있다. 그것은 ICT 기반의 디지털 산업 분야이다. 이들은 위기 상황에서 누구도 예상치 못하였던 엄청난 기업 성장과 수익을 향유하였다. 이에 대하여는 조금 뒤에서 구체적으로 다룬다.

선방한 우리나라의 팬데믹 경제 실적

우리나라는 팬데믹 위기 속에서도 경제적으로 비교적 잘 버텨 낸 나라에 속한다. 주지하다시피, 대한민국은 세계 굴지의 수출 주도형 경제 시스템을 유지하는 나라로 2022년 현재 세계 7위의 수출 대국이다. 이러한 수출 주도형 대한민국 경제는 팬데믹으로 인적·물적 이동이 크게 제한되고 글로벌 공급망 차질 문제가 심각해진 상황에서도 비교적 선방하였다. 우리 기업의 노력과 창의가 결실을 맺어 가능한 일이었다. 그리고 운도 따랐다. 우리 수출의 대종을 차지하는 반도체 분야가 예상 밖의 세계적 특수('팬데믹 특수')를 누리게 되었기 때문이다.

반도체 팬데믹 특수는 팬데믹이 몰고 온 비대면·온라인 주도형 경제·사회 활동이 반도체와 디지털 기기를 핵심적인 도구로 사용하면서 생겨났다. 한국의 대표 기업이자 세계 반도체 시장의 총아인 삼성전자는 팬데믹 원년인 2020년과 2021년에 매출액이 236조 8,100억 원, 279조 400억 원, 그리고 영업 이익이 35조 9,900억 원, 51조 5,700억 원의 대기록을 달성하였다. 이것은 팬데믹 직전 연도의 매출액 230조 4,000억 원과 영업 이익 27조 7,700억 원을 크게 웃도는 실적이다. 삼성전자의 실적을 분기별로 살펴보면, 팬데믹으로 인한 사회·

경제적 통제 조치가 본격화된(즉, 비대면 온라인 사회·경제적 활동이 본격화된) 2020년 3분기부터 매출과 영업 이익이 크게 증가하는 현상이 뚜렷하다.

금융감독원(2022. 4. 1)에 따르면, 우리나라 기업 중 시가 총액 상위 100대 제조업체가 2020년과 2021년에 올린 영업 이익은 각각 69조 3,699억 원, 132조 8,985억 원이다. 이를 삼성전자와 삼성전자를 제외한 나머지 99개 회사의 영업 이익으로 구분한 다음 코로나 사태 발생 직전·후 연도와 비교해 본 결과는 다음과 같다. 팬데믹 원년인 2020년을 2019년과 비교할 때, 삼성전자를 제외한 99개 회사의 영업 이익은 2.9% 감소(2019년 34조 3,846억 원에서 2020년 33조 3,760억 원으로 감소)한 반면 삼성전자의 영업 이익은 큰 폭으로 증가하였다. 이것은 팬데믹 상황에서 대부분 대기업이 죽을 쑤는 상황에서 삼성전자만 독보적으로 경영 호조를 누린 것을 말해 준다.

정부의 초대형 확장적 재정 정책도 우리 경제 성장에 크게 기여하였다. 국가 경제 성장을 견인해 나가는 주요 부문(항목)별 기여도를 산정하는 방식은 몇 가지 있다. 일반적으로 민간 부문과 정부 부문으로 구분하거나, 순 수출(수출-수입)과 내수로 구분하는 접근 방법이 사용된다. 한국은행에 의하면 코로나 사태 원년인 2020년에는 성장 기여 요인 중 수출이 77.8%로 가장 높았고, 2021년에는 그보다 더 높은 87.5%를 기록하였다. 하지만 2022년과 2023년에는 수출보다 내수의 성장 기여도가 2배 이상 더 클 것으로 한국은행은 예측하였다. 이는 팬데믹 상황이 국내외적으로 크게 완화될 것이라는 전망을 전제로 하는 것으로 보인다. 하지만 이러한 전망은 2022년 초 이후 크게 일그러졌다.

세계적으로 팬데믹 상황은 크게 좋아졌지만, 세계 경제에 먹구름이 끼면서 수출이 생각만큼 향상되지 못하고 있다. 수출은 지난 2년간 매월 증가세를 보여 팬데믹 상황에서 선방하였지만 증가율이 둔화되는 아쉬움은 있다(급기야 지난해 말부터 수출이 마이너스 성장으로 돌아섰다). 문제는 미국의 가파른 금리 인

〈그림 2-3〉 팬데믹 전후의 삼성전자 실적

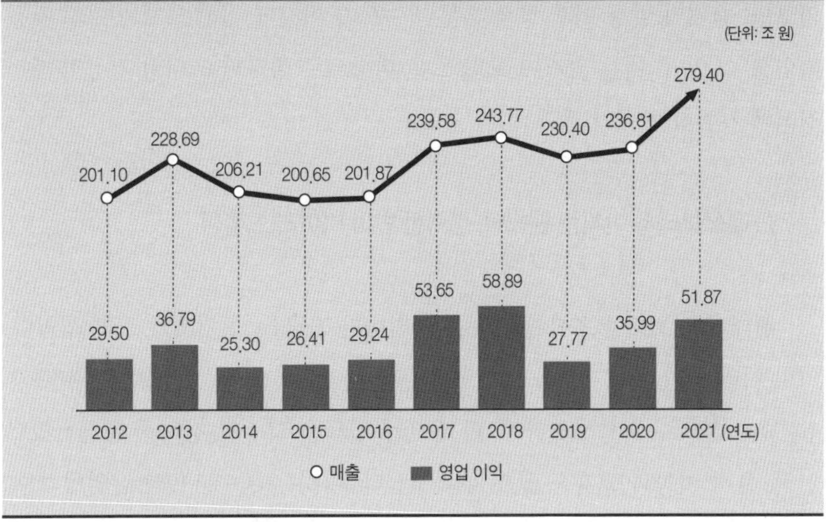

자료: 삼성전자.

상으로 촉발된 강달러(소위 킹 달러(king dollar))가 국제 무역에 커다란 영향을 미치면서 우리나라의 수입이 큰 폭으로 늘어난 점이다. 원유, 천연가스, 석탄, 주요 광물 등 원자재와 주요 곡물을 해외에 의존하는 우리 경제의 발등에 불이 붙은 것이다. 글로벌 인플레이션으로 폭등한 수입 원자재 가격에 전보다 크게 오른 달러(강달러, 약원화) 지불의 이중 부담이 겹치면서 수입이 수출을 크게 앞지르는 현상이 나타났다. 즉, 무역 수지 적자가 발생하였다. 그런데 무역 수지 적자가 한두 달에 멈추지 않고, 지난해 4월부터 12월까지 9개월 연속으로 계속되는 지속성 내지 경향성을 보이고 있다. 이는 1990년대 말의 외환 위기 이후 처음 있는 일로써 우리 경제에 비상등이 켜진 것으로 보고 심각하게 인식해야 한다.

또 다른 관점에서 민간 부문과 정부 부문으로 구분하여 성장 기여도를 살펴보면, 팬데믹 발생 이후 정부 부문 기여도가 이전에 비해 크게 높아진 것을 확인할 수 있다. 이는 과거에 보기 드문 현상으로 정부의 초대형 확장적 재정 정책에 기인하는 바가 크다.

(2) 예상보다 길어지는 팬데믹, 강력한 변이 바이러스 출현

팬데믹은 2022년 초까지 기승을 부리다가 지금은 그 기세가 크게 꺾였다. 이미 여러 국가가 팬데믹을 엔데믹(endemic: 계절성 독감이나 지역 풍토병 수준으로 전환되는 것)으로 전환하였다. 그리고 세계 각국은 그동안 강력히 통제하였던 인적·물적 이동과 교류도 크게 완화시켰다. 이것은 COVID-19의 감염병적 특성과 위험도가 현저히 약화되었음을 의미한다. 아울러 그 위용과 두려움도 이제는 일상생활 속에서 어느 정도 감내할 수 있을 정도로 상당히 무뎌졌음을 뜻한다(다만, 세계보건기구(WHO)는 2023년 초 현재 '전 세계 코로나 비상사태'의 종료를 결정하지 않았다).

구미 선진국에 뒤이어 우리나라도 지난해 5월 이후 대부분의 팬데믹 통제 조치를 풀었다. 여전히 적지 않은 확진자가 끊임없이 나오는 상황이지만, 보건·사회적으로 충분히 감당할 수 있다는 자신감과 확신이 생겼다는 것을 의미한다. 사실상 팬데믹 상태에서 포스트 팬데믹(Post Pandemic: 팬데믹 이후)으로 넘어가는 과도기적 상황으로 인정하는 분위기이다.

팬데믹 2년차인 2021년 초반까지만 해도 선진국들은 조심스러운 낙관론 속에서 포스트 팬데믹의 미래상을 구상하고 준비하느라 한참 분주하였다. 팬데믹 와중에서도 미래에 대한 신중한 낙관론이 설득력을 갖게 된 배경에는 코로나바이러스에 대응할 수 있는 강력한 무기, 즉 백신 개발이 자리한다. 백신 개발은 거대한 외부 충격에 강력히 맞설 수 있는 인류의 능력과 성과를 상징한다. 아울러 앞으로 어떤 변이 바이러스가 출현하더라도 그것을 충분히 극복할 수 있다는 일종의 믿음과 자신감을 부여한다.

그런데 2021년 중반 이후 그러한 신중한 낙관론에 일부 제동이 걸렸다. 당초 2021년에 끝날 것으로 예상되고 또한 기대도 하였던 팬데믹 종말론이 보기 좋게 빗나갔기 때문이다. 그래도 그때까지만 해도 팬데믹에 관한 세계의 주도적인 경향이 신중한 낙관론에서 새로운 비관론으로 완전히 쏠리지는 않았다. 다소 성급하였던 신중한 낙관론이 조금 시간적 거리를 두는 중립적 영역(낙관도 비관도 아닌 중간 상태)으로 조정해 나가는 국면 전환 같은 분위기가 지배하는 듯하였다.

그러나 2022년 봄을 지나 초여름에 들어서자 포스트 팬데믹에 대한 낙관론과 중립적 시각은 완전히 부정적이고 비관적인 전망으로 돌변하였다. 세계 경제가 뜻밖의 복병을 만나 비틀거리기 시작한 것이다. 코로나바이러스의 변종 돌출, 글로벌 인플레이션의 현실화, 러시아의 우크라이나 침공, 글로벌 공급망 차질 문제의 해소 지연, 중국의 경제 성장 둔화, 막대한 적자 재정 지출, 기타 팬데믹 불확실성 요인이 동시다발적으로 세계 경제를 강타하고 있는 데 그 원인이 있다.

(3) 뜻밖의 복병: 글로벌 경제 회복 지연, 접어야 할 기대, 부상하는 포스트 팬데믹 혼돈

당초 2022년부터 뚜렷한 회복세를 보일 것으로 예상되었던 세계 경제는 앞서 언급한 뜻밖의 복병을 만나면서 미래 전망이 크게 흐트러지고 불확실해졌다. 세계 경제 성장 전망을 두고 국제 사회에서는 낙관적 견해를 압도하고 비관적 견해가 대두되기 시작하였다. 불과 반년 남짓한 시간에 세계 경제를 바라보는 눈과 감각이 완전히 달라진 것이다.

국제통화기금(IMF)은 2021년 후반까지만 해도 향후의 세계 경제를 비교적 낙관적으로 전망하였다. 구체적으로, 세계 경제는 2021년 5.9%, 2022년 4.7%의 경제 성장률을 기록할 것으로 예측하였다. 이러한 전망의 배경에는 기저 효과와 코로나바이러스 약화에 대한 예상과 기대가 있다. 2020년도의 팬데믹 경제 성적이 제2차 세계대전 이후 가장 부진하였던 만큼 2021년도의 경제 성적은 자연히 높아질 수밖에 없는 구조였다. 사실, 얼마나 더 높아질 것인지가 당시의 관전 포인트였다. 실제로 2021년도의 세계 경제 성장률은 예상대로 5.9%의 높은 실적을 보여 2020년과 확연히 다른 모습을 보였다.

역설적으로, 2020년에 상대적으로 좋은 실적을 보였던 우리 경제는 2021년에 회복세를 보였음에도 다른 선진국들에 비해 상대적으로 낮은 성장률을 기록하였다. 예를 들어, 미국(5.6%), 유로존(5.2%), 영국(7.2%), 캐나다(4.7%) 등이 4~5% 이상의 견조한 회복세를 보인 데 비해 우리나라의 경제 성장률은 4.0%에 머물렀다(앞의 〈표 2-2〉 참조).

뒤돌아보면, 2021년 말, 2022년 초만 하더라도 선진국과 주요 국제기구들의 대체적인 분위기는 2022년 말경이면 미국, 중국, 유럽이 이끄는 세계 경제가 팬데믹 이전의 성장 경로에 재진입할 것이라는 낙관적 사고로 농후하였다. 당시 OECD는 글로벌 경제 성장을 2022년 4.5%, 2023년 3.2%로 전망하였고, 글로벌 인플레이션 문제에 대하여는 일시적이고 가벼운 것으로 인식하였다.

그 당시의 정책 판단 기조는 다음과 같다. 비록 선진국을 중심으로 인플레이션이 일시적으로 득세는 하겠지만, 이 문제는 2022년 중으로 크게 약화되거나 사라질 것이라는 사고와 판단을 골자로 한다. 이는 그동안 존재해 왔던 글로벌 공급망 차질 문제와 과잉 수요 요인이 상당 부분 해소되고, 여기에 적절한 금융통화 정책이 가미되면 인플레이션 문제는 완전히 수그러들 것이라는 정책 시나리오를 업고 있다. 한마디로, 인플레이션에 대해 상당히 안이하고 낙관적인 견해가 국제 사회를 지배하였다. 이는 글로벌 인플레이션의 최초 진원지인 미국은 물론 유럽과 주요 경제 예측 기구도 비슷하였다.

그런데 2022년에 와서도 글로벌 시장을 교란시키는 공급망 차질 문제는 전혀 해결되지 않았다. 그리고 예상 밖으로 팬데믹이 길어지고 장기화되는 형국이다. 설상가상으로 지난해 3월 초에 러시아의 우크라이나 침공 사태가 발생하였다. 전쟁의 비극은 말할 것도 없고, 전쟁으로 인해 오일, 천연가스, 곡물, 원자재 등의 수급에 큰 차질이 빚어졌다. 그 결과 세계 경제의 불확실성이 급격히 고조되었다. 이러한 사태를 예의 주시하던 국제기구들은 2021년 말에 제시하였던 2022년도 세계 및 주요국의 경제 성장률 전망치를 부랴부랴 하향 조정하였다.

IMF는 2021년 10월에 예측하였던 2022년도 세계 경제 성장(global GDP growth)을 2022년 초에 낮추고, 2022년 4월에 또 다시 3.6%로 낮추었다. 그리고 7월 전망에서 3.2%로 한 번 더 하향 조정하였다. 세계은행(World Bank)은 2022년 1월에 세계 경제 성장률 전망을 4.1%로 잡았다가 6월에 2.9%로 크게 낮추었다. OECD는 2021년 11월에 2022년도(2023년도) 세계 경제 성장률을 4.5%(3.2%)로 전망하였으나, 2022년 6월에 3%(2.75%)로 대폭 낮추었다. 이런 추세라면 앞으로 적어도 한 차례 이상 더 세계 경제 성장 전망을 하향 조정할 것이 거의 확실시된다. 실제로 세계 경제의 3대 견인차인 미국, 중국, 유럽연합(EU)의 경제 성장률이 예상을 크게 밑도는 실적을 보였다.

당초 예상과 달리 우크라이나 전쟁이 길어지고 있다. 2023년 2월에 접어들면서 전쟁 개시 후 근 1년이 다 되었을 뿐 아니라 유럽연합(EU)과 미국 등 서방 세계가 점점 더 직·간접적으로 깊숙이 관여하는 상황이 전개되고 있다. 이러한 일련의 과정이 글로벌 물가 상승 압박을 고조시키고 있다. 특히, 석유와 천연가스의 가격이 급등하고 주요 원자재의 공급 차질이 심해지면서 여름에는 인플레이션 우려가 사실상 현실화되었다. 2022년 4, 5월만 해도 우려 수준이었던 글로벌 인플레이션 진단이 6월 중순에 이르자 현실론으로 굳어졌다. 그 후 전 세계가 가파르게 상승하는 고물가 현상을 직접 느끼면서 글로벌 사회는 점점 인플레이션 공포감에 휩싸이는 분위기이다.

이러한 상황에서 세계를 더 불안하게 하는 것은 고물가 속에 경기 불황 악재가 겹치는 스태그플레이션(stagflation) 우려가 급격히 대두되고 있는 현실이다. 그동안 인플레이션 발생을 두고 갑론을박하였지만 스태그플레이션에 관한 논의는 일부 전문가 그룹이 산발적으로 던지는 화두 정도였다. 그러던 것이 2022년 6월에 들어서자 스태그플레이션의 향후 발생 가능성 이슈가 인플레이션과 비슷한 무게로 대두되었다. 최근의 상황 전개를 보면, 조만간에 둘 중 어느 하나가 글로벌 경제의 주류 경향으로 현실화되거나 기정사실로 굳어지더라도 전혀 이상하지 않다.

2021년 중반까지만 해도 포스터 팬데믹 경제 회복을 비교적 낙관적으로 보았던 세계는 이제 점점 비관적이고 부정적인 입장으로 바뀌어 가고 있다. 2022년도 상반기를 지나면서, 세계는 마치 폭풍 전야의 긴장된 모습으로 글로벌 경제의 먹구름을 쳐다보고 있다. 지금 추세라면 포스트 팬데믹 초반은 예상과 달리 사회·경제적 어려움이 지구촌을 지배할 것으로 예상된다. 어쩌면 코로나바이러스 잔여 병사와 경제 악재가 뒤섞여 만들어 내는 팬데믹 뒤끝이 포스트 팬데믹 초반을 매섭게 강타할 것 같다.

끝으로, 팬데믹 기간 중에 발생한 글로벌 공급망 차질 문제가 탄력적 회복을 꿈꾸던 세계 경제에 찬물을 끼얹었다. 세계 각국이 방역 차원에서 단행한 강력한 사회·경제적 통제 조치(특히, 지역 봉쇄 조치)가 세계화의 물결을 타고 하

전문가와 세계 경제 예측 기구들의 예측 오류, 뒷북치고 분칠하는 예측

세계적 경제 예측 기구들은 미래의 경제 성장 전망을 놓고 계속 뒷북을 치는 형국이다. 최근 1년을 돌아보면, 이미 나타난 현상과 사실을 인지한 다음 기존의 가정과 전망을 수정하는 구태의연한 예측을 하는 모습이 역력하다. 이것은 예측 기구의 실력과 신뢰성에도 문제가 있지만, 그보다는 향후 몇 년을 뒤덮고 있는 불확실성이 그 어느 때보다도 높다는 것을 시사한다.

일부 전문가들은 전대미문의 퍼펙트 스톰(perfect storm)의 출현을 경고한다. 전혀 일리가 없는 것은 아니다. 하지만 미래는 여전히 누구도 자신 있게 예측할 수 있는 그 무엇이 아니다. 풍부한 데이터와 분석 논리를 기반으로 정교하게 다듬어진 모델, 오랜 역사적 경험과 학습으로 잘 무장된 전문가와 전문 예측 기구들이 예리한 지성을 발휘할 때, 비로소 정확성과 객관성 그리고 사회적 책무성을 인정받는 미래 예측이 가능하다. 그럼에도 불구하고 여전히 틀리고, 오류를 내는 것이 미래 경제 예측이다.

따지고 보면, 많은 전문가와 국제기구들은 미래 경제 예측, 그것도 먼 5년, 10년이 아닌, 바로 앞의 1, 2년을 예측하는 데 모두 실패하였다. 어떤 면에서 예측 기구들은 중요한 사안일수록 늘 뒷북을 치는 경향이 있다. 1년 뒤의 예측도 분기별 진행 상황을 보면서 수정 보완해 나가는 경우가 다반사이다.[2] 통상 안정기와 평화 시에는 대체로 예측 오류(오차)가 적다. 특별한 외부 충격이나 돌발 변수가 없기 때문이다. 그러나 팬데믹이나 전쟁, 자연재해 등 불안정성과 불확실성이 지배하는 시기에는 누구나 큰 예측 오차를 만들어 내기 일쑤이다.

돌아보면, 2021년 중반, 미국에서는 상당히 심각한 인플레이션 조짐이 나타났다. 소비자 물가지수가 40년 만에 가장 빠른 속도로 앙등하였다. 하지만 당시 미국 정부는 물론 대다수 전문가와 국제기구들은 그것을 일시적이고 통제 가능하다고 보았다. 사실상 벌어지고 있는 현상과 현실을 무시한 것이다. 따라서 본격적인 인플레이션 대응책을 추진하지 않았다. 물가 관리를 주된 책무로 하는 미국의 중앙은행 격인 연방준비제도(Fed)도 비슷한 입장을 견지하였다. 그러나 그 후 불과 6개월이 채 되지 않아 그것을 크게 후회하였다.

급기야 미국 재무부의 수장인 재닛 옐런(J. Yellen) 장관(바로 직전 행정부에서 연방은행 총재를

---

2 그렇다고 해서 저자가 전문가 그룹이나 예측 기구의 역할과 역량을 폄하하고자 하는 것은 결코 아니다. 그 나름의 순기능은 분명히 존재한다. 다만, 미래 전망, 특히 중요한 사안의 전망일수록 가능하면 그 오차가 합리성의 범위 내에서 크게 벗어나지 않기를 바랄 뿐이다. 흥미롭게도 일본 속담에 "내일 일을 이야기하면 귀신이 웃는다."라는 표현이 있다. 다소 과하게 말하자면, 미래는 인간이 예측하고 조절할 수 있는 영역이 아닐 가능성이 크다.

역임)과 연방준비제도 총재인 제롬 파월(Jerome Powell) 등 정책 책임자들이 잇따라 인플레이션에 대한 인식과 조치가 불충분하였음을 인정하고 나섰다. 뒤늦게 잘못된 정책 판단과 정책 대응 실기를 고백한 것이다. 아울러 그동안 단 한 번도 인정하지 않았던 미국 경제의 침체 가능성에 대하여도 처음으로 그것이 가시권에 들어와 있음을 시인하였다. 그 후 연방준비제도는 광폭의 금리 인상을 단행하였고, 시중 자금 흡수와 물가 안정화를 위해 여러 가지 긴축적 금융통화 정책을 적극적으로 추진하고 있다.

비슷한 맥락에서 세계적 석학 폴 크루그먼(Paul Crugman) 교수는 자신이 뉴욕 타임즈에 기고한 인플레이션에 관한 부정적 예측(일시적·잠정적 현상)이 잘못되었음을 고백하였다. 이와 비슷한 사례는 그 후 끊임없이 나타났다.

나의 가치 사슬(value chain)로 엮여 유연하게 작동되었던 세계 경제 순환 시스템의 일부를 마비시킨 것이다. 이를 통해 사람들은 생산과 공급에 중요한 어느 한 부분(부품, 재료, 공정)이 특정 지역에서 차질을 빚자 갑자기 전 세계가 몸살을 앓고 정치·경제적으로 복잡해지는 현상을 목도하였다. 공급망 차질(교란) 현상은 그동안 당연시되었던 세계 경제의 수요와 공급의 원활한 균형을 일순간에 깨뜨렸다. 일부 산업에서는 도미노 현상마저 나타났다.

사실, 지금의 글로벌 공급망 차질 문제는 보통 심각한 것이 아니다. 그 이유는 제품의 생산, 판매(소비자 관점에서는 구매), 배송의 모든 과정이 범세계적으로 하나의 일사불란한 체인 시스템으로 연결되어 있기 때문이다. 특정 분야에서 글로벌 공급망에 차질(특히, 대체 불능 부품과 소재, 필수 원자재 등의 공급 차질)이 생기면, 그것을 사용하는 생산품은 물론 그와 관련된 모든 소비, 배송 등이 줄줄이 연기되거나 멈추어 버린다. 이는 한 지역이나 특정 국가의 문제가 아니고, 글로벌 사회 전체가 영향을 받는 매우 심각한 문제이다. 앞서 언급한 '촘촘히 연결된 글로벌 사회'는 공급망 면에서도 그대로 구현되고 있다.

당초 일시적일 것으로 여겨졌던 글로벌 공급망 차질 문제는 2022년 내내 해소될 기미가 보이지 않았다. 설상가상으로 우크라이나 전쟁이 터졌다. 이로서 글로벌 공급망 문제는 더 이상 단순 명료한 경제 자원 시스템의 오작동 문제가 아니게 되었다. 매우 복잡한 바이러스, 정치, 경제, 자연조건 등이 동태적으로 작동하는 난해한 고차원 방정식 문제로 변하였다.

종합적으로, 그동안 세계는 코로나바이러스가 서서히 소멸되면 글로벌 경제는 탄력적으로 빠르게 회복될 것으로 전망하였다. 하지만 그러한 기대는 당분간 접어야 할 것 같다. 예단하기는 어렵지만, 세계 경제가 점점 범상치 않은 어두운 골짜기를 향하고 있다. 팬데믹 초·중반에 세계가 낙관적으로 전망하였던 그런 회복은 당분간 없을 것이 현재의 지배적 견해이다. 오히려 회복은 고사하고, 경기 침체의 늪에 빠져들 수 있다는 새로운 비관론이 설득력을 지니고 있다. 포스트 팬데믹 낙관론은 완전히 사라졌고 세계 경제의 빠른 회복 가능성은 옛날이야기가 되어버렸다. 지금은 강한 인플레이션이냐, 물가 상승과 경기 침체를 동반하는 스태그플레이션이냐, 아니면 그 중간의 무엇(예컨대, 물가 상승이 해소된 (완만한) 경기 침체)의 선택지만 남은 형국이 되었다. 그러므로 당분간 글로벌 사회와 우리나라는 포스트 팬데믹에 대한 신중한(소극적) 낙관론을 뒤로 하고, 다가올 경기 침체에 대해 지혜롭게 대비해야 한다.

3. COVID-19 팬데믹이 몰고 온 새로운 글로벌 현상과 경향

팬데믹은 글로벌 사회에 새로운 현상과 경향을 몰고 왔다. 이들은 하나같이 중요하고 거대한 새 물결(new current)을 동반하였다. 그중 일부는 지금까지 글로벌 사회에서 없었던 새로운 현상과 경향 그리고 문제를 수반하였다. 사실상 부분적으로 딴 세상이 만들어진 것이다. 지금부터는 이들에 대해 다루고자 한다.

팬데믹 퇴보와 진보: 글로벌 성과의 정지와 새로운 발전

팬데믹은 그동안 세계적으로 진행되어 온 주요 경향과 업적 중 일부를 정지시키거나 후퇴시켰다. 반면에 기존 시스템에 새로운 동력을 제공하거나, 과거에 없었던 새로운 요소와 활동을 끌어들여 글로벌 사회를 한 단계 도약시키기도 하였다. 그 어느 것이든 정치, 경제, 사회, 문화를 총망라해서 인류 사회와 개인의 삶에 다양한 긍정적·부정적 영향을 미치고 있다.

전자의 대표적 사례로는 국제연합(UN)이 주목하는 세계의 극빈율(extreme poverty rate: 극심하게 가난한 사람들의 전 세계 인구 대비 비율) 상승 현상을 거론할 수 있다. 그동안 지속적으로 감소해 왔던 세계 극빈율이 팬데믹 원년인 2020년에

20년만에 처음으로 증가하였다. 이는 팬데믹이 수억 명의 인류를 극심한 가난과 만성적 기아 상태로 내몰았음을 의미한다.

UN은 『2022 세계 식량 불안 상황』(SOFI) 보고서를 통해 2020년에 세계에서 굶주림에 노출된 인구가 최소 7억 190만 명에서 최고 8억 2,800만 명에 이르는 것으로 추산하였다. 이는 팬데믹 직전 연도인 2019년에 비해 적어도 1억 5,000만 명 이상 늘어난 수치이다. 인적·물적 이동 통제에 따른 식량난, 식품·연료·비료 가격 폭등, 일부 국가의 식량 보호주의 등 이 모든 것을 팬데믹이 만들어 냈다. 하지만 팬데믹의 충격은 여기서 그치지 않고 사회 전반을 퇴보시켰다.

개발 도상국을 중심으로 필수 보건 서비스의 공급에 차질이 빚어지고, 많은 국민이 건강에 위협을 받았다. 아울러 아동의 교육 환경(특히, 학습)과 복지에 큰 타격을 주었고, 직업 전선에서 여성이 남성보다 차별적으로 실직을 당하였다. 다른 무엇보다 팬데믹 중에 거의 모든 나라에서 사회·경제적 불평등이 심화되었다.

후자의 대표적 사례로는 디지털 기술의 진보와 그에 따른 사회·경제적 변화 발전을 지목할 수 있다. 이는 코로나바이러스가 가져다준 뜻밖의 선물이다. 앞서 언급한 바와 같이, 팬데믹은 전통적인 사회·경제 활동 방식(접촉·대면 방식)과 완전히 다른 새로운 방식, 즉 비대면·온라인(디지털) 방식을 요구하였다. 팬데믹의 위협에 놀란 인류 사회는 그것을 황급히 수용하였다. 불가항력적인 상황에서 받아들인 골육지책이자 백기 투항이었다.

그런데 새로운 인간 생활 방식이 디지털 전환과 디지털 사회를 단숨에 품었다. 새로운 체제는 일하는 방식, 먹고 즐기는 방식, 존재를 표현하고 소통하는 방식, 교육을 주고받는 방식, 정보를 축적하고 가공·전달하는 방식, 투자하는 방식, 건강 관리 방식 등 가정과 직장과 사회 활동의 모든 방식이 통째로 바뀌었다. 그것이 가능하였던 것은 디지털 기술과 첨단 기기가 진작부터 준비되었기 때문이다. 그 결과 그동안 만남과 접촉을 통해 이루어졌던 사회·경제적 활동과 성과의 많은 부분이 이제는 비대면·디지털 체제에서 수행되고 달성되었다.

팬데믹이 없었더라면 재택근무나 화상 회의, 온라인 교육, 전자 상거래, 가상 공간에서의 엔터테인먼트가 각종 사회·경제의 전면에 포진해 지배적 주류로서 보편화될 수는 없다. 기능과 역할은 조금씩 확대해 나갈 수 있었을지라도 결코 지금과 같은 주류의 사회·경제 요소로 급부상하지는 못한다. 그동안 물리적 공간을 중심으로 형성된 대면·접촉 방식이 일상생활과 사회·경제적 활동의 핵심 기반으로 압도적 우위를 차지해 왔기 때문이다.

종합적으로, 팬데믹은 인류 사회의 생활·노동·여가 활용 방식에 일대 전환을 일으켰다. 그동안 난공불락처럼 여겨졌던 인류의 타성과 습관에 강력한 일격을 가하였다. 그리고 완전히 새로운 변화를 이끌어 내었다. 적어도 현재 지구상에 살아 숨 쉬는 사람들(현재 세대)이 이번처럼 과감하게 기존의 삶의 방식을 떨쳐 버리고 새로운 삶의 방식을 수용한 경우는 없었다. 그만큼 이번 팬데믹이 위험하였고, 그에 맞서 국가의 정책과 통제(규제)가 강력히 추진된 것이다. 이러한 새로운 물결과 파고(波高)에서 개인과 조직이 자신의 의지와 선택을 고집하기에는 너무나 벅찼다. 따라서 사회의 대다수가 새로운 변화를 적극적으로 수용하였다. 하지만 일부는 여전히 기존 방식(아날로그 방식의 생활과 기업 활동, 백신 접종 거부 등)을 고수하면서 생활과 경영에 매진하였다. 이들에게는 진정 고군분투(孤軍奮鬪)가 아닐 수 없다.

새로운 사회의 출현: 비대면·온라인 사회, 일하는 방식과 살아가는 방식의 대전환

(1) 비대면·온라인 사회의 출현

팬데믹이 극심해지자 학교 수업이 중단되고 일상의 모임과 각종 영업 활동이 제한되는 초유의 사태가 발생하였다. 심지어 중국과 동남아시아, 대다수 유럽 국가와 미국의 일부 주에서는 도시 내와 지역 간 이동을 완전히 봉쇄하는 록다운(lockdown) 조치와 통행금지 조치를 단행하였다. 이는 실로 전쟁 시에나 있을 법한 일들이다.

전 세계적으로 수없이 많은 방역 조치가 실시되었다. 세계은행(World Bank, 2021)에 따르면 세계적으로 2,000개가 넘는 팬데믹 조치가 취해졌다. 그리고 UN은 2020년 2월 1일부터 12월 31일까지 세계 각국에서 총 1,600개 이상의 새로운 사회 보호 조치(social protection measure)가 취해진 것으로 파악한다.

세계가 사실상 처음 경험하는 전대미문의 현상을 가장 잘 상징해 주는 것은 사회적 거리두기(social distancing)와 비대면·비접촉(untact)이다. 이들은 팬데믹 이전 사회에서는 거의 언급되거나 통용된 적이 없는 개념이다. 팬데믹이 하루아침에 지구촌의 일상을 완전히 생소한 개념과 현상들로 뒤범벅시켜 놓은 것이다. 사람들이 매일 자유롭게 만나 자연스럽게 행하였던 각종 활동이 어느 날 갑자기 비대면 상태로 바뀌어야만 하였다. 정부와 기업에서 빈번히 개최되었던 다양한 모임과 회의도 큰 폭으로 제한되고, 각종 비대면 방식(화상 회의 등)으로 급선회하였다. 펜데믹 위기 속에서 실시된 강력한 사회적 거리두기와 의무적 마스크 착용은 백신 개발 전까지는 사실상 가장 효과적인 대응 방안이었다. 하지만 이들은 팬데믹 국면을 전환시킬 수 있는 주도 세력(game changer)이 될 수 없었다.

비대면·온라인 방식이 전에 없었던 것은 아니다. 하지만 팬데믹은 인류의 생활 양식과 문화를 대면 활동과 비대면 활동으로 확연히 구분 짓는 새로운 시대를 활짝 열었다. 아쉽게도 새 시대의 장이 인류의 자발적 선택이 아닌 특수한 상황(바이러스 위협)에 따른 비자발적 선택으로 열렸다. 만일 팬데믹이 없었더라면 그러한 시대적 변화는 디지털 기술의 발전과 더불어 보다 천천히 완만한 순응 방식으로 일어났을 가능성이 크다.

팬데믹 이전은 압도적인 대면 사회였다. 사실, 당시에는 대면과 비대면을 구분할 만큼 비대면의 존재가 크지 않았다. 아니 존재감이 없었다. 소비 활동과 서비스의 공급 그리고 각종 모임과 회의는 대면이 기본이었다. 매우 예외적인 경우에만 편의상 비대면 방식이 채택되었다. 약 10여 년 전부터 업무 효율성(생산성) 향상과 비용 절감 차원에서 영상 회의나 원격 근무 등 일부 비대면 활동이 시도되기는 하였다. 하지만 장점보다 문제와 한계가 더 크게 부각되면서 활성화되지 못하였다. 정부와 기업들은 아주 불가피한 상황이 아니면 비대면 모드를 적극적으로 활용하지 않았다.

따지고 보면, 비대면 제도가 안고 있었던 문제와 한계의 많은 부분은 개인, 조직, 사회가 그것을 수용하려는 적극적인 의지와 철저한 준비의 부족에서 비롯되었다. 하지만 그보다 더 큰 이유는 각종 비대면 활동이 사회적으로 보편화될 수 있는 여건과 기회가 마련되지 못한 데 있다. 즉, 비대면·온라인 양식(일상생활, 경제 활동 등)이 개별 조직 단위나 분야를 넘어 일상화·범용화의 필수 과정인 '사회적 실험'을 해볼 수 있는 조건과 기회가 주어지지 않았다.

그런데 팬데믹은 누구도, 어떤 주체나 세력도 반박하거나 거스르기 힘든 완벽한 '사회적 실험'의 조건과 기회를 제공하였다. 사회적으로 비대면·온라인 양식이 마음껏 활개를 칠 수 있는 장을 펼쳐 준 것이다. 대안이 없는 상황에서 국가와 사회는 선택을 강요받았다. 골육책 내지 차선책으로 선택한 비대면·온라인 체제는 코로나바이러스가 세차게 기승을 부리자 순식간에 사회의 중심 무대를 장악하였다.

이제는 사회적으로 대면과 비대면을 구분해서 약속하고 행동해야 할 만큼 양자 간에 완전히 변화된 역학 관계가 형성되었다. 특히, 팬데믹이 정점을 향해 치달릴 때는 비대면 활동의 존재감이 대면 활동을 압도하는 양상마저 나타났다. 사회적 거리두기와 비대면·온라인 활동 방식이 국가와 사회 운영의 중심적 위치를 차지하면서 노동과 여가, 투자와 생산, 소비와 저축, 교육, 문화·예술·스포츠·엔터테인먼트, 종교 생활 등 삶의 거의 모든 영역에서 엄청난 변화가 일어났다. 이에 대하여는 조금 뒤에서 자세히 다루기로 한다.

(2) 노동과 여가 행태의 일대 변화: 일하는 방식, 살아가는 방식의 대전환

팬데믹은 인류의 살아가는 방식과 일하는(업무) 방식을 확 바꾸어 놓았다. 크게 보아 노동과 여가(work and leisure)에 대한 인식과 행태에 급격한 변화가 생겨났다. 그 중심에는 인간의 삶에 다양한 디지털 요소를 가미시키는 디지털화(digitalization)가 자리한다.

개인과 조직은 더 이상 직장(근무지)이라는 물리적 울타리 내에서만 일하는 동물과 기구가 아닌 것이다. 직장 울타리를 훌쩍 벗어나 스마트폰과 인터넷 접속이 가능한 곳이라면, '새로운 일터'로 인정받을 수 있게 되었다. 주어진 기능과 역할(업무, 과제 등)에 부응하는 적절한 산출물과 성과만 생성해 낼 수 있다면, 어디든 큰 문제가 없다(일반적으로는 기관이 지정하거나 노사가 상호 인정하는 장소와 방식이 활용된다). 물리적 공간과 결부된 노동의 생산보다 공간적 특성에 얽매이지 않고 직장과 직업이 요구하는 적절한 산출물을 생산해 내는 것이 더 중요해졌다. 사회 조직적으로 절차와 과정의 중요성이 축소되고, 기능과 역할, 산출 및 성과(결과)가 중시되기 시작하였다. 새로운 변화가 찾아온 것이다.

팬데믹 사회는 인간의 일하는 방식이 직장과 유리되어 자유로운 형태(예컨대, 원격 근무, 재택근무, 화상 회의 등)로 진행되어도 별다른 문제가 없다는 사실을 사회적으로 확인시켜 주었다. 비록 단기간이었지만, 일부에서는 생산성 향상 효과조차 관측되었다. 모두가 직접 체험해서 얻어 낸 생생한 현상이자 결과이다. 그동안 부분적으로 시도되었거나 무수한 논의만 난무하였던 것들이 이제는 생활화되고 보편화되었다. 팬데믹이 밀어붙인 '총체적 사회적 실험'이 마침내 생활 방식과 일하는 문화 그리고 사회의 운영 방식에 새로운 지평을 활짝 열어 주었다. 우리 모두가 새로운 디지털 세계와 새로운 삶의 방식을 경험하게 된 것이다.

부분 재택근무나 주 2~3일 직장 근무 개념은 오래전부터 제시되었다. 하지만 극히 소수의 기업에서만 실시되었다. 그중 일부는 직장의 근무 조건 문제(예컨대, 사무실 부족)로 부분 재택근무를 실시하였다. 그동안 재택근무나 원격 근무의 장점과 효과에 대한 주장과 논거는 수없이 제시되었다. 그러나 그것이 개별 기업 단위를 넘어 전 산업체로 확산된 적은 단 한번도 없었다. 전사적, 전사회적으로 그러한 실험을 하기에는 너무나 많은 비용이 들고 위험이 컸기 때문이다. 그보다 규모와 복잡성이 훨씬 떨어지지만, 화상 회의도 마찬가지이다.

그런데 팬데믹 상황은 그 모든 문제와 우려를 일거에 날려버렸다. 그동안 논란만 무성하였을 뿐 결코 사회적 실험으로 이어지지 못하였던 크고 작은 이슈들이 한꺼번에 거대한 온라인·디지털 세트 안으로 몰려들었다. 다행히도 거대한 온라인·디지털 세트는 사회가 순응하고 만족할 만큼 체계적으로 잘 정돈해 주었다. 이미 충분히 준비되어 있었기에 가능하였다. 그 결과 온라인·디지털 세트에서 일상생활과 노동과 여가에 관한 다양한 활동이 가정, 직장,

정부 등 사회 전 영역에서 활발히 잘 이루어졌다.

공공·민간 부문을 막론하고 전 사회적으로 원격 근무와 재택근무 그리고 인터넷 교육과 화상 회의 등이 전면적으로 실시되었다. 그리고 제한적이지만, 비대면 원격 진료도 실시되었다. 우리나라의 경우 코로나바이러스의 확산을 우려하여 2020년 2월부터 한시적으로 비대면 진료를 처음 허용하였다. 그 결과 지난 2년여 기간 동안 재택 치료자와 일반 환자 등을 대상으로 약 1,000만 건의 비대면 치료가 이루어졌다.[1)]

처음에는 여러 가지 문제가 노출되었다. 그러나 시간이 흐르면서 사람들은 점점 온라인·디지털 활동에 익숙해지면서 기술적 문제도 해결되었다. 몇 개월이 지나자 온라인·디지털 활동은 어느덧 생활화되고 체화되었고 점점 표준화·보편화되었다. 이렇듯 코로나 바이러스는 인간의 생활, 경제 활동, 교육, 의료, 문화, 엔터테인먼트, 정치 등 거의 모든 부문에 완전히 새로운 방식을 탄생시켰다. 마치 엄청난 쓰나미가 덮친 것처럼 '거대한 사회적 실험'이 일사불란하게 이루어졌고, 또한 성공하였다. 질과 양도 커졌다. 그 과정에서 소비자의 수요와 디지털 생산자의 공급이 상호 상승 작용으로 화답하였다.

초기에는 여러 가지 애로(특히, 교육 부문)와 우려와 비판의 목소리가 적지 않았다. 하지만 상황이 너무나 엄중하였던지라 개인과 조직과 사회는 이를 묵묵히 받아들였다. 사실, 다른 수가 없었다. 그리고 시간이 흐르자 사람들은 새로운 일하는 방식과 생활 방식에 익숙해졌다. 동시에 그 장점과 단점이 무엇인지에 대하여도 확실히 알게 되었다. 모든 것이 자신의 직접 체험을 통해서 나온 결과이다. 체험적 결과는 항상 확신과 믿음을 준다. 사회적 실험은 성공을 거두었다.

---

1 아직은 원격 진료가 본격적으로 실시된 것은 아니다. 다만, 앞으로 그것이 확대 실시되려면 무엇보다도 의료 서비스의 질과 오·남용 문제 그리고 사회적 책임 문제에 대한 종합 대책이 마련되어야 할 것이다.

대안이 부재한 상황에서 비자발적으로 시작된 전 사회적 비대면·디지털 전환에 사회의 대다수가 차츰 익숙해지자 디지털 사회는 잰 듯한 발걸음으로 성큼 다가왔다. 팬데믹 여파로 일상생활 속에 디지털 요소가 깊숙이 들어오고 그것이 상당 수준 체화된 지금, 인류 사회는 명실상부한 디지털 사회의 구현을 갈구하는 강한 욕망과 수요로 가득 차 있다. 이 점에서 디지털 사회는 포스트 팬데믹을 지배하게 될 가장 뚜렷한 세계적 경향 중 하나로 예측된다.

디지털화 경향은 특정 국가나 사회가 선택할 수 있는 옵션 사항이 아니다. 원하든 원하지 않든 받아들여야 할 강력한 새 시대의 경향이자 주류이다. 어차피 받아들여야 할 것이라면 가능한 빨리, 적극적으로 그 물결을 타는 것이 유리하다. 이를 위해서는 국가와 사회와 개인의 마인드와 일과 생활 양식에 일대 전환, 즉 위대한 전환(great transformation)이 있어야 한다. 이는 대한민국 사회가 포스터 팬데믹 기간 중에 가장 전략적으로 다루어야 할 핵심 과제이다.

4. 디지털 전환의 가속화, 앞당겨진 디지털 사회 도래

코로나바이러스가 촉진한 디지털 전환, 디지털 사회

COVID-19 팬데믹은 이미 진행 중이던 디지털 전환(digital transformation)을 크게 끌어당기면서 단숨에 디지털 사회(digital society)와 디지털 경제를 우리 일상의 문턱까지 데리고 왔다. 디지털 사회가 그렇게 빨리 현실화되리라고는 그 누구도 예상하지 못하였다. 사회 곳곳에 스며든 팬데믹의 위력은 개인과 직장에 크고 작은 디지털 사회를 만들었다. 비록 차원은 서로 완전히 다르지만, P(팬데믹: pendemic)와 D(디지털: digital) 모두 강력한 파워와 전 지구적 임팩트를 보유하였다. 'PD 사회'가 전 지구를 접수하였다.

세계사를 돌아보면, 글로벌 현상이나 국가적 현상이 전혀 예기치 못한 외부적 요인(충격)에 의해 만들어지는 경우가 있다. 팬데믹이 기술 발전을 촉진하고 인류의 디지털 사회를 앞당긴 것이 바로 그에 해당한다. 4차 산업 혁명의 핵심을 이루는 디지털 전환은 팬데믹 이전부터 세계 변화의 원동력으로 자리매김을 하면서 서서히 존재감을 내세우고 있던 터였다. 아울러 많은 미래학자들이 머지않아 인류 사회가 견고한 디지털 사회를 이룰 것으로 예측하였다.

그런데 팬데믹 위기는 디지털 전환에 날개를 달아주었다. 디지털 전환과 디지털 사회는 길지 않은 팬데믹 기간 중에 그동안 쌓아온 내용과 실적을 능가하는 놀라운 발전을 이루었다. 디지털 전환의 속도와 질적 발전에 힘입어 원격(재택) 근무, 화상 회의, 원격 교육, 원격 의료 서비스 등이 빠르게 새로운 라이프스타일로 자리매김을 해나갔다. 점점 디지털·온라인 활동과 소통이 대중 친화적으로 보편화되었다.

디지털 기술과 콘텐츠의 향상과 대중적 일상화가 한꺼번에 쓰나미처럼 밀어닥치면서 새로운 세계가 열렸다. 마치 하늘의 구름 속을 운항하던 비행기가 어느 순간 그것을 벗어나 푸른 창공을 맞이하는 것과 같았다. 사실상 단번에 전 사회의 디지털화가 이루어졌다고 해도 과언이 아니다. 인류 사회는 팬데믹은 증오하고 회피하지만, '디지털 친화적 생활 방식'은 열렬히 선호하고 흥미로워한다. 이는 불과 지난 2~3년 사이에 일어난 인류사의 대사건이다. 코로나바이러스 위기는 좋든 싫든 인류로 하여금 디지털 신세계에 의존하는 새로운 보편적 삶의 방식을 선택하도록 만들었다. 코로나바이러스의 치명적 위험과 방역 조치, 일상생활 방식의 대전환, 그리고 기술 진보가 톱니바퀴처럼 맞물리면서 디지털 사회가 순식간에 직장과 안방 그리고 사회 속으로 성큼 들어왔다.

팬데믹은 왜, 어떻게 디지털 전환과 디지털 사회를 끌어당겼나?

팬데믹 상황이 급박해지자 이미 선진국을 중심으로 전개 중이던 기술 진보가 수요와 공급 양면에서 크게 탄력을 받았다. 아이러니하게도 팬데믹은 ICT 기반의 디지털 산업을 성장의 최첨병으로 끌어올리고, 디지털 사회를 크게 앞당기는 데 혁혁한 공을 세웠다. 여러 디지털 분야에서 다양한 기술 개발이 촉진되었고, 관련 기업은 로켓 성장을 하였다. 팬데믹이 디지털 전환을 강하게 이끌고, 디지털 사회를 한껏 끌어당긴 주요 원인과 배경은 다음과 같다.

(1) 특단의 팬데믹 통제 조치와 디지털 비상(飛上)

세계 각국이 방역과 국민 건강 보호 차원에서 취한 특단의 사회·경제적 통제 조치가 디지털 전환을 촉진하고 디지털 사회를 앞당기는 원동력이 되었다. 팬데믹 기간 중에 실시된 다양한 사회적 거리두기(각종 모임과 영업 제한 및 금지, 극단적 이동 금지(도시 완전 또는 일부 봉쇄(록다운)), 통행금지 등) 조치는 각종 사회·경제적 대면 활동과 인적·물적 이동을 크게 제한하고 제약하였다. 그런데 이러한 정책은 당초 예상처럼 2, 3개월에 끝나지 않고 장기전에 돌입하였다. 이는 그동안 사회적으로 변방에 머물렀던 비대면·비접촉 온라인 활동을 단숨에 사회·경제의 중심 무대로 끌어올렸다.

그런데 이를 적극적으로 수용하려면 생활 방식을 바꾸어야만 하였고, 거기에 딱 맞아떨어지는 것이 바로 디지털 테크놀로지였다. 특히, 국민의 건강과 의료 체제 그리고 인구·사회·경제적 측면에서 끊임없이 크고 작은 영향이 발생하는 팬데믹 상황에서 다양한 분석과 대안을 종합적으로 제시해 줄 수 있는 디지털 테크놀로지가 절실하였다. 그러자 디지털 전환은 기다렸다는 듯이 대화와 소통, 정보와 뉴스의 전파뿐만 아니라 생산, 소비, 투자, 노동, 여가, 교육, 의료, 엔터테인먼트 등 사회 전 분야를 발 빠르게 누비면서 대변환을 촉구하였다. 이러한 변화가 일자 개인의 일상생활과 전 사회의 운영 모드가 디지털 테크놀로지를 적극적으로 활용하는 형태로 순식간에 전환되었다. 디지털 사회가 명실상부하게 출현한 것이다.

디지털 사회는 팬데믹이라는 불가항력적 상황과 비자발적 환경하에서 만들어졌다. 그런데 시간이 흐르자 개인과 조직의 자발적 선택과 선호가 여기에 우호적으로 합세하였다. 그 결과 점점 보편적이고 필수적인 새로운 사회의 모습, 즉 현재의 디지털 사회가 구축되었다. 예컨대, 초기 방역 조치의 핵심인 3T(trace, test, treatment: 추적, 검사, 처방)를 실행하는 과정에서 스마트폰과 인터넷이 핵심 수단으로 사용되었다.[1)] 정부(방역 당국)와 국민의 코로나바이러스 대응과 소통 및 생활이 디지털 방식으로 이루어진 것이다. 국민은 정부가 원하는 방법과 수단에 맞추어 반응하는 수동적이고 비자발적 위치에 있었다. 하지만 생활 속에서는 디지털 기술과 기기를 최대한 활용하는 적극적이고 능동적인 태도를 보였다. 마찬가지로, 정부가 방역 차원에서 원격 활동(근무, 교육, 의료 서비스(일부) 등)이나 줌(zoom) 등을 사용하는 화상 회의를 요구하였을 때, 국민과 기업과 소비자들은 그것을 적극적으로 수용하였다.

이는 거대한 팬데믹의 압력과 국가 정책에 의해 국민이 자발적·비자발적으로 수용하면서 형성된 디지털 사회의 모습이다. 비록 팬데믹 상황에서 정부가 강하게 추진하였지만, 진행 과정에서는 국민과 기업과 기관들이 상당히 자발적이고 적극적으로 순응하는 '디지털화 동조(친화) 현상'이 넘쳐났다. 예를 들어, 각종 전자 상거래를 비롯하여 여러 가지 민원이나 생활 행정 및 사회 복지 업무, 교육과 의료, 금융 업무, 기본적 세무 업무 등 민간·공공 영역과 활동을 아우르는 전방위에 걸쳐 디지털 기기와 기술을 활용하는 빈도가 크게 늘어났다.

이러한 상황 변화의 이면에는 몇 가지 특징적 현상이 자리한다. 우선, 기존의 디지털화된 계층이 팬데믹 이전보다 더 자주, 더 많이 디지털 활동에 참여하는 현상이 뚜렷하다. 다음으로는, 신규 디지털 계층의 출현과 그들의 다양한 디지털 활동이 괄목할 만큼 크게 증가하는 현상이다. 후자는 팬데믹이 강

---

1 이 과정에서 개인과 개인, 기관과 개인(개인과 기관) 간에 얼마나 많은 SNS상의 대화와 소통, 정보 교류, 지지와 비난, 댓글 등 디지털 활동이 이루어졌는지에 대하여는 독자들이 잘 알고 있을 것이다.

요하는 비대면 온라인 환경과 정부의 방역 정책에 사람들이 차츰 적응해 나가면서 이전의 디지털 비보유자(디지털 취약 계층)들이 조금씩 디지털 활동에 친숙해지고 역량을 갖추면서 나타나는 현상이다.

가장 보편적인 사례 가운데 하나로 일상생활에 필요한 재화와 서비스를 다루는 각종 배달·운송 앱(App)의 활용이 폭발적으로 증가한 현상을 들 수 있다. 그와 비슷한 현상이 다양한 전자 상거래와 각종 투자와 투기, 금융 활동, 정보 탐색, 각종 가상 공간의 엔터테인먼트 영역에서도 관측된다. 한시적이고 매우 제한적이지만, 스마트폰과 앱 등을 통해 진료가 이루어지는 원격 의료(비대면 진료) 서비스도 제공되었다.

이러한 현상은 인터넷, 스마트폰, SNS 등 소셜 미디어, 다양한 앱과 플랫폼, 선택 폭이 넓은 각종 배달 시스템 등을 통해 활성화되었다. 이들은 팬데믹 상황에서 소비자의 욕구를 가장 잘 충족시켜 주는 편리성 도구이자 일종의 생존 도구(survival kit)가 되었다. 이러한 변화를 통해 우리 사회의 운영 구조와 모습은 불과 2~3년 전에는 상상할 수 없었던 디지털 사회로 변모되었다. 최첨단 디지털 테크놀로지는 인류의 새로운 욕구를 딱 맞게 충족시켜 주는 강력한 힘과 창조성을 내장하였다. 팬데믹은 '디지털 테크 인류'(digital tech human being)를 탄생시켰다.

코로나바이러스에 의해 대면·접촉·모임·이동 활동이 근본적인 제약에 걸리자 새로운 형태의 소비('신형 소비 행태')와 관련 재화와 서비스가 폭발적으로 증가하였다. 그리고 온라인 디지털 방식에 점점 익숙해지는 사람들이 크게 늘어나면서 소비와 여가를 즐기는 방식과 행태에도 변화가 일어났다. 예를 들어, 소비자들이 인터넷이나 특정 플랫폼을 계속 점검(검색)해 나가면서 자신이 원하는 제품과 서비스를 끝까지 집요하게 추구하는 행태가 나타나고 있다. 이전에는 대형 마트나 백화점과 전문점 등에 가서 직접 제품과 서비스를 쇼핑하거나 체험하는 것이 일반적이었다. 그런데 이제는 직접 쇼핑과 체험 대신 간접 쇼핑과 정보를 토대로 디지털 공간에서 물건과 서비스를 구매하는 경우가 비일비재해졌다.

사회적 거리두기와 비대면 활동이 점점 생활화되면서 원격 근무, 영상 회의, 온라인 교육, 전자 상거래 등 다양한 형태의 인터넷 활동이 급속도로 팽창하였다. 이를 놓칠세라 여러 가지 맞춤형 디지털 플랫폼이 하루가 멀다 하고 만들어졌다. 통제된 인간 활동을 가상 공간에서 최적화·극대화시키려는 메타버스(metaverse)가 팬데믹이 최고조이던 2020년 중반부터 급격히 탄력을 받기 시작한 현상 또한 팬데믹 사회의 새로운 풍경이다. 직장인의 재택근무와 원격 근무(remote work, telework)가 보편화되었다. 학교 교육도 비대면·온라인 수업으로 전환되었다.

사람들의 소비 활동도 다중이 참여하는 대량 구매 방식보다 개별적으로 분리된 소량·다품종 구매 방식을 선호하게 되었다. 또한 고객 맞춤형 공급과 수요가 시장을 풍미하였다. 그중 많은 소비 활동이 온라인상에서 이루어졌다. 특히, 음식 서비스와 생활필수품 거래가 두드러졌다. 가구나 고가의 브랜드 제품도 온라인상에서 활발히 거래되었다. 이들은 대부분 스마트폰, 인터넷, 앱 등 디지털 테크놀로지에 기반을 두는 배달 시스템을 통해 거래되었다. 팬데믹 기간 중에 배달 서비스가 전에 없이 폭발적으로 늘어난 것은 우리 모두가 잘 아는 사실이다. 수많은 재화와 서비스가 최대한 비대면·비접촉의 일대일 방식으로 생산자로부터 소비자에게 전달되었다.[2)]

팬데믹은 빠른 디지털화, 디지털 사회의 구축을 촉진하면서 역사상 가장

---

2 그런데 앞으로 본격적인 포스트 팬데믹 시기가 도래하면 이러한 소비 행태와 관련 제품과 서비스 중 어느 정도가 살아남을지 궁금하다. 아마도 그중 상당 부분은 겨우 명맥을 유지하거나 자취를 감추지 않을까 싶다. 이에 대한 논의는 하지 않기로 한다.

막강한 개인을 창출해 내었다(물론 역사상 가장 막강한 정부도 창출해 내었다). 정보와 소통과 홍보의 강력한 힘을 큰 비용 들이지 않고 언제든지 행사할 수 있는 '디지털화된 개인' 말이다. 디지털화된 개인은 국내외의 다양한 디지털 플랫폼을 활용해서 소비, 저축, 생산, 투자 등 각종 경제적 활동을 자유롭고 효율적으로 해나간다. 그리고 여러 소셜 미디어를 통해 언제, 어디서나 다양한 사회·정치적 활동과 소통을 한다. 특히, 팬데믹 발생 이후 온라인상에서 펼쳐지는 사회·정치적 이슈가 이전보다 훨씬 다양해지고 질과 양면에서 팽창하였다. 좋은 면도 있지만, 가짜 뉴스의 범람과 정치적 갈등 및 분열 양상이 두드러지는 점은 모든 사람의 우려를 자아낸다.

종합적으로, 팬데믹으로 인해 디지털 전환이 촉구되면서 디지털 사회는 급작스럽게 다가왔다. 그동안 미적대던 디지털 전환이 팬데믹의 확산 속도만큼이나 빠르게 진전하였다. 역사를 돌아보면, 전쟁, 팬데믹(대감염병 등), 초대형 자연재해와 같이 무수한 인명이 희생된 거대한 충격 다음에는 반드시 새로운 체제가 들어섰다. 강렬한 생존 본능으로 깊은 자기 성찰을 하고 창의력을 발휘하며 사회적 순발력·회복력(복원력)이 최고 수준에 이르기 때문인 것 같다. 1918년의 스페인 독감 팬데믹 이후 위대한 기술 진보가 이루어지고 생산성이 크게 향상된 것이나, 제1, 2차 세계대전 이후 인류의 평화 유지 체제와 사회복지 시스템에 큰 변화가 나타난 것이 바로 그것이다. 수많은 인류의 생명을 앗아간 이번 COVID-19 팬데믹 또한 인류 사회에 창의적 기술 진보와 더불어 새로운 존재(생활) 양식을 만들어 내고 있다. 이제 인류 사회는 순식간에 하나로 연결되어 다양한 만족과 창조와 생산성 향상을 얻어 내고 있다.

(2) 팬데믹 환경과 수요가 자극한 인공 지능, 자동화의 빠른 발전

인공 지능(artificial intelligence: AI)과 자동화가 팬데믹 시대의 필요와 수요에 맞추어 급격히 발달하기 시작하였다. 그 동인은 크게 세 가지이다. 하나는 비대면·온라인 사회의 전면 등장이다. 다음은 그동안 여러 분야에서 축적된 다양한 빅데이터(big data)의 활용 가능성과 문호가 크게 열린 점이다. 마지막으로, 최근에 발전을 거듭해 온 디지털 기기의 전산 능력과 논리와 지능 역량이 확장된 데 있다. 이러한 요인을 배경으로 인공 지능, 자동화, 로봇 활동이 팬데믹 이전보다 훨씬 광범위하고 다양하게 활용되었다. 디지털 전환에 또 하나의 날개를 달아 준 것이다. 그중 인공 지능과 자동화는 팬데믹 상황에서 관련 수요와 공급이 딱 맞아떨어지면서 급발전의 물결을 탔다.

특히, 인공 지능 기술은 그동안 사장되었거나 실용화에 큰 애로를 겪었던 무수한 사회·경제·의료·교육·정치 관련 데이터들을 빅데이터라는 우산 속으로 끌어들여 새로운 장을 열었다. 팬데믹 속에서 한층 진화된 AI는 오랫동안 축적된 공공·민간 데이터를 다양한 용도로 활용하기 시작하였다. 여기에는 각국 정부의 데이터 개방 정책이 크게 일조하였다. 이에 힘입어 그동안 파편화된 정보로서 사실상 가치(시장 가치, 정책 가치)가 없었던 개별 데이터들이 통합·관리되어 빅데이터로 탄생하면서 고부가가치를 창출해 내는 일대 변화가 일어났다. AI가 장기인 분석·응용 능력을 최대로 발휘할 수 있는 귀한 원자재가 여러 분야에서 마련된 것이다.

팬데믹은 다양한 영역에서 데이터 분석과 AI의 합작을 가속화시켰다. 이는 글로벌·로컬 빅테크로 하여금 풍부한 데이터와 정보에 기반을 둔 여러 가지 창조적 서비스를 개발하도록 촉진하였다. 어떤 비즈니스 영역에서는 AI가 주류 기술로 부상하였다. 팬데믹 기간 중 AI는 크게 네 영역에서 큰 기여를 한 것으로 평가된다. 바로 효율적이고 효과적인 팬데믹 대응, 기업의 생산성 향상, 새로운 기업 모델 창출과 시장 영역 확대, 기존 제품의 기능 향상과 새로운 제품 및 서비스의 창출이다. 현재 매우 다양한 분야와 영역에서 AI 기술의 응용 및 상품화가 활발히 진행되고 있다. 이런 추세라면 머지않아 일부 분야에서는 AI가 산업의 주류가 될만큼 그 기능과 역할이 두드러질 것으로 예상된다.

각종 데이터를 다양하게 분석해서 활용하는 AI는 기본적으로 데이터 기반 기술(data-driven technology)이다. 이러한 인공 지능은 기업과 조직의 근무 조건 변화(예컨대, 재택 및 원격 근무, 화상 회의 등)와 소비자의 행태 변화에 대응하는 각종 유연 근무 조건을 제공하거나, 판매 전략을 수립하는 데 크게 기여한다. 아울러 AI 자체가 다양한 기능을 탑재한 소비용 신상품으로 생산과 소비의 새로운 지평을 연다. 앞으로 AI의 상업화와 공적(공익) 활용의 성공 여부는 얼마나 풍부한 데이터와 지식과 경험을 디지털 기술을 통해 잘 분석·활용할 수 있는지에 달려 있다.[3)]

기업들은 소비자의 욕구와 감성 및 취향을 과학적으로 분석하고, 소비 촉진에 도움이 되는 모든 데이터와 정보를 수집·분석하는 데 AI를 적극적으로 활용하고 있다. 이제 AI는 많은 기업에서 소비자의 욕구 충족과 기업의 이윤(수익) 극대화에 크게 기여하는 중요한 존재가 되었다. AI를 데이터 기반 영업(data-driven business)의 핵심 도구로 사용하는 것을 의미한다. 이때 기업은 확보된 모든 데이터 정보를 알고리즘(algorithms)을 이용하여 그로부터 중요한 정책 판단과 의사결정의 통찰력을 얻는다.

---

3 이와 관련하여 공공 데이터의 개방에 관한 문제가 핫 이슈로 부상된다. 이 문제는 이 책의 범위를 넘어서서 구체적으로 논하지는 않는다. 다만, 다음과 같은 중요한 문제의식만은 상기시키고 싶다. 핵심은 사회 공익적으로 유익한 공공 데이터일지라도 그것이 개인의 사생활과 자유와 권리를 침해할 가능성이 있을 경우 이에 대해 국가와 사회가 적절히 대응해야 한다는 것이다. 이와 관련하여 공공 데이터의 활용 대상과 범위, 조건과 방법, 기간, 안전장치(위험성 및 불확실성 요인 차단 및 대응), 활용 혜택의 사회적 보상, 주요 법적 장치 등에 대한 합리적이고 공정한 방안이 마련되어야 한다.

코로나바이러스 위기는 많은 기업 경영자에게 매우 소중한 경영 경험과 비즈니스 기회를 제공하였다. 특히, 그동안 창의성과 소비 가능성은 있었지만 적절한 조건과 환경이 조성되지 않아 소홀히 다루어졌던 제품과 서비스들이 팬데믹 환경 속에서 신생 총아로 부상된 경우가 그러하다. 대표적인 예로 팬데믹 대응 용도로 개발된 다양한 형태의 챗봇(chatbot)을 거론할 수 있다. 이는 독특한 팬데믹 필요(수요)와 풍부한 데이터에 기반을 둔 인공 지능의 결합을 통해 새로운 서비스를 창출하고 있으며, 특히 챗GPT가 두드러지고 있다.

팬데믹 발생 후 인공 지능을 기반으로 잘 훈련된 맞춤형 챗봇들이 건강 및 방역 대응, 교육, 힐링(healing), 의료 지식 및 정보 제공, 대화와 소통, 상담, 행정 응답, 통역, 기본 의사결정, 기타 다양한 휴먼 대리 서비스 제공 등 여러 분야에서 맹활약 중이다. 뒤돌아보면, AI 기반의 잘 훈련된 맞춤형 챗봇은 팬데믹 상황에서 다양한 분야에 걸쳐 큰 발전을 이루었고, 또한 앞으로도 그럴 것으로 예상된다.

팬데믹은 그동안 산업용 로봇이 주도해 왔던 세계 로봇 시장에 서비스 로봇이 일대 도전장을 내미는 새로운 판도의 형성 가능성을 열었다. 국제로봇연맹(IFR)에 의하면 세계의 서비스 로봇 시장은 팬데믹 효과를 톡톡히 보았다. 세계 서비스 로봇 시장은 코로나 발생 직전 연도인 2019년에는 169억 달러 규모였는데, 팬데믹 원년인 2020년에는 204억 달러로 1년간 20.7%나 커졌다. 그리고 세계 서비스 로봇 시장은 팬데믹 기간 중에 빠른 성장 추세를 이어가 2023년에는 2020년의 약 2배가 되는 398억 달러 규모로 크게 확장될 것으로 전망하였다.

비대면·온라인 사회에서 생산자(기업)와 소비자들이 고민 끝에 선택한 새로운 옵션은 다양한 기능을 탑재한 소통하는 챗봇과 서비스 지원 로봇(예컨대, 식품 제조, 의료 서비스 보조, 청소 등), 현상 분석·진단과 미래 예측 및 판단 기능을 보유하는 인공 지능 서비스를 적극적으로 이용하였다. 방역 차원 외에도 팬데

팬데믹 방역 대책, 3T 체제와 빅데이터

팬데믹 기간 중에 빅데이터가 일반 대중들 앞에 멋지게 데뷔한 것은 코로나바이러스 창궐 초기에 정부가 소위 3T(추적, 검사, 치료) 정책을 실행할 때이다. 3T 정책은 파편화된 개인 정보를 끌어모아 빅데이터를 구축한 다음, 그것을 스마트폰이나 인터넷 등을 활용해서 국민과 소통하고 다양한 방역 조치를 실행하는 것을 핵심으로 한다. 사회적으로 한낱 작은 조각에 불과하였던 정보들이 한데 모여 거대한 물결이나 산처럼 되면서 코로나바이러스 대응에 필수적인 현상(과거와 현재 상태)을 과학적으로 진단하고, 미래에 대한 예측과 예방(확진자와 사망자 예측, 향후 방역 방향성 및 대응 방안 등)을 보다 객관적으로 할 수 있게 되었다.

믹 관련 사회 복지·사회 보장 조치의 신속하면서도 공정한 실행, 비대면 온라인 활동 강화 등이 인공 지능의 적극적 활용과 자동화의 활성화에 자극을 가하였다.

팬데믹 기간 중에 경제적으로 큰 타격을 입은 부문(여행, 숙박, 관광, 교통·운수, 식당 등)에서는 대규모 고용 감축이 빈번하였다. 이들 부문에서는 인력 감축 상황에서도 기업 유지를 위해 최소한의 영업은 해야 한다. 이때 간헐적으로 발생하는 수요에 대응하는 주된 수단으로 새로 개발된 인공 지능(AI), 자동화, 로봇이 적극적으로 활용되었다. 미국에서는 이들이 팬데믹 기간 중 크게 줄어든 숙련 노동자를 대체하는 방법으로 각광을 받고 있다. 특히, 팬데믹 기간 중에 개발된 수많은 AI 알고리즘은 점점 디지털 사회의 중심지를 점령하고 있다.

만일 팬데믹이 없었더라면, 지금과 같은 급격한 인공 지능의 확대 발전과 빅데이터의 활용은 이루어지지 않았을 것이다. 시장의 수요와 공급 여건과 정부 정책 등을 반영하면서 점진적으로 전개되었을 가능성이 크다. 아울러 선부른 빅데이터 활용이 야기할 수 있는 사회적 외부 불경제 문제(사회적 비용, 피해,

문제점)를 둘러싼 깊은 논의와 대응책 강구에 얽매여 진전이 더뎠을 것이다.

한편, 비대면·온라인 사회에서 급발전 중인 인공 지능과 자동화가 과연 포스트 팬데믹 시기에도 그만큼 적극적으로 기능과 역할을 확장할 것인지는 미지수이다. 어떤 면에서는 지속 가능한 확장적 발전을 거듭할 수도 있고, 또 다른 면에서는 일정한 조정과 퇴보의 길을 걸을 수도 있다.

(3) 디지털 기술과 빅테크의 기업 정신과 창의: 수요와 공급의 조합

팬데믹이 기승을 부리자 상상도 못하였던 비대면·비접촉, 온라인·디지털 사회가 눈앞에 펼쳐졌다. 이는 기존의 사회·경제·정치·문화의 존재 방식과 활동 흐름을 완전히 바꾸어 놓았다. 그야말로 코로나바이러스가 이루어 낸 시대적 혁명이다. 이 혁명은 기업에게 팬데믹 특수를 제공하였다. 국내외의 선도 기업(leading company)들이 마음껏 기량을 발휘하고, 기량만큼 수익을 챙겨 가는 '디지털·배달(digital·delivery) 신천지'가 만들어졌다. 이들에게는 디지털 황금어장을 발견한 것과도 같았다.

팬데믹은 인류 사회에 이전에 없었던 새로운 요소(제품, 서비스, 데이터, 정보, 엔터테인먼트 등)와 활동을 단기에 많이 추가하였다. 물론 그중에는 팬데믹이 없었더라도 언젠가는 인류 사회에 다가올 것들도 적지 않다. 하지만 팬데믹은 그 도래를 크게 앞당겼고, 디지털 사회의 전면적 조기 등판을 허용하였다. 각종 비대면·온라인 경제 활동이 봇물처럼 터지자 그 이전부터 준비해 왔던 디지털 기업들은 창의와 혁신을 더해 생산과 소비의 디지털화를 빠르게 몰아쳤다. 특히, 전 세계를 주름잡는 미국의 빅테크, 즉 팡(FAANG: Facebook, Apple, Amazon, Netflix, Google의 첫 글자를 딴 조어)이 압도적인 두각을 드러내었고 실적, 매출, 주가, 시장 지배력을 휩쓸었다. 팬데믹하에서 디지털 기술과 생산물을 날개 돋

힌 듯이 팔며 팬데믹 특수를 만끽하였다.

디지털 기업들은 세계적으로 넘쳐나는 팬데믹 수요에 부응하여 창의적이고 실용적인 새로운 디지털 제품과 서비스를 앞다투어 시장에 쏟아 내었다. 구체적으로, 스마트폰, 인터넷, 소셜 미디어(SNS, YouTube 등 포함), 인공 지능(AI), 원격 회의 수단(zoom 등), 빅데이터, 디지털 플랫폼, 메타버스(metaverse), 게임, 인터넷 동영상(OTT) 등이 핵심 기술 내지 도구로 활용되고 있다. 그중에는 이미 개발이 되었으나 그동안 판매가 부진하였던 것들도 있고, 완전히 새로운 제품과 서비스들도 있었다. 후자가 더 많았고, 그것이 팬데믹 시장을 주도하였다. 예를 들어, 영상 회의나 원격 근무·교육·진료 그리고 전자 상거래와 각종 앱 배달과 관련된 제품과 서비스는 전자에 속한다. 이들은 이번 기회에 품질과 콘텐츠를 한 단계 업그레이드시키면서 사회적으로 보편화되었다. 대표적으로 줌(zoom)이 그러하다. 이에 비해 다양한 디지털 플랫폼이나 메타버스, 온라인 광고·구독 서비스, 온라인 동영상 서비스, 인공 지능과 빅데이터를 활용하는 제품과 서비스 등은 후자에 속한다.

세계 유수의 디지털 첨단 기업들은 시대의 소비 욕망을 충족시켜 줄 수 있는 제품과 서비스를 하루가 멀다 하고 선을 보였다. 그 결과 이들은 상상하기 어려울 정도로 많은 수익과 이윤을 챙기며 팬데믹 대불황 속에서 초호황을 누렸다.

(4) 소비자의 폭발적 반응: 실용적이고 매력적인 디지털 제품과 서비스

팬데믹 속에서 디지털 전환을 가속화시킨 것은 비단 세계적 IT 기업과 같은 주력 공급자만이 아니다. 소비자 또한 전에 없던 독특한 수요를 폭발적으로 창출해 내었다. 대표적으로, 사람들이 집에 머무는 시간이 많아지자 전에 관심을 두지 않았던 주택과 인테리어, 가구, 주방 기구, 문화, 여가, 엔터테인먼트, 주식 투자 등에 관심을 갖게 되었고 관련 수요가 크게 늘어났다. 마찬가지로, 집에서 즐길 수 있는 게임이나 다양한 영상 엔터테인먼트와 지식에 대한 수요가 폭증하였다(예컨대, YouTube, Netflex 등 OTT 수요). 그리고 집에서 온라인이나 앱(app)을 통해 편하게 주문할 수 있는 각종 배달형 소비 활동(음식물, 각종 생활필수품, 전자 제품 등)이 전에 없이 폭증하였다.

팬데믹 불황 속에서도 소비가 늘어난 주요 원인은 역대급 유동성이 시중에 포진한 점과 돌발적 '보복 소비'(revenge consumption)의 활성화에 있다. 그리고 사회·경제적 활동 통제에 따른 새로운 소비 행태와 소비 수요의 등장도 한몫을 하였다. 그렇다고 해서 소비가 모든 산업과 제품 및 서비스로 확대된 것은 아니다. 주로 디지털 분야와 온라인 소비 활동 그리고 자산 투자 및 투기성 분야에 제한되었다. 팬데믹 원년(2020)의 소비는 2019년에 비해 전 세계적으로 크게 줄어들었다.

전통적 투자 활동과 다른 가상 화폐 등 새로운 투자 분야에서 다양한 디지털 기술을 활용하는 신수요가 크게 늘어났다. 아울러 주식·부동산과 같은 전통적 투자 대상도 온라인·디지털 기술을 활용하는 경우가 크게 늘어났다. 시간과 기회 면에서 크게 유리하기 때문이다. 이는 결국 수요와 공급이 상호 상승 작용을 불러일으키고 관련 산업의 수요와 실적을 폭발적으로 증가시켰다. 즉, 관련 산업의 투자와 소비가 다른 산업과는 딴 세상처럼 전개되었다. 팬데믹 상황에서 실물 경제와 전통적 산업이 죽을 쑤는 가운데 '팬데믹 산업'이라고 말할 수 있는 첨단 디지털 산업은 초고속 성장의 기염을 토하였다.

소비(수요)가 공급을 유도하고, 또한 공급이 새로운 소비(수요)를 유도하는 시장경제 특유의 활력이 넘쳤다. 글로벌 시장에서 이번처럼 수요와 공급이 서로를 끌어당기고 맞장구를 치는 경우는 거의 없었다. 소위 수요와 공급이 바다의 고동처럼 나선형 모양을 만들면서 소비자는 계속해서 신용카드를 긁었고, 생산자는 끊임없이 그것을 수익 바구니에 옮겨 담았다. 그 결과 세계를 주름잡는 빅테크들은 요원의 불길처럼 사세 확장을 거듭하였고, 기업의 수익은 주체할 수 없을 정도로 팽창하였다. 이러한 사회·경제적 활동(양태)의 변화는 디지털 전환을 마치 순풍에 돛 단 배처럼 활성화시켰다.

결론적으로, 팬데믹은 소비자의 선호와 행태 그리고 소비 활동 방식에 엄청난 변화를 야기하였고, 생산자의 제품과 서비스의 내용과 창의성에 일대 혁신을 불러일으켰다. 팬데믹이 급작스레 몰고 온 디지털 사회가 앞으로 인류 문명에 어떠한 긍정·부정적 영향과 파급 효과를 가져다줄지에 대하여는 현재로서 예측하기 어렵다. 이 문제 또한 포스트 팬데믹 과제 중 최우선 순위에 속하는 것으로 분류된다.

5. 팬데믹의 대칭해: 더 갈라지고 더 불평등해지는 세계

팬데믹 불평등: 새로운 이분화, 비대칭적 영향

팬데믹이 크게 기승을 부리는 가운데 세계 곳곳에서 예상치 못한 경제적 불평등 현상이 우후죽순(雨後竹筍)처럼 나타났다. 팬데믹이 국가 내 그리고 국가 간에 존재해 온 해묵고 뿌리 깊은 사회·경제적 불평등 문제를 다시금 위험 요인으로 부각시킨 것이다. 기존의 부의 불평등과 사회적 차별에 더해 감염병 피해와 백신 접종 불평등이 새로운 요인으로 추가되었다. 그중에서도 가장 심각한 것은 기존의 빈부격차를 빠르게 심화시키는 부작용, 즉 경제(소득과 부) 양극화 현상의 재부상이다.

팬데믹은 경제 불황을 몰고 왔고, 그 와중에 사회 계층 간의 경제적 불평등을 심화시켰다. 팬데믹 때문에 경제적으로 가장 큰 타격을 본 계층은 빈곤층과 사회적 취약 계층이다. 세계적으로 빈곤층이 급증한 반면에 가진 자의 소득과 부는 크게 늘어났다. 특히, 최상위 소득 계층의 부는 급팽창하였다(이는 매우 특이한 현상이다). 거의 모든 나라에서 부자와 빈자 간의 소득과 부의 분배 격차가 팬데믹 이전보다 더 크게 벌어지는 새로운 양극화 현상이 출현하였다. 지난 2년여 동안 글로벌 차원에서 눈에 띄게 두드러진 불평등 현상을 '팬데믹 불평등'이라고 불러도 좋을 것이다.

이러한 경제 양극화 현상은 비단 국가 내에서뿐만 아니라 국가와 국가 간, 특히 선진국과 개발 도상국 간의 경제력(부) 격차 면에서도 확연히 드러났다. 대한민국도 결코 예외가 아니다(이에 대하여는 뒤에서 구체적으로 다룬다). 그리고 팬데믹은 국가 내의 지역 간 불평등(격차)을 심화시켰다. 팬데믹에 적극적으로 대응하는 과정에서는 중앙정부(연방국가의 경우 연방정부)는 물론 지방정부(주정부 포함)의 행정·재정적 역할이 매우 중요하다. 하지만 현실적으로 지방정부 간에는 인적·물적 자원과 역량의 차이가 뚜렷이 존재한다. 이는 지방분권과 지방자치가 발달한 서구 선진국에서 두드러지게 나타난다.

국가 차원에서 대응해야 하는 건강 및 방역 조치와 사회 보호·보장 조치는 중앙정부가 전 방위적으로 나서서 적극적으로 대처해야 한다. 하지만 주민과 밀착한 지방정부가 담당해야 하는 각종 조치와 팬데믹 행정 서비스들도 많이 있다. 지방정부가 이러한 역할을 제대로 수행하기 위해서는 행정 인력과 자금(재정) 및 장비가 필요하다. 이때 자원과 역량이 상대적으로 풍부한 지방정부는 문제가 없으나, 그렇지 못한 지방정부는 심각한 상황에 빠진다.[1)]

이는 팬데믹 행정 서비스의 공급 격차 문제로 나타난다. 대표적인 예로, 팬데믹이 기승을 부렸을 때 각종 응급 의료 시설과 기기 및 인력의 지역 간 격차가 현격하였던 사실을 지목할 수 있다. 결국 어떤 지역에 속하는지에 따라 지역 주민은 이득을 보기도 하고 손해를 보기도 한다. 도시 지역과 농촌 지역 간의 격차 현상도 나타났다. 팬데믹이 기본적으로 건강과 질병에 관한 위기임을 감안할 때, 농촌 지역이 도시 지역에 비해 각종 건강 보호와 관련된 시설과 준비가 상대적으로 미흡하다. 또한 팬데믹에 따른 노동 시장 충격도 도시 지역에 비해 농촌 지역이 더 불리한 경향이 있다.

---

1 현실적으로 중앙정부와 달리 지방정부는 여러 가지 제약 조건으로 인해 단기에 막대한 지방채(채무)를 발행해서 부족한 팬데믹 재정 지출 수요를 충족시킬 수 없다.

우리나라의 경우 팬데믹으로 인한 지역 간 격차 문제는 상대적으로 덜한 것으로 파악된다. 다만, 경제적 타격은 제주, 울산, 창원 등 관광과 공업 단지에 기반을 둔 지역이 다른 지역에 비해 상대적으로 컸다. 인적·물적 활동 및 이동에 엄격한 통제를 가한 정책과 맞물린 결과이다. 다만, 지금까지 팬데믹에 따른 지역 간 격차 문제에 대해 체계적으로 다룬 심층 분석 연구가 없어서 종합적인 정리에 어려움이 있다.

주요 국제기구들(World Bank, ILO 등)은 이구동성으로 전통적 사회 취약 계층인 여성, 아동, 저소득층, 소수 인종 등이 팬데믹 상황에서 비대칭적이고 불평등하게 타격을 입고 고통을 받는 사실을 강조한다. 이들 중 상당수가 팬데믹의 직격탄을 맞은 음식업, 소매업, 숙박업 등 대면·소매 서비스업에 종사하기 때문이다. 다민족 국가의 경우 이미 오래전부터 저소득층에 속한 소수 인종 그룹(minority group)이 집중적으로 일자리와 소득 기회 면에서 불이익을 받는 사실이 확인된 바 있다. 팬데믹 상황에서 사회적 취약 계층으로 특히 주목을 받아야 하는 것은 노인 계층이다. 이들의 처지는 건강과 생명(죽음), 사회·경제적 활동과 위상(사회적 위치, 외부 활동, 소득과 부) 등에서 팬데믹 이전보다 절대적·상대적으로 크게 나빠졌다. 무엇보다도 코로나바이러스로 가장 많이 사망한 계층이 노인 계층이고, 다른 계층에 비해 인생의 남은 기간이 상대적으로 짧은 상태에서 여러 가지 제한과 제약과 투쟁해야 하는 인구도 노인 계층이다.

우리나라의 경우 정확한 관련 통계가 없어서 직접적인 비교나 단정적인 언급을 하기는 어렵다. 다만, 대체로 국제적 현상보다는 상대적으로 나은 것으로 파악된다. 전통적으로 사용되는 소득 불평등 척도(지수)인 지니 계수나 소득 5분위 배율 통계 등에 의하면 팬데믹 원년인 2020년에는 그 이전보다 소득 불평등 상태가 오히려 개선된 것으로 나타났다(〈표 5-1〉, 〈표 5-2〉 참조).

〈표 5-1〉에 나타난 바와 같이, 우리나라의 상대적 빈곤율(중위 소득 50% 이하

〈표 5-1〉 우리나라의 연도별 상대적 빈곤율(중위 소득 50% 이하 기준)

(단위: %)

연도	시장 소득	처분 가능 소득
2011	19.6(24.6)	18.6(24.5)
2015	19.5(24.6)	17.5(23.7)
2016	19.8(24.9)	17.6(23.7)
2017	19.7(24.7)	17.3(23.2)
2018	19.9(24.8)	16.7(22.6)
2019	20.8(25.8)	16.3(22.5)
2020	21.3(26.6)	15.3(21.7)

주: ( ) 안의 수치는 중위 소득 60% 이하를 기준으로 산정된 상대적 빈곤율임.
상대적 빈곤율 = (처분 가능 소득의 중위 소득 50%(또는 60% 이하 인구) / 전체 인구)×100
처분 가능 소득은 시장 소득+공적 이전 소득–공적 이전 지출로 정의됨; 처분 가능 소득을 균등화한 것을 균등화 처분 가능 소득이라고 함.
자료: 통계청·한국은행·금융감독원, 『가계금융복지조사』, 2021.

기준)은 처분 가능 소득 기준으로 2016년 이후 점진적 감소세를 보여 왔다. 특히, 팬데믹 발생 원년인 2020년의 상대적 빈곤율은 16.3%로 팬데믹 발생 이전 연도(17.6%)에 비해 상대적으로 크게 개선된 것으로 나타났다. 이러한 사실은 소득 불평등 상태를 가장 보편적으로 측정해 주는 지니 계수(Gini coefficient)나 소득 5분위 배율의 연도별 변화 상태에서도 확인되었다. 구체적으로, 팬데믹 발생 전후를 비교할 때, 지니 계수 값은 2019년의 0.339에서 2020년의 0.331로 줄어들었고, 소득 5분위 배율 또한 2019년의 6.25에서 2020년의 5.85로 줄어들었다.

이러한 현상이 나타난 원인은 정부의 적극적인 저소득층 지원 대책(예컨대, 현금 복지 강화 등)과 사회 안전망 보강 때문으로 추측된다. 그러나 개인과 가계의 자산 소득 변동 상태를 살펴보면, 이야기는 완전히 달라진다. 팬데믹 중에 불평등도가 크게 나빠진 것을 확인할 수 있다. 즉, 계층 간에 자산 배분 상태

〈표 5-2〉 우리나라 소득의 지니 계수와 소득 5분위 배율(2011~2020)

(단위: %)

연도	지니 계수		소득 5분위 배율	
	시장 소득	처분 가능 소득	시장 소득	처분 가능 소득
2011	0.418	0.388	11.21	8.32
2012	0.411	0.385	10.65	8.10
2013	0.401	0.372	10.29	7.68
2014	0.397	0.363	10.32	7.37
2015	0.396	0.352	10.41	6.91
2016	0.402	0.355	10.88	6.98
2017	0.406	0.354	11.27	6.96
2018	0.402	0.345	11.15	6.54
2019	0.404	0.339	11.56	6.25
2020	0.405	0.331	11.37	5.85

주: 지니 계수는 소득 불평등도(상태)를 나타내는 대표적 지표이며, 그 값이 제로(0)이면 완전 평등, 그리고 1이면 완전 불평등 상태를 의미함.
소득 5분위 배율은 소득 상위 20% 계층의 평균 소득을 소득 하위 20% 계층의 평균 소득으로 나누어 산정한 값으로 소득 불평등 상태를 측정하는 보편적 지표임.
자료: 통계청·한국은행·금융감독원, 『가계금융복지조사』, 2021.

가 더 크게 왜곡되었다, 이와 관련된 내용은 뒤에서 자세히 다룬다.

다만, 통계청 통계와 내용상 차이가 있지만, 소득 상위 10%와 소득 하위 10%를 비교한 자료에서는 코로나 사태 발생 이후 소득 하위 10% 계층의 절대 소득과 소득 상위 10% 대비 상대 소득 비율이 그 이전보다 악화된 것으로 나타났다. 국세청의 통합 소득(근로 소득과 종합 소득(이자·배당·사업·연금·기타 소득)을 합친 소득) 자료에 의하면 다음과 같은 현상이 관측되었다(조선일보, 2022. 2. 16, A8). 팬데믹 원년인 2020년에 소득 하위 10% 계층의 소득 증가율은 마이너스 성장을 기록하였다(소득 상위 10% 계층은 플러스 소득 증가율을 기록). 2020년에 하위 10% 소득 계층의 절대 소득이 감소하고 상위 10% 소득 계층의 소득이 증가하는 상황에서 양자의 상대 비율, 즉 소득 배율(소득 상위 10% 계층의 1인당 연평균 소득 / 소득 하위 10% 계층의 1인당 연평균 소득)은 이전보다 더 높은 69.2배로 나타났다. 이전의 소득 배율은 2017년 68.7배, 2018년 65.2배, 2019년 64.0배였다.

이상에서 살펴본 통계청 분석 자료와 통합 소득 자료는 내용과 분석 대상 등에서 차이가 나 직접적으로 비교할 수 없다. 특히, 통합 소득에는 근로 소득 외에 이자·배당·사업 소득 등이 포함되어 있는데, 이는 대체로 상위 고소득 계층이 확보하는 소득 유형이다. 통계청 자료에서 상대적 빈곤율을 파악할 때, 시장 소득 기준보다 처분 가능 소득 기준을 사용하는 것이 조금 더 합리적이다. 그 이유는 처분 가능 소득이 시장 소득에 공적 이전 소득(국민연금 등 공적 연금)을 더한 다음 공적 이전 지출(세금, 공적 연금 기여금, 사회 보험료 등)을 뺀 소득을 의미하기 때문이다.

이것은 팬데믹 상황 속에서 가난하고 약한 사람들이 다른 계층보다 상대적으로 더 쉽게, 더 크게 다치고 무너진다는 것을 의미한다. 가난한 사람은 주어진 여건상 바이러스에 노출되거나 감염될 확률이 더 높다. 이것은 COVID-19의 치사율이 중·상위 계층보다 저소득 계층에서 크게 높게 나타난 실증 분석 결과가 말해 준다. 이러한 상태에서 빈곤 취약 계층은 고용 기회와 소득 획득 등 각종 경제 환경이 급격히 나빠지는 최악의 상황을 겪고 있다. 팬데믹 상황에서 직장과 일터를 잃어버리고 실업과 빈곤 상태에 내몰리는 그룹도 이들 계층이 주도한다. 이 모든 것은 팬데믹이 몰고 온 비대칭적 영향의 결과이다.

한국경제연구원(『코로나19가 취약 계층 직장 유지율에 미친 영향』, 2022. 8)이 팬데믹 발생 원년인 2020년을 기준으로 소득 계층별 직장 유지율을 분석해 본 결과 저소득층에서 가장 많은 직장 이탈 현상이 발생한 것으로 나타났다. 구체적으로, 소득 계층별 직장 유지율은 저소득층(중위 소득 50% 미만)과 중소득층(중위 소득 50~150%)에서 각각 8.4%, 3.2% 하락하였다. 반면에 고소득층에서는 거의 직장

이탈이 없었다. 나아가 팬데믹에 따른 직장 감소율을 전체 실직자에 대비하여 환산해 본 결과 저소득층에서는 실직자 10명 중 4명(저소득층 실직률의 39.1%)이 팬데믹 영향으로 일터를 상실한 것으로 파악되었다. 이는 일반적인 예상이나 주변에서 체감하는 실제 현상과 크게 다르지 않다. 앞서 언급한 것처럼, 팬데믹은 저소득층과 취약 계층에게 한층 더 가혹하고 매몰찼다.

강력한 사회적 거리두기 정책 기조하에 지역 간 이동 금지(록다운), 통행 시간 제한 및 금지, 모임과 영업 제한 및 금지 등 경제와 사회 활동 전반에 걸쳐 엄격한 공적 규제가 실시되었다. 이로 인해 전체 사회와 경제가 매우 어둡고 긴 터널 속을 헤매야만 하였다. 이 과정에서 삶의 터전을 잃어버리고 생활에 직격탄을 맞은 것은 자영업자와 소상공인, 비공식 분야 종사자(informal laborer), 비정규직 근로자 등이다. 그중에서도 특히 임시직과 일용직 노동자 그리고 대면 서비스 제공 노동자의 대다수가 실직과 수입 감소라는 최악의 상황을 맛보아야만 하였다. 이들 중 대다수는 본래부터 소득 중·하위 그룹에 속하였고, 직업 환경상 재택근무나 원격 업무를 할 수 없는 형편이었다.

이것은 우리나라를 포함하여 전 세계적으로 입증된 사실이다. 계속 반복되는 방역 조치(영업시간 제한, 영업 금지, 모임(집합) 인원 제한 등)로 매출은 살아날 수 없었고 오히려 끝없이 추락하였다. 우리나라의 경우 팬데믹 이후 자영업자의 매출은 거의 반토막이 났다. 그런데 이들이 매월 부담해야 하는 고정 비용(임대료, 재료비, 인건비 등)은 거의 변하지 않았다. 따라서 손에 쥐는 실수입은 거의 없고 때로는 적자로 허덕였다. 실제로 수많은 자영업자들이 매달 적자를 보면서 대출과 정부 지원금 등에 의존해서 겨우 명맥만 유지해 왔다. 그중 상당수는 생존의 한계점에 도달하였거나, 이미 그것을 넘어선 상태이다. 이는 포스트 팬데믹이 다루어야 할 최우선 과제 중 하나이다.

한편, 팬데믹으로 디지털 기술 수단의 의존도가 높아지고, 디지털 사회가

팬데믹과 기존 불평등 상태의 철저한 악화

현상적으로 팬데믹은 생존(사망), 건강, 일자리와 생업, 교육, 분배(소득과 부), 젠더 위상, 디지털 활용, 일상생활 방식 등 거의 모든 중요한 경제·사회적 요소에서 기존의 불평등 상태를 철저히 악화시켰다. 특히, 사회 경제적으로 가난하고 취약한 계층들이 모든 분야에서 상대적으로 더 불리하고 나빠지는 방향으로 영향을 입었다. 팬데믹 기간 중에 발생한 사회적 편익(social benefit)의 대부분은 가진 계층에게 돌아갔고, 반면에 사회적 비용(social cost)의 상당 부분은 갖지 못한 계층에게 귀속되었다.

이것은 세계적 위기는 하나같이 사회적으로 취약하고 경제적으로 빈곤한 계층에게 한층 더 가혹하게 다가온다는 사실을 재확인시켜 준다. 국가 공동체의 입장에서는 정말 반갑지 않은 손님이고, 실로 당황스러운 현상이었다.

급격히 앞당겨지면서 또다른 불평등 현상이 심화되었다. 이것은 '팬데믹 불평등'의 특징적 현상으로 기존 불평등과 결을 달리한다. 급진전된 디지털 전환은 그 혜택과 편리를 향유하는 계층과 그로부터 소외되는 계층 간에 사회·경제적 격차를 더욱 벌렸다. 원인은 비대면 온라인 활동이 사회 전 분야로 급속히 확대되자 디지털 사회 활동의 기본 인프라와 역량을 구비한 시민과 그렇지 못한 시민 간에 디지털 격차가 크게 벌어지고, 이것이 두 계층에 고용, 소득, 부의 창출 기회를 비대칭적으로 제공한 데 있다. 디지털 부자(보유자)와 빈자(비보유자) 간에 존재하는 전통적 디지털 격차에 '팬데믹 디지털 격차'가 추가되었고, 그 결과 새로운 디지털 양극화와 소득 양극화가 발생하였다. 이와 관련된 원인과 과정 및 결과에 대하여는 바로 뒤에서 설명한다.

팬데믹 블루(blue): 새로운 디지털 격차, 새로운 불평등

(1) 팬데믹 불평등의 주범: 비대면·디지털, 넘쳐나는 시중 자금

앞서 기술한 바와 같이, 팬데믹은 디지털 전환(제4차 산업혁명)의 동력과 콘텐츠에 부스터 샷(booster shot)을 주사하고 날개를 달아 주었다. 팬데믹은 사실상 디지털 사회의 출발점을 새로 설정하였다. 이전 사회는 대면 주도 속에 디지털 요소가 조금씩 깊이 침투하는 상태였다. 그러나 팬데믹 사회는 비대면이 주도하는 환경 속에서 각종 디지털 기술과 활동이 활개를 치는 새로운 사회, 즉 '열린 사회'(open society), '연결(된) 사회'(connected society)였다.

팬데믹은 디지털 기술의 창의성과 실용성을 겸비한 디지털 제품과 서비스에게 기회의 장을 열어 주었다. 이러한 새 시대는 여러 면에서 긍정적인 의미와 효과를 지닌다. 하지만 조금 뒤에서 설명될 디지털 보유 계층과 비보유 계층 간의 생활 속 격차와 사회·경제적 불평등을 심화시키는 심각한 문제점을 안고 있다.

무섭게 번지는 팬데믹 상황에서 각국 정부가 실시한 강력한 방역 조치와 대응 방안은 의도하지 않았지만, 결과적으로 디지털 전환에 불을 지피면서 기존에 존재하던 디지털 격차(digital divide)를 한층 더 심화시켰다. 그리고 한 걸음 더 나아가 사회·경제적 불평등을 빠르게 확대시켰다. 팬데믹이 강하게 밀어붙인 급격한 디지털 전환이 사회·경제적 불평등을 한층 더 악화시킨 주요 과정은 다음과 같다.

먼저, 팬데믹을 타개하는 각종 정책의 방향과 수단들이 디지털 테크놀로지와 그것을 활용하는 디지털 활동과 역량을 강하게 필요로 하였다. 급조된 팬데믹 사회가 빠른 디지털 사회로의 전환을 요구한 것이다. 다음으로, 이러한 상황에서 팬데믹 중에 거의 생필품처럼 되어 버린 디지털 기기와 제품 및 서비스를 사용하는 과정에서 기존의 디지털 격차가 한층 더 벌어졌다. 마지막으로, 그러한 수혜자와 소외자(취약 계층) 간의 새로운 디지털 격차가 경제적 기회와 활동의 성과 차이로 이어졌다. 그 결과 소득과 부의 불평등이 악화되었다.

팬데믹 상황에서 급속히 자리를 잡은 디지털 사회는 처음부터 사회적 불평등 문제를 안고 출발하였다. 팬데믹이라는 독특한 상황이 자본주의 사회의 대표적인 폐해인 '가진 자와 갖지 못한 자'(have and have-not)의 관계 사슬에 디지털 요소를 가미시키면서 가진 자에게 한층 더 유리한 게임이 만들어졌다. 이로 인해 전통적 불평등 현상은 점점 더 복잡한 양상을 띠게 되었다. 그 핵심은 다음과 같다.

팬데믹 상황에서 비대면 온라인 활동이 사회·경제 전면에 급부상하자 그것을 적극적으로 활용할 수 있는 주체와 그렇지 못한 주체가 극단적으로 대비되는 현상이 나타났다. 전자는 대부분 부자와 교육 배경이 좋은 계층이고, 후자는 가난하고 교육 배경이 취약한 계층이다. 그 이유는 비대면 온라인 활동을 통해 소득을 획득(소위 먹고사는 일 문제 해결)하기 위해서는 기본적으로 장비가 필요하고, 업무상 일상화가 이루어져야 하는데, 두 계층 간에는 그 점에서 여건과 역량의 차이가 존재하기 때문이다.

부유층과 화이트칼라 노동자에 비해 많은 저임금 노동자들은 장비 구입에 애로가 있다(경제적 여유 부족). 또한 재택근무나 원격 활동을 통해 디지털 경제 생활을 영위할 수 있는 조건을 갖추지 못하고 있다(근무 조건 부족). 매일 사람들을 만나고 접촉해야만 돈을 벌 수 있는 근무 특성 보유자에게는 재택근무나 원격 근무는 그림의 떡과 같다. 식당이나 환경·의료 서비스, 숙박·여행·관광 사업에 종사하는 근로자가 어떻게 재택근무를 하고, 또한 인터넷이나 가상공간에서 자신의 업무를 수행할 수 있는지에 대해 생각해 보면 그것은 명확해질 것이다.

코로나바이러스는 부자와 가난한 사람을 구분하지 않고 무차별적으로 엄습하는 듯하였다. 그러나 실제로는 빈곤층과 사회적 약자 계층에 더 혹독하였다. 이들은 바이러스에 노출되거나 감염될 가능성(특히, 근무와 생활 관련 감염 가능성)과 감염 시 대처할 수 있는 대응 수단과 방법에 있어 상위 소득 계층(부자)에 비해 월등히 불리한 환경과 조건을 지녔기 때문이다. 결과적으로 방역 차원에서 취해진 거의 모든 정책 조치들이 결과적으로 사회적 약자와 중·하위 소득 계층에게 불리한 사회·경제적 영향을 초래하였다. 정부는 결코 그렇게 의도하지 않았다. 하지만 사회 시스템은 그렇게 돌아갔다. 사회의 구조와 사회 구성원의 이해관계와 갈등이 작용하는 사회적 블랙박스는 자주 정부의 의도나 목적과 다르게 작동한다.

두 계층 간에는 경제적 상황 면에서도 확연히 구분된다. 팬데믹이 더 심해지자 빈곤층과 사회적 약자 계층의 일상생활과 노동 환경이 크게 제약되고 악화되는 현상이 곳곳에서 나타났다. 구체적으로, 노동 시간 단축, 실직, 무급 휴직 등 고용 기회와 소득이 급감하는 최악의 경제적 상황들이 나타났다. 반면에 부자와 상위 소득 계층은 팬데믹 상황과 정부의 방역 조치에도 불구하고 시중의 풍부한 유동성 등 우호적인 자본 시장 환경 덕분에 소득과 부를 증식할 수 있었다. 이는 일찍이 없었던 국내외적으로 큰 우려의 대상으로 새로운 경제적 불평등 현상이다. 결론적으로, 팬데믹이 가져다준 새로운 디지털 격차는 개인의 기기 보유와 기술 역량 차이를 넘어 소득과 부의 격차를 초래하는 점에서 매우 심각하다.

팬데믹 불평등 현상의 원인

(1) 정부의 강력한 방역 조치: 보건·사회·경제적 활동 통제

팬데믹이 기존의 사회·경제적 불평등을 한층 더 깊은 나락으로 끌어내린 가장 큰 원인은 각국 정부가 단행한 강력한 행위 통제 중심의 방역 조치에 있다. 각국이 방역 차원에서 국민과 기업의 경제 활동과 사회 활동을 강력히 통제하는 법적·행정적 조치가 그것이다.

방역 조치의 목적은 무엇보다도 코로나바이러스 예방과 확산 방지 및 건강 회복에 있다. 이를 위해 정부는 의료, 보건, 복지 관련 처방과 경제와 사회 활동을 강력히 규제하는 조치를 동시에 취하였다. 전자는 코로나바이러스에 감염되거나 그와 직·간접적으로 관련된 주체(특정 국민, 조직, 기관 등)에 적용되는 조치로 그 영향은 상대적으로 제한적이다. 이에 비해 사회적 거리두기로 대표되는 후자는 전 국민과 모든 조직 및 기관에 적용되는 의무·강제적 조치로 그 영향과 파급 효과가 매우 광범위하고 막강하다. 강력한 지역 간 이동 금지, 즉 록다운(lockdown), 통행 시간 제한 및 금지, 모임(집합)과 영업 제한 또는 금지 등 경제와 사회 활동 전반에 걸쳐 적용되는 엄격한 공적 규제가 그러하다. 팬데믹 발생 이후 세계 각국은 이들 조치로 인해 고용, 소득, 학교 교육, 건강, 안전, 복지, 문화·엔터테인먼트, 관광 등 사회와 경제 전체를 통털어 매우 어둡고 긴 터널 속을 헤매야 하였다.

그런데 이들 조치는 결코 의도하지 않았지만, 중하위 소득 계층의 많은 노동자들을 일터에서 몰아내었다. 그리고 그들의 노동 시간 단축에도 결정적인 영향을 미쳐 곧바로 소득 감소, 경제 위축으로 이어졌다. 이와 달리 상위 소득 계층에 속하는 대다수는 그러한 애로 없이 경제 생활을 영위할 수 있었다. 이들의 소득은 줄어들지 않았고, 주식과 부동산 활황 등으로 자산 소득이 크게 늘어났다.

원격 근무(재택근무) 등 새로운 형태의 노동 조건, 즉 비대면 방식의 경제 활동 조건도 소득과 부의 창출 면에서 중하위 소득 계층에게 크게 불리하였다. 팬데믹으로 급격히 늘어난 재택근무나 줌을 활용한 화상 회의 등은 대체로 공공 부문과 대기업에 종사하는 공무원, 전문직, 사무직, IT 기술 분야 종사자 등 중산층 이상의 화이트칼라에게 유리한 근무 방식이다. 이러한 근무 방식은 현장 근무자나 육체 노동자, 생산직, 각종 대면 서비스업 종사자, 임시직과 비정규직 등에는 선택이 거의 불가능한 근로 조건이자 환경이다.

이와 관련하여 팬데믹 상황에서의 유소년 교육 불평등 문제를 지적하지 않을 수 없다. 사실 양자는 맞물려 돌아가는 악순환 현상이다. 재택근무가 가능한 부모는 그렇지 못한 부모와 달리 자녀의 온라인 학습을 지원하고 관리할 수 있다. 또한 각종 돌봄과 배려에 필요한 시간을 할애할 수도 있다. 그러나 재택근무가 불가능한 부모는 자녀의 교육에 필요한 도움과 배려의 시간을 할애할 수 없다. 부모의 근로 조건 격차가 자녀의 학습 불평등 문제로 이어지는 것이다. 나아가 이 문제는 자녀의 먼 미래의 직업 선택과 소득 창출 기회 면에서 불평등을 유발한다. 이와 관련된 내용은 조금 뒤에서 보충적으로 다루고 있다 (106쪽 박스 내용 참조).

종합적으로, 바이러스 차단(방역 대책)을 목적으로 취해진 거의 모든 정책 조치는 결코 의도한 것은 아니지만, 결과적으로 사회적 약자와 하위 소득 계층에게 불리한 사회·경제적 영향을 초래하였다.

(2) 부자의 기회와 빈자의 고통: 별천지의 상위 소득 계층, 추락하는 저소득 계층

많은 중하위 소득 계층 노동자들과 달리 대다수 상위 소득 계층의 세상살이는 전혀 딴판이다. 사실상 큰 애로 없이 여유 있는 경제생활을 영위할 수 있었다. 특정 분야를 제외하고는 대다수 화이트칼라(대기업과 공공 부문 종사자 등)의 소득은 줄지 않고 오히려 늘어났다. 기존에 꼬박꼬박 나오던 월급에 더해 전에 없었던 국가의 현금 이전(지원) 등 새로운 소득원이 추가되기도 하였다(일부 최상위 소득자 배제).

그뿐 아니다. 시장에 유동성이 넘쳐나면서 자산 시장이 대호황을 누리자 부자와 상위 소득 계층은 자신이 축적해 둔 자금과 차입 등을 통해 그 기회를 십분 활용하였다. 이들은 주택 시장, 주식 시장, 가상 화폐 시장, 채권 시장, 자원(원자재) 시장, 귀금속 시장 등 다양한 자산 시장을 넘나들면서 투자와 투기를 거듭하였다. 시장은 그들에게 매우 우호적이었다. 적어도 2022년 초까지는 그러하였다. 결국 이들은 시장에 경제 버블(economic bubble)을 만들어 내는 주인공이 되었다.

하지만 하위 소득 계층은 기껏해야 정부가 마치 선물 보따리인 양 이따금 쥐어 주는 현금 이전(예컨대, 재난지원금, 복지지원금) 정도가 사실상 신규 소득의 전부였다. 이들 중 상당수(예컨대, 일용직 근로자, 자영업자, 소상공인, 기타 대면 서비스 종사자)는 이미 노동 시장에서 고용의 기회와 소득을 상실하였으며 경영상 손실과 피해를 입은 상태였다. 따라서 이들은 정부가 주는 각종 현금 이전을 다 합치더라도 자신의 실제 소득이 팬데믹 이전에 비해 크게 줄어든 현실과 매일매일 힘겨운 씨름을 해야만 하였다.

대체로 공무원이나 대기업 종사자 등 안정적인 직장에 고용된 사람들은 직업과 소득 면에서 팬데믹의 영향을 거의 받지 않았다. 이는 세계 공통적 현

〈그림 5-1〉 팬데믹과 소득(자산 소득 포함) 불평등 로렌츠 곡선(Lorenz Curve) 변화

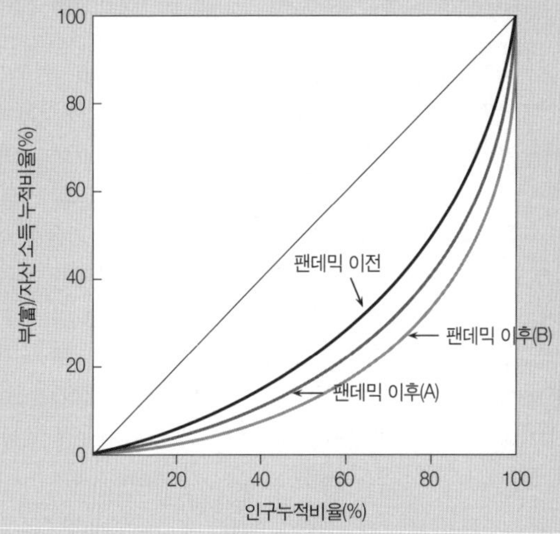

주: 팬데믹 이후 자산 소득을 포함하는 소득과 부의 불평등 상태는 크게 악화되었는데, A보다 B의 상태가 소수의 국민에게 자산 소득을 포함하는 소득과 부가 더 집중되는 것을 의미함. 현재로서는 관련 미시 데이터가 없어서 정확한 변동 상태를 확인할 수 없음.

상이다. 반면에 자영업자와 비공식 분야에 종사하는 노동자 그리고 중소기업 근무자의 상당수는 팬데믹 때문에 실직이나 노동 시간 단축 등을 겪으면서 상당한 소득 감소를 경험하였다. 대체로 전자는 중·상위 소득 계층, 후자는 하위 소득 계층에 속한다. 따라서 팬데믹 상황에서는 소득 불평등이 악화될 수밖에 없다. 다만, 각국이 '팬데믹 재분배 정책'을 얼마나 효율적이고 효과적으로 실시하는지에 따라 팬데믹 소득 불평등 상태가 이전보다 더 나빠질 수도, 더 나아질 수도 있다. 우리나라의 경우 앞서 언급한 바와 같이, 소득 분배 상태는 적어도 팬데믹 때문에 악화되지는 않은 것으로 나타났다.

부를 획득하는 데는 시중에 유동성이 풍부할 때나 부족할 때 모두 부유한

팬데믹과 부의 극단적 쏠림 현상: 초극소수 인구의 세계 부 지배

2021년 말에 프랑스 파리경제대학의 세계 불평등 연구소(World Inequality Lab: WIL)는 『2022년 세계 불평등 보고서』를 발표하였다. 이때 팬데믹 상황에서 세계의 부가 최상위 부자 계층에 집중되는 쏠림 현상을 강하게 부각시켰다. 단적인 예로 세계의 억만장자들(billionaires)이 보유하는 자산이 전 세계 자산에서 차지하는 점유율의 변동 상태를 거론하였다. 구체적으로, 세계 억만장자의 점유율은 1995~2021년 기간 중에 1%에서 3.5%로 3.5배 증가하였는데, 그중 가장 큰 증가가 코로나 바이러스가 기승을 부린 2020년 한 해 중에 이루어진 사실(1년 간 1.5% 증가)을 보여 주었다.

동 보고서는 전 세계의 상위 10% 부자가 전체 소득의 52%와 전체 자산의 76%를 점유하는 반면, 전 세계의 하위 10% 빈자는 전체 소득의 8%와 전체 자산의 2%만을 점유하는 비극적인 현실도 적시하였다. 비슷한 맥락에서 세계적 구호개발기구인 옥스팜(Oxfam)이 2023년 1월에 발표한 '슈퍼리치의 생존' 보고서에서는 팬데믹 원년(2020)부터 2년간 세계 최상위 부자 1%의 자산은 무려 26조 달러나 증가하였고, 이는 동 기간 중 창출된 전 세계 신규 부의 63%를 차지하는 것으로 추정하였다.

같은 맥락에서 미국의 CNN 비즈니스는 블룸버그 억만장자 지수를 인용하면서 팬데믹 기간 중에 세계의 부가 얼마나 극소수의 부자들에게 쏠렸는지에 대해 일갈하였다. 구체적으로, 2022년 1월 초 현재 세계 500대 부자의 총자산은 8조 4,000억 달러(우리 돈으로 약 1경 원)인 사실을 알려 주었다. 이는 세계의 GDP(국내총생산) 1, 2위 국가인 미국과 중국을 제외한 어떤 국가의 연간 GDP 규모보다 더 큰 금액이다. 다시 말해서, 전 세계 인구 중 바다의 모래알만한 극소수가 인구 10억 명을 훌쩍 뛰어넘는 인도나 인구 1억 명 이상의 일본, 인도네시아, 러시아 등의 연간 GDP 규모를 능가하는 부를 보유하고 있는 것이 지금의 세계이다.

계층이 가난한 계층보다 여러 면에서 유리하다. 그렇지만 일반적으로 유동성이 부족할 때보다 풍부할 때에 경제적 불평등 현상이 더 심해진다. 그 이유는 일반 근로자의 소득은 크게 변하지 않지만, 부자들은 자산 시장에서 부를 증식할 기회가 크게 늘어나기 때문이다. 이때 그 기회와 부의 과실은 고스란히 가진 계층의 전유물이 된다. 이것은 이번 팬데믹 사태에서 거듭 확인되었다.

그런데 팬데믹은 여기에 한술 더 떠 부자 중에서도 최상위 부자의 배를 터질 만큼 부풀려 주었다. 이는 팬데믹 기간 중의 극단적 부의 쏠림 현상과 세계 500대 부호의 자산 규모가 미국과 중국을 제외한 그 어느 나라의 연간 GDP 규모보다 더 크다는 사실이 잘 말해 준다(박스 참조). 이러한 현상은 과거의 글로벌 경제·재정 위기 때 나타났던 일반적인 현상과 크게 다르다.

팬데믹은 경제 위기가 아니지만, 결과적으로는 경제 위기 때보다 훨씬 많은 엄청난 자금을 시중에 뿌렸다. 이 기회를 가장 잘 이용한 계층은 부자들, 특히 최상위 부자들이었다. 팬데믹이 장기화하자 부자와 고소득층들은 누구도 예상치 못하였던 부의 증식 기회를 포착하였고, 또한 즐겼다. 어떤 면에서 횡재 소득(windfall income)이나 다름없는 뜻밖의 선물을 받아들었다. 이는 저소득층이 경제적 기회에 제약을 받거나 박탈을 당하는 현실 상황과 극명하게 대비되는 것으로 새로운 양극화 현상의 중심을 이룬다. 한마디로, 바이러스와 전쟁 중인 상황에서 부의 원천인 소득, 즉 유량(flow)과 자산(재산), 즉 저량(stock)이 동시에 증가하는 매우 역설적인 상황이 연출된 것이다. 이들에게는 팬데믹이 비록 생활의 불안과 불편은 가하였지만, 적어도 부와 생활의 여유를 전보다 향상시켜 준 효자 노릇을 한 것으로 기억될 법하다.

(3) 철철 넘치는 시중 유동성: 역대급 최저 금리, 슈퍼 확장적 재정 정책

팬데믹 대응 과정에서 급팽창한 시중의 유동성('팬데믹 유동성')은 경제적 불평등을 악화시키는 요인으로 작용하였다. '팬데믹 유동성'은 역사상 최고 수준급으로 이는 정부와 중앙은행의 합작품이다. 팬데믹 기간 중 많은 나라(특히, 선진국)가 기록적인 재정 자금을 각종 재정 지출 프로그램을 통해 시중에 쏟아부었다. 세계 각국이 팬데믹 위기 극복을 위해 막대한 차입과 적자 재정에 기대는 슈퍼 재정 확장 정책을 실시한 결과이다. 중앙은행과 금융 당국은 파격적인 금융·통화 완화 정책으로 즉각 화답하였다. 아울러 민간·공공 부문은 역사상 최저 금리를 이용해서 천문학적인 규모의 자금을 빌렸다. 그 결과 거대한 팬데믹 유동성이 형성되었다. 풍부한 유동성은 가진 자에게 유리한 기회와 자금원으로 활용된다는 것은 동서고금의 역사가 말해 준다.

이번 팬데믹 위기에서는 특히 정부의 재정 정책이 주도적인 역할을 하였다. 천문학적 수치로 늘어난 정부의 예산은 집행되자마자 시중에 현금을 증폭시키는 사실상 '현금 제조기'와도 같았다. 대표적으로, 전 국민에게 제공된 재난 지원금이나 자영업자, 소상공인 등 특수(특정) 팬데믹 피해자 등 자금 수요자에게 지급되는 각종 지원금, 보조금, 융자금은 국가 재정이 사실상 현금 제조기 내지 현금 살포기 역할을 한 것이다.

이와 달리 중앙은행의 금리 인하와 금융 당국의 각종 융자 및 상환 조건 완화 정책은 시간을 두고 시장의 유동성을 확대시키는 효과를 유발하였다. 다만, 중앙은행의 자산 매입 정책은 곧바로 시중의 자금 증가를 유발한다. 이번의 팬데믹 상황에서 고강도의 재정·금융통화 정책 합작이 가능하였던 것은 무엇보다도 세계의 시장 금리가 역대 최저 수준으로 낮은 데 있다.

시장 금리가 역대 최저 수준에 이르자 민간 부문(가계, 기업 등)의 통화(자금) 수요도 급격히 늘어났다. 민간 부채는 팬데믹 이전보다 큰 폭으로 늘어났다(〈그림 5-2〉 참조). 팬데믹 중에 기록한 사상 최저 금리는 정부의 공채 발행 비용 부담과 민간의 이자 상환 부담 모두를 전에 없이 가볍게 해주었다. 이러한 상황에서는 정부와 민간 부문 모두 꼭 필요한 자금 수요 외에 부차적인 수요(예컨대, 과도한 선심성 재정 수요, 우선순위가 낮은 인프라 재정 지출, 가계와 기업의 과도한 투자·투기용 자금 수요)에 눈을 돌리는 유혹에 빠진다. 흔히 말하는, "금리가 1~2%대면 돈을 빌려 베게 밑에 두고 있다가 잠시 주식에 투자하면 원리금 상환을 다 하고도 수지가 맞는다."라는 단순한 계산이 시중의 주류로 등장한다.

〈그림 5-2〉 GDP 대비 민간 부채 비율 상위 국가(2021. 3분기)

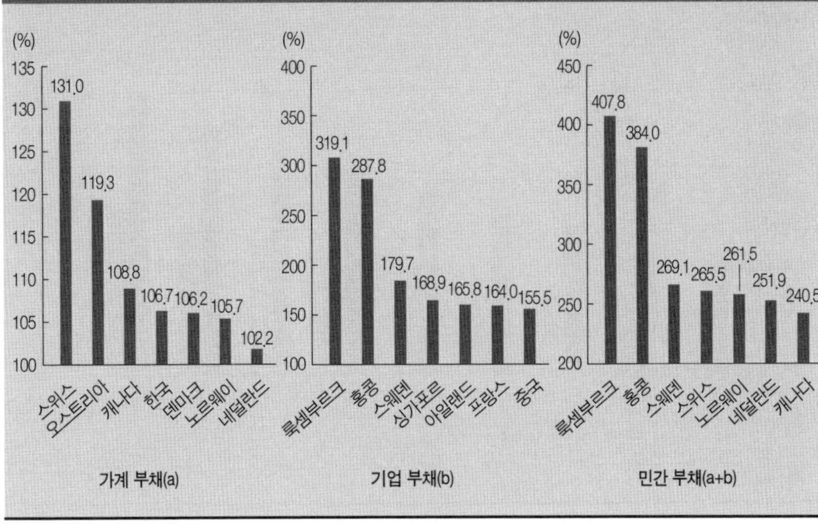

주: 1) 한국의 기업 부채(b)와 민간 부채(a+b)는 각각 113.7(16위), 217.0(13위)임.
2) 최근 수년간 GDP 대비 가계 부채 비율 증가 속도는 홍콩 다음으로 우리나라가 가장 빠름.
자료: BIS, Credit Statistics.

이것은 전 세계 GDP 대비 전 세계 통화 공급량(광의의 통화 M2 기준)이 팬데믹 발생 후 얼마나 크게 팽창하였는지를 보여 주는 통계가 말해 준다. 구체적으로, 동 비율은 글로벌 금융 위기가 발생한 2008년에 99.8%였는데, 팬데믹이 발생한 2020년에는 143.9%로 급증하였다. 즉, 글로벌 금융 위기 발생 당시에는 전 세계의 GDP와 전 세계 통화 공급량이 거의 1 대 1 규모로 맞먹었으나, 팬데믹 발생 후에는 전 세계 통화 공급량이 전 세계 GDP 규모보다 약 1.5배나 커진 것이다. 세계 경제와 금융을 이끌어 나가는 미국의 통화량은 2009~2021년 기간 중에 M1 기준으로는 1,161%, M2 기준으로는 163% 증가하였다. 가장 큰 폭의 통화량 증가는 팬데믹 이후 신속히 이루어졌다. 양적 완화 정책과 초저금리 정책의 합작품이다. 앞서 언급한 바와 같이, 미국의 통화량은 팬데믹 발생 후 수개

〈그림 5-3〉 우리나라의 통화량(Lf, M2) 변화

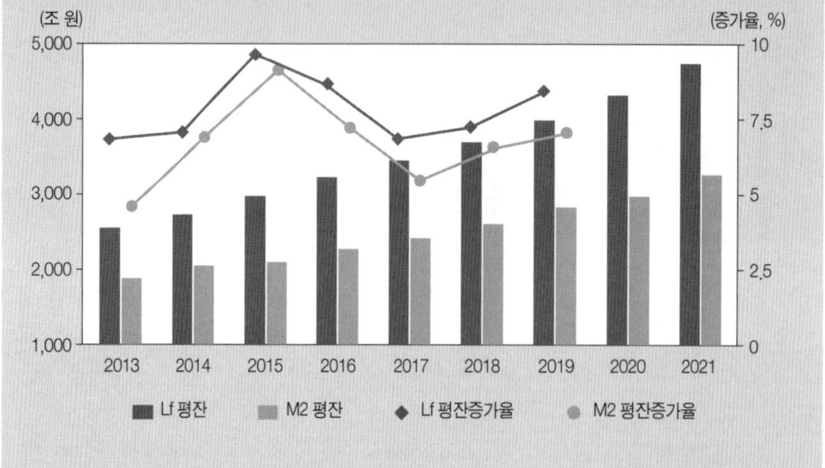

주: 1) 본원 통화: 화폐 발행액 + 금융 기관의 대한은 원화 예치금.
M1(협의 통화): 현금 통화 + 요구불 예금·수시 입출식 저축성 예금 – 동 금융 상품의 예금 취급 기관 간 상호 거래분
M2(광의 통화): M1 + 기간물 정기 예금, 적금 및 부금 + 시장형 금융 상품(CD, RP, 표지 어음) + 실적 배당형 금융 상품(금전 신탁, 수익 증권 등) + 금융채 + 기타(투신 증권 저축, 종금사 발행 어음) – 동 금융 상품 중 장기(만기 2년 이상) 상품 – 동 금융 상품의 예금 취급 기관 간 상호 거래분
Lf(금융 기관 유동성): M2 + M2 중 만기 2년 이상 예적금 및 금융채 + 한국증권금융(주)의 예수금 + 생보사 계약 준비금 – 동 금융 상품의 Lf 편제 대상 기관 간 상호 거래분
2) 평잔 증가율은 '해당 기간 중 평균 잔액 증가율'임.
자료: 한국은행.

월 내에 늘어난 것이 글로벌 금융 위기 발생 후 5년 동안 증가한 실적과 맞먹는다. 팬데믹 유동성이 얼마나 크고 풍부한지를 단적으로 말해 준다.

우리나라의 경우 글로벌 금융 위기 이후 M1과 M2는 각각 315%, 153% 증가하였다. 〈그림 5-3〉에는 우리나라의 연도별(2013~2021) 통화량 변동 상황이 담겨 있다. M2 기준으로 우리나라의 통화량은 2017년 9월 이후 계속 증가해 오다가, 특히 팬데믹 발생 후 크게 증가하는 현상을 보였다. 2020년과 2021년의 통화량

(각 3,070.8조 원, 3,430.4조 원)은 팬데믹 발생 직전 연도인 2019년의 통화량 2,809.9조 원에 비해 약 1.1배와 1.2배 늘어났다. 특히, 2013년과 2021년을 비교하면, 우리나라의 통화량은 무려 1.8배나 늘어났다. 쉽게 말해서, 시중에 자금이 과거보다 1.8배나 더 유통되고 있다는 말이다. 지난해(2022년) 2월에는 광의의 통화 M2가 3,662조 6,229억 원으로 팽창해 사상 최대 규모를 기록하였다. 이것은 그동안의 경제 성장을 감안하더라도 비정상적으로 크게 늘어난 수치이다. 팬데믹 발생 전후(2019, 2020, 2021년)의 GDP 대비 통화량을 비교하면 다음과 같다. 2019년의 1.5배(GDP 1,924.5조 원, 통화량(M2 기준) 2,809, 9조 원)에서 2020년의 1.6배(GDP 1,940.7조 원, 통화량 3,070.8조 원), 2021년의 1.7배(GDP 2,071.6조 원, 통화량 3,430.4조 원)로 크게 증가하였다.

종합적으로, 우리나라의 통화량 팽창은 미국과는 비교가 되지 않지만, 팬데믹 이후 크게 늘어났다. 이는 이미 2017년부터 크게 불어나기 시작한 시중의 유동성을 더 부풀려 주었다. 과도한 통화량(시중의 과잉 유동성)은 경제 버블과 인플레이션을 초래하는 결정적으로 중요한 변수가 된다. 이에 대하여는 제2부에서 상세히 다룬다.

시중에 돈이 넘쳐나고, 돈이 되는 투자 대상 또한 풍부하다면 왜 많은 사람이 돈을 빌려 투자를 하지 않겠는가? 적어도 경제가 금방 넘어가는 상황이 아니고, 지속 가능성과 미래 확장성이 있는 것처럼 보인다면 더더구나 그렇다. 투자가 다른 투자를 유도하고, 이는 계속해서 또 다른 투자와 투기를 유도하고 부추긴다. 이 과정에서 수많은 수익 성공 사례가 입소문과 언론 매체와 디지털 수단을 통해 확대 재생산된다. 이때 투기가 기승을 부리고, 경제 버블(economic bubble) 또는 버블(거품) 경제가 남몰래 몸을 불린다.

하지만 이는 경제가 계속해서 선순환하고 금리가 중장기적으로 안정적인 저수준을 유지할 때만 가능하다. 그렇지 않을 경우 경제 버블이나 금융 버블은 점점 커져 폭발 상태에 이르거나 실제로 폭발한다. 이때는 거의 모든 투자자가 크나큰 손실을 보게 된다. 그중 상당수는 패가망신의 지경에 이른다. 이와 관련된 내용은 제2부에서 자세히 다룬다.

아이러니하게도 지난 2~3년간 전 세계는 보이지 않는 바이러스와 보이는 돈(자금)으로 넘쳐났다. 이때 넘쳐나는 바이러스를 잡은 사람은 불행을, 반면에 넘쳐나는 돈을 잡은 사람은 행운을 움켜쥐었다(이는 지극히 물질 중심의 인간적 사고일지도 모른다). 그러나 그동안 넘쳐나는 돈을 붙잡고 과잉 투자와 투기를 번갈아 하면서 단단히 한몫을 챙겼던 주체들이 2022년 봄 이후 낭패를 보기 시작하였다. 세계 경제가 인플레이션이나 스태그플레이션의 늪에 빠질 가능성이 그 어느 때보다 높아졌기 때문이다. 세계적으로 주식, 가상 화폐 등 한동안 잘 나갔던 투자 자산의 가치가 급락하고 있다. 하지만 그것이 향후 지속적인 경향일지에 대하여는 조금 더 두고 보아야 할 것 같다.

아직은 세계적으로 본격적인 부동산 가격 급락 현상은 관측되고 있지 않다. 하지만 이 또한 시간 문제일 것으로 보인다. 다만, 일부 국가(캐나다, 뉴질랜드 등)에서는 부동산 가격이 최고점 대비 약 20% 이상 떨어지는 현상이 나타났다. 만일 미국 등 선진국을 중심으로 부동산 가격이 폭락한다면, 이는 단숨에 글로벌 경제 위기로 비화될 것이다. 부동산은 주식이나 가상 화폐와 달리 단가가 매우 크고, 많은 경우 금융 채무(은행 등 금융기관으로부터의 융자, 담보 등)와 연계되어 있다. 따라서 부동산 시장이 요동칠 경우 금융 시장이 큰 충격을 받고 일대 혼란에 빠진다. 이는 가계, 기업, 공공 부문 등 경제 전반에 연쇄 반응을 일으키는 경제 위기를 몰고 온다.

한국의 부동산 가격도 팬데믹 발생 후 이전보다 전국적으로 20% 이상 급등한 것으로 파악된다. KB국민은행에 따르면 서울의 주택 평균 매매 가격은 2017년 5월에 5억 3,587만 원이던 것이 2022년 1월에는 9억 979만 원으로 무려

1.7배나 상승하였다. 부동산 시장에서 과열 내지 버블이 형성된 것은 틀림없다. 다만, 그것이 단순 과열(경제 시스템이 소화 가능한 수준을 넘어서는 다소 과도한 자산 가치 상승)인지, 아니면 경제에 충격을 주는 심각한 경제 거품인지는 조금 더 두고 보아야 할 것이다. 이에 대하여는 제2부에서 자세히 다루고 있다.

(4) 소비 공간 위축과 부자의 저축 공간 확대

사회·경제적 활동 규제로 소비 활동이 크게 위축되면서 저축이 크게 늘어난 것도 계층 간 불평등을 심화시키는 요인으로 작용하였다. 부자는 팬데믹으로 인해 사회·경제 활동이 줄어들면서 축소된 소비 공간을 대폭적인 저축 공간 확대로 리모델링하였다. 하지만 가난한 사람들은 전보다 크게 줄어든 소득과 고용 기회(노동 시간 단축 포함)로 말미암아 저축은 꿈도 꿀 수 없었다. 그저 생활 유지용 소비에 진력할 뿐 저축을 할 만한 자금의 여유를 갖지 못하였다. 정상적인 시기와 확연히 구분되는 팬데믹 시기에는 부자와 가난한 사람 간에 한계 소비 성향(marginal propensity to consume)과 평균 소비 성향이 다르게 나타날 가능성이 높다. 이러한 상황에서 두 계층 간의 사회·경제적 불평등은 심화될 수밖에 없다.

이와 같은 현상은 통계청 자료(소득 수준별 소비 성향, 팬데믹 기간 중 소득 분위별 소득 및 지출 변화 등)가 뒷받침해 준다. 소득 5분위별 가계 수지 통계에 따르면 팬데믹 기간 중 소득 수준 5분위(소득 상위 20%)의 평균 소비 성향((소비 지출/처분 가능 소득)×100)은 근 50%에 가까운 수준으로 크게 떨어진 반면에 소득 수준 1분위(소득 하위 20%)의 평균 소비 성향은 100%를 초과하는 상태에서 그만큼 크게 떨어지지 않았다. 이는 저소득층의 경우 팬데믹 기간 중 소득의 증가가 미미하거나 감소해서 벌어들이는 소득 이상을 소비 지출에 사용하였음을 의

〈그림 5-4〉 팬데믹 발생 후 주요국의 가계 초과(과잉) 저축률

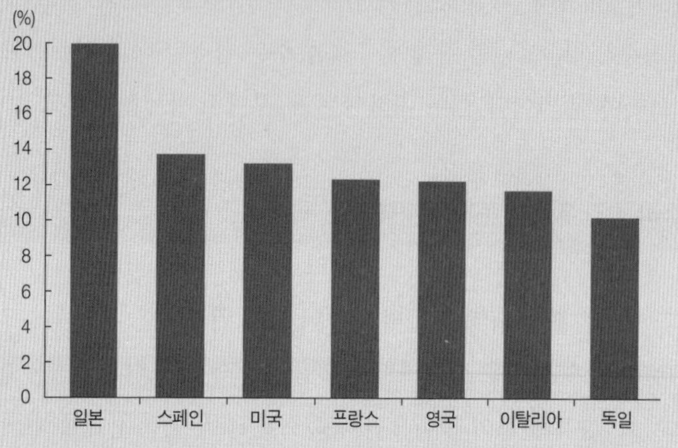

주: 2020년 이후 과잉 저축률은 연간 소득 대비 저축을 의미함; 초과 저축은 2015~2019년 기간의 연평균 저축률의 초과분.
자료: 日本總研(内閣府, OECD 참조).

미한다. 반면에 고소득층은 늘어난 소득과 부로 인해 벌어들이는 소득의 일부만 소비 지출에 사용하는 것을 말한다. 예를 들어, 소득 수준 5분위(상위 소득 계층)의 경우 버는 소득의 약 절반 내외만 소비 지출에 사용한 것으로 나타났다.

이러한 현상은 조금 뒤에 살펴볼 인플레이션 상황에서도 비슷하게 관측된다. 인플레이션이라는 급격한 물가 상승 속에서 저소득층은 소득이 늘어나지 않는 상태에서 생활비가 크게 증가한다(이는 실질 소득 감소를 의미한다). 따라서 저소득층의 소비 성향은 인플레이션 발생 이전보다 증가한다. 극단적으로는, 생활과 생계가 막막해지는 한계 상황에 내몰리는 가구가 속출한다. 이에 비해 상위 소득 계층은 기존의 소득과 부의 여유가 있어서 물가가 상당 수준으로 높아져도 그에 충분히 대응하고도 남는 경제력을 확보한다. 따라서 소비 성

〈그림 5-5〉 OECD 전체 국가의 실질 개인 소비

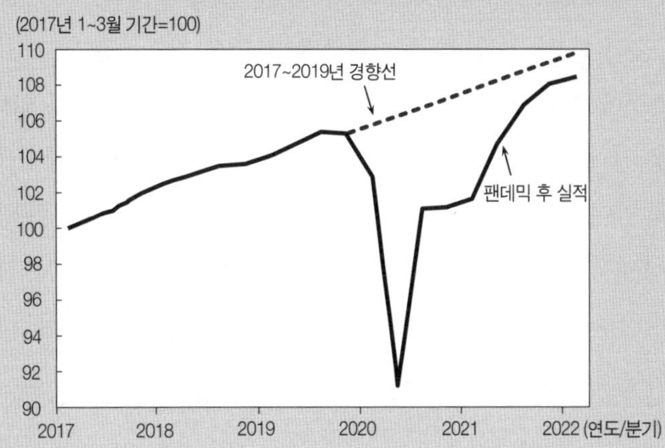

자료: OECD.

향은 인플레이션 발생 이전과 비교해 크게 증가할 이유가 없다.

부연하면, 저소득층은 팬데믹 시기에는 각종 경제 활동 제약으로 인한 고용과 소득의 감소, 그리고 인플레이션 시기에는 소득 제약하에서의 생활비 급증에 따른 경제적 고통을 피할 수 없다. 반면에 고소득층은 팬데믹 시기에는 다양한 소득과 부의 창출 기회 증가, 그리고 인플레이션 시기에는 소득 제약하에서의 기존 여유 자금 활용(급증하는 생활비 충당) 등으로 경제적 고통을 피해 나간다.

마찬가지로, 인플레이션 확산 방지를 위해 중앙은행이 빠르고 지속적으로 금리를 인상하는 경우에도 저소득층과 고소득층 간에는 경제적 대응 방식과 수단에 큰 차이가 있다. 다만, 금리 상승이 일방적으로 저소득층에게 불리하고, 고소득층에게 유리한 것은 아니다. 만일 저소득층(고소득층)이 금융 기관 등으로 빌린 채무가 상대적으로 많은(적은) 상태라면, 기준 금리 인상은 저소득층에게는 큰 위협이 되지만, 고소득층에게는 그렇지 않다.

기준 금리 인상에 따른 대출 이자 상환 부담은 저소득층과 고소득층을 불문하고 누구에게나 불리하게 작용한다. 다만, 그 부담의 크기와 압박의 강도가 두 계층 간에 차이가 있을 뿐이다. 만일 고소득층 중에서도 자신의 채무 감당 역량을 넘어 과도한 차입을 하였다면, 급격한 금리 인상은 극단적으로 개인 파산 상태까지 내몰릴 수 있다. 하지만 일반적으로 고소득층은 은행 예금 등 다양한 금융 자산을 보유하는 경향이 많다. 이 경우 시중의 금리가 올라갈수록 금융 수입이 크게 늘어나는 이득을 보게 된다.

(5) 디지털 사회 출현과 디지털 격차 확대: 디지털 불평등

팬데믹이 강요한 비대면·비접촉 문화는 인간의 기본 생활과 노동 및 여가 전반으로 확산되었다. 이때 원격 근무(재택근무) 등 새로운 형태의 노동 조건, 즉 비대면 방식의 경제 활동 조건은 부의 창출 과정에서 하위 소득 계층에 비해 상위 소득 계층에게 월등하게 유리하게 작용하였음은 앞에서 자세히 설명하였다. 이는 소위 '디지털 양극화' 또는 '디지털 불균형'(digital inequality)으로 지칭되는데, 문제의 핵심은 다음과 같다.

전통적으로 존재해 온 격차의 대상(경제적으로 유복한 계층과 빈곤한 계층, 사회적으로 튼튼한 배경(예컨대, 교육, 건강)을 갖는 계층과 취약한 계층 등) 간에 디지털 기술을 접하고 활용할 수 있는 기회와 역량(지식, 기술) 및 수단 면에서 뚜렷한 차이가 난다. 그리고 새로운 장비와 프로그램 활용에 필요한 자금 조달에서 경제적으로 부유한 계층이 가난한 계층에 비해 압도적으로 유리하다. 이것이 궁극적으로 소득과 부의 불평등을 심화시키는 양극화 현상을 만들어 낸다. 즉,

디지털 수단과 지식을 가진 사람과 갖지 못한 사람 또는 디지털 보유자와 비보유자(digital haves and have not) 간에 시간이 흐르면서 소득과 부의 격차가 확대된다는 의미이다. 통상 전자는 교육과 소득의 우위를 점하는 사회 계층이고, 후자는 그와 반대되는 위치에 처한 사회 계층이다.

디지털 격차는 이미 꽤 오래전부터 존재해 온 것으로, 디지털 지식과 기기의 보유 및 활용 역량을 가진 사람과 갖지 못한 사람 간의 비교 상태를 의미한다. 넓게 보아 '디지털 보유자(부자)와 비보유자(빈자)' 간의 개인·사회·경제적 격차를 망라한다. 양자 간에는 사회·경제적 활동의 범위와 역량은 물론 고용과 투자의 기회와 수단 면에서 큰 차이가 존재한다. 이러한 격차는 사회 계층 간에 사회적 역할과 자존심, 정보와 문화의 향유, 나아가 소득과 부의 격차를 심화시키는 요인으로 작용한다.

팬데믹은 디지털 격차와 사회·경제적 불평등을 급격히 악화시키는 가속기 역할을 하였다. 그 이유는 무엇보다도 팬데믹 대응에 필요한 많은 수단과 방법들이 디지털 기술과 힘을 요구하였기 때문이다. 결과적으로 팬데믹 상황은 디지털 사회로의 전환과 딱 맞아떨어졌다. 실제로 바이러스의 발생과 전파 과정, 확진 여부와 관련 요소(사람, 장소, 시설, 감염 경로 등)의 파악, 각종 사회·경제적 규제 조치와 그에 대한 대응 방식(비대면·비접촉 정책 및 개인의 자발적 선택을 뒷받침해 주는 각종 수단과 방법), 사회 보장 및 복지 정책의 실시와 수혜자의 대응, 정부와 기업 및 조직 등의 활동 방식 등 거의 모든 분야에서 디지털 수단과 방법을 필요로 하였다. 그런데 이는 그 수혜자와 소외자 간에 디지털 격차를 심화시켰다. 동시에 기존의 디지털 격차를 단번에 추월이 불가능할 만큼 벌려 놓았고, 부의 격차 또한 한층 더 벌였다. 그 결과 이전과 다른 새로운 불평등 현상이 나타났다.

팬데믹이 비대면·비접촉 문화를 강요하는 상황에서도 인간의 기본 생활과 노동과 여가는 지속되어야만 하였다. 이를 가능하도록 많은 부분에서 보조한 것이 디지털 테크놀로지와 그에 기반을 둔 제품과 서비스이다. 팬데믹은 기존의 디지털 격차가 있는 상태에서 수많은 디지털 제품과 서비스들이 실물 시장과 가상 시장에서 넘쳐나도록 만들었다. 그런데 디지털 테크놀로지와 제품을 적극적으로 활용하려면 사람들은 디지털 기기를 보유해야 하고, 그것을 적절히 활용할 수 있는 지식을 구비해야 한다. 또한 적절한 자금도 보유해야 한다. 아울러 다양한 인적·물적·지적 네트워크를 확보하는 것도 중요하다.

하지만 사회 계층 간에는 위에서 언급한 '총체적 디지털 역량' 면에서 심각한 격차가 존재한다. 이는 사실 팬데믹 이전부터 존재하였으나, 팬데믹은 과거보다 훨씬 다양하고 풍부한 총체적 디지털 역량을 강하게 요구하였다. 여기에는 이전과 비교할 수 없을 정도로 많은 디지털 재화와 서비스의 선택 가능성, 깊은 정보 활용 지식, 더 많은 시간 활용(투자), 그리고 더 많은 자금 수요(투자) 등이 있다.

예를 들어, 이미 일상화된 원격 모임·교육·의료 서비스를 활용하거나 각종 배달 서비스 그리고 유튜브(Youtube)나 넷플릭스(Netflix), 기타 다양한 온라인 동영상 서비스(OTT)를 이용하려면 줌(zoom) 장치가 구비된 컴퓨터나 스마트폰을 활용해야 한다. 이를 위해서는 개인과 조직의 총체적 디지털 역량이 한 단계 업그레이드되어야 한다.

이러한 상황에서 기존의 많은 디지털 비보유자들(취약 계층)은 팬데믹 이전에 비해 훨씬 크고 많아진 디지털 활용 공간과 대상(디지털 제품과 공공·민간 서비스 등)의 문턱을 넘어서기가 무척 어려워졌다. 이는 팬데믹이 만든 '디지털 장벽'이다. 디지털 비보유자와 빈곤층들이 디지털 장벽 내지 디지털 강을 넘는다는 것은 여러 가지 사회 여건을 감안할 때 그리 쉬운 일이 아니다.

아이러니하게도, 팬데믹은 디지털 보유자와 부유층에게 더 많은 제품과

팬데믹 기간 중의 학교 교육과 디지털 보유 가정·비보유 가정

디지털 격차 문제는 비단 성인 노동자에만 국한된 현상이 아니다. 유소년의 비대면 교육(온라인 화상 교육)과 각종 생활 정보의 접근 및 활용 면에서도 디지털 보유 가정과 비보유 가정 간에 교육과 생활의 질 면에서 격차가 존재한다. 온라인 교육은 겉으로는 공평한 교육 기회처럼 보인다(예컨대, 공공 컴퓨터 지원, 프로그램 사용 방법 지원, 동일 시간 안배 등). 그러나 실제로는 결코 '평평한 운동장'이 아니다. 온라인 학습을 받는 장소적 환경도 천차만별이고, 그것을 직·간접적으로 지원해 주는 여건도 학생의 가정 환경에 따라 크게 차이가 난다.

현실적으로 유소년(초등학생)의 온라인 교육 과정에서는 적지 않게 기본적인 디지털 활용 지식을 가진 부모 등의 조력이 필요하다. 이러한 상황에서 디지털 비보유 가정이나 부모가 생업에 바쁜 가정의 아이들은 '온라인 교육 광장'에서 쉽게 낙오된다. 실제로 온라인 수업이 장기화되면서 취약 계층의 자녀들이 각종 학습 환경과 기회 면에서 불이익과 손해를 보고 있는 현실이 확인되었다. 구체적으로, 이들은 다른 계층의 자녀들에 비해 온라인 교육의 필수품인 컴퓨터 등 기기가 부실하고, 학습을 지원해 주는 부모의 시간 및 역량이 부족하였다. 그리고 그 외에 학습 공간 및 환경, 보완적 교육(예컨대, 사교육을 통한 보완 및 보충) 등에서 종합적으로 크게 불리하였다.

예를 들어, 팬데믹이 기승을 부리면서 장기화되자 취약 계층의 자녀 교육을 뒷받침해 주었던 방과 후 학교, 드림스타트, 공공 도서관 등 공교육 프로그램이 제 기능을 하지 못하였다. 반면에 다른 계층의 자녀들은 팬데믹을 피해 가는 다양한 사적 교육 프로그램을 이용하였고, 부모의 재택근무 기회를 적극적으로 활용하는 이점을 누렸다. 일반적으로 재택근무(또는 원격 근무)는 디지털 활용이 가능한 대기업 종사자, 공무원 및 공공 부문 근로자, 전문직 등을 중심으로 활성화되고 있다. 반면에 취약 계층의 상당수는 육체 노동자, 대면 서비스 종사자 등으로 구성되어 사실상 재택근무가 불가능하다.

서비스(기존의 제품과 서비스에 더한 디지털 제품과 서비스)를 향유할 수 있도록 해 주는 동시에 부의 창출 기회도 활짝 열어 주었다. 반면에 팬데믹은 디지털 비보유자와 빈곤층에게는 매몰찼고 야속하였다. 디지털 제품과 서비스의 이용 가능성에 제약을 가하였고, 또한 부의 창출 기회도 허용하지 않았다.

종합적으로, 대부분의 글로벌 위기와 외부 충격이 그렇듯이 COVID-19 팬데믹 또한 부와 소득의 분배(기울어진 분포)가 가진 사람들에게 더 유리한 조건과 상황을 만들어 준 반면에 갖지 못한 사람들에게는 크게 불리한 상황을 연출하였다. 이것은 이번 팬데믹이 전에 없었던 매우 뚜렷한 '신불평등 족적'을 지구상에 남기고 있음을 의미한다.

(6) 종합

COVID-19 팬데믹은 겉으로는 사람과 국가를 불문하고 무차별적이고 균등하게 공격한 것처럼 보인다. 그러나 실제로는 굉장히 차별적이고 불평등한 형태로 인류 사회에 영향을 미쳤다. 팬데믹 시간이 흐르자 감염(률)과 사망(률), 경제와 소득, 사회적 활동과 소비 행태(행위) 그리고 백신의 접종에 이르기까지 소위 '가진 자와 갖지 못한 자, 가진 나라와 갖지 못한 나라' 간에 현격한 차이가 점점 두드러졌다. 이러한 현상은 팬데믹 이후 국내는 물론 세계적으로 다각도에서 대응 방안을 강구해야 한다.

COVID-19 팬데믹은 이전의 글로벌 경제 위기와 완전히 결이 다른 새로운 사회적 비극, 즉 불평등 현상을 만들어 내었다. 예를 들어, 1990년대 후반에 발생한 동아시아 경제 위기(우리나라의 경우 속칭 외환 위기)나 2008년의 글로벌 금융 위기 때에는 지금과 같은 사회·경제적 불평등 문제가 심하게 불거지지 않았다(팬데믹 위기와 이전의 글로벌 경제 위기 간의 유사점과 차이점에 대하여는 뒤에서 다룬다). 팬데믹 위기는 인간의 활동 및 이동에 대한 강력한 통제와 사상 초유의 디지털 스페이스(digital space) 확장을 야기하면서 노동의 조건과 기회 그리고 소득과 부의 창출 모든 면에서 기존의 불평등을 더욱 악화시켰다.

이전의 인플루엔자 위기 때는 없었던 불평등 출현

COVID-19 팬데믹과 기본적으로 비슷한 특성을 지니는 에볼라(Ebola), 돼지독감(swine flu: 2009~2010), 메르스(Mers: 2012~2013) 사태가 발생하였을 때는 지금과 같은 디지털 격차와 그에 따른 사회·경제적 불평등 심화 현상은 나타나지 않았다. 그 이유는 다음과 관련이 있을 것으로 추측된다.

첫째, 과거의 위기는 상황의 심각성과 영향(감염자와 사망자 수, 글로벌 영향 범위, 대유행의 기간) 면에서 지금의 팬데믹과 비교할 수 없이 제한적이고 단편적이었다. 따라서 현재의 팬데믹과 달리 인류 보편을 위한 백신의 개발 필요성과 수요가 현저히 낮았다. 아울러 첨단 디지털 수단이나 빅데이터 활용과 같은 방법을 통해 정부가 방역 정책을 구현하거나, 국민과 지속적인 소통과 정보 교환을 해야 할 필요성을 갖지 못하였다.

둘째, 과거 사태에서는 개별 국가와 글로벌 차원에서 혹독하고도 강경한 사회·경제적 통제 조치가 없었다. 그러나 이번 팬데믹 위기에서는 각국이 방역을 목적으로 국민과 기업의 사회·경제적 활동을 강력히 통제하였다. 만일 당시에도 강력한 사회적 거리두기나 비대면·비접촉 규제가 실행되었다면(실제로는 그럴 필요가 없었음), 어쩌면 디지털 사회가 조금 더 앞당겨졌을지도 모른다.

셋째, 과거 사태에서는 위기 대응 차원에서 이번과 같은 슈퍼 재정 확장 정책과 완화적 금융통화 정책이 추진되지 않았다. 그 결과 위기 상황과 시중의 유동성 간에는 특별한 관계가 없었다. 그러나 이번 팬데믹 상황에서는 방역을 비롯하여 강력한 사회·경제적 통제 조치에 따른 사회·경제적 보호 및 보장 조치에 막대한 자금이 필요하였다. 따라서 슈퍼 재정 확장 정책과 완화적 금융통화 정책이 절실하였다. 앞서 언급한 바와 같이, 과잉 유동성은 경제 버블이 터지지 않는 한 언제나 부의 불평등을 초래하고 배분 상태를 왜곡시킨다.

마지막으로, 과거 사태가 발생하였을 당시에는 디지털 기술의 발달 수준과 디지털 기술의 사회·경제적 활용 상태가 지금보다 크게 낮았다. 최근 수년간 4차 산업 혁명을 주도하는 디지털 전환이 급물살을 탔고, 특히 팬데믹 중 인터넷, 스마트폰, 소셜 미디어, 다양한 앱과 플랫폼, 각종 온라인 원격 활동이 역사상 가장 광범위하고 적극적으로 활용되었다.

지금의 팬데믹이 초래한 불평등 현상의 기저에는 강력한 사회적 통제 조치와 디지털화 및 디지털 격차, 그리고 과잉 유동성이 자리한다. 이들은 직장 및 노동의 쏠림 현상, 소득 및 자본 변동의 불평등성, 디지털 격차의 확대 재생산, 풍부한 시중 자금의 이용 가능성 차이 등과 한데 뒤섞여 불평등 현상을 악화시키고 있다. 이에 비해 지금까지 발생하였던 인플루엔자 사태(금융·경제 위기도 마찬가지임)는 심각한 불평등 현상을 유발하는 그와 같은 결정적인 요인을 갖고 있지 않았다. 따라서 이와 같은 상황적·현상적 차이로 인해 과거 위기 때는 현재의 팬데믹과 같은 사회·경제적 문제가 크게 불거지지 않았다.

이전의 글로벌 경제 위기 때는 없었던 결이 다른 불평등 현상

팬데믹 위기 와중에서 부상된 경제적 불평등 현상은 과거 몇 차례 있었던 글로벌 경제 위기(또는 금융 위기) 때는 없었다. 혹 있었더라도 그것은 미미하였고, 팬데믹 불평등 현상과는 완전히 결이 달랐다. 경제 위기 때는 국내의 대부분 경제 주체들(가계, 기업, 정부와 공공 부문 등)이 부(소득과 자산)의 감소를 경험하였다. 심지어 '국민 고통 분담'이라는 정부 정책하에 공무원의 급여가 일부 삭감되기도 하였다.

시장의 수요자와 공급자(생산자) 모두가 위축되었다. 그 결과 경제의 활력과 성장은 크게 움츠러들었다. 이런 상황에서는 특별히 가진 자가 갖지 못한 자보다 상대적으로 더 유리할 수 없다. 마찬가지로, 특별히 갖지 못한 자가 가진 자에 비해 상대적으로 더 불리할 이유도 없다. 물론 갖지 못한 자의 고통은 절대적 빈곤 탓에 훨씬 컸지만(이들은 더 이상 버틸 여력이 소진되거나 한계 상황에 처하였다), 일부 예외를 제외하면 사회 평균적으로 다 같이 어렵고 소득과 부의 하향 조정 과정을 겪었다. 따라서 경제 위기 전에 비해 특별히 불평등 지수가 나빠지지 않는다. 대체로 현상 유지를 하거나, 혹 변동이 있다면 상하로 미미하게 움직일 정도이다.

그러나 팬데믹 상황에서는 앞서 기술한 바와 같이, 그와 전혀 다른 양상으로 부의 불평등이 흘렀다. 그것을 주도한 것은 새로운 경제 흐름이다. 이는 비대면·비접촉 경제와 디지털 경제, 정부의 재정·금융 정책이 주도하는 신경제 물결을 의미한다. 세계는 출렁거리는 새로운 경제 물결을 타고 일하는 방식과 수입과 이윤을 창출하는 방식, 수요와 공급이 상호 작용을 이루는 형태 등 여러 면에서 다양한 변화와 이전에 없었던 실적을 쏟아 내었다.

글로벌 빅테크(global big tech)가 이끌고, 각국의 로컬 빅테크(local big tech)가 쫓아가면서 국가 GDP는 크게 끌어올려졌다. 이들은 전 세계 소비자들의 수요와 욕구를 충족시켰다. 여행, 숙박, 운수, 문화·오락 산업은 여전히 죽을 쑤고 있고, 전통적 산업은 근근이 현상 유지를 해나가는 지경이었다. 반면에 디지털 산업은 초호황을 누렸다. 특히, 팬데믹 수요와 환경을 꿰찬 대형 디지털 기업들은 일찍이 없었던 실적으로 돈방석에 앉았다. 그 속에는 거대한 버블(bubble), 즉 경제 거품도 뒤섞여 있어 언젠가는 터질 것이다(이에 대하여는 제2부에서 자세히 다룬다).

이러한 과정에서 가진 자와 갖지 못한 자, 디지털 보유자와 비보유자 간에 사회적 위상과 소득 및 부의 측면에서 크나큰 격차가 생겼다. 두 계층 간에는 소득 창출의 기회와 과정 및 결과(성과) 모든 면에서 현격한 차이가 발생하였다. 디지털 보유자와 비보유자[2](일반적으로 부자와 가난한 사람의 구분과 유사함) 간에 지식과 정보, 교육, 건강, 소득, 부, 생활 편익과 웰빙 등 거의 모든 영역에 걸쳐 새로운 격차, 즉 종합적 격차가 점점 확대되었고, 이는 한동안 좁혀질 수 없는 수준에 이르렀다.

2 정확한 진단은 아니지만, 대체로 부자들은 디지털 보유자이고, 빈자는 디지털 미보유자이다.

6. 선진국과 개발 도상국 간의 다양한 격차 확대

경제·재정 역량 격차, 디지털 격차와 경제적 격차 확대

COVID-19 팬데믹은 그동안 다소 잠잠하였던 세계적 빈부 격차와 불평등 현상을 글로벌 무대의 중심에 세웠다. 글로벌 불평등 현상은 경제·재정 역량과 수단, 디지털화, 방역과 백신 이용, 사회·경제적 보장 및 보호 장치 등 총체적으로 나타났다. 팬데믹 상황에서 돌출된 글로벌 불평등 현상은 신흥·개도국(그중에서도 특히, 저소득 국가)의 국정 운영을 매우 어렵고 협소하게 만들었다. 이러한 상황이 발생하게 된 주요 원인은 다음과 같다.

첫째, 코로나바이러스가 창궐하면서 국가 간 인적·물적 이동이 크게 제한되자 개발 도상국의 관광, 제조업, 투자, 수출, 소비가 큰 타격을 받았다.

둘째, 팬데믹 위험과 불확실성이 고조되면서 글로벌 자본이 개발 도상국으로부터 이탈하였다.

셋째, 록다운 등 강력한 코로나 방역 조치로 인해 글로벌 공급망에 차질이 생기면서 개발 도상국의 경제 전반에 어려움이 초래되었다.

넷째, 팬데믹 이후 급격히 확산된 디지털 전환이 선진국과 그 외 국가 간의 경제력 격차를 더 확대시켰다.

마지막으로, 백신 이용(접종) 격차와 사회 보장 및 보호 시스템의 역량 차이 그리고 국가의 재정 능력과 금융통화 정책의 역량 및 수단의 격차 요인이 복합적으로 작용하였다.

팬데믹 발생 이후 세계의 모든 나라는 막대한 팬데믹 극복 자금을 절실히 필요로 하였다. 크게 방역, 건강 보호, 사회·경제적 보호 및 보장, 기본 인프라 구축(자본 투자), 팬데믹 행정 서비스 공급, 이자 상환에 필요한 재정 자금 수요였다. 이러한 재정 수요는 정도와 내용에 차이가 있을 뿐 선·후진국을 막론하고 모두가 간절히 원하였다. 하지만 그것을 실제로 뒷받침해 줄 수 있는 자금 조달 역량은 선·후진국 간에 너무나 큰 차이가 났다.

주지하다시피, 선진국들은 팬데믹이 발생하자 각종 사회 복지와 사회 보장 체제를 서둘러 보강하였다. 그리고 전 국민(또는 절대다수 국민)을 대상으로 다양한 현금 이전 지출 프로그램을 전격적으로 실시하였다. 하지만 다수 개발도상국(특히, 저소득 국가)은 팬데믹 상황에서도 국민을 위해 딱히 해줄 만한 사회 복지 및 경제 조치를 찾지 못하였다. 안타깝게도, 저소득 국가들은 팬데믹으로 인해 생계와 생활에 심각한 타격을 입은 '진정한 사회 취약 계층'조차 제대로 돌보지 못하였다. 그것을 뒷받침해 줄 수 있는 자금(예산)이 없고, 국가 재정의 공채 발행 역량이 매우 취약하기 때문이다. 이러한 상태에서 일부 국가는 무리하게 국채를 발행하였다가 현재 심각한 재정 압박을 받고 있다. 팬데믹 채무가 국가 운영과 국민 생활에 거대한 멍에가 되어 괴롭히는 것이다.

설상가상으로 코로나바이러스가 창궐하는 가운데 백신을 구입해서 국민에게 접종해 줄 수 있는 역량과 기회를 갖지 못하였다. 그뿐인가 COVID-19 팬데믹 환경에서 가장 중요한 백신의 이용 가능성이 개발 도상국의 자금 역량 부족과 실기(失機) 그리고 선진국의 '자국 이기심'으로 말미암아 선·후진국 간에 완전히 차별화(이분화)되는 현상도 나타났다.

그리고 팬데믹 상황에서 급격히 발전한 디지털 영역(디지털 전환, 디지털 사회)에서 선진국(디지털 보유 국가)과 개발 도상국(디지털 비보유 국가) 간에 디지털 격차가 더 심해졌다. 이는 곧바로 선·후진국 간의 사회·경제적 격차 확대로 연결되었다. 많은 개발 도상국 국민에게는 디지털 사회의 혜택은 먼 나라 이야기로 들릴 뿐이다. 팬데믹 발생 이후 디지털 격차는 내용과 수준에서 선진국과 개발 도상국 간 그리고 개발 도상국 내에서 점점 크게 벌어지고 있다.

선진국과 개발 도상국 간의 다양한 격차 확대 현상을 두고 UN을 비롯한 각종 국제기구와 비영리 기구 등은 문제의 심각성에 대해 열변을 토하고 있다. 하지만 선진국들은 쥐꼬리만큼 생색을 내고 있을 뿐이다. 이 문제는 앞으로 글로벌 사회가 적극적으로 해소해야 할 포스트 팬데믹 우선순위 과제에 속한다.

선진국과 개발 도상국 간의 정책 역량 및 수단의 격차: 국가 재정력 격차

COVID-19 팬데믹 위기가 발생한 이후 많은 나라가 국가의 채무와 재정 적자를 크게 늘리는 확장적 재정 정책을 실시하였다. 그러나 모든 나라가 막대한 채무를 활용해서 방역과 사회 보장 및 경제의 지속 가능성을 유지하도록 정책 수단을 쓸 수 있는 형편은 아니었다. 선진국을 제외한 대다수 개발 도상국의 경우 공채를 발행해서 초대형 확장 재정을 운영한다는 것은 일종의 그림의 떡과 같았다. 초대형 확장 재정은 선진국의 전유물이었다.

현실적으로 막대한 자금을 융통(차입)할 수 있는 선진국과 그렇지 못한 개발 도상국 간에는 재원 조달의 역량과 기회와 조건 면에서 심한 격차가 존재한다. 대다수 선진국들이 초대형 재정 확장 정책을 추진한 반면 대부분의 개발 도상국들은 그와 비교조차 할 수 없는 소규모 재정 확장 정책을 추진하는 데 만족해야 하였다. 많은 선진국들은 팬데믹 극복 차원에서 가구당 작게는 100

만 원 내외에서 크게는 약 1,000만 원(미국의 경우)에 가까운 현금을 각 가계에 직접 나누어 주었다. 반면에 상당수 개발 도상국의 국민들은 외신이나 인터넷을 통해 이와 같은 소식만을 전해 들을 뿐이다. 즉, 팬데믹이 글로벌 사회를 차별적으로 구분하는 '팬데믹 블루'(Pandemic blue)를 발생시키고 있다.

팬데믹 발생 이후 세계 각국은 국가 재정의 곳간과 재정 공간(fiscal space)을 샅샅이 훑으면서 자신의 채무 감당 역량(debt affodability)을 재확인하였다. 그리고는 재정 건전성에 치명적인 손상이 주어지지 않는(극단적으로는, 국가 부도에 이르지 않는) 범위 내에서 국가 채무와 재정 적자를 최대한 활용하였다. 그것은, 특히 미국, 유럽연합(European Union: EU), 영국, 일본 등 글로벌 기축 통화국들이 그러하였다. 이들은 국가 신인도와 발권력을 토대로 공채 발행을 통해 막대한 자금을 동원할 수 있는 역량과 수단을 지닌 국가들로 슈퍼 확장 재정 정책의 선봉장이었다. 이들에게는 채무와 적자 재정의 규모와 증가 속도가 이전에 비해 대단히 크고 빠른 '슈퍼 적자 재정'(super deficit financing) 정책을 펴는 데 큰 어려움이 없었다.

선진국과 달리 대다수 개발 도상국과 저소득 국가들은 재정 공간이 협소하고, 중앙은행의 역량(발권력)과 대외 공신력이 취약하다. 따라서 국내외로부터 자금을 빌리기가 매우 어렵다. 정부가 공채를 발행해도 국내의 투자 자금이 부족해서 국내 자금 조달에 큰 애로가 있다. 그리고 국가 경제와 재정이 취약하여 대외 신인도가 낮아 해외로부터의 자금 조달 또한 어렵다. 즉, 국가가 공채를 발행해도 그것을 사줄 수 있는 국내외의 주체가 없거나, 있더라도 매우 제한적인 것이 개발 도상국의 현실이다. 그뿐 아니라 공채를 발행하더라도 당연히 선진국에 비해 공채 발행 비용과 원리금 상환 조건 등에서 더 많은 비용을 지불해야 한다.

한마디로, 개발 도상국들은 차입을 통해 공적 자금을 만들고 싶은 마음이 간절하지만, 현실은 역부족이다. 국가 신인도와 차입 대상(차입선)의 튼튼함에서 선진국과 개발 도상국 간에는 하늘과 땅만큼의 차이가 존재한다. 여기에 더해 일부 개발 도상국들은 기존 채무에 팬데믹 채무가 가중되면서 거의 국가 재정의 목이 죄이는 상황에 놓여 있다. 이들에게 대규모의 추가 채무 부담은 국가 부도를 자초하는 것이나 다름없다. 이를 뒷받침해 주는 전망이 세계은행을 통해 나오고 있다. 세계은행은 2022년 초에 저소득 국가의 약 60%는 국가 채무의 재조정이 필요하거나 국가 채무로 인해 재정 위기가 발생할 가능성이 높은 것으로 판단하였다. 팬데믹 기간 중에 급증한 채무와 기존 채무의 이자 상환 부담을 고려하여 팬데믹 원년 초(2020년 4월)에 시작된 저소득 국가 채무 상환 유예 조치(DSSI)가 2021년 말에 종료된 점도 그러한 판단에 무게를 실었다.

영국의 파이낸셜타임스(*Financial Times*)는 전 세계 74개 저소득 국가들이 2022년 안에 상환해야 할 외채 규모가 약 350억 달러인 것으로 추정하였다. 이는 2020년 대비 45%나 증가한 것으로, 한마디로 단기에 외채가 급증하였음을 말해 준다. 현재 시점에서 볼 때, 대외 채무를 갚을 재원이 없거나 크게 부족한 나라가 한둘이 아니다. 만일 앞으로 국제 사회가 이 문제를 수수방관하거나 남의 일로 완전히 도외시할 경우 개별 국가의 부도(디폴트: 채무 불이행)를 넘어 글로벌 경제에 심각한 영향이 주어질 것은 불 보듯 뻔하다. 이와 같은 상황은 글로벌 사회가 향후 수년간에 걸쳐 다수 국가의 재정 압박과 재정 위기 발생, 그리고 앞서 언급한 포스트 팬데믹 시기에 벌어지는(불평등한) 회복 현상을 목도해야 할 것을 시사한다. 그 과정에서는 불행하게도 일부 국가의 경제 파탄과 국민 생활의 고통 및 피폐화가 불가피하다.

실제로 스리랑카는 2022년 4월에 국가 디폴트(default)를 선언하였고, 가나, 튀니지, 이집트, 엘살바도르, 방글라데시, 파키스탄, 라오스 등도 이미 재정 위기에 노출되었다. 이들을 포함해서 적지 않은 나라들이 머지않아 국가 부도 내지 심각한 재정 위기를 겪을 가능성이 높다. 스리랑카는 약 510억 달러(우리 돈 약 70조 원)의 대외 채무를 안고 2022년 여름 내내 국제통화기금(IMF)과 경제 회생을 위한 자금 지원(구제 금융) 협상을 벌였다. 앞서 언급한 국가들 다수는 아직은 디폴트 선언은 하지 않은 상태에서 IMF에 긴급 자금 지원을 요청하였다. 일각에서는 1997년 태국에서 촉발되어 인도네시아, 필리핀, 한국 등으로 확산된 동아시아 금융 위기(우리의 외환 위기)가 이번에는 서남아시아 지역에서 재현될지도 모른다는 우려를 표하고 있다.

이러한 현실 상황에서 개발 도상국들은 매우 제한된 수준에서 국가 채무를 신규로 만들어 낼 수 있을 뿐, 사실상 국제기구나 외국 원조(유·무상 자금 지원)에 의존할 수밖에 없는 처지이다. 그런데 역설적으로 팬데믹과 같은 세계적 위기 상황에서는 평상시에 비해 외국의 지원 자금을 확보하는 것이 더 어렵다. 평시에 부자였던 선진국들조차 위기 대응과 자기 보호를 위해 자금 동원 역량을 총동원하고 있고, 또한 비상용 자금 수단을 확보해야 하는 형편에 처해 있기 때문이다. 즉, 제 코가 석 자인 상황에서 개발 도상국에 대규모의 현금과 물적 지원을 해주기가 어렵다.

끝으로 국가 채무가 부담해야 하는 이자 비용 부담도 선진국과 신흥·개발 도상국 간에 큰 차이가 난다. 선진국은 금융 완화 효과에 따른 초저금리의 덕을 보지만 신흥·개발 도상국은 선진국보다 훨씬 높은 금리를 유지한다. 그 결과 GDP 대비 국가 채무 이자 비용 부담 비율은 팬데믹 발생 후 크게 차이가 난다(〈그림 6-1〉 참조).

종합적으로, 선진국과 개발 도상국 간에는 팬데믹과 실질적으로 싸울 수 있는 전비와 실탄 면에서 현격한 격차가 존재한다. 선진국은 초대형 팬데믹 재정을 비교적 손쉽게 마련해 낸다. 반면에 개발 도상국들은 비상 재원을 마련하고자 최대한 발버둥쳐 보지만 허탕을 치거나 쥐꼬리만큼 손에 쥘 뿐이다. 현재

〈그림 6-1〉 GDP 대비 정부 채무 이자 비용

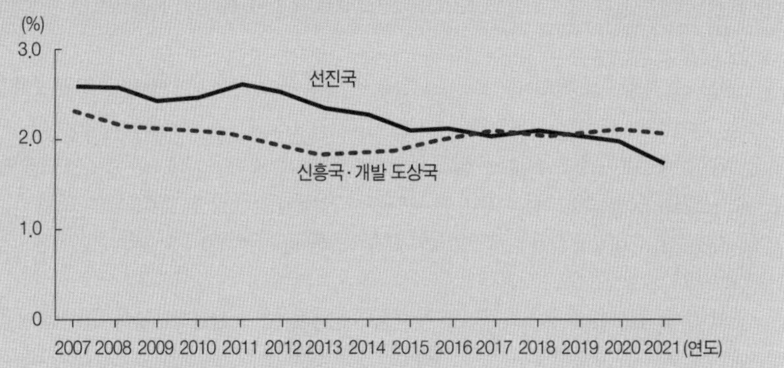

자료: 日本總合研究所(IMF 데이터 활용).

상당수의 개발 도상국은 팬데믹 이후 국가 채무가 크게 늘어나고, 사회적으로 빈곤과 빈부 격차가 확대되는 악순환의 어려움을 겪고 있다.

지금까지 기술한 내용은 COVID-19 팬데믹 위기 상황을 극복하고 향후 경제와 재정을 회복해 나가는 과정에서도 선진국과 후진국 간에 큰 차이를 유발하는 요인으로 작용한다. 부연하면, 선진국과 개발 도상국 간에는 팬데믹에 대처하는 재정 정책과 금융통화 정책을 추진할 수 있는 역량과 조건의 격차가 컸고, 그 결과 팬데믹 이후의 회복 국면에서도 양자 간에 뚜렷한 양극화 현상이 생겨날 것으로 전망된다.

상이한 팬데믹 회복 경로: 벌어지는 회복

세계 경제가 어떤 형태와 방식으로 회복 경로를 찾아가든, 회복 과정에서

팬데믹 와중의 차이나 머니

선진국과 개발 도상국(또는 저소득 국가) 간에 존재하는 역량과 여건의 틈새를 이용해서 차이나 머니(China money)가 후진국에 달콤한 미끼로 사용되고 있다. 밑지는 장사를 하지 않는 것이 국가 간 거래의 속성이다. 차이나 머니는 일견 중국이 가난한 나라에 큰 선심을 쓰는 것처럼 보인다. 하지만 내막을 들여다보면 그렇지 않다. 자금 수혜국의 인프라 건설 참여, 자국(중국인) 노동력 및 기술·자본 활용 그리고 중장기 외교적 영향력 확대라는 중국의 정치·경제적 실리 셈법(전략)이 암암리에 내장되어 있다.

실제로 중국은 자금의 원조와 융자 및 투자 등의 방식을 수시로 혼용하면서 아프리카의 기간 인프라 건설에 직접 참여하였다. 자연히 그로부터 경제·정치·문화적 과실을 따먹고 있다. 극단적으로, 경제와 재정이 취약한 국가들이 사정상 채무를 변제하지 못할 경우 경제는 물론 정치·외교적 족쇄를 차게 된다. 차이나 머니의 위험성이다. 2000년대 초 그리스 재정 위기 당시 현금 수혈을 절실히 필요로 하였던 그리스는 주요 국유 자산을 해외에 매각하기로 결정하였다. 이때 차이나 머니는 그리스의 항만 등 주요 인프라를 적극 구입하였다. 그 후 중국은 그 덕을 톡톡히 보았다.

현재 대다수 아프리카 국가들이 중국으로부터 막대한 자금을 차입해 쓰고 있다. 중국은 자국 중심의 거대 경제권 구축을 목표로 일대일로(一帶一路) 정책을 추진 중에 있다. 그 일환으로 아프리카 국가에 적극적인 자금 대출 공세를 펴고 있다. 아프리카 국가들은 비록 경제력 면에서는 취약하지만, 국가의 수와 보유 자원 그리고 국제 영향력 등에서는 경제력보다 훨씬 중요한 비중을 차지한다.

팬데믹이 발생하면서 최근 많은 아프리카 국가들이 재정적 어려움을 겪고 있다. 이러한 가운데 중국 자금의 대출 상환 만기가 속속 도래하였다. 이에 대해 중국 정부는 대부분 국가의 채무 이자를 면제(탕감)해 주기로 결정하였다. 중국이 적극적인 대출·융자 정책을 통해 자신의 실익을 챙긴다는 선진국의 비판을 면할 목적이 가장 크다. 로이터 통신에 의하면 2020년 기준으로 아프리카 대외 채무(6,960억 달러) 중 12%가 중국 정부와 중국 기업으로부터 차입한 것으로 파악된다.

지금까지 중국은 이런저런 명목으로 개발 도상국을 대상으로 실리를 챙겨 왔다. 이렇게 될 경우 차이나 머니를 넙죽 받아 쓰는 후진국에 대하여는 "꿀은 달지만, 벌이 쏜다."(honey is sweat but bee stings)라는 영어 속담이 적절할 것 같다.

는 국가와 지역별로 경로와 속도 및 규모 면에서 상당한 차이가 발생할 것으로 예상된다. 구체적으로, 선진국과 후진국(개발 도상국) 간에 상당한 격차가 있을 것이고, 선진국 내에서도 일정한 성과의 차이가 있을 것으로 전망한다. 가장 큰 문제는 선진국과 신흥국 및 개발 도상국 간의 회복 격차이다. IMF는 이를 두고 COVID-19 팬데믹을 극복하고 경제와 사회를 회복하는 과정에서 나타나는 '벌어지는 회복'(divergent recovery)이라고 표현한다.

이와 관련해서 세계노동기구(ILO)는 일자리 창출과 고용 회복 면에서 선진국과 신흥국 및 개발 도상국 간에 큰 차이가 벌어질 것이라 예상하고 우려한다. 그중에서도 특히 저소득 국가들은 여전히 낮은 백신 접종률 상태에서 델타·오미크론 등 변이 바이러스의 확산으로 세계 경제가 빠르게 회복되지 못하는 영향을 크게 받고 있다. ILO는 2023년도 예측에서 선진국의 실업자 수는 팬데믹 이전 수준인 2,900만 명으로 돌아가는 반면 신흥국 및 개발 도상국(저소득 국가)의 경우 오히려 팬데믹 이전보다 약 1,700만 명이 더 많은 1억 7,400만 명을 기록할 것으로 내다보았다.

신흥국 및 개발 도상국이 안고 있는 국가 채무는 구조와 성격 그리고 부담 역량 모든 면에서 선진국에 비해 크게 열악하다. 이는 세계 경제가 당초 기대처럼 빠르게 회복되거나 경기가 활황일 경우에는 큰 문제가 없다. 그러나 현재 전망되고 있는 가파른 금리 인상 충격으로 세계 경제가 불황의 늪에 빠져들 경우 신흥국·개발 도상국이 안고 있는 국가 채무는 시한폭탄이 될 가능성이 높다.

위대한 백신 발견, 심각한 글로벌 백신 불평등 현상

팬데믹 상황에서 글로벌 이슈로 급부상한 것 중 하나는 선진국과 개발 도상국 간의 백신 접종 기회와 조건의 심각한 불균형 문제이다. 2021년 말 기준

글로벌 사회의 백신 이용 격차

이번 팬데믹은 기존의 글로벌 위기와 성질과 차원을 달리하는 바이러스 위기이다. 따라서 그 무엇보다도 코로나바이러스를 예방하고 퇴치하는 백신을 충분히 확보해서 접종하는 것이 위기 타개의 관건이다. 그런데 정작 백신은 개발되었지만, 국가 간에 백신 확보와 접종률 면에서 현격한 격차가 발생하였다.

그 원인은 선진국과 개발 도상국 간의 경제·재정 능력 차이에 있다. 선진국들은 기존의 재정(예산)이나 국채 발행을 통해 원하는 백신을 충분히 구입할 수 있는 자금 역량이 있다. 반면에 대다수 저소득 국가들은 그러한 형편이 못 된다. 아울러 많은 저소득 국가가 COVID-19 백신의 선매 구입 조치를 제때에 하지 못한 것(즉, 선진국에 비해 한참 늦게 구입 계약을 체결한 것)도 중요한 원인 중 하나이다. 실제로 일부 저·중소득 국가 중에는 자금 조달 여력이 있었지만, 정책 판단 잘못으로 백신 구입의 적기를 놓쳐버렸다.

어쨌든, 결과적으로 지구에 살고 있는 인류 간에는 선진국과 개발 도상국 어느 부류에 속해 있는지에 따라 코로나바이러스의 불안과 공포로부터 어느 정도 벗어날 수 있는 기회와 확률의 차이가 존재한다.

으로 거의 모든 선진국은 최소 60%에서 최고 80% 이상의 백신 접종 완료율을 기록하였다. 반면에 대다수 아프리카 국가의 백신 접종 완료율은 10%에도 못 미쳤다. 글로벌 백신 불균형 현상은 기본적으로 선진국과 개발 도상국 간의 경제 자원과 사회·정치적 역량 차이에서 비롯된다. 아울러 글로벌 위기 상황에서도 지구촌이 진정한 '지구 공동체 정신'을 발휘하지 못하고 자국 중심의 정치와 전략을 구사하는 글로벌 정치 환경도 그에 기여하였다.

팬데믹은 과거에 발생하였던 다른 세계적 위기(예컨대, 경제 위기)와 달리 위기 극복의 필수 조건이 있었다. 그것은 바이러스를 예방하고 퇴치할 수 있는 백신의 개발과 그것의 보편적 이용이다. 다행히도 백신 개발은 비교적 신속히 이루어졌다. 하지만 곧바로 국가 간 백신 이용 접근성 문제가 불거졌다. 크게 보아 선진국과 개발 도상국 간의 문제였다. 백신 개발 초기에는 백신 개발 국가와 나머지 국가 간에 백신 이용(접종) 격차가 잠시 있었다. 지극히 자연스러운 현상이다. 그러나 시간이 흐르고 백신 생산량이 크게 늘자 그것은 경제 자원이 풍부한 계약 선점 국가와 그렇지 못한 국가 간의 격차 현상 문제로 돌변하였다.

백신 이분화(양극화) 현상: 백신 선점 국가, 백신 접근성 낙후 국가

백신 개발 초기에는 공급량이 수요량에 크게 미달하여 선진국 간에도 정치·경제적 경쟁이 심하였다. 당시에는 압도적인 공급자 위주의 시장이 형성되었다. 이때 백신을 적시에 확보한 국가들은 백신 개발 국가인 미국과 영국을 비롯하여 팬데믹 초기 단계(백신 개발 단계)부터 정치·전략적으로 선견지명을 발휘한 소수에 불과하였다. 아쉽게도 우리나라는 그러한 선도 그룹의 대열에 끼지 못한 채 한동안 노심초사만 하였다. 그런데 백신 생산이 본격적인 궤도에 들어선 이후에도 여전히 공급자 주도 시장이 지속되었다. 그 원인은 예측 불가한 팬데믹의 유사 사태를 대비하여 선진국들이 예비적 수요를 최대한 늘려 잡아 백신을 구입하거나 선매 계약을 하였기 때문이다.

이제 백신 확보 능력은 국가 지도자의 정치적 리더십을 좌우하는 가장 중요한 요소가 되었다. 팬데믹은 발생하자마자 인구, 사회, 경제에 치명적인 영향을 미쳤다. 그러던 것이 점점 정치적 영역으로까지 확대되었다. 실제로 백신 전략과 팬데믹 대응 부실(국민 건강 보호 및 관리 부실) 때문에 정치적 생명을 상실한 세계의 지도자들이 적지 않았다. 대표적으로 2021년에 실각한 이웃 일본의 스가(菅) 정부를 비롯하여 브라질, 멕시코, 콜롬비아 등을 예로 들 수 있다.

어떤 의미에서 미국의 트럼프 대통령 대선 패배도 넓게는 같은 맥락에서 볼 수 있다.

다만, 시간이 흐르면서 공급자 주도 시장의 기세는 조금씩 꺾였다. 이러한 백신 시장 상황에서 여전히 중요한 것은 수요자의 자발적 의사와 경제적 능력이었다. 이는 시장경제의 양대 축(수요, 공급) 가운데 한 축인 수요를 구성하는 핵심 조건(요소)이다. 선진국들은 강한 욕구(수요)를 필두로 자금 조달과 계약상의 지불 능력에 전혀 문제가 없었다. 하지만 후진국들은 전체 인구를 감당할 만한 백신 구입 자금 역량이 뒷받침되지 못하였다.

이와 같은 국제적 상황에서 그동안 선진국과 개발 도상국 간에 존재해 왔던 경제·사회적 불평등 문제가 이제는 바이러스 관리 수단(즉, 백신 이용)의 이분화(양극화) 현상으로 확대되었다. 대표적인 예로 2020년 6월 17일 기준으로 유럽에서는 인구 100명당 68개 백신 접종이 이루어진 반면 아프리카의 사하라 지역(Sub-Saharan Africa)에서는 2개 백신 접종이 이루어진 경우를 거론할 수 있다(UN, 2021). 빈곤 국가와 빈곤층은 기존의 사회·경제적 불평등에 희생되었을 뿐 아니라 감염(질병) 불평등 현상에도 말려들었다.

우리나라는 팬데믹 초기 단계 외에는 백신 관련 문제는 크게 없었다. 그러나 현재 많은 후진국은 심각한 백신 부족 문제로 신음 중이다. 미국을 비롯한 주요 선진국들은 이미 전 국민 모두 접종을 완료하고도 몇 배나 남는 백신을 확보하고 있다. 특히, 작년 말부터 오미크론 바이러스가 새로운 변종으로 기세를 부리자 우리나라를 포함한 선진국들은 서둘러 3차 백신 접종(소위 '부스터 샷'(booster shot))을 실시하였다. 2022년 초반 우리나라를 포함한 대부분의 선진국은 2차 백신 접종률 60~80% 이상, 그리고 3차 백신 접종률 30~70%의 비교적 높은 수준을 보인다. 하지만 많은 개발 도상국은 10~20% 수준에 머무르고 있다. 특히, 대다수 아프리카 국가들과 후진국들은 백신 접종률 10% 미만의 극히

〈표 6-1〉 COVID-19 팬데믹 백신 구매 관련 주요 통계

세계은행(World Bank) 기준 소득 구분/유형	조기 구매 협약(advance purchase agreements) 수	계약 체결 평균 일자(월)	가장 이른 계약 체결 일자(월)
고소득	211	2020년 12월	2020년 5월
저소득	8	2021년 5월	2021년 2월
중하위 소득	105	2021년 3월	2020년 8월
중상위 소득	135	2021년 2월	2020년 8월

자료: IMF(Research Department), "Financing Vaccine Equity: Funding for Day-Zero of the Next Pandemic," WP/22/99, May 2022.

낮은 상태에 있다.

이와 관련하여 IMF는 흥미로운 실증 분석 결과(2022. 5)를 발표하였다. 그것은 세계적으로 코로나바이러스 백신과 관련 건강 제품을 구입하는 데 필요한 자금이 적기에 조달되지 못해 팬데믹 대응에 큰 장애가 발생하였다는 것을 골자로 한다. 앞서 언급한 선진국과 그 외 국가 간의 코로나바이러스 백신 접종률 격차는 코로나바이러스 백신의 구매 협약(건수)과 구매 계약 체결 일자에 관한 자료에서 여실히 드러나고 있다.

〈표 6-1〉에 의하면 백신 조기 구매 협약 건수 면에서 고소득 국가는 211건을 기록한 반면 저소득 국가는 8개 국가에 불과하였다. 백신 구매 계약에 서명(sign)을 한 평균 일자는 고소득 국가와 저소득 국가 간에 약 5개월의 차이가 났다. 가장 이른 계약 서명 일자를 기준으로 양자 간에 약 9개월의 시차가 있었다. IMF가 이들 데이터를 분석해 본 결과, 중·저소득 국가의 백신 공급이 늦어진 원인의 60~75%가 고소득 국가보다 백신 구입 협약 체결이 뒤늦게 이루어진 데 있다는 사실이 확인되었다.

글로벌 백신 이분화(양극화) 현상은 다음과 같은 점에서 결코 바람직하지

않다. 첫째, 보편적 인도주의에 부합하지 않는다. 둘째, 오늘날 지구촌 전체가 시·공간적으로 함께 움직이는 환경에서 과도한 자국 이기주의(우선주의)는 언젠가 글로벌 사회가 대가를 지불해야만 하는 부메랑이 될 수 있다. 세계적으로 백신 공급이 어느 정도 보편화되고 균등화되지 않은 상태에서 여행 자유화가 재개되면, '저백신 접종 국가'로부터 바이러스가 재확산될 가능성이 높아진다. 셋째, 코로나바이러스가 지역을 넘어 전 세계로 침투하는 상황에서 국가 간 백신 이용 격차 문제는 앞으로 다양한 변이 바이러스 문제를 유발한다. 이로 인해 팬데믹의 종식이 지연되거나 심할 경우 세계가 다시 팬데믹 위험에 빠지는 상황이 발생할 수 있다.

글로벌 사회, 특히 선진 사회는 이러한 사실을 깊이 인식하고 조속히 전 세계의 백신 이용률이 일정 수준에서 균등화될 수 있도록 다양한 노력과 지원을 아끼지 말아야 한다.

IMF의 분석 결과를 수용하면서 앞으로 발생 가능한 또 다른 팬데믹에 적극적으로 대처하려면 다음의 글로벌 조치(대응)가 필요하다. 중·저소득 국가들도 선진국들처럼 팬데믹 초기 단계에서 백신 구매 계약을 체결할 수 있도록 글로벌 차원에서 신용 라인(credit line)을 보장해 주는 것이다. 이런 방법이 마련되어야 보다 신속하고 공평한 글로벌 팬데믹 대응이 이루어질 수 있다. 이때 가장 큰 과제는 위기 상황에서 누가, 어떻게 중·저소득 국가들의 경제·재정적 역량을 신용 담보(즉, 금융 위험 부담을 책임지고 완화)해 줄 것인가와 관련된 문제이다.

백신 불균형 현상과 국제 사회의 대응

글로벌 백신 불균형 현상은 뿌리가 깊다. 그것은 팬데믹 발생 수십 년 전부터 존재해 온 선진국과 개발 도상국 간의 경제 자원과 사회·정치적 역량의 차이로 거슬러 올라간다. 코로나바이러스는 인종과 선진국·후진국을 막론하고 무차별적으로 세계를 강타하였다. 하지만 그에 대응하는 역량과 수단과 방법은 '가진 국가와 갖지 못한 국가' 간에 천양지차(天壤之差)였다.

가진 국가들은 때로 영업 중단이나 록다운과 같은 강경한 통제 조치를 취하면서도 그것을 보상해 주는 사회·경제적 보호 시스템을 가동하였다. 예컨대, 현금 지원 등 공적 재정 이전 시스템과 사회 보호(보장) 시스템의 보강 그리고 다양한 재정·금융 지원 조치 등을 완전히 가동해서 백업하였다. 통제와 보상(지원 유인), 사회적 비용과 혜택의 균형 있는 정책을 통해 국민과 기업이 숨쉴 수 있는 공간을 열어 두었다. 특히, 선진국의 경우 다양한 사회 안전망과 안전장치가 겹겹이 마련되어 있다. 이는 국가의 재정 자원과 제도적·사회적 역량이 뒷받침되기에 가능하였다.

가진 국가들은 갑자기 비상사태가 발생하여 긴급 자금이 필요할 경우 언제라도 공채를 발행해서 그에 대응할 수 있는 재정적 수단과 공간을 확보하고 있었다. 이는 이번처럼 준전시에 버금가는 팬데믹 상황에서 대부분의 선진국이 평시에는 도저히 상상할 수 없는 천문학적 규모의 국가 채무를 큰 어려움 없이 마련해 낸 사실이 잘 보여 주고 있다.

엄중한 팬데믹 위기 속에서 인류는 위대한 백신 개발의 업적을 이루었다. 하지만 불행히도 그것을 이용할 수 있는 인류는 선진국과 일부 개발 도상국의 '선택된 인류'에 국한되었다. 선택된 인류는 백신 개발 이후 빨리, 대대적으로 백신을 맞았다. 저소득 국가의 절대 다수는 백신 혜택으로부터 소외되었다. 이러한 백신 이용 불평등 현상은 앞서 언급한 바와 같이, 인류 박애와 인도주의 차원에서 바람직하지 않을 뿐 아니라 낮은 백신 접종률 국가로부터 발생하는 변이 바이러스가 글로벌 사회를 재침범하는 거대한 위험을 안고 있다.

이는 실제로 입증되었다. 미국을 비롯한 일부 선진국들은 팬데믹 원년인 2020년 12월을 전후로 백신 접종을 시작하였다. 그리고 이듬해 중반에 이르자 선진국의 백신 접종률은 50~60%를 상회하였다. 당시 아프리카를 비롯한 많은 개발 도상국의 백신 접종률은 채 10%가 되지 않았다. 이러한 상황에서 코로나 변이 바이러스 델타가 인도에서 발생하였고, 삽시간에 전 세계를 휘저었다. 델타 변이가 발생하였을 때 인도의 백신 접종률은 약 5% 수준에 불과하였다.

그 후 2021년 11월에 남아프리카공화국에서 오미크론 변이 바이러스가 발생하면서 또 한 번 세계를 발칵 뒤집어 놓았다(주지하다시피, 오미크론 변이 바이러스는 대한민국의 방역 체계와 국민 신뢰를 한꺼번에 추락시킨 주범이다). 당시 남아프리카공화국의 백신 접종률은 30% 미만인 것으로 알려졌다.

앞서 기술한 바와 같이, 선진국들은 호사스러울 만큼 대단한 확장적 재정 정책을 추진하였다. 반면에 사정이 여의치 못한 개발 도상국과 후진국들은 그 근처에도 가지 못하였다. 특히, 저소득 국가의 경우 백신 구입과 국민 접종에 소요되는 예산은 국가 재정에서 큰 비중을 차지할 만큼 감당하기 어려운 자금이 된다. 반면에 선진국들의 경우 그것은 막대한 팬데믹 대응 예산의 작은 일부에 불과하다.

2021년 10월 이탈리아의 로마에서 개최된 G20 정상회의(30~31일)에서는 각국의 백신 접종률 향상을 전 인류적 팬데믹 대응 과제로 천명하였다(G20 공동 선언문). 그 핵심은 2022년 중반까지 모든 국가의 백신 접종률을 70% 수준으로 끌어올리고, 2021년 말까지 전 세계 인구의 40% 이상이 백신을 맞도록 조치하는 것이다.

그런데 이러한 공동 선언문의 달성(실천) 가능성은 처음부터 상당히 회의적이었다. 먼저, 이미 2021년이 지난 2022년 후반 현재 공동 선언문의 한 축이 현실화되지 못하였다. 다음으로, 혹 전체 목표치(평균치)는 달성될 수 있을지 모르지만, 목표 기간 중에 불균등하게 크게 벌어진 갭이 납득할 만한 수준으로 메워질지는 의문이다. 세계보건기구(WHO)에 의하면, 아프리카 국가 중에서 2021년 말까지 백신 접종률 40%를 달성할 수 있는 곳은 전체 54개 국가 중 5개국에 불과하다.

현실적으로 저백신 접종 국가의 대부분이 국가 재정과 정치적 리더십의 취약성을 지니고 있음을 감안하면, 공동 선언문의 목표 달성은 어려워 보인다. 백신 접종의 선·후진국 간 현격한 격차 현상은 향후 팬데믹이 종식되었을 때 경제 회복과 사회 복원의 속도와 모습에서 양자가 크게 다를 것임을 시사한다.

이러한 상황에서 무엇보다도 중요한 것은 선진국들이 백신 이용 가능성을 개발 도상국과 공유하는 노력이다. 구체적으로, 선진국들이 합력해서 저백신 국가에 국가(국민) 백신 수요를 충족시켜 줄 수 있도록 충분한 자금을 원조해 주거나, 아니면 충분한 양의 백신을 제공해 주는 인류 박애주의를 실천하는 일이다. 보다 확실하고 효과적인 방법은 미국, 영국 등 백신 부유국이 과도하게 확보하고 있는 백신을 저백신 국가에 직접 현물로 제공하는 것이다. 저백신 국가가 선진국 제공 자금을 가지고 백신 구입에 나서더라도 구매 줄이 길어서 원하는 만큼의 충분한 백신을 확보하기가 쉽지 않을 수 있기 때문이다. 이때 저백신 국가의 백신 접종 시설과 인력 부족 문제도 함께 해소해 줄 수 있는 방안이 강구되어야 한다.

종합: 교훈과 시사

팬데믹 3년차를 맞이한 2022년 초에 새로운 변형 바이러스(오미크론: BA.1, BA.2)가 기승을 부리면서 전 세계를 화들짝 놀라게 만들었다. 자칫하면 지구촌이 이전의 팬데믹 절정기로 되돌아가고 세계 경제의 회복이 지연될지도 모른다는 위기감이 전 세계를 긴장시켰다. 다행히도 오미크론의 위세는 2~3개월 정도 떨치다가 크게 약화되었다.

팬데믹 이전처럼 세계 어느 곳이든 자유롭게 여행할 수 있고 물자의 이동이 완전히 자유로워지려면, 하루속히 '백신 접종 낙후 국가'(저백신 접종 국가)들의 백신 접종이 탄력을 받아야 한다. 다시 강조하지만, 이것은 인도주의와 인권 존중 차원은 물론 세계 경제와 지구촌 사회의 왕성한 회복을 위해서도 중요하다.

바이러스에 의한 자연의 공격이 선진국과 개발 도상국을 가리지 않고 무차별적으로 이루어지는 것은 사실이다. 하지만 면밀히 살펴보면, 바이러스의 발생 가능성과 발생 후 대응 과정 및 역량, 발생 결과와 후유증, 발생 후(post Pandemic)의 계획·전략·탄력적 회복(resilient recovery) 등에서 결코 무차별적이지 않다. 아니, 매우 차별적이고, 불평등하다. 언제나처럼 대다수 선진국은 유연하고 탄력적으로 회복과 새로운 성장의 길을 찾아 나선다. 하지만 많은 저소득 국가와 개발 도상국들은 엄청난 상처와 후유증을 안고 당분간 회복이 불가능한 상태로 뒷걸음친다.

그러므로 국제 사회가 합력해서 글로벌 차원의 효율적인 국제 백신 배분 시스템을 구축하는 문제는 매우 중요하다. 이는 금번 COVID-19 팬데믹의 완전한 극복과 종식 차원에서 중요할 뿐 아니라 앞으로 예기치 않게 다가올 모든 팬데믹과 외부 충격에 대비하는 차원에서 중요한 의미가 있다. 한마디로, 현재와 미래의 건강한 지구촌 건설에 반드시 필요한 과제이다.

팬데믹 와중에서 벌어진 국가 간 백신 불평등 현상을 보면서 이번에 확인한 교훈은 다음의 두 가지이다. 하나는 전 지구적 위기를 극복하기 위해서는 세계의 모든 나라가 굳건한 협력 체제를 구축해서 성실히 실천하는 것이다. 또 다른 하나는 글로벌 위기 상황에서 자국 중심(우선)주의는 최대한 지양되어야 한다는 교훈이다.

7. 글로벌 팬데믹 패권: 빅테크와 백신

두 개의 팬데믹 패권자

팬데믹이 몰고 온 디지털 세계는 공급 면에서 미국의 빅테크(big tech)가 주도하였다. 이들은 팬데믹 발생 후 그동안 없었던 다양한 디지털 기술과 소프트웨어 및 하드웨어를 창의적으로 개발해서 시장에 내놓았다. 소비자와 시장의 반응은 뜨거웠다. 빅테크의 수익은 그야말로 수직 상승하였다.

이러한 경향은 COVID-19 팬데믹을 잠재우는 백신의 개발이 미국과 영국 등 극소수의 나라가 독점을 한 것과 비슷한 면이 없지 않다.[1)] 양자 모두 세계의 선두 리더십 내지 패권을 쥐게 만드는 중요한 힘과 계기를 제공한다. 디지털 지배는 경제와 기술 측면, 백신 개발은 보건 및 의료 측면에서 세계의 패권을 다툴 만한 일이다. 이들은 궁극적으로 전 세계 정치적 리더십으로 이어진다. 백신 개발과 디지털 만능이 팬데믹 위기를 단칼에 날려 버리는 것은 아니다. 그러나 팬데믹 위기의 국면과 주도권을 완전히 바꾸는 진정한 게임 체인저(game changer)인 것만은 틀림없다. 적어도 백신과 디지털 기술이 인류 문명의 새로운 표준과 방향성을 선도해 나가고 있기 때문이다.

---

1 백신 개발에 G7 핵심 국가인 독일, 프랑스, 일본이 성공하지 못한 것은 해당 국가의 입장에서 체면을 구기는 뼈아픈 일일 것이다. 냉정히 말하면, 이는 오늘날 국가의 창조적 역량을 반영하는 결과일지도 모른다.

디지털 지배는 인간 생활이 디지털 재화와 서비스를 통해 편리와 신속 그리고 만족을 향유하는 것을 넘어 인간의 사고와 행태, 대화와 소통뿐만 아니라 사회, 문화, 정치, 경제 전반에 새로운 거시 프레임을 짜고 미래 경향을 결정하는 막강한 힘을 지닌다. 팬데믹은 스마트폰을 신체의 일부와 같이, 생활 필수재처럼 사용하는 디지털 신인류, 즉 포노사피엔스(phonosapiens)가 점점 일상생활 속에서 흔히 마주치는 존재로 만들었다. 개인과 조직이 스마트폰과 인터넷을 기반으로 여행, 숙박, 운송, 음식료 주문 등 각종 일상생활과 직장 생활의 많은 부분을 해결해 나가고 있다. 언제부터인가 시작된 OTT(예컨대, 유튜브, 넷플릭스)가 독특하고 특별한 팬데믹 환경을 거치면서 이제는 안방 주도권과 방송 표준화를 선도하고 있다. 이런 점에서 글로벌 빅테크가 주도하는 디지털 지배는 충분히 글로벌 패권 세력으로 규정할 수 있다.

백신은 팬데믹 와중에서는 가장 확실한 글로벌 파워로 군림하였다. 그러나 그것은 앞으로 디지털 파워만큼이나 오랫동안 미래의 지배력과 경향 결정력을 갖기는 어려울 것이다. 팬데믹 종식과 더불어 백신의 영향력과 지배력이 급격히 떨어질 것이기 때문이다.

종합적으로, COVID-19 팬데믹은 극소수의 백신 생산국과 글로벌 빅테크 보유국에 세계 패권의 중요한 일부를 할양하였다. 이는 세계의 정치, 경제, 사회의 영향력과 변화가 어디를 중심으로 전개되고 어떤 방향으로 나아갈 것인지에 대한 새로운 패권 지도를 만들어 내고 있다.

글로벌 빅테크의 팬데믹 패권 주도

앞서 살펴본 바와 같이, 팬데믹은 디지털 전환과 디지털 사회를 안방과 사회생활 속으로 깊숙이 끌어당겼다. 이러한 변화 속에 세계적으로 우뚝 선 것은 시장의 지배적 위치를 확보한 미국의 기술 주도 빅테크 컴퍼니들이다. 소위 FANG(페이스북(Facebook), 아마존(Amazon), 넷플릭스(Netflix), 구글(Google)의 첫 글자를 따서 만든 조어) 또는 FAANG 등으로 회자되는 미국의 다국적 IT 기업들이 팬데믹 세계를 주름잡았다. 시간상으로는 FANG이 2013년부터 먼저 사용되다가 훗날 미국의 증권 시장 중심지인 월가(Wall Street)에서 FANG에 세계적 IT 기업인 애플(Apple)을 추가하여 FAANG으로 명명하였다. 현재까지 FAANG은 미국의 기술 대기업 중에서 최고로 잘 나가는 5대 고성장 빅테크를 상징하는 용어로 사용되고 있다.

이와 조금 성격을 달리하는 것으로 최근에는 MANTA라는 용어가 미국의 월가와 산업계를 선도하는 상징적 개념으로 회자되고 있다. MANTA는 미국의 CNN 방송국이 골드만삭스의 실적 분석 결과를 토대로 디지털 기술 부문에서 새 시대를 이끌어 갈 지배적 5대 유력 기업(마이크로소프트, 애플, 엔비디아, 테슬라, 알파벳의 첫 글자를 따서 만든 축약어)들을 그룹화한 신조어이다. 이것은 2021년 중반까지 미국과 전 세계 기술주를 대표하였던 FAANG 체제가 일부 기업의 실적 저조로 더 이상 종합적·상징적 위상을 갖지 못하자 새로 만든 성장주 그룹을 의미한다.

FAANG은 팬데믹 이전에도 세계 굴지의 IT 기업으로서 실적과 명성이 출중하였다. 하지만 그것은 팬데믹 발생 이후와 비교하면 따라갈 수 없다. 팬데믹이 거의 전면적인 비대면·온라인 사회를 강요하자 전자 상거래를 비롯하여 클라우드, 각종 온라인 광고 수요와 구독 서비스, 스마트폰 등 일상생활과 경제 활동에 필요한 대부분의 기기와 제품·서비스 수요가 FAANG 중심의 글로벌 빅테크에 집중적으로 몰렸다.

오늘날 미국의 빅테크는 세계에서 기업 가치가 가장 큰 5대 글로벌 기업

(top 5 global company), 10대 글로벌 기업(top 10 global company)의 위상을 지니는 거대한 존재만이 아니다. 이들은 팬데믹을 거치면서 인류 사회의 존재 양태와 인류 문명에 지대한 영향을 미치는 존재로 등극하였다. 팬데믹과 빅테크는 전에 없던 새로운 기술과 제품을 세상에 선보이면서 일상생활과 근로의 방식 및 과정을 크게 바꾸어 놓았다. 같은 맥락에서 사람들의 소비 취향과 행태, 나아가 정치 지형과 전략도 완전히 갈아치웠다. 팬데믹의 창조물이다.

빅테크는 한편으로 전 세계적으로 급증하는 소비 수요를 충족시켜 주면서 또 다른 한편으로 다양한 창의적 생산물(기기와 서비스 등)을 개발해서 새로운 소비를 견인하였다. 특히, 새로운 소비 영역은 디지털 빅테크의 매출과 수익을 전무후무할 만한 수준으로 끌어올렸다.

미국의 빅테크는 각종 온라인 광고 수요와 구독 서비스, 스마트폰, PC 운영 시스템(예컨대, 윈도), 클라우드 서비스, 게임(비디오 게임, 각종 구독형 클라우드 게임 서비스 등), 가상 화폐, 인공 지능, 메타버스 등 광범위한 영역에서 생산자와 소비자 모두가 원하는 혁신적이고 창의적인 제품과 서비스를 창출하고자 각고의 노력을 하였다. 그 결과 이 분야의 소비 수요와 공간이 크게 확대되었고, 매출은 급증하였다. 기업 수익은 수직 상승을 하였다. MS는 특히 팬데믹 이후 클라우드 서비스 분야(MS Azure)에서 두각을 나타내면서 매출이 급상승하였고, 아울러 게임 분야에서도 큰 호황을 누리고 있다.

팬데믹이 몰고 온 디지털 분야의 대호황을 말해 주는 단적인 사례로 〈그림 7-1〉에 나타난 애플의 매출액 변화 상황을 들 수 있다. 팬데믹 이전과 팬데믹 전성기(2020)를 비교하면, 애플의 매출액은 거의 수직 상승하였다. 애플은 회사 창립(1976년) 후 42년 만인 2018년에 시장 가치 1조 달러($1 trillion)를 달성하였는데, 팬데믹이 발생하자 불과 2년 만에 시장 가치 2조 달러($2 trillion)라는 기염을 토하였다. 물론 애플이 특히 출중하였지만, 다른 빅테크와 그 아류 IT 기

〈그림 7-1〉 애플(Apple)의 시장 가치 변화

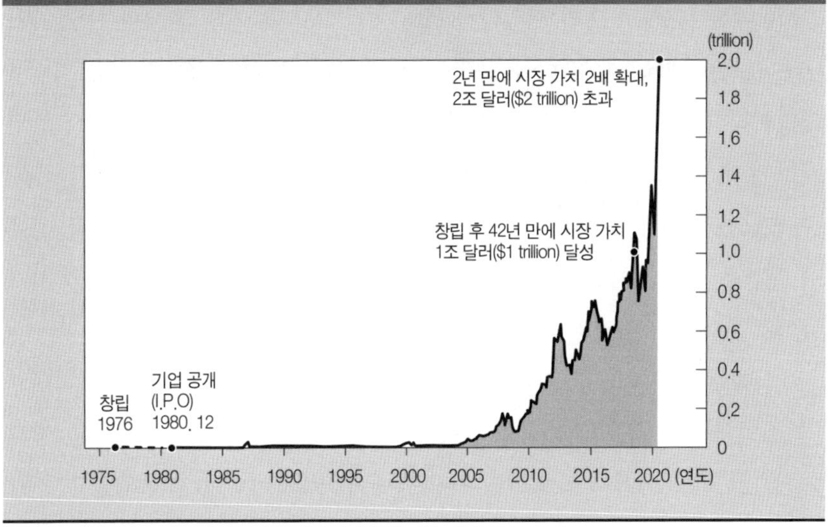

자료: 뉴욕 타임스.

업 또한 팬데믹 특수를 누리면서 2020년과 2021년에 수익이 급등하였다.

빅테크의 매출, 수익, 시장 영향 및 지배력이 팬데믹 발생 후 얼마나 폭발적으로 증가하였는지는 다음의 몇 가지 통계가 말해 준다. 그 하나는 미국 빅테크의 세계 시장 점유율이다. 예를 들어, 2021년 4분기 기준으로 전 세계 클라우드 시장 점유율의 64%를 아마존(33%), MS 애저(21%), 구글(10%)이 차지하고 있다. 그리고 전 세계 온라인 광고 시장 점유율의 약 7할을 구글(알파벳: 44%)과 페이스북(메타: 23%)이 차지하고 있다. 그 다음으로 매출 총액 데이터가 말해 준다. 빅테크의 매출액을 팬데믹 이전과 팬데믹 발생 후 절정을 이룬 2020년 실적과 비교해 보면 확실히 알 수 있다.

마지막으로, 미국의 증권 시장에서 FAANG이 차지하는 위상의 변화가 모든 것을 말해 준다. S&P500 시가 총액에서 FAANG의 시장 가치가 차지하는 비율은 팬데믹 발생 직전 연도인 2019년에 14.8%이던 것이 팬데믹이 기승을 부린 2020년에는 19.2%로 훌쩍 뛰었다. FAANG이나 MANTA 기업 전체의 시장 가치(시가 총액)는 세계적으로 미국, 중국, 일본 경제 규모(GDP 기준) 다음의 4위권에 해당한다. 참고로 2022년도 2월 시장 가치 기준으로 애플과 마이크로소프트의 시가 총액은 각각 2조 8,190억 달러, 2조 2,520억 달러로 우리나라의 연간 GDP 총액을 능가한다. 예컨대, 애플 하나만으로도 우리나라 GDP 총액의 약 1.5배에 가까운 시장 가치를 보유한다. 마찬가지로, 미국의 5대 빅테크 기업의 시가 총액은 우리나라 GDP의 5배나 된다.

실제로 팬데믹 기간 중에 미국 증시를 견인한 것은 FAANG과 같은 빅테크와 그 외의 크고 작은 IT 중심의 디지털 기업들이다. 이들은 미국은 물론 전 세계적으로 이 분야에서 압도적인 시장 지배력(지배적 지위)을 확보하였고, 놀랄 만한 매출과 수익 실적을 올렸다.

현재 미국을 대표하는 빅테크 상위 7개사는 애플, 마이크로소프트, 알파벳(구글), 아마존, 테슬라, 메타(페이스북), 엔비디아이다. 이들은 모두 미국 뉴욕 증시에서 시가 총액 상위권에 속한다.[2] 그런데 2021년 중반을 전후로 디지털 분야의 팬데믹 호황이 절정을 넘어서자 잘 나가던 상위 7개사 빅테크의 수익과 주가가 떨어지기 시작하였다. 빅테크의 초호화 실적에 금이 가고, 급기야 기업 간에 뚜렷한 실적 차이가 나기 시작하면서 이전(절정기)에 비해 기업 가치가 크게 떨어졌다.

애플, 마이크로소프트, 구글(알파벳)은 다른 빅테크에 비해 상대적으로 나은 경영 실적을 보였다. 하지만 팬데믹 전성기에 비하면 주가가 대체로 20% 내

2 2022년 2월 기준으로 미국의 기술주 톱7의 시가 총액을 살펴보면, 애플 2조 8,190억 달러, 마이크로소프트 2조 2,520억 달러, 알파벳(구글) 1조 8,050억 달러, 아마존 1조 5,920억 달러, 테슬라 9,363억 달러, 엔비디아 6,603억 달러, 페이스북(메타) 6,318억 달러로 파악된다(조선일보, 2022. 2. 18, WEEKLY BIZ B9).

외로 떨어졌다. 페이스북과 넷플릭스의 주가는 실적 저조로 그보다 더 크게 떨어졌다. 페이스북과 넷플릭스는 기본적으로 소셜 미디어와 온라인 동영상 서비스(OTT)를 주 무기로 하는 디지털 기업인데, 최근 이 분야에 쟁쟁한 경쟁업체들이 활약을 보이면서 주 무기가 큰 타격을 입었다. 2022년 초 기준으로 상위 7개사 빅테크가 잃어버린 시가 총액을 다 합치면 우리 돈으로 약 2,000조 원 정도 된다.

그럼에도 불구하고 2022년 9월과 팬데믹 발생 직전의 주요 빅테크의 시가 총액과 비교하면, 여전히 팬데믹 기간 중에 빅테크가 얼마나 크게 몸집을 키웠는지 단번에 알 수 있다. 예를 들어, 세계에서 기업 가치가 가장 큰 기업(넘버원 기업)인 애플사의 시가 총액은 우리 돈 약 1,500조 원에서 약 3,500조 원으로 두 배 이상 늘어났다. 쉽게 말해서, 1년 반 남짓한 시간에 우리나라의 GDP에 해당하는 기업 가치를 증식한 것이다. 마찬가지로, 애플보다는 못하지만, 마이크로소프트(현 세계 3위)와 알파벳(구글, 현 세계 4위) 또한 같은 기간 중에 기업 가치를 약 2배가량 키웠다. 2022년 말 현재 글로벌 10대 기업 중 6개가 미국의 빅테크라는 사실은 팬데믹과 디지털이 세상을 바꾸고 있음을 실감하게 한다. COVID-19 백신과 디지털 기술(디지털화)이 팬데믹 세상의 패권을 쥐고 있다는 의미이다.

끝으로, 글로벌 빅테크가 안고 있는 치명적인 문제점에 대해 언급해 보자. 글로벌 빅테크가 팬데믹 중에 인류 사회와 전 세계 소비자에게 여러모로 기여하고 혜택을 준 점은 분명히 인정한다. 그런데 문제는 빅테크가 팬데믹을 기회로 세밀한 데이터 분석과 예측 시나리오 분석 등을 통해 점점 개인과 사회를 조종하고 지배하는 막강한 힘을 갖게 되었다는 사실이다. 무엇보다도, 이들이 점점 알게 모르게 개인과 사회의 사적 정보와 자유를 침해하고 소유하는 현상이 노골화되고 있다. 특히, 팬데믹 상황에서 거의 무방비 상태로 노출된 소비자 시민, 방역 대상자 국민, 통제·관리 대상자 국민의 무수한 정보(신상, 각종 행태와 행적, 일하고 여가를 즐기는 방식 등)를 정부와 더불어 빅테크가 광범위하게 수집해서 활용하였다. 그것은 지금도 축적되고 있다.

이제 정부와 빅테크는 팬데믹 이전과는 도저히 비교할 수 없을 정도로 풍부하고 다양한 정보를 분석하고 예측하는 주체가 되었다. 개인과 사회 조직은 자기 생활과 유익에 급급한 나머지 그러한 빅테크의 지배적 현상과 파워에 눈을 돌리거나 적극적으로 대응할 만한 시간적 여유와 역량을 갖지 못한다. 이러한 사회적 취약성을 정부가 적극적으로 나서서 합리적인 해결책을 마련해야 한다. 자유 민주주의 시장경제를 추구하는 국가가 그러한 현상을 두고 기업을 향해 일방적으로 규제하고 통제하는 것은 바람직하지 않다. 그러나 국민과 소비자의 사생활과 자유와 인권을 보호하는 문제는 기업의 자유 경영 권리에 우선한다는 가치와 원칙을 확고히 정립해야 한다. 그러므로 정부는 다각도의 면밀한 점검 분석을 통해 빅테크를 포함한 많은 디지털 기업의 월권과 남용을 교정하고 제어해야 한다. 이러한 원칙이 지켜질 때, 합리적인 '사회 지속 가능성'이 유지될 수 있고, 보다 건강한 사회가 구축될 수 있다.

극소수 백신 제조사의 팬데믹 패권

(1) COVID-19 백신 제조사의 글로벌 무대 등극

팬데믹의 치명성은 한때 전 세계를 뒤엎을 만큼 강력하고 파괴적이었다. 그만큼 COVID-19 백신 개발에 대한 세계 각국과 전 인류의 관심과 열망은 팬데믹 초기부터 강렬하였다. 따라서 팬데믹 백신은 누가 개발하든 간에 처음부터 압도적인 공급자 주도의 시장이 될 수밖에 없었다. 당연히 세계 굴지의 제약 회사들이 백신 시장에 뛰어들었다. 그리고 주요 선진국들은 그에 직·간접적으로 관여하고 지원하였다.

백신 개발은 결코 작은 투자 자본이나 임상 및 연구 역량으로 이루어지는 그 무엇이 아니다. 전형적인 고위험 고수익 구조의 대규모 민간 투자 사업이다. 결과적으로 소수의 세계적 제약 회사가 백신 개발에 승부수를 던졌고 마침내 쾌거를 이루었다. 물론 그 이면에는 선진 각국의 강력한 음·양적 지원이 있었다. 나머지 수많은 회사들은 백신 개발에 많은 자금과 인력을 동원하였지만, 실패하였다(실패한 제약 회사의 주가가 얼마나 심한 부침을 겪었는지에 대하여는 독자들이 상상해 보기 바란다). 이는 먼 나라의 이야기가 아니고, 대한민국 정부와 제약 회사에도 해당되는 이야기이다.

화이자(Pfizer), 모더나(Moderna), 얀센(Yansen), 아스트라제네카(Astrazenecar) 등은 백신 개발에 성공하여 지금까지 일확천금의 기업 실적을 올렸다. 당분간 그러한 영화를 누릴 것이다. 이들은 미국 뉴욕의 월가에서 기세등등한 기업으로 등극하였다. 미국 주식 시장의 전광판 수치를 번득이게 만드는 일약 스타 기업이 되었다. 만일 지금까지 노력은 하였으나 백신 개발에 실패한 제약 회사 중에서 뒤에라도 성공을 한다면 그래도 절반의 성공은 이룰 것이다. 하지만 그것은 선두 주자들에 비하면 역부족일 뿐이다. 경우에 따라서는 수지 균형을 이루거나, 그동안 투자 자금의 손실분을 최소화하는 수준에서 만족해야 할지도 모른다.

한때 전 세계의 많은 국가 정상과 협상단들이 백신 개발사의 CEO와 면담 내지 통화하기를 희망하였고, 관련 기사는 연일 언론 매체를 달구었다. 이 과정에서 백신 개발 회사를 보유한 미국과 영국 등이 정치적으로 얼마나 큰 영향력을 행사하게 되었는지는 굳이 설명할 필요가 없을 것이다. 원하는 시기에 원하는 양의 백신을 확보한 국가 정상들은 정치적 수완과 역량을 인정받았으며, 향후 유리한 정치적 입지도 다졌다. 코로나바이러스는 사람의 생명을 빼앗고 유린하였을 뿐 아니라 경제판과 정치판 전체도 흔들어 놓았다.

(2) 백신의 재화 특성: 사적재이면서 가치재 특성 보유

팬데믹 백신은 사적재(private goods) 또는 민간재이다. 기본적으로 제품이 시장경제 원리인 수요와 공급의 힘에 의해 거래되고, 백신 소비(접종)가 각 개인 단위로 구별되어 이루어지는 점에서 분명히 사적 재화이다. 다만, 사적재이지만 강한 공익적 특성을 지닌다. 백신이 공급되면 백신 접종자가 혜택을 받을 뿐 아니라 국가적으로 바이러스 확산 방지 효과와 사망자 감소라는 사회적 혜택이 발생한다. 그리고 대부분의 나라에서 백신 접종에 관한 비용을 국가가 부담하고 있는 사실도 백신이 사적재이지만 강한 공익성을 지니고 있음을 충실히 뒷받침해 준다.

주지하다시피, COVID-19 백신은 독감 예방 접종과 비슷하게 바이러스 감염을 근본적으로 완전히 차단하는 것은 아니다. 하지만 바이러스에 감염되었을 경우 입원 필요성이나 사망 확률을 크게 낮추어 주는 효과를 지닌다. 특히, 팬데믹이 기승을 부리는 상황에서의 백신은 평상시의 백신과 다른 보다 확고한 가치재(merit good)의 위상을 갖는다.[3)]

이는 교육 서비스가 대표적인 가치재로 인정받는 것과 비슷하다. 교육은

---

3 참고로 감염병 예방 조치나 백신의 개발·이용, 기초 연구 개발, 의무 교육, 좋은 뉴스 등은 긍정적 외부 효과(externality)에 해당한다. 외부 효과란, 특정한 재화나 서비스가 시장을 경유하지 않고 제3자에게 영향을 주는 사회적 혜택과 비용(또는 손실)을 의미한다. 이때 사회적 혜택을 유발하는 것을 긍정적 외부 효과(또는 양(陽)의 외부 효과), 비용을 유발하는 것을 부정적 외부 효과(또는 음(陰)의 외부 효과)라고 말한다. 부정적 외부 효과의 예로는, 환경 오염, 온실가스 배출, 소음, 혼잡, 가짜 뉴스, 잘못된 정보 공개를 들 수 있다.

개인의 인격 함양과 사회·경제적 생존 역량을 제공할 뿐 아니라 시민 사회 성숙, 생산성 향상, 범죄 예방, 각종 사회적 비용 절감 등 여러 면에서 사회적으로 긍정적인 파급 효과를 유발한다. 팬데믹이 지속되고 있는 한 코로나바이러스 백신보다 세계적으로 더 가치가 있는 '글로벌 가치재'(global merit good)는 없다고 말해도 과언이 아니다. 이 점에서 백신 개발은 매우 높이 평가되어야 한다. 이러한 백신의 위상은 앞으로 수년 동안 유지될 것으로 전망된다.

그러나 가치재는 경제 이론에서 말하는 공공재(public goods)와 다르다. 일반적으로 공공재는 다음의 두 가지 특성을 지닌다. 먼저, 재화와 서비스의 특성이 한 사람이 소비하거나 여러 사람이 동시에 소비해도 전혀 문제가 없는 비경쟁(경합)성(non-rivalry/rivalrous)의 속성을 지닌다. 이는 사람들이 흔히 일상생활에서 소비하는 재화나 서비스와 완전히 다른 특성이다. 예를 들어, 빵이 하나 있는데, 그것을 한 사람이 먹으면 다른 사람은 먹을 수 없는 것이 일반 재화의 특성이다. 비경쟁성은 어떤 재화나 서비스의 소비가 늘어나더라도 그에 따르는 비용이 추가로 소요되지 않는 것을 의미한다. 예를 들어, 맑은 공기, 아름다운 경치, 외교, 등대, 가로등, 가로수 등이 그러한 특성을 지닌다.

다음으로, 공공재는 재화와 서비스를 소비할 때 다른 사람을 배제하고 특정인만 독점적으로 소비할 수 없는 특성, 즉 비배제성(non-exclusiveness/excludable)을 지닌다. 비배제성이란, 어떤 재화나 서비스가 한 번 공급되면 누구나 할 것 없이 여러 사람이 동일한 소비 혜택을 보는 것을 막을 수 없는 특성을 의미한다. 대표적인 예로, 사법 및 치안 제도, 국방, 외교, 뉴스, 정보 공개, 불꽃놀이, 사회적 원리, 기초 연구 등을 들 수 있다.

백신은 이러한 두 가지의 특성을 갖고 있지 않다. 즉, 어떤 한 사람이 백신을 맞게 되면 소비된 그만큼의 양을 다른 사람이 동시에 소비할 수 없다(개인이 특정한 빵을 구입해서 먹을 경우 그 빵은 다른 사람이 소비할 수 없는 것과 마찬가지이다).

그리고 한 사람에게 허용된 백신 양은 특정의 한 사람만 배타적으로 소비하는 것이지(다른 사람 배제), 그것을 동시에 여러 사람과 같이 소비할 수 없다(개인이 빵의 일부를 떼어서 먹으면, 그만큼은 다른 사람이 먹을 수 없다).

결론적으로, 사적재이면서 공익성을 지니는 가치재 백신이 개발된 것은 인간의 위대한 창의적 노력과 역량의 결정체로 평가받아야 한다. 무엇보다도 백신은 인류가 바이러스에 지지 않고 새로운 소망의 세계를 향할 수 있음을 보여 주고 확신하도록 해주는 결정적 전환의 힘으로 작용하고 있다.

(3) 글로벌 백신 시장과 수요·공급 불균형

사적재인 COVID-19 백신은 민간 제약 회사가 개발해서 시장에 내놓으면, 그것을 필요로 하는 개인과 조직(국가, 기업 등)이 돈을 주고 구입하는 거래의 흐름을 보인다. 따라서 백신의 수요와 공급 그리고 양자의 힘에 의해 시장에서 가격과 균형 수요·공급량이 결정된다(〈그림 7-2〉 참조).

COVID-19 백신 개발 초기에는 수요(수요량)가 공급(공급량)을 압도하는 상황이 전개되었다. 단기적으로 수요는 사실상 무한정인 데 비해 공급은 크게 제한된 수직적 공급 시장이 형성되었다. 수요가 무한정하다는 것은 평균적으로 수요자가 매우 높은 가격을 지불하면서 백신을 구입한다는 것을 의미하지 않는다. 즉, 이 단계에서도 수요 곡선은 전형적인 우하향 형태(가격이 올라가면 수요는 줄어들고, 가격이 떨어지면 수요가 늘어나는 형태)를 유지한다. 다만, 일반적인 상황과 다른 팬데믹 상황에서는 긴급 필요, 사회에 팽만한 불안감과 두려움, 사회·정치적 압박, 국가 간 경쟁 등의 요인으로 인해 백신 수요 함수 자체가 상향 이동할 가능성이 크다. 〈그림 7-2〉의 D_0에서 D_1으로의 이동을 의미한다. 이 경우 백신 가격은 P_0에서 P_1으로 상승한다. 따라서 COVID-19 백신의 가격은

〈그림 7-2〉 COVID-19 백신 시장의 수요와 공급

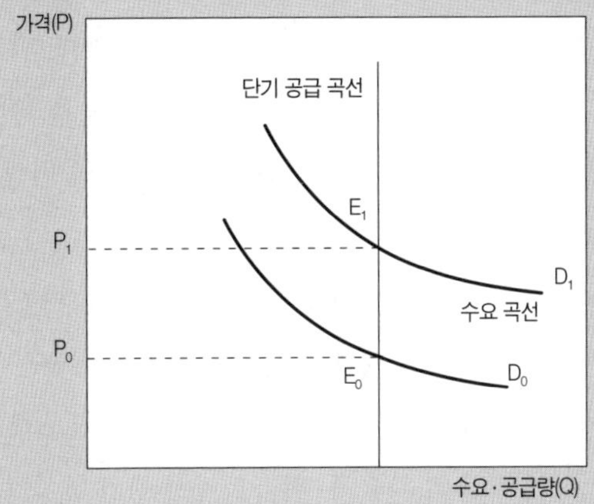

일반 백신 시장에서 결정되는 가격보다 상당 수준 높은 가격에서 결정된다.

시장이 완전히 공급자 주도인 상황에서는 소위 자금력이 풍부하고 정치력이 탁월한 선진국이라도 원하는 양의 백신을 공급받는 것은 하늘의 별 따기만큼 어렵다. 실제로 백신 공급량의 거의 대부분을 백신 개발 국가(미국, 영국 등)와 팬데믹 초기 단계(백신 개발 단계)부터 메이저 백신 개발 제약사와 정치·전략적 협상을 이루어 낸 소수 국가들이 사실상 선점하였다.

단기적으로 수요가 무한대이면서 공급 곡선이 수직적인 시장에서 백신의 시장 가격은 공급자가 임의로 결정한다.[4] 다만, 백신이 비록 사적재이지만, 그

4 이러한 시장은 단기의 부동산 시장과 유사하다. 시장의 수요가 아무리 많아도 단기적으로 토지를 늘리거나 주택 공급을 확대할 수 없는 것이 부동산 시장의 특성이다. 이때 시장은 시간의 흐름과 더불어 주택 건설과 이용 가능 토지 확대(예컨대, 매립, 토지 용도 변경, 그린벨트 해제 등)를 통해 초과 수요에 맞추는 공급량 증가로 대응한다.

유용성이 만국 공익성으로 인정되는 '글로벌 가치재'인 만큼 백신 개발 회사가 지나치게 무리한 가격을 설정할 수는 없다. 즉, 사실상 독점적 위치에 있음에도 불구하고 〈그림 7-2〉에서 P_1 이상으로 가격을 높일 수 없다. 만일 그럴 경우 당장 백신 개발 회사가 속한 국가가 법률이나 행정명령 등을 통해 가격 통제에 나설 것이 분명하다. 아울러 백신 개발 회사는 세계인의 원성과 비판에 직면하고, 심지어 기업 보이콧 상황을 맞이할 수 있다.

따라서 백신 개발 회사는 원가(각종 개발 비용 포함)에 적정 마진(이윤)을 포함하는 자신 나름의 전략적 가격을 책정해서 시장에 백신을 내놓는다. 그 가격은 자국은 물론 글로벌 사회로부터 지탄을 받지 않으면서도 창조적 노력의 대가(성과)를 충실히 반영하는 고도의 기술적·전략적 수준에서 형성될 것이다.

백신이 개발되고 생산이 본격적인 궤도에 들어선 이후에도 여전히 공급자 주도의 백신 시장 상태가 지속된다. 다만, 백신 개발 초기와 비교하면, 공급곡선은 여전히 수직에 가깝지만 조금 우측으로 기울어지는 유연한 변화(급한 우상향 공급 곡선)를 보인다. 그 이유는 백신 개발사의 공급 역량이 확대되고, 백신 개발사의 수가 조금 더 늘어났기 때문이다. 그러나 글로벌 백신 시장은 여전히 수요가 공급을 압도하는 초과 수요 상태를 기본적으로 유지한다. 백신 개발사는 제조 원가에 전략적 이윤을 포함시킨 백신 가격을 설정한다. 여전히 글로벌 백신 시장은 수요와 공급의 역학 관계가 아니고, 공급자 주도의 가격과 물량이 주도하는 구도를 형성한다.

한편으로 세계적으로 백신 공급 상황이 크게 개선되었지만(백신 공급량 확대), 또 다른 한편으로 전 세계의 백신 수요 또한 전보다 크게 늘어났다. 예측 불가한 팬데믹 유사 사태를 대비하여 선진국들이 예비적 수요를 최대한 늘려 잡아 백신 구입을 시도하였기 때문이다. 당초 1, 2차 백신 접종 완료로 충분할 것으로 예상하였던 것이 세 번째의 추가 백신 접종, 즉 부스터 샷(booster shot)을 간절히 필요로 하는 새로운 상황이 생겨났다.

2021년 말과 2022년 초에 변종 바이러스 오미크론이 갑자기 득세하자 선진국을 중심으로 제4차 백신 접종 필요성이 제기되었다. 곧이어 제한된 인구를 대상으로 제4차 백신 접종이 먼저 실시되었다. 그리고 2022년 7월에 오미크론의 하위 변종인 BA.5 등이 세계적으로 득세하자 4차 백신 접종은 점점 세계(선진국)의 주류 방역 정책 기조로 부상하기 시작하였다. 여기에는 보건·의료적 요인이 가장 크겠지만, 다분히 정치적 요인도 합세된 것으로 보인다. 당연히 메이저 백신 제약사의 정치·전략적 역량도 한몫을 톡톡히 하였을 것으로 추측된다.

단순히 계산해 보면, 전 세계의 모든 인구가 2회 접종을 하려면 약 140억 개 이상, 3회 접종을 하려면 약 210억 개 이상의 백신이 필요하다(물론 백신 1개당 몇 사람이 소비하지만, 여기서는 단순화하였다). 여기에다 미래 불확실성 등 여러 가지 요인을 감안하면, 예비적 백신 물량을 확보해야 한다. 그뿐 아니라 팬데믹이 2022년에 종식되지 않을 경우 앞으로도 계속해서 추가적인 백신 공급이 이루어져야 한다. 비록 금년 들어 여러 나라에서 COVID-19를 계절 독감과 유사한 수준으로 격하시켰지만(엔데믹(endemic)으로 격하), 코로나바이러스 백신 수요는 당분간 계속해서 늘어날 것으로 전망된다.

현재까지 백신의 수요와 공급 상황은 전형적인 우하향 수요 곡선과 우상향 공급 곡선의 시장 힘겨루기와는 전혀 다른 양상을 보이고 있다. 이는 비록 백신이 사적재임에도 불구하고 아직은 전통적인 시장 원리가 적용되지 않는 '비전형 사적재(민간재)'의 특성을 지니고 있음을 의미한다. 다시 말해서, 현재까지 백신은 공익성과 희소성이 높이 평가되는 글로벌 가치재로서 인정을 받고 있음을 시사한다. 아마도 COVID-19 백신이 일반 재화 시장처럼 자연스럽게 수요와 공급의 힘에 의해 거래되는 시간이 당도하면, 그때야 비로소 팬데믹이 완전히 끝났음을 알 수 있을 것이다.

(4) 정치적 시장에서 경제적 시장으로

강력한 공급자 주도 시장하에서는 경제 원리 못지않게 정치적·전략적 역량과 협상 원리가 지배한다. 실제로 팬데믹 초기 상황에서의 글로벌 백신 시장이 그랬다. 백신 제약사의 입장에서는 정해진 가격에 누구에게 제품을 공급하든 수익과 이윤율에 차이가 없다. 구체적인 내용은 잘 모르지만, 많은 나라가 공급 가격 외에 보이지 않는 여러 가지 우호적(혜택적) 조건을 제시하면서 백신 제약사와 계약을 체결하였을 가능성이 높을 것으로 추측한다.

이러한 상황에서는 글로벌 백신 시장이 경제적 시장이기보다 정치적 시장으로 기능을 할 가능성이 크다. 실제로 그랬다. 강대국과 선진국들은 누구나 백신 구입 자금을 충분히, 아니 넘치도록 보유하고 있었다. 백신 제약사의 입장에서는 누구에게나 백신을 공급해 줄 수 있었다. 하지만 누구에게나 임의로 제공하지 않았다. 그 이면에는 백신 제약사와 이해 관계국 간에 다양한 조건과 협상안들이 즐비하게 늘어섰다. 이는 코로나바이러스 백신이 우리가 약국에 가서 필요한 약을 시장 가격에 구입하는 일반적인 제품과 완전히 다른 상황적 특성을 지니고 있음을 확인해 준다. 한마디로, 글로벌 백신 시장은 정치적 시장으로 작동하였다. 적어도 팬데믹 초기에는 확실히 그랬다. 백신 확보 능력은 일찍부터 국가 지도자의 정치적 리더십과 명운을 좌우하는 중요한 요소의 반열에 올랐다.

최근에 백신 공급이 급격히 늘어나자 정치적 백신 시장은 차츰 경제적 시장으로 전환되고 있다. 과거에 비해 국가 단위 백신 수요자의 경제 능력과 구매량(조건)이 점점 중요한 요소로 자리 잡기 시작하였다. 그럼에도 불구하고 그것이 시장 원리에 의해 작동되는 완전한 경제적 시장으로 정착되기까지는 앞으로 상당한 기간이 소요될 것으로 전망된다. 따라서 당분간 백신 시장은 여전히 공급자 주도의 불완전 시장, 즉 준독점 시장 체제를 유지할 가능성이 높다. 극단적으로, 저백신 국가들이 충분한 백신 구입 자금을 들고 메이저 제약 회사의 문을 두드리더라도 당분간 그 문은 쉽게 열리지 않을 가능성이 높다. 이러한 사실을 인식하면, 미국 등 백신 부유국들이 자신이 확보하고 있는 백신을 저백신 국가에 직접 현물로 제공하는 방안이 효과적이다.

끝으로, 당분간 백신 시장의 완전 경쟁 시장화(완전 경쟁 체제)를 기대하기 어려운 몇 가지 이유를 설명하면 다음과 같다.

첫째, 세계 메이저 제약 회사(백신 개발을 통해 하루아침에 세계 메이저 제약 회사로 등극한 경우도 있음)가 점유하는 백신 시장에 다른 제약 회사들이 신규로 진입하기에는 뛰어넘어야 할 여러 가지 장애와 위험이 존재한다(진입 장애 존재).

둘째, 이미 세계 각국의 정상들과 다양한 경로를 통해 직접 또는 간접적으로 대화와 협상을 한 메이저 제약 회사들은 기존의 정치적 자산을 다방면에서 적극적으로 활용할 것이 예상된다(기존 백신 제조사의 정치적·전략적 우위).

셋째, 코로나바이러스(변이 바이러스 포함)의 완전 종식에 청신호가 들어오지 않는 한 팬데믹을 둘러싼 각종 불확실성의 안개가 사라지지 않을 것이다.

팬데믹이 만든 크고 강력한 정부

(1) 정부의 중요성: 국가의 공적 파워와 역할, 재정 자원, 전략

팬데믹 극복 과정에서 무엇보다도 중요하였던 것은 국가의 총체적 역량이다. 총체적 역량이란, 국가가 보유하는 재정 자원과 법·제도적 수단 그리고 국가의 지도자를 포함한 공공 부문의 전문성과 책임성(신의 성실성) 및 결단력을 총망라하는 개념이다. 이는 팬데믹의 극복 과정에서는 물론 팬데믹 이후(post Pandemic)를 내다보는 국가적 비전과 전략 그리고 치밀한 계획과 실천력을 통해 입증되어야 한다. 유능한 국가는 중장기 시야에서 지속 가능성, 유연성과 회복력, 포용성, 공정과 형평, 신뢰와 책임, 국가 통합을 적극적으로 도모하고 성취해 내는 성숙함과 실력을 보여 준다. 세계는 팬데믹을 겪으면서 유능한 정부, 스마트한 정부가 얼마나 중요한지 알게 되었다.

세계 각국은 팬데믹이라는 매우 황급한 상황에서 정부에 거의 무제한에 가까운 정책 자율성을 부여하였다. 많은 국민이 위기 극복을 위해 개인의 자유와 사생활 등 각종 권리를 희생해 가면서 정부의 힘과 권한 팽창을 용인하였다. 이것은 방역 대책과 국민과 기업이 겪는 사회·경제적 고통을 하루속히 해소하라는 국민과 사회의 '파격적 관용'이자, 특별한 사명 부여이다. 실제로 대다수 나라들이 팬데믹 극복을 목적으로 이용 가능한 모든 수단과 방법을 총동원하였다.

각국이 취한 사회·경제·재정적 조치는 지난 수십 년간 어느 나라도 실시해 보지 못하였던 초강력 종합 정책 믹서였다. 종합 정책 믹서는 세부적으로 차이가 있지만, 목적과 수단 및 방법 면에서 전 세계적으로 대동소이하였다. 조치는 크게 바이러스의 확산을 차단하고 사망자와 중환자를 최소화하는 보건 의료 정책, 그리고 개인과 기업의 경제 활동과 일상이 곤두박질치는 상황을 최소화하고 곤궁한 경제 상황을 지원해 주는 사회 보호 및 사회 보장 정책으로 구성된다. 그 중원을 장악한 것은 국민의 자유와 권리를 제한하는 엄격한 행위(활동) 규제와 천문학적인 자금으로 무장한 슈퍼 확대 재정 정책이다. 이들 조치는 정부가 사회와 경제를 완전히 지배하는 현상을 낳았다.

팬데믹 사회는 비대면·온라인(디지털) 생활 방식과 다양한 사회·경제적 활동 제약을 가장 큰 특성으로 한다. 이러한 특성은 코로나바이러스가 원인자이지만, 그렇게 만든 것은 정부이다. 팬데믹 정부는 긴급 방역 필요를 이유로 민간의 영역을 수시로 과도하게 침범하였다. 많은 경우 공공과 민간 사이의 영역과 역할 구분(경계)을 모호하게 만들었다. 정부는 소비자와 생산자 그리고 양자를 규제하고 조정하는 새로운 정책과 운영 방식을 채택하였다. 마침내 정부가 시장 경제의 힘과 범위를 넘어서는 초월적 존재로 등극한 것이다. 실로 전시(戰時)에나 가능한 일이다. 그런데 비전시에도 소위 자유 민주주의 국가에서 그와 같이 엄격한 행위(활동) 규제가 서슴없이 감행된 것은 놀라운 일이다. 세계가 보이지 않는 적을 대상으로 사실상의 전쟁을 치르고 있었기에 가능하였다.

팬데믹 위기 상황에서의 정부 역할은 전쟁 상태를 방불케 하였다. 다만, 전시와 비교할 때, 정부가 개인의 재산권을 침해하거나 강제적 인력 징집과 일상 행정 기능의 제한과 같은 극단적인 조치는 없었다. 정부에 의한 가격 통제나 재화와 서비스의 수급 통제 내지 할당 또한 없었다. 그러나 정부가 단행한 강력한 사회적 거리두기 조치는 사실상 정부가 생산과 소비에 직접 개입하는 것과 비슷한 효과를 유발하였다. 이는 정부에 의한 강력한 형태의 시장 개입과 조절을 의미한다. 팬데믹은 현대 국가를 큰 정부로 만들었다. 권한과 인력과 자원이 엄청나게 비대해지고 막강한 그런 정부 말이다. 이는 포스트 팬데믹 과정에서 해결되어야 할 중요한 국가 과제이다.

총체적으로, 팬데믹 대응 과정에서 정부의 권한은 막강해졌고, 기능과 인력도 크게 확대되었다. 정부가 다루는 돈의 규모는 팽창할 대로 팽창하였다. 세계의 대부분 나라에서 정부의 권한, 기능, 사람, 돈이 급격히 확대되는 '크고 막강한 정부(big and powerful government) 신드롬'이 나타났다. 이는 국가와 국민이 적극적으로 원하고 노력해서 만들어 낸 현상이 아니다. 팬데믹이라는 슈퍼 위기를 극복해 나가는 상황에서 얼떨결에, 순식간에 만들어진 현상이다. 사실상 팬데믹이 1990년대 이후 세계적 우위를 점유해 온 신자유주의적 '작은 정부(론)'을 무릎 꿇렸다. 역사적으로 큰 정부는 1990년대에 세계적으로 분권화(decentralization), 민영화(privatization), 정부 개혁(government reform)이 전개되면서 사실상 자취를 감추었다. 그런데 이번에 팬데믹 위기를 계기로 다시 부활의 징조가 나타나고 있다.

본원적으로 확대 지향적 타성을 지니는 정부와 정치권이 모처럼 다시 붙잡은 큰 정부(실제로 그 전보다 더 크고 막강해진 정부)를 어떻게 해서든 놓지 않을 가능성이 커 보인다. 포스트 팬데믹 시기에는 팬데믹 기간 중에 자리 잡은 큰 정부 신드롬이 그동안 세계적 주류 경향으로 군림해 온 작은 정부 움직임을 지속적으로 위축시킬 가능성이 있다는 말이다. 마치 제2차 세계대전 이후 유럽 각국이 복지 국가를 구가하면서 큰 정부를 만들어 낸 것과 비슷하다. 역사의 반복성에는 일종의 중독성이 있다. 팬데믹 정부도 따지고 보면, 전통적 복지에 국민의 건강(방역 포함)과 경제적 복지를 보강한 확장된 복지를 구현하는 국가적 특성과 정체성을 지닌다.

종합적으로, COVID-19 팬데믹은 그 어느 위기 때보다 국가와 공공 시스템의 총체적 역량 발휘와 체계적인 가동을 필요로 하였다. 이를 최대한 활용해서 전략, 창의, 성실과 책임을 발휘한 국가와 리더십은 팬데믹 위기를 선방하면서 극복하였고, 그렇지 못한 국가와 리더십은 실패와 패착 상태에 빠져 있다. 다만, 국가가 일방적으로 밀어붙인 정치적 결단이나 정책적 판단 중에는 개인의 사생활과 자유, 인권, 평등과 같은 개별 국민과 사회 차원에서 매우 소중한 가치와 원리가 공정하게 다루어지지 못한 측면이 적지 않다. 이에 대하여는 깊은 성찰이 있어야 하고, 아울러 미래를 위해 국민의 공감을 토대로 합리적인 해법이 모색되어야 한다.

(2) 엄격한 국가의 통제(규제)와 국민의 자유와 권리 충돌

팬데믹 와중에서 각국 정부가 방역을 명분으로 내세워 취한 각종 규제와 통제 조치 중에는 국민(개인)의 자유와 권한을 크게 제한하거나 침해하는 것들이 적지 않다. 대표적으로, 개인의 이동을 강력히 제한하는 록다운 조치나 의무적 백신 접종이 그렇다. 다양한 형태의 사회적 거리두기나 사회·경제 활동 제한 및 금지 조치도 강도와 유형에 따라 그러한 범주에 속할 수 있다. 바이러스 감염 상태 점검, 경로 추정, 확진자 관련 정보 제공 등 여러 면에서 개인 정보에 관한 사항들이 큰 저항 없이 노출된 것도 그러하다.

우리나라의 경우, 확진자 동선 추적 및 공개, QR 코드나 출입 명부 작성, 모임과 식사 인원 제한, 영업 시간 제한 등이 그렇다. 무엇보다도 코로나바이러스가 급격히 창궐하면서 희생자가 속출하던 당시, 바이러스 확진자가 마치 '사회적 죄인'처럼 인식되고 취급되었던 상황은 개인의 인권과 자유가 크게 압박을 받은 대표적 사례로 손꼽힌다.

정부의 규제와 통제는 철통 같았다. 때로는 그 자체가 하나의 새로운 목표나 목적처럼 다루어졌다. 그리하여 이따금 코로나바이러스가 사람을 잡는 것보다 정부의 강한 통제가 사람을 더 많이 잡는다는(매우 힘들게 한다는 의미) 자조와 불만조차 쏟아졌다. 주객전도(主客顚倒) 현상도 심심찮게 나타났다. 오늘날 많은 사람들은 팬데믹 하면 코로나바이러스 못지않게 집요하였던 정부 통제를 떠올린다. 통제는 대부분 사회적 공론 과정 없이 정부의 정책 판단으로 즉각 실시되었다. 국민의 자발적 협조가 없었다면 사실상 불가능한 일이었다.

정부의 강력한 통제를 두고, 사람들은 한편으로 현실 상황을 이해하면서도 또 다른 한편으로 의아해하고 불만을 가졌다. 특히, 정부가 시장 경제와 사적 영역을 손안에 두고 심하게 흔들고, 그 과정과 결과에서 가계와 기업의 고용, 소득, 각종 경제 활동에 큰 손실과 장애를 유발한 점에서 그렇다. 이러한 상황을 알아차린 정부는 다양한 사회 보호 및 보장 프로그램을 적극적으로 도입해서 실시하였다.

정부의 엄격한 행위 통제를 두고 찬반의 논란과 비판이 적지 않았다. 무엇보다도 정부가 방역을 최우선시한 나머지 개인의 자유와 권한을 거침없이 희생시킨 면이 적지 않다. 특히, 서구 사회에서는 반대 목소리와 저항 시위도 많았다. 하지만 팬데믹의 폐해가 질풍노도처럼 몰아치는 위급한 상황인지라 정부의 각종 행위 통제는 거침없이 일사불란하게 단행되었다. 무엇보다도 사람과 사람의 만남과 접촉이 방역 차원에서 결정적으로 위험한 요소라고 판단되었던 것이다.

이 문제는 정부나 국민 모두에게 매우 민감하고 섬세한 이슈로 남아 있다. 자유와 사생활 권리를 보유하는 개인의 집합체가 '우리'이고, 나아가 조직과 사회와 공동체이기 때문이다. 물론 팬데믹이라는 초유의 위기 상황에서 국가가 사회의 안전과 복지를 보장하고 신속한 회복을 위해 그러한 조치를 취한 것을 이해 못하는 바는 아니다. 그러나 현대 민주주의 국가는 매우 특별한(예외적인) 상황과 시점을 제외하고는 개인의 자유와 사생활 권리를 최대한 보장해 주어야 한다. 그리고 특별한 상황에서도 국민의 이해와 동의를 구하는 과정과 노력이 반드시 필요하다. 무엇보다도 국민의 사전적 이해와 공감을 토대로 공적 신뢰를 쌓는 것이 중요하다. 이러한 점에서 국가는 다시 한번 깊이 되돌아보고 성찰하는 시간과 노력을 기울여야 한다. 지나간 과거보다 앞으로 다가올 미래의 국가와 국민을 위해서이다.

팬데믹 상황에서 이루어진 주요 정책 조치들은 대부분 국민과의 소통이나 사회적 공론의 장 없이 추진되었다. 이러한 상황에서 정부가 국민의 신뢰를 얻을 수 있는 길은 정부가 일방적으로 주도한 정책의 책임성을 국민에게 확실히 보여 주고 입증하는 것이다. 사후적으로 국민의 지지를 받을 수 있도록 정부가 자신이 취한 정책과 사업에 대해 투명성과 책임성을 확보해야 한다는 의미이다.

아울러 정책의 실시 과정에서 부득이 특정 국민이나 조직 등에 경제적 손실이나 정신적·심리적 피해가 발생하였다면, 그에 대해 정부는 신의 성실한 자세로 책임 있는 소통과 대응(예컨대, 사과, 보상 등)을 해주어야 한다. 공권력은 국민이 법과 제도를 통해 국가에 부여한 것으로 국민의 재산과 자유와 권리를 충실히 보호하는 데 본질이 있다. 그러므로 국가는 위기 상황에서도 국민의 자유와 인권을 가능한 최대한 보장하는 정신과 노력을 아끼지 않아야 한다.

팬데믹이 거의 꼬리를 보이고 포스트 팬데믹을 구상하는 지금, 그동안 국가가 팬데믹 극복을 위해 국민과 사회를 통제하고 감시·보호하려 하였던 그 모든 사고와 조치를 국민의 자유와 권리의 관점에서 냉철하게 점검하고 성찰할 필요가 있다. 이는 과거를 비판하기 위한 것이 아니고, 성숙하고 품격 있는 미래를 열기 위해서이다.

(3) 큰 정부를 만든 국가 재정 팽창: 백신에 버금가는 국가 재정의 역할

이번의 팬데믹 위기 상황을 타개하는 데 가장 큰 공을 세운 일등 공신은 단연 백신이다. 전 세계가 우왕좌왕하는 대위기 상황에서 신종 코로나바이러스(COVID-19)의 정체와 본질을 간파하고, 그와 정면 대결을 할 수 있는 '위대한 백신'이 예상보다 빨리 개발된 것은 천만다행한 일이다. 백신이 개발되면서 적어도 인류는 '팬데믹 괴물'의 심장을 정조준할 수 있게 되었다. 그리고 팬데믹 수렁의 밑바닥이 어디이고, 터널의 끝이 얼마나 남았는지에 대해 과학적 지식과 수단을 가지고 대책을 세울 수 있게 되었다.

백신 못지않게 팬데믹 타개에 혁혁한 공을 세운 것은 국가 재정이다. 백신과 국가 재정은 차원을 달리한다. 기능과 용도와 성격이 완전히 다르다. 하지만, 바이러스 위기 속에서 국가 재정은 확실한 팬데믹 대항마로서의 위상을 날렸다. 백신이 팬데믹의 원인인 코로나바이러스를 겨냥하는 의학적 대항마라면, 국가 재정은 코로나바이러스가 초래한 인구·사회·경제적 '문제와 폐해'를 극복해 내는 '제도적 대항마'라고 할 수 있다. 전자가 인류의 지식(능력)과 과학의 산출물이라면, 후자는 오랜 정치와 행정의 집적물이다. 어쨌든, 백신과 국가 재정은 팬데믹과 싸워서 승리할 수 있는 가장 유력한 인류의 팬데믹 전사로서 눈부신 활약을 하였다.

팬데믹 구제 정책을 통째로 지지하는 버팀목은 국가의 자금 동원 능력이다. 돈이 전부가 아니지만, 개인과 기업 및 국가를 막론하고 위기 상황에서는 충분한 자금을 확보하는 것이 결정적으로 중요하다. 이는 이번의 팬데믹 상황에서도 여지없이 확인되었다. 무엇보다도 재정이 뒷받침되지 않는 새로운 법과 제도의 도입은 위기 대응의 실효성과 우선순위 면에서 크게 뒤떨어진다. 국정의 훌륭한 리더십과 전략이 빛날 수 있는 것도 이용 가능한 대규모 재정 자원이 강력하게 뒷받침해 줄 때이다.

각국 정부는 팬데믹 상황을 숨 가쁘게 헤쳐 나가는 과정에서 엄청난 경제적 자원을 필요로 하였다. 여기에는 정부의 기본 활동에 필요한 예산, 기업과 소상공인·자영업자의 경영 및 투자 자금, 개인과 가정의 건강 보호 및 생활 자금, 기타 코로나 재정 수요 등이 총망라된다. 이것은 팬데믹 기간 중에 전 세계적으로 정부 채무와 민간 채무 모두 급팽창한 사실이 말해 준다.

실제로 이번의 팬데믹 위기를 극복하는 과정에서 정부 채무(적자 재정 운영)는 물론 민간 채무 또한 다양한 사회적 경제 애로를 해소해 주는 데 큰 완충 역할을 해내었다. 만일 민간 부문에서 그러한 자기 보호 장치가 없었더라면, 그

몫의 상당 부분을 정부가 떠안아야만 한다. 이 경우 많은 국민이 경제적 어려움으로 고통을 받아야 하고, 국가 재정에 압박이 생긴다. 극단적으로, 재정 위기가 발생할 수도 있다.

돌이켜 보면, 세계 각국은 방역과 긴급 의료 체계의 확보(국민의 생명과 건강 보호, 백신 개발과 주요 팬데믹 대응 의약품 및 장비 확보, 필수 의료 요원 확보, 코로나바이러스 사망자와 확진자에 대한 재정 지원 및 관리, 백신 구입 및 접종·관리 3T 정책 수행(인력, 운영 관리 등))를 위해 최우선으로 재정 자금을 긴급 투입하였다. 이것을 필두로 각종 사회 보장 조치의 구현, 경제난에 처한 국민과 기업에 대한 보상 및 자금 지원, 국민 격려(예컨대, 재난 지원금), 사회 안전망 강화와 기존 복지 체제 증강(각종 현금 이전 포함), 사회적 거리두기 정책 관리, 기본 행정 서비스와 팬데믹 행정 서비스 공급, 실업(고용 감소) 대책과 일자리 창출, 경제 활성화 모색, 국채 이자 부담 등 수많은 분야에 막대한 예산을 쏟아부었다. 이 모든 것은 다름 아닌 '팬데믹 정부'의 주요 기능과 역할이었다.

팬데믹 상황이 급박하였던 2020년에 세계의 대부분 나라에서 재정 적자와 채무가 눈덩이처럼 불어난 것은 바로 이러한 이유에서이다. 동시에 민간의 채무도 급격히 늘어났다. 여기에는 실질적 자금 수요와 투자 및 투기성 자금 수요가 혼재되어 있다. 전자는 팬데믹으로 인한 소득 감소와 상실을 메우기 위한 생활(생존)형 자금 수요이다. 후자는 팬데믹 와중에 생겨난 유동성 팽창과 자산시장 확장 붐(boom) 속에서 횡재하기 위해 자금을 끌어당기는 투자·투기형 자금 수요이다.

특별히 국가 재정은 팬데믹 위기 중에 요구되는 각종 공공 서비스를 충실히 공급해 주었을 뿐 아니라 국민의 고용(기회)과 소득을 직접 지원해 주는 역할을 톡톡히 해냈다. 이는 국가 재정이 국민의 건강 안전 보장과 사회·경제적 보호를 위한 보호막 내지 안전망 기능을 수행하였음을 의미한다. 이러한 팬데믹 경험을 통해 국가 재정의 기능은 전통적인 3대 기능 - 자원 배분(resource allocation), 소득 재분배(income distribution), 경제 안정화(economic stabilization) - 외에 사회 안전 기능 내지 국가 위기 대응 기능을 추가할 필요성을 인식하게 되었다.[5)]

팬데믹 재정 정책은 과거 경제 위기 때 실시되었던 재정 정책과 여러 면에서 크게 달랐다. 대표적으로, 국가 재정이 초대형 규모의 채무 행위를 두려워하지 않고 대담한 적자 재정을 운영해서 팬데믹 재정 수요를 적극적으로 감당한 점이다. 그리고 사회·경제적으로 어려움에 처한 전체 국민과 특정 피해 국민을 대상으로 파격적인 현금 지원을 단행한 점도 그렇다.

종합적으로, 팬데믹 위기 상황에서 다양한 정책 목적과 목표를 실현하는 파격적인 국가 재정 조치가 없었더라면, 인류 사회는 코로나바이러스로 인한 고통과 사회·경제적 고통의 이중고로 거의 질식 상태에 빠졌을 것이다. 물론 국가마다 국가 재정의 공채 발행 규모와 빈도, 용도, 상환 조건 등을 두고 찬·반 등 갑론을박이 오갔다. 논의는 크게 보아 국채 발행의 필요성은 대체로 인정하나, 각론과 실천 방안에서 일부 견해 차이가 있는 양상을 보였다. 이는 남의 나라 이야기가 아니고, 대한민국의 이야기이다. 따라서 뒤에서 구체적이고 심층적으로 다룬다.

---

5 사회 안전 기능은 소득 재분배 기능과 크게 다르다. 혹자는 사회 안전 기능 내지 국가 위기 대응 기능이 기존의 3대 재정 기능 모두와 복합적으로 관련되어서 독립적 재정 기능이 아니라고 평가절하할 수도 있다. 기존 기능과 일부 겹치는 부분이 있는 것은 사실이다. 그러나 구체적으로 살펴보면, 재정의 역할과 목적 및 목표(targeting), 효과와 대상 등에서 기존 기능과 큰 차이가 난다. 무엇보다도 동 기능은 분명한 고유 활동 영역과 자신의 정체성을 지니는 경제·사회·재정적 영향과 파급 효과를 지닌다. 특히, 국가 위기에 총체적으로 대응하는 다양한 재정 수단과 활동을 보유한다.

(4) 큰 정부 후원자: 슈퍼 확장적 재정 정책과 완화적 통화 정책

팬데믹으로 초강력 통제가 실시되자 각국의 경제 성장과 세계 무역은 초토화되었다. 실제로 세계의 경제 성장이 1929년에 발발한 세계 대공황(Great Depression) 이후 가장 저조한 마이너스 성장을 기록하였음은 앞서 기술한 바이다. 각국마다 사정과 실적이 다르지만, 사실상 거의 모든 나라에서 경제적·사회적 피해가 심각하였다. 이를 회복하는 데는 정부의 적극적인 개입과 모든 공적 시스템의 역량을 총동원하는 총체적이고 체계적인 접근이 필요하였다. 이때 핵심 수단으로 동원된 것은 초대형 국가 채무와 적자 재정 운영에 기대는 슈퍼 확대 재정 정책과 완화적 통화 정책이다.

정부의 강력한 행위 규제와 달리 초대형 확대 재정 정책은 팬데믹으로 피해를 본 개인, 가계, 기업, 공공 부문을 경제적으로 지원하는 수단과 방법으로 사용되었다. 이를 통해 엄청난 재정 자금이 국민의 건강과 복지, 고용과 소득을 지탱해 주는 민생 보호용 실탄으로 사용되었다. 그중 많은 자금이 정부의 방역 정책으로 인해 경제적 손실을 본 가계와 자영업자, 소상공인, 중소기업 등을 보호하고 보상하는 프로그램에 할당되었다. 실로 지난 2년여 동안 세계 각국은 국민의 건강 안전과 경제·사회적 보호를 위해 국가의 재정 자원과 정책 역량을 총동원하였다. 물론 이 과정에서 정치적 목적으로 남용되거나 비효율적으로 집행된 돈도 엄청나다. 그에 대한 공정한 셈(성과 평가)은 아직 이루어지지 않고 있다. 이는 당연히 포스트 팬데믹 과제에 포함된다.

아울러 각국의 중앙은행들은 전통적인 정책 수단과 범위를 넘어서는 파격적인 금융·통화 정책을 단행하였다. 대표적으로, 초저금리 정책과 양적 완화(quantitative easing: QE) 조치 그리고 기업(자영업, 중소·대기업) 경영 구제 조치(소득 지원, 각종 금융 지원 및 완화, 대출 만기 연장, 이자·원금 상환 유예, 일부 채무 탕감 등)

를 거론할 수 있다. 정책의 초점은 정부의 재정 정책과 조화를 이루면서 팬데믹으로 인해 경제적 타격을 본 모든 주체(개인과 가계, 기업, 소상공인, 노동자 등)를 지원하고 회복시키는 데 맞추어졌다. 이것은 크게 경제 살리기와 기업과 가계의 생존과 생활 안정에 최우선을 두었다. 주지하다시피, 우리나라도 팬데믹 발생 이후 한국은행이 기준 금리를 사상 최저 수준인 0.5%까지 끌어내렸다. 그리고 팬데믹으로 경제적 피해를 본 자영업자와 소상공인 등을 위해 다양한 금융 지원 및 혜택 조치를 취하였다.

사실, 대부분의 나라에서 이번만큼 재정 당국과 통화 당국(중앙은행)이 하나가 되어 빠르고 촘촘한 정책 믹스(policy mix)를 실시한 적은 없었다. 정부의 조치는 파격적이었고 일사불란하였다. 그와 같은 고강도의 재정·금융통화 정책 합작이 가능하였던 것은 무엇보다도 시장 금리가 역대 최저 수준으로 낮은 데 있다. 이에 대하여는 조금 뒤에서 다룬다.

각국 정부가 취한 긴급 조치 가운데 상당수는 새로운 것이기보다 기존 제도를 팬데믹 체제로 보강하고 재조정하는 성격을 지녔다. 예컨대, 기존 복지 프로그램을 보완·개선하거나 정부의 공공 서비스와 민간 현금 이전 방식을 팬데믹 상황에 맞도록 긴급히 전환하는 것이 그에 해당한다. 다만, 팬데믹이 글로벌 위기이자 국가 위기인 만큼 이전의 경제·금융위기에 비해 정부의 대응 방식이 훨씬 광범위하고 다양하고 신속하였다.

(5) 막강한 재정 자원 위력: 팬데믹 재정 수요와 천문학적 대응

팬데믹 대응 과정에서 절대적으로 필요한 것은 재정 자원이었다. 이미 예산이 바닥나거나 예비비가 턱없이 부족한 상태에서 각국이 기댈 수 있는 유일한 수단은 초대형 공채 재정(debt financing)과 적자 재정(deficit financing)을 운영하는 것이다. 두 개는 서로 다른 국가 재정 운영 방식이지만, 실제로는 상호 맞물려 운영된다. 많은 경우 동전의 양면과 같은 역할과 위상을 지닌다. 예를 들어, 국가가 재정 살림살이(이 경우 팬데믹 상황을 고려하는 국가 살림살이)에 꼭 필요한 자금(세출 예산)을 국민의 세금으로 충당하기 어려울 때, 부득이 공채를 발행해서 모자라는 세입 예산을 충당한다. 이때 앞부분은 적자 재정 운영, 그리고 뒷부분은 공채 재정 운영이 된다.

부연하면, 정부의 현재 재정 능력(세수 확보 능력)이 정부가 예상하는 재정 수요(전통적 재정 수요에 팬데믹 수요가 추가된 재정 수요)를 감당하지 못하는 상황에서 정부가 예산을 성립시키고자 하면, 이는 적자 재정 운영이 된다. 즉, 적자 재정은 예상 조세 수입(세입) < 예상 재정 지출(세출) 상태에서 그 부족분을 채무로 충당해서 정부가 당초 계획한 재정 지출을 감행하는 예산 운영 방식을 의미한다.[6)]

이때 조세 수입으로 감당하지 못하는 나머지 재정 부족분은 통상 국채를 발행해서 조달하는데, 이것을 공채 재정이라고 한다. 국가의 공채는 대부분 국공채 시장에서 국채를 발행하는 방식을 취하지만(이 중 상당분을 중앙은행이 매입함), 일부는 중앙은행으로부터 직접 자금을 차입하기도 한다. 국채 발행은 적자 재정 충당 외에도 통화 안정 등의 목적에서 이루어진다. 우리나라의 국가 채무는 크게 적자성 채무(일반회계 적자 보전, 공적 자금 국채 전환 등)와 금융성 채무(외환 시장 안정용, 서민 주거 안정용 등)로 구분될 수 있는데, 팬데믹 기간 중 적자성 채무가 크게 늘어났다.

---

6 참고로 세입, 예컨대 조세 수입은 예산 편성 시 합리적으로 추정된 금액이다. 따라서 향후 회계 연도가 완료되었을 때 실제 조세 수입은 당초 예산보다 더 클 수도, 같을 수도, 작을 수도 있다. 그러나 재정 지출(세출)은 예상 지출의 상한으로 예산 집행 과정에서 법령이나 추가 경정 예산 등을 통한 수정이 없는 한 편성된 예산 금액 이상을 집행할 수 없다(즉, 정상적 상황에서는 실제 재정 지출이 당초 계획된 재정 지출보다 클 수 없다).

양자의 비중은 2013년에는 거의 비슷하였으나, 그 후 팬데믹 위기 발생 전까지는 약 55% 대 45%의 비율로 적자성 채무가 더 큰 구조로 바뀌었다. 이러한 구조는 팬데믹이 발생하자 적자성 채무가 전체 채무에서 차지하는 비중이 60%를 뛰어넘는 새로운 모양세로 바뀌었다. 구체적으로, 동 비율은 팬데믹 직전 연도인 2019년에 56.4%이던 것이 2020년 60.6%, 2021년 63.1%, 2022년 64.1%로 크게 증가하였다. 이러한 구조 변화는 재정 건전성 차원에서 포스트 팬데믹 시기에 재조정되어야 할 과제이다.

팬데믹 위기는 엄청난 재정 수요를 유발하였다. 그것은 크게 국민 건강 및 방역 관련 수요, 사회 복지 관련 수요, 사회·경제적 보장 수요의 세 유형으로 구분될 수 있다. 이와 관련된 주요 재정 지출 프로그램에 대하여는 앞에서 언급하였다. 이들 프로그램 전체는 수조 원의 예산이 추가로 소요되는 것이 아니고, 수백조 원의 신규 예산을 필요로 한다. 한마디로, 그것은 기존의 국민 세금만으로 감당하기에는 역부족인 초대형 예산 수요이다. 따라서 적자 재정을 편성하고 그것을 초대형 공채 발행을 통해 충당할 수밖에 없다. 이때 중요한 것은 공채 발행의 규모와 그것을 통해 구체적으로 지원될 정책 프로그램(적자 재정 편성 대상 프로그램)의 대상과 내용을 전략적이고 객관적으로 결정해서 집행하는 문제이다. 먼저, 결론적으로 말하면 우리나라에서는 그것이 제대로 이루어지지 못하였다. 이에 대하여는 뒤에서 구체적으로 설명하기로 한다.

팬데믹 기간 중에 정부가 천문학적 규모의 확장적 재정 정책을 실시할 수 있었던 것은 적자 재정과 공채 재정 방식을 적극적으로 활용할 수 있는 재정 공간이 있었기 때문이다. 다만, 그 공간은 단기적으로 한정적이어서 적자 재정과 공채 재정을 활용한 만큼 미래의 이용 공간이 줄어든다. 그리고 공채 원리금 상환에 따른 재정 운영의 유연성은 약해진다. 그 결과 재정의 지속 가능성에 금이 가고, 심할 경우 재정 압박이나 재정 위기에 처할 수 있다.

사실, 세계 어느 나라도 팬데믹 상황을 사전에 예측해서 예산을 미리 수립한 곳은 없다. 다만, 일부 국가의 경우 비상사태에 대비하는 별도의 특별 회계나 기금(예컨대, 재정 안정화 기금(소위 'rainy day fund')) 등을 조금 충실하게 마련해 두었을 뿐이다. 하지만 그것으로 팬데믹 위기를 감당하기에는 턱없이 부족하다. 따라서 국가에 따라 크고 작은 차이가 있을 뿐, 대다수 나라가 공채 발행에 기대는 적자 재정을 적극적으로 운영하였다.

특히, 선진국의 경우 국가 재정의 용량(역량)을 최대한 끌어당겨 사용하는 초대형 차입 의존 방식의 적자 재정을 적극적으로 밀어붙였다. 다만, 앞서 언급한 바와 같이, 많은 개발 도상국들은 매우 제한된 범위에서 공채 발행을 통한 적자 재정을 운영할 수밖에 없었다. 이러한 조치는 통상 행정부가 주도권을 쥐지만, 기본적으로 입법부(국회)의 동의와 국민의 암묵적인 지지(여론 등)를 필요로 한다. 그러나 상황이 상황인 만큼 예산 편성(우리나라의 경우 본예산과 빈번한 추가 경정 예산 편성)과 국회의 심의 확정 과정에서 별다른 진통이나 반대 없이 신속히 처리되었다. 이는 실로 전시에나 가능하고 활용될 수 있는 매우 특별한 재정 운영이었다.

팬데믹 예산 운영 중에서 가장 독특하고 새로운 것은 많은 나라에서 국민을 대상으로 현금을 나누어 주는 제도를 실시한 점이다. 국가별로 운영 방식에 차이가 있지만, 제도의 핵심은 팬데믹 위기 속에서 직접 경제적 타격을 입은 국민(소상공업, 자영업 등에 종사하는 국민)과 전체 또는 대다수 국민에게 일종의 위로금 내지 격려금 형태로 소득을 지원해 주는 데 있다. 특히, 후자는 팬데믹 위기 속에서 고군분투하고 있는 국민에게 힘을 내어 자신과 가족을 잘 보존하도록 지원해 주는 공적 현금(소득) 이전이다. 이는 국가가 현금 내지 현금에 상당하는 소득을 국민에게 직접 보강해 주는 프로그램이다. 이를 두고서 찬반의 의견이 대립되었다.

독특한 재정 역할: 적극적이고 다양한 현금 이전 제도 활용

(1) COVID-19 팬데믹과 국민 재난 지원금: 합리성과 우려

직접 현금 이전(지원)은 아주 파격적인 팬데믹 재정 정책 프로그램이다. 이것은 국가 재정이 일반 국민을 비롯하여 사회·경제적으로 어려움에 처한 경제 주체를 지원하고 도와줄 목적에서 실시되었는데, 규모, 대상 범위, 방법 등이 현대사에서 유례를 찾기 힘들다. 그 대상은 일반 국민인 경우도 있고, 특정 국민·가계·기업인 경우도 있다.

우리나라에서도 대다수 국민을 대상으로 재난 지원금이 준현금 형태로 지원된 바 있다. 미국과 일본은 우리보다 더 적극적으로 일반 국민 대상의 보편적 재난 지원금을 실시하였다. 다만, 미국의 경우 소득 기준을 설정하여 일정 수준 이상의 소득자에게는 지원금을 조정해서 지급하고, 가정의 자녀 수에 따라 차등 지급하였다. 미국의 재난 지원금은 세계 제1의 부자 나라답게 거금을 국민에게 지원하였다. 예컨대, 자녀가 많은 가구의 경우 한 집에 1,000만 원이 넘는 재난 지원금이 제공되었다. 일본은 모든 국민에게 1인당 10만 엔(약 100만 원)을 지급하였다. 그야말로 보편적 지원금 제도를 실시하였다. 이와 같은 각국의 국민 대상 재난 지원금은 크고 작은 차이가 있지만, 팬데믹으로 경제적 어려움을 겪고 있는 개인과 가구를 도와주고, 소비 촉진을 통해 경제 활성화를 이끌어 내려는 공통의 목적을 지녔다.

이와 달리 전통적으로 사회 보장 제도가 크게 발달한 유럽 국가들은 대부분 기존의 사회 보장 제도를 팬데믹 상황에 맞추어 보강하는 정책을 취하면서 팬데믹의 직격탄을 맞은 실직자, 자영업자, 소상공인 등을 선별적으로 보호하는 접근을 하였다.

팬데믹의 영향은 매우 컸고 광범위한 인구·사회·경제·문화·정치적 피해로 나타났다. 팬데믹 위기의 독특성과 상황을 인식할 때, 정부가 적극적으로 나서서 전 국민(또는 대다수 국민)과 특정 피해자(개인, 가계, 기업 등)에게 현금 이전 조치를 단행한 것은 충분히 이해할 수 있다. 어떤 면에서는 잘한 일이다. 공적 현금 이전은 매우 특수한 상황에서 다급히 요구되는 공적 자금 수요를 충당하는 방법으로 거시 경제와 사회·정치적 측면에서 필요성이 충분히 인정된다. 관건은 제도의 필요성을 넘어 효율성과 효과성을 어떻게 확보할 것인지에 있다. 이와 관련하여 현금 이전 프로그램의 목적과 목표, 대상과 운영 방식을 체계적이고 정교하게 설계해서 운영하는 것이 매우 중요하다.

국민 재난 지원금과 같은 공적 현금 이전(public cash transfers)을 두고 일각에서는 정치적 포퓰리즘에 기대는 '현금 살포'라고 비난한다. 국가 재정의 건전성을 강화하고 재정 정책 효과를 높이기 위해서는 취약 계층 중심으로 재난 지원금이 제공되는 것이 바람직하다는 입장이다. 그리고 보편적 지원의 성격을 갖는 전 국민 재난 지원금은 소득 불평등을 악화시킨다는 비판론도 있다. 모두 충분히 일리가 있는 이야기이다. 특히, 저소득층, 중·고소득층 할 것 없이 모두에게 동일한 재난 지원금이 지급될 경우 소득 불평등 상태가 조금 나빠지는 것은 당연한 사실이다.

하지만 팬데믹의 충격과 여파는 너무나 크고 길었다. 기존과 다른 보다 파격적이고 과감한 정책 결단과 프로그램이 요구될 수밖에 없었다. 객관적인 평가는 시간이 흐르면서 다각도에서 이루어질 것이고, 그것은 각국의 상황에 따라 다를 것이다. 중요한 것은 그러한 대규모 사회 보장적·보상적 현금 복지 지원이 국가 재정의 감당 역량 범위 내에 들어와 있는지의 여부이다. 그 범위 내에 있다면, 정책의 목표와 효과에 대한 입장 차이와 관계없이 일단 국가 재정의 지속 가능성은 유지된다. 극단적으로 재정 낭비 요소 등 비효율성 문제가 발생하더라도 국가 재정이 그것을 감당하고 관리해 낼 수 있다. 그러나 그것이 국가 재정의 감당 역량 범위 밖에 있는 것이라면 문제는 달라진다. 국가 재정의 건전성이 훼손되고 지속 가능성에 금이 간다. 자칫하면 국가 재정이 휘청거리고, 혹 예상치 못한 외부 충격이 발생하면 재정 압박에 직면할 수도 있다. 심할 경우 경기 불황과 더불어 국가 경제가 발목을 잡힐 수도 있다.

다만, 국민 재난 지원금 프로그램의 목적과 목표, 규모와 대상 범위, 수준 등 각론에서는 다양한 평가와 견해가 있을 수 있다. 이들은 정책 수립 과정에서 충실히 검토 반영되었어야 하였다. 되돌아보면, 보완되어야 할 사항들이 여기저기에 많다. 그러므로 제도의 도입에 앞서 정책의 가치와 원칙, 자금의 용도와 규모, 대상 범위와 수준, 성과 관리 등 그 내용과 질에 대해 다각도에서 면밀하게 점검하는 것이 중요하다. 실제로 훗날 지급 오류, 과잉 지급, 부정 수급, 중복 수급 등의 문제가 드러난 사실을 두고 보면 그렇다.

아마도 여러 가지 정황상 사전에 모든 것을 준비 점검하고 적절한 조치를 취하기가 어려웠을 것이다. 그러나 적어도 사후적으로 현금 지원 정책과 세부 프로그램에 대해 반드시 점검해야 한다. 이는 위기 속에서도 재정의 건전성과 책임성을 철저히 관리하는 차원에서 중요할 뿐 아니라 미래에 닥칠 또 다른 위기 상황에 체계적으로 대비하는 측면에서 중요하다.

특히, 중요하게 다루어져야 하는 것은 현금 살포의 '위험한 행태 변화' 측면이다. 시간을 다투는 위기 상황에서 가장 필요한 자금이 적시에 올바른 자금 수요자에게 지원되는 것은 당연하고도 매우 중요하다. 하지만 그러한 대상(적정 수요자)의 범위를 넘어 이런저런 명목으로 다양한 경제 주체들(국민과 기업 등)에게 자금이 제공되는 것은 재정의 효율성과 공평성 면에서 바람직하지 않다.

선의의 국정 슬로건을 내걸고 한 번이 아니라 산발적으로 몇 번씩 공공 자금을 지원해 주기 시작하면 재정 원리와 경제 원칙은 금방 무너진다. 국정 운영 원칙 또한 훼손된다. 특히, 국가가 크게 빚을 내어 현금 지원을 해주는 대규모 차입 재정(적자 재정)을 운영하는 것은 미래 세대에 무거운 짐을 떠넘기는 행위이다. 당연히 공정한 사회 가치와 세대 간 형평성 문제가 생겨난다. 그 규모가 클수록 치명적인 세대 간 불공평 문제로 비화된다. 비상시가 아니라면 당연히 세대 간 교감과 사회적 합의가 필수적으로 요구되는 중대 사안이다.

다만, 팬데믹이라는 매우 특별하고 예외적인 상황을 감안하면, 한 차례 정도 전 국민(또는 최상위 소득 계층을 제외한 대다수 국민)을 대상으로 적절한 현금 이전을 해주는 것은 어느 정도 합리성과 다수의 이해를 얻을 수 있다. 결과론이지만, 국민 재난 지원금의 필요성과 합리성은 대체로 인정되었으나, 그것이 생활 경제 속에 효율적으로 흡수되지 못하였고, 효과적인 성과도 이루어 내지 못한 것으로 평가된다. 매우 아쉬운 일이다. 그에 대한 성찰과 함께 객관적인 분석 점검이 반드시 뒤따라야 한다.

사람들은 공짜 점심을 원한다. 하지만 경제 운영 원리는 세상에 "공짜 점심 같은 것은 없다."(There is no such a thing like a free lunch)라고 단호히 잘라 말한다. 세상을 살다 보면 왜 한두 번 정도 전혀 대가를 치르지 않아도 되는 진짜 공짜 점심이 없겠는가? 하지만 그것이 빈번해지면 사람들은 땀 흘리는 노력 대신 사회 경제적 혜택을 무임 승차해서 향유하려는 행태를 보이게 된다. 이는 사회 구성원의 도덕적 해이(moral hazard)를 조장하고, 불로소득에 대한 환상을 자극한다. 또한 공짜 점심을 제공한 사람이 훗날 그것을 이용해서 사적 편익을 취하거나 공적 피해를 초래하는 요구를 할 가능성도 있다.

만일 이러한 현상이 점점 조직과 사회 전반으로 확산될 경우 경제의 공정성은 잠식되고, 국민 경제의 생산성과 성장력은 추락한다. 그에 따른 결과는 엄청난 사회적 비용을 수반한다. 이미 두 차례에 걸쳐 정부가 추진한 팬데믹 국민 재난 지원금은 그 취지에도 불구하고 계속성에 대한 국민의 기대감을 불러일으킨다. 이는 불로소득에 대한 환상과 노동과 경제 활동에 대한 소극성을 부추기는 잘못된 경제 행태 변화를 유발할 가능성이 크다. 한번은 습관을 만들지 못하지만, 두 번 이상은 습관을 만들어 낸다.

(2) 국민 재난 지원금의 경제적 파급 효과

우리나라의 국민 재난 지원금은 크게 다음의 두 가지 특성을 지닌다. 하나는 국민 소비자 입장에서 볼 때, 불로소득이자 일종의 횡재와도 같다. 따라서 재난 지원금을 받은 사람은 착오나 실수로 기회를 놓치지 않는 한 정부가 허용하는 소비 활동에 모두 소진한다. 다른 하나는 대다수 국민에게 지원되고, 자금의 사용 용도와 기한이 명시되어 있다. 사용 용도는 국민의 일상생활에 필요한 소비재 중심으로 설정되었고, 지역 상권과 소상공인 및 자영업자에게 유익하도록 고안되었다. 이는 거시적으로 팬데믹 상황에서 고생하는 국민의 경제적 부담을 덜어 주고 소비 진작을 통한 지역 경제 활성화를 도모하는 목적을 반영한다.

이러한 국민 재난 지원금은 특성상 단기에 특정 분야의 소비 지출이 늘어나고 시중 유동성이 확대되는 효과를 유발한다. 그런데 소비 시장을 한 번 거친 자금이 그 후 어떤 과정을 거쳐 어떤 최종 목적지에 도달하는지는 불확실하다. 즉, 국민 재난 지원금을 흡수한 기업과 소상공인, 자영업자 등이 그것을 이차적으로 어떤 형태(소비, 저축, 투자, 유보 등)로 처리하는지에 대한 행방이 불분명하다. 아울러 그 후 몇 차례에 걸쳐 자금이 어떻게 회전된 다음에 최종 소멸되는지에 대하여도 아직은 체계적으로 분석된 바가 없다.

만일 기업과 소상공인, 자영업자 등이 재화와 서비스를 판매한 대가로 입수한 국민 재난 지원금을 소비(이 경우 재난 지원금의 2차 소비)나 재투자에 적극적으로 사용한다면, 재난 지원금의 소비 진작 효과와 승수 효과(multiplier effect)는 상당히 긍정적으로 나타날 것이다. 하지만 그것이 저축이나 현금 보유 등 '소극적 자금' 내지 '비활동 자금'의 형태로 남게 된다면, 재난 지원금의 경제 활성화 효과는 미미해진다. 이 경우 국민 재난 지원금은 그것을 받는 국민에게 일종의 위로금 내지 소비 보조금으로서의 역할을 하는 것으로 끝난다.

국민 재난 지원금 대상 중 상당 부분이 일상생활에 필요한 소비재로 구성되어 있다. 이들 소비재는 일반 국민이 재난 지원금을 받기 이전에도 흔히 자신의 소득을 사용해서 구매해 오던 것이다. 이러한 상태에서 국민들이 재난 지원금을 제한된 생활형 소비를 위해 사용할 경우 그만큼 기존 소득의 일부를 해당 분야에 지출하지 않아도 된다.

현실은 각양각색이다. 사람에 따라서는 자신이 보유하는 소득을 재난 지원금 대상 소비 지출에 추가적으로 지출하는 경우도 있고, 그렇지 않은 경우(소비 총량 유지나 소폭 증가)도 있다. 지금까지의 통계는 대체로 후자의 현상을 뒷받침해 준다. 이것은 사람들이 재난 지원금이라는 불로소득을 기존 소비(소비 대상, 소비량, 소비 금액 등)에 추가해서 소비량을 확대시키는 데 적극적으로 사용하지 않았음을 의미한다. 즉, 늘어난 소득 총량(기존 소득 + 재난 지원금)하에서 소비 총량을 그대로 묶어 두거나 아니면 소폭 늘리는 경제적 행태를 보였다. 이러한 현상은 사람들이 기대하지 않았던 불로소득을 생활형 소비(정부가 지정한 소비 대상)에 사용한 만큼 그에 상응하는 금액을 그동안 못하였던 신규 소비 활동에 사용할 것으로 판단하였던 정부의 예상과 크게 달랐다.

실제로는 대다수 국민들이 국민 재난 지원금으로 생활형 재화와 서비스를 구입한 만큼 기존에 해오던 지출을 조금 줄이는 저축형 모드의 경제 행태를 보였다. 다시 말해서, 국민 재난 지원금을 받는 국민의 소비 행태 – 소비 확대형, 소비 불변형, 소비 절약형(기본 소득 지출 축소) – 중에서 정부가 원하였던 소비 확대형 행태는 주류 경향으로 나타나지 않았다. 이러한 상태에서는 국민 재난 지원금의 경제 활성화 효과는 정부의 기대치에 크게 못 미치는 제한적 수준에 머무를 수밖에 없다.

이러한 경제 행태는 국민 재난 지원금 지급 시점이 불확실성으로 가득 찬 팬데믹 절정기였음을 감안하면 충분히 합리적이고 이해가 간다. 만일 동일한 국민 재난 지원금이 경제가 호황이거나 안정기에 주어졌다면 상황은 완전히 달랐을 것이다. 아마도 소비의 폭과 깊이가 훨씬 두터워지면서 과거보다 훨씬 더 많은 자금과 자금 회전이 투자 활성화와 경기 진작에 기여하였을 것이다.

지금까지 기술한 내용은 국민 재난 지원금의 경제적 파급 효과와 국민의 소비 행태 변화를 거시적 관점에서 대체적이고 제한적으로 다룬 것에 불과하다.[7] 그럼에도 불구하고 이는 위기 상황에서 새로 도입된 정부 정책이 지니는 파급 효과와 의미를 객관적으로 파악하는 차원에서 중요하다. 그뿐 아니라 앞으로 유사한 위기 상황이 발생하였을 때, 정부가 어떤 전략적 포지션을 취하고, 어떤 정책을 어떤 형태와 방식으로 추진하는 것이 합리적인지에 대해 깊이 고민하도록 해주는 점에서 중요한 의미가 있다.

팬데믹의 피해를 본 경제 주체 구하기

현재의 글로벌 상황을 냉철히 인식할 때, 팬데믹이 종료되더라도 만일 세

7 국가와 사회 전체의 관점에서 소득 불평등과 자산 불평등의 상태 변화(불평등 악화)에 대해 분석한 연구 결과들은 적지 않다. 하지만 공적 자금만을 별도로 떼어 그 영향과 변화를 분석한 경우는 드물다. 이는 우리나라도 마찬가지이다. 그러한 점검은 현재와 미래의 재정 정책 효율성과 효과성을 진단하고, 미래의 또 다른 위기 상황에 지혜롭게 대응하는 차원에서 반드시 필요하다. 이때 유념해야 할 사항은 팬데믹 전후를 비교해서 사회적으로 경제적 불평등 현상이 더 악화되었는지의 상태를 분석하는 문제와 공적 자금 배분만을 분리해서 경제적 불평등 영향(개선, 유지, 악화)을 파악하는 문제를 엄격히 구분해야 한다는 점이다.

계 경제가 빨리 회복되지 못할 경우 많은 나라들이 상당 기간 고용과 소득 문제로 시달릴 가능성이 있다. 다행히도 우리나라는 팬데믹 기간 중에도 고용과 실업 상황이 다른 나라에 비해 비교적 괜찮은 편이었다(다만, 일자리의 유형과 성격, 질 면에서는 문제가 많다). 그러나 일자리를 상실하거나 고용 기회와 일감이 줄어든 당사자들에게는 매우 고통스럽고 어려운 시기였음이 틀림없다.

앞서 언급한 바와 같이, 공공 부문과 대기업 등 자금 상태와 조직 기반이 튼튼한 직장에 근무하는 사람들은 팬데믹에 따른 경제적 영향은 사실상 없었다. 그러나 자영업자와 비정규직 근로자 그리고 사회적 취약 계층들은 대부분 팬데믹 기간 중 소득과 부에 치명적인 손상을 입었다. 이들은 '팬데믹 불평등 현상'의 한복판에 서 있는 피해 당사자이다. 자신의 잘못이 아닌 시대적 외부 충격의 희생자들이다. 그러므로 국가와 사회는 이들을 실질적으로 품어 주는 다양한 사회·경제적 포용 정책을 실시해야 한다.

이러한 상황에서 정부가 공적 자금(예산)을 통해 취약 계층과 영업 손실을 본 기업과 자영업자 등에게 각종 경제적 지원을 해주는 것은 지극히 당연한 일이다. 그동안 우리 정부는 손실보전금(팬데믹 방역 조치로 직·간접적 피해를 본 소상공인 등에 대한 일회성 피해 보상 제도), 손실보상금(소상공인지원법(손실보상법)에 따라 소상공인 등이 방역 조치 이행으로 입은 손실을 일정한 기준과 산식에 의해 보상해 주는 자금), 재난 지원금, 방역 지원금 제도의 형태로 소상공인, 자영업자 등에게 수십조 원의 자금을 지원하였다. 정부의 예산 제약을 감안할 때, 정부 지원은 많은 경우 원상회복에 크게 못 미칠 수밖에 없다. 일부 경제 주체들은 '팬데믹 배려 조치'가 종료되면 경제의 유지나 회생 대신 파산할 가능성이 크다.

흥미로운 현상은 기업 파산 사례가 팬데믹 이전에 비해 팬데믹 기간 중에 크게 줄었다는 사실이다. 여기에는 몇 가지 원인이 있다. 유력한 원인 중 하나는 정부가 팬데믹 대응책으로 각종 공적 구제 조치(확대 재정 정책과 금융 완화 정책)를 취하는 과정에서 기존의 한계 기업들(소상공인 포함)을 일괄적으로 지원 대상(보호·보상 대상)에 포함시켰기 때문이다. 실제로 우리나라에서도 팬데믹 와중에 소상공인들의 폐업이 크게 늘었지만, 은행의 부실 채권 비율과 연체율은 사상 최저 수준을 기록하였다. 결과적으로 정부가 팬데믹 이전에 경영 부실이나 자금 부족 등으로 이미 파산 직전의 상황에 처한 한계 기업들을 팬데믹 보호 조치 안으로 끌어당겨 준 셈이다.

IMF가 주요 13개국을 대상으로 글로벌 충격 또는 위기가 발생한 후 일정 기간 중에 기업이 파산한 건수를 조사한 결과에 의하면, 이번 팬데믹 위기 때가 압도적으로 적은 것으로 나타났다. 구체적으로, 1990년 이후 경기 침체기, 2008년 세계 금융 위기, 그리고 COVID-19 팬데믹 위기를 비교해 본 결과 COVID-19 팬데믹 위기 때만 위기 발생 직전(100 기준)보다 크게 낮은 80 내외를 보였고, 다른 두 위기의 경우 위기 발생 직전에 비해 1.1~1.5배 수준으로 크게 높아졌다(〈그림 7-3〉 참조).

긴급한 위기 상황에서 누가 진정한 팬데믹 피해자이고, 누가 아닌지를 판단하는 것은 결코 쉬운 일이 아니다. 이처럼 정부 정책이 추진되는 과정에서는 항상 의도된 목적(목표)과 대상이 의도되지 않은 목적(목표)과 대상이 뒤섞여 존재한다. 좋은 정책, 훌륭한 정책은 정책의 의도와 목적이 선하면서 목표 대상으로 하는 특정 국민 내지 다수 국민의 복지를 구체적으로 증진시켜 주는 것이다. 이때 누가 정책의 구체적 대상이고, 정책 실시 결과 어떤 성과와 부작용이 있을 것인지에 대해 정부는 사전에 합리적인 예상을 할 수 있어야 한다.

현재 이들이 정확히 어느 정도인지 알지 못한다. 다소 모순되더라도, 정부는 이들을 포용하는 단·장기 구제책을 마련해야 한다. 정부는 팬데믹 충격과 정부 통제로 인해 많은 경제적 손실을 입고 생존을 위해 큰 빚을 지거나 생존 역량이 현저하게 떨어진 소상공인과 자영업자들을 대상으로 세심하고 면밀한

〈그림 7-3〉 주요 글로벌 위기 전후의 기업 파산 건수

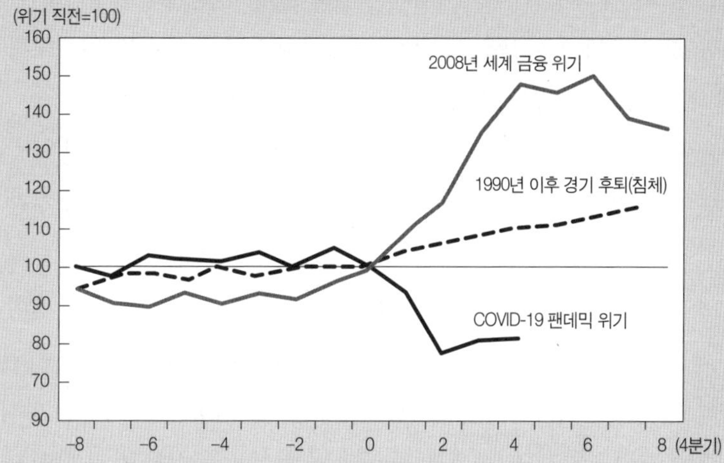

주: IMF의 데이터 베이스에 기초한 13개국 파산 건수.
자료: 日本總合硏究所(IMF 자료 활용).

대응책을 마련해야 한다. 소위 '진성 피해자'들 가운데 상당수는 정부의 금융 지원 유예 조치가 종료되었을 때, 폐업하거나 도산 위기에 처할 가능성이 크다. 정부는 이들을 사회·경제적으로 보호하고 품어 주는 포용적 정책으로 맞이해야 한다.

현실과 피부에 와닿는 문제 해결 방안은 대출 만기 연장과 원금 및 이자 상환 유예 조치의 추가적 연장이다. 문제는 소상공인과 자영업자들에 대한 대출 만기 연장, 채무 상환 유예 조치 등을 계속 연장해 줄 경우 금융권의 잠재 부실 문제가 새로운 위험 요인으로 떠오를 가능성이 크다는 점이다. 여기에 더해 우리의 경제 환경이 점점 고물가, 고금리, 고환율, 수출 감소, 투자 부족, 과잉 채무 위험, 경제 성장 부진, 경기 침체 등 어두운 골짜기를 향하고 있는 현실이

우려와 복잡성을 더한다. 이와 같은 어두운 현실은 '팬데믹 경제 타격 주체'를 둘러싼 단·장기 해법을 매우 어렵게 만들고 있다. 그럼에도 불구하고 한 가지 분명한 것은 국가가 이들을 어떤 형태로, 어디까지 품어야 할지에 대해 끝까지 깊이 고민하고 해법을 마련해야 한다는 사실이다.

현재와 가까운 미래의 경제 상황을 고려할 때, 팬데믹의 직격탄을 맞은 소상공인, 자영업자 등이 완전히 회복 경로에 진입하기까지는 상당한 시간과 자금이 소요될 것으로 예상된다. 이러한 상황을 고려할 때, 무엇보다도 중요한 것은 정부가 면밀한 통계 분석과 다양한 실태 조사를 통해 팬데믹의 진성 피해자를 객관적으로 선별해 내는 작업이다. 실제로 많은 언론이 가게 문을 닫고도 사업자 등록을 유지하거나, 의도적으로 폐업을 연기하는 등 다양한 방식으로 코로나19 지원금을 받고 금융 혜택을 보는 현실을 고발하고 비판한다. 소위 '편법·꼼수' 지원금 수령, 과잉 지급, 과다 채무 혜택 문제가 국가 재정을 갉아먹는 현상이 끊이지 않고 있다. 만일 정부가 엄격한 선별 과정을 거치지 않고 포괄적 접근 방식으로 일률적 채무 혜택 조치를 취할 경우, 도덕적 해이(예컨대, 빚 버티기, 무임승차, 과다 포장, 잘못된 선례 따라하기 현상) 만연과 함께 선량한 국민에게 재정 부담을 떠넘기는 결과를 자초할 것이다. 극단적으로는, 잠재적인 대출 부실이 누적되면서 소위 '폭탄 돌리기 현상'이 초래되고, 금융권의 재무 건전성에 치명적인 악영향이 발생한다.

정부의 역할은 진성 피해자들을 끝까지 보호하고 품어 주는 데 있다. 만일 정부가 '팬데믹 진성 피해자' 선별을 소홀히 하거나 그들의 생업을 위한 특단의 조치를 취하지 않는다면, 이미 구조화된 '팬데믹 양극화'는 새로운 국면에서 더 심화될 것이 분명하다. 다만, 최근에 정부가 자영업자와 소상공인 25만 명의 빚을 최대 90%까지 탕감해 주는 조치(약 30조 원 규모의 정부 기금을 통해 채무를 매입하는 방식)를 취하면서 정말로 풍부한 실태 조사와 객관적인 기준을 통해

정부 방역 정책의 경제적 피해와 보상: 자영업자, 소상공인, 한계 가구 등

정부의 계속된 방역 조치로 수많은 자영업자와 소상공인 등이 매출 감소와 적자를 겪었다. 그중 상당수가 금융 기관으로부터의 대출과 정부 지원금 등에 의존해서 겨우 명맥을 유지해 왔다. 일부는 이미 한계 상황에 도달해 있다. 당사자 입장에서는 지옥 같은 현실이고, 국가와 사회 차원에서는 위험한 신호이다. 2021년에 방역 조치에 따른 자영업자의 피해를 보상해 주는 「손실보상법」이 제정된 것은 그나마 다행한 일이다. 코로나바이러스로 자영업자와 소상공인들이 벼랑 끝에 내몰려 있는 상황을 국가와 사회가 대충 도와주는 자세와 접근은 결코 바람직하지 못하다.

비록 영업 손실의 주된 원인이 코로나바이러스에 있지만, 보조 원인은 정부의 강력한 통제 조치에 있다. 전자는 누구도 감당할 수 없는 비인위적 외부 충격이다. 그러나 후자는 어쨌든 인위적·정책적 충격이다. 정부 입장에서 그러한 정책을 선택하였던 것이 매우 어렵고 곤혹스러웠음은 세상 사람들 모두가 안다. 하지만 결과적으로 정부 정책 때문에 자영업자와 소상공인들이 예상하지 못한 경제적 손실을 본 것은 분명한 사실이다. 금융위원회에 따르면 2020년 4월부터 2020년 1월 말까지 자영업자와 소상공인 등을 대상으로 채무 만기 연장, 채무 상환 유예 조치가 취해진 금액은 총 291조 원이다. 이 중 전체의 약 95%가 채무 만기 연장 조치이다. 특히, 2022년에 자영업자(특히, 연소득 5,000만 원 미만) 가운데 3곳 이상의 금융 기관으로부터 자금을 빌린 다중 채무자가 급속히 늘어나고 있는 것이 현실이다.

정부가 골육지책(骨肉之策)으로 채택한 방역 조치를 탓하고자 하는 것이 아니다. 지적하고자 하는 바는, 비록 정부가 선한 의지를 갖고 실시한 정책이더라도 그것이 특정 국민이나 집단에 큰 불이익을 초래하였다면, 그에 대해 현실적이고 합리적인 보상을 해주는 것이 사회 공정을 구현한다는 사실이다. 이러한 관점에서 자영업자와 소상공인 등에 대해 합리적이고 정당한 피해 보상을 해주는 동시에 한계 상황에 처한 가구에 대하여도 빠르고 '특별한 포용' (special inclusiveness)을 용의주도하게 실시해야 한다. 사족이지만, 지원 대상과 지원 방법 그리고 규모를 둘러싸고 도덕적 해이와 사회적 불공정 문제가 발생하지 않도록 종합적이고 체계적인 프로그램을 만들어야 한다.

끝으로, 2022년 초부터 미국을 필두로 세계적인 금리 인상 움직임이 가속화되고 있다. 이러한 가운데 자영업자와 소상공인 외에 팬데믹 기간 중에 은행 대출을 받아 주택을 구입한 서민들의 시름이 깊어 가고 있다. 앞으로 정부가 이들에 대하여 어떤 형태와 방식으로 품어 줄 것인지도 큰 지혜와 결단을 필요로 한다.

정부 정책과 블랙박스(black box)

일반적으로 정부 정책은 좋은 의도와 목적하에 실시된다. 하지만 많은 경우 실시 과정에서 예상하지 못한 문제와 이해관계자들이 개입된다. 이로 인해 자주 정부 정책의 목적, 목표, 성과와 전혀 다른 현상과 결과가 발생한다. 대표적인 예로 급격한 최저 임금 제도의 실시나 전세 가격 통제를 들 수 있다. 두 제도 모두 사회적 약자나 경제 역량 취약 계층을 보호하고자 하는 좋은 정책 목적과 목표를 가지고 출발한다. 하지만 시장은 그것을 사실상 거부한다. 그 결과 노동 시장과 부동산 시장은 한동안 혼돈과 갈등에 휩싸인다.

원인은 경제적 이해관계가 첨예하게 대립되는 다양한 계층이 각자의 주관적 이해 관점에서 정부 정책에 각기 다르게 대응하는 행태가 작동하는 데 있다. 정부 정책의 진행 방향과 경제 주체들의 대응 방향이 거시적으로 일치하지 않는다는 의미이다. 본의 아니게 정책 왜곡 현상이 나타나고, 정책 시장에 교란 현상이 나타난다. 극단적으로는 국민이 혼란스럽고 다수의 선의의 피해 국민이 생겨난다.

정부 정책이 실시될 때마다 '정책 블랙박스'라는 것이 작동한다. 블랙박스란, 일단 정책이 실시되면 정책에 직·간접적으로 이해관계를 지니거나 영향을 받게 되는 경제·사회·정치적 주체들이 첨예하게 각축을 벌이는 보이지 않는 시스템을 의미한다. 여기에서 각축이란, 이해관계자들의 다양한 주장과 상충적인 행태가 다방면에서 복합적으로 힘겨루기를 하는 것을 말한다. 아쉽게도, 아직까지는 그러한 보이지 않는 '복합적 힘겨루기'의 진상을 체계적으로 파악해서 분석하고, 그 내용과 방향성을 예측할 수 있는 시스템이나 프로그램은 없다.

블랙박스가 단순명료할수록 정부 정책은 의도한 바대로 순탄하게 작동한다. 정부 정책의 목적, 목표, 성과가 순탄하게 달성될 확률이 높아진다. 그러나 블랙박스(내부)가 복잡할수록 정부 정책은 의도나 목적과 달리 꼬이고 사달이 난다. 블랙박스 속에서 움직이는 경제 주체들의 복합적 이해와 손익(생각, 행태, 사회·정치·경제적 이해관계 등)이 첨예하고 혼란스럽게 작동하기 때문이다. 이러한 정책은 판판이 실패하고, 국민의 지탄을 받는다. 그러므로 정부는 어떤 정책, 특히 다수 국민과 관련되는 정책을 구상하고 실행할 때, 그에 앞서 정책이 통과해야 하는 블랙박스에 대해 다각도에서 면밀히 점검해야 한다.

한계선상에 놓인 진성 피해자를 엄선하였는지는 의문과 우려가 교차한다.

우연한 역사적 행운(I): 초저금리 시대

팬데믹 상황이 극심하였던 2020년, 세계 대부분의 나라에서 국가 채무(정부 채무+민간 채무)가 눈덩이처럼 불어났다. 공공·민간 부문을 불문하고 모든 경제 주체가 돈을 절실히 필요로 하였던 것이다. 소위 '코로나 자금 수요', '팬데믹 자금 수요'가 그것이다. 글로벌 통계에 의하면 팬데믹 기간 중에 정부 부문과 민간 부문을 총망라하는 세계의 채무는 '역사상 최고 수준'을 기록하였다. 이는 채무의 절대 규모와 경제 규모(GDP) 대비 상대 비중 모두에서 그러하였다. 아울러 많은 나라들이 역대 최고의 국가 채무를 기록하였다.

이러한 현상이 발생한 근본 원인은 팬데믹이 보유하는 초강력 바이러스의 위력에 있다. 이는 전에 없던 바이러스의 예방과 극복, 국가의 각종 사회 보장·보호 체계의 증강(자금, 인력, 장비, 시설, 프로그램 등), 그리고 민간 경제 주체의 자기 보호를 위해 막대한 자금을 동원하도록 강하게 밀어붙이는 힘과 영향을 의미한다. 초강력 바이러스의 위력에 대항할 수 있는 것은 백신, 국가와 사회의 총체적 역량 그리고 자금 동원 능력이었다. 이때 자금 동원 능력이란, 단기적으로 외부로부터 필요한 자금을 동원할 수 있는 역량을 말한다. 쉽게 말해서, 국가의 공채 발행 역량과 개인과 기업의 차입 역량을 뜻한다. 이러한 역량은 팬데믹 기간 중 사상 최고 수준의 차입(국가 채무: 정부 채무+민간 채무)이 이루어진 사실이 말해 준다. 누가, 얼마를, 어떻게 갚을 것인가의 문제는 일단 미래, 즉 포스트 팬데믹 과제로 편하게 넘겼다.

무엇보다도 폭발적인 공공·민간의 코로나 자금 수요와 자금 동원 능력을 강력히 뒷받침해 준 것은 역사상 최저 금리에 안착한 금융 시장 환경이다. 실제로 정부 부문의 슈퍼 재정 확장 정책은 최저 금리 환경에 기대어 틈만 나면 가속 페달을 밟았다. 정부가 막대한 규모의 자금을 빌리더라도 이자 상환 부담이 더할 나위 없이 채무자에게 유리한 상황이 전개되었기 때문이다. 비단 국가뿐만이 아니었다. 기업과 가계도 코로나 자금 수요의 조달 문제를 초저금리 금융 시장에 통째로 맡겼다. 비록 신용도가 최고 수준인 정부만 못하지만, 기업과 가계 또한 일찍이 누리지 못하였던 초저금리 혜택을 톡톡히 볼 수 있었다.

사실, 초저금리 환경에서 COVID-19 팬데믹 위기가 발생한 것은 '우연한 역사적 행운'이라고 말할 수 있다. 특히, 팬데믹 이후 형성된 1% 미만의 초저기준 금리(선진국 기준) 환경에서는 정부나 개인과 기업이 과거와 동일한 규모의 채무를 지더라도 향후 상환해야 할 이자 부담이 크게 줄어든다. 아울러 채무자에게 돈을 빌리는 데 대한 심리적 안정감과 편안함도 준다. 이와 같이 우호적인 채무 환경은 정부가 정책을 펼치거나 민간이 경영 활동을 할 때 보다 과감한 의사 결정을 할 수 있도록 만든다. 국민에 대한 설명 책임과 설득력을 한층 수월하게 해준다.

단순한 예로, 정부가 100조 원의 국채를 발행할 때 기준 금리가 0.5%인 경우와 5%인 경우를 비교하면, 양자 간의 금리 부담은 10배의 차이가 난다. 이자 부담 금액은 연간 5,000억 원 부담과 5조 원 부담이 된다. 10년이면 전자는 5조 원, 후자는 50조 원의 이자 비용을 부담한다. 엄청난 차이가 발생하는 것이다. 이러한 사실을 인식할 때, 팬데믹 발생 후 전개된 초저금리 상황에서는 정부의 공채 발행에 대한 물적·심리적 부담이 과거에 비해 현저히 완화되었을 것으로 추측된다.

이와 조금 다른 예를 들면 다음과 같다. 정부는 2022년도 예산을 편성하면서 그 속에 국채 이자 상환 비용으로 21조 4,673억 원을 편성하였다. 편성 당시 국채 이자율로는 2.6%를 적용하였다. 그런데 당시 예상과 달리 국채 이자율이 예산 편성 시 반영된 수준을 넘어설 가능성이 커졌다. 미국 연방준비제도(Fed)와 한국은행이 계속해서 기준 금리를 큰 폭으로 가파르게 인상하였고, 또한 그러한 시도가 적어도 2023년 중반까지 계속될 가능성이 매우 크기 때문이다. 이것이 현실화될 경우 정부는 이자 비용을 추가로 더 많이 부담해야 한다.

이는 정부에만 국한되지 않는다. 자금의 규모와 용도, 조달 방법과 기간 면에서 차이가 있을 뿐 가계나 기업의 경우에도 마찬가지로 적용된다. 예컨대, 팬데믹으로 인해 장사가 잘되지 않아 현상 유지를 위해 자금을 차입하는 경우를 상정해 보고, 그에 따른 이자 부담이 상대적으로 무거울 경우(예컨대, 연리 10%)와 가벼울 경우(연리 4%)를 비교해 보면 쉽게 이해될 수 있을 것이다.

세계의 금리는 2000년대 이전에는 두 자리 수(10%대)의 높은 수준을 보였던 시절도 있었다. 그러나 2000년대에 진입하면서 세계의 금리는 한 자리 수의 비교적 안정된 상태를 유지하였다. 선진국의 경우 국가별로 다르지만, 2000년대 초·중반에는 대체로 4~5% 내외의 금리가 형성되었다. 그러던 중 2008년에 세계 금융 위기가 발생하자 일시적으로 금리가 뛰었다. 하지만 금리는 이듬해(2009) 중반 이후 다시 큰 폭으로 떨어졌다. 그 후 선진국 금리는 2013년부터 본격적으로 역사적 최저 수준을 향해 전진하였다. 그때부터 팬데믹 발생 직전까지 주요국의 기준 금리는 2~3% 수준에서 움직였고, 유로존과 일본은 사실상 제로 금리에 도달하였다.

우리나라의 기준 금리는 2000년대 초반에서 글로벌 금융 위기가 발생하기 전까지는 대체로 3%대~5%대 초반 수준에서 움직였다. 그러다가 글로벌 금융 위기가 발생하자 금리는 5%를 조금 넘게 올랐다가 다시 2% 수준으로 크게 떨어졌다. 그 후 2012년까지 다시 점진적인 오름세를 보였다. 2012년부터는 우리나라도 다른 선진국을 따라 중기 감소 추세를 타고 역사적 최저 금리 수준을 향하는 수순을 밟아 나갔다. 그것은 결국 팬데믹 발생 후 한국은행이 기준 금리를 0.5%까지 낮추면서 사상 최저 금리 수준으로 떨어졌다. 이는 국내의 필요성도 있지만, 미국 등 주요 선진국의 추세에 발맞추는 측면이 더 컸다.

〈그림 7-4〉 우리나라의 이자율(기준 금리) 변화 추이(2000~2022)

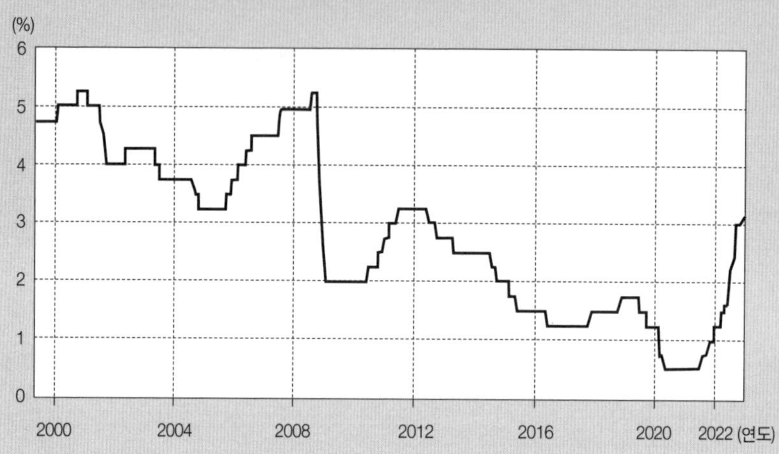

자료: 한국은행.

미국의 경우 연방준비제도(Fed)는 팬데믹 발생 직후 불과 두 달 만에 기준 금리를 1.5%에서 0.05%로 파격적으로 낮추었다. 영국도 기준 금리를 0.75%에서 0.1%로 크게 인하하였다. 유로존과 일본은 팬데믹 발생 이전부터 이미 제로 금리 상태였다. 한마디로, 팬데믹 발생과 더불어 세계 경제를 이끌어 나가는 주요 선진국들이 거의 제로 금리에 가까운 통화 정책을 펼친 것이다. 사실상 선진 경제는 이론적·심리적 최저 금리 지점에 안착하였다.

팬데믹 발생과 더불어 세계 각국이 앞다투어 금리를 인하한 것은 사실이다. 그런데 세계의 금리, 특히 선진국의 기준(정책) 금리가 팬데믹 발생 수년 전부터 역사상 매우 낮은 2~3% 수준에 있었다는 사실을 인식할 필요가 있다. 즉, 팬데믹이 선진국의 기준 금리를 갑자기 몇 퍼센트씩 큰 폭으로 끌어내린 것은 아니라는 사실이다(이는 팬데믹이 끝나 가는 2022년 현재 미국을 필두로 다수의 선진국

우리나라의 금리 변화

2000년대 들어 우리나라의 기준 금리는 글로벌 금융 위기 발생 때까지 3%대 초반에서 5%대 초반의 범위에서 변동하였다. 글로벌 금융 위기 발생 후 기준 금리는 잠시 2% 수준까지 크게 떨어졌다가 3%대 초반을 향해 점진적으로 올라갔다. 2012년을 전후로 우리나라의 기준 금리는 세계적인 금리 하향 추세에 영향을 받아 3% 미만, 2% 미만의 영역으로 떨어졌다. 그리고 COVID-19 팬데믹이 발생한 이후에는 기준 금리가 급기야 1%대 밑으로 급락하였다.

한국은행은 2020년에 사상 처음으로 기준 금리를 0.5%로 확정하여 기준 금리 1% 미만(0%대) 시대가 열렸다. 하지만 새 시대는 잠깐이었다. 2021년 후반에 한국은행이 두 차례에 걸쳐 기준 금리를 각각 0.25%씩 인상하면서 끝이 났다. 그리고 한국은행은 2022년 1월에 기준 금리를 0.25% 인상한 것을 필두로 몇 차례의 빠르고 큰 폭의 금리 인상을 단행하였다. 그 결과 2022년 말 현재 우리나라의 기준 금리는 3.25%(2022년 11월 인상)로 크게 올랐다. 문제는 미국 상황이다. 미국의 연방준비제도(Fed)는 인플레이션이 생각보다 조기에 진화되지 않자 전례 없이 한 번에 기준 금리를 0.75% 인상(자이언트 스텝)하는 등 단기에 기준 금리를 급격히 인상하는 파격적 행보를 보이고 있다. 미국의 2022년 말 기준 금리가 이전의 예상을 훨씬 뛰어넘는 4% 이상(4%대 초·중반)인 상황을 감안하면, 조만간 한국은행도 우리나라의 기준 금리를 최소 3%대 중·후반으로 빠르게 인상할 가능성이 있다(실제로 한국은행은 2023년 1월에 기준 금리를 0.25% 인상하였고, 그 결과 기준 금리는 3.5%가 되었다). 이론과 실무 등 여러 면에서 볼 때, 여전히 팬데믹이 진행 중인 현 상황에서 한·미 간 금리 차가 1% 이상 벌어지는 것은 한국 경제에 득보다 실이 훨씬 많을 것으로 판단된다.

이와 같이 빠르고 큰 폭의 연속적 기준 금리 인상이 이루어진 원인은 글로벌 인플레이션의 현실화(우크라이나 전쟁 영향, 글로벌 공급망 차질 포함)와 미국 연방준비제도의 신속하고도 적극적인 기준 금리 인상에 기인한다. 만일 우리나라가 미국 등이 취하고 있는 급격한 금리 인상에 동조하지 않을 경우 경제적 고립, 외국 자본 유출, 환율 불리(달러 초강세, 원화 약세), 인플레이션 만연 등 우리 경제에 매우 부정적인 악조건과 부딪힐 각오를 해야 한다.

이 기준 금리를 단기에 몇 퍼센트씩 큰 폭으로 올리고 있는 것과는 대조적이다). 이미 낮아져 있었던 금리가 팬데믹이라는 위기 상황을 맞이하면서 한층 더 낮아진 것이다. 이는 팬데믹 이전에도 이미 시중의 유동성이 매우 풍부한 상태에 있었음을 의미한다.

이러한 상태에서 팬데믹이 발생하자 공공·민간 부문에서 엄청난 자금 수요가 발생하였고, 그것을 초저금리 금융 시장이 강력히 뒷받침해 주었던 것이다. 그 결과 이미 풍부한 시중의 유동성이 더 이상 주체할 수 없을 만큼 넘쳐나는 초과잉 유동성 장이 만들어졌다.

주지하다시피, 팬데믹이 산불처럼 급속히 번지자 각국 정부는 재정 정책과 금융 정책의 정수(精髓)를 총동원하였다. 이 과정에서 선진국 금리는 역사상 최저 수준인 1% 이하로 크게 떨어졌다. 우리나라 또한 그 대열에 동참하였다. 냉정히 생각하면, COVID-19 팬데믹 위기가 역사상 최저 금리라는 글로벌 금융 상황에서 발생한 것은 역사적 행운이었다.

전통적으로 금융 시장에서 신인도가 가장 높은 정부의 경우 대개 1~2% 미만의 초저금리(예외적으로 제로 금리가 적용되는 경우도 있음)를 활용할 수 있다. 금리가 1% 내외인 상황에서는 정부가 천문학적인 공채 발행을 하더라도 그에 따른 이자 상환 부담은 크게 문제가 되지 않는다. 만일 금리가 높은 한 자리 수나 두 자리 수를 기록하는 상황이라면, 이자 비용 부담 때문에 정부는 결코 천문학적인 재정 확장 정책을 추진할 수가 없다. 당연히 적자 재정의 운영 폭도 크게 제한될 수밖에 없다. 잘못하면 고금리 상황에서 수십조 원에서 100조 원이 넘는 이자 상환 부담을 지게 될 수도 있다. 이러한 사실을 감안할 때, 초저금리 환경은 정부가 천군만마를 얻는 것만큼이나 반가운 일이 아닐 수 없다. 실제로 정부의 재정 공간(fiscal space)이 어느 때보다 신축적으로 늘어날 수 있는 기회와 여지를 갖게 되었다.

자금의 목적과 용도는 다르지만, 팬데믹 기간 중에 민간 채무(가계, 기업)도 급팽창하였다. 우리나라의 경우 특히 가계 부채가 우려될 만큼 급증하였다. 기업은 경영의 적자 보전, 현상 유지, 확대, 과감한 투자 및 투기 등의 용도로 자

〈그림 7-5〉 우리나라의 GDP 대비 민간 부채 비율 추이(1990~2021. 3분기)

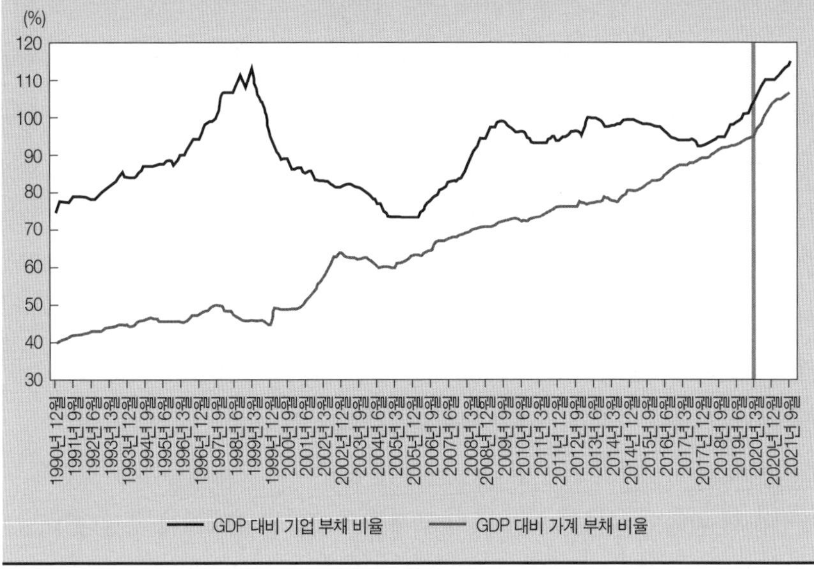

자료: BIS, Credit Statistics.

금이 필요하였다. 가계도 그와 비슷하게 생활 자금(생계 유지, 가계 적자 보전), 투자와 투기(부동산, 주식, 가상 화폐 등) 등의 목적으로 자금을 필요로 하였다. 그 결과 팬데믹 이후 기업과 가계의 부채는 눈덩이처럼 불어났다(〈그림 7-5〉 참조).

팬데믹 기간 중 크게 늘어난 민간 채무는 미시적으로는 가계와 기업의 유지와 존속, 그리고 거시적으로는 국민 경제와 산업의 유지 존속에 크게 기여하였다. 팬데믹 불황 속에서 초저금리를 이용하는 민간 채무의 거대한 완충 역할이 없었더라면 수많은 가계와 기업이 극심한 곤궁 상태와 파탄에 처하였을 가능성이 매우 크다. 예를 들어, 팬데믹 발생 이후 영업 이익으로 이자를 갚지 못하는 한계 기업이 급증하였는데, 만일 이들에게 저리의 차입 수단이 없었더라면 도산을 면치 못하였을 것이다. 실제로 전경련 조사 결과에 의하면, 코로나 사태 발생 후 숙박·음식업체의 대다수(2020년 86.3%, 2021년 76.4%, 2019년 53.8%)가 일시적 한계 기업으로 전락한 것으로 나타났다.

2022년 1월 초에는 대다수 선진국에서 1% 이하의 공적 금리(기준 금리, 정책 금리)가 형성되었다. EU, 일본 등 극소수의 국가에서는 사실상 제로 금리 체제가 작동되었다. 일본의 중앙은행은 2022년 내내 '단기 금리 마이너스, 중장기 금리 제로'의 정책 기조를 유지하였다. 그러나 이러한 금리 환경은 2022년 봄을 전후로 빠르게 바뀌었다. 우크라이나 전쟁과 더불어 세계적으로 인플레이션이 급격히 확산되자, 미국을 필두로 주요국이 앞다투어 기준 금리를 인상하였기 때문이다. 그러나 역사적 평균 금리 수준을 감안하면, 현재와 당분간은 상대적으로 낮은 이자율 시대가 이어질 것으로 전망된다.

전에 없이 낮아진 기준 금리는 다양한 경제 주체(기업, 개인·가계, 정부 등 공공 부문)의 팬데믹 자금 수요를 거의 무제한에 가깝게 충족시켜 주었다. 이 기회를 가장 적극적으로 활용한 것은 단연 정부이다. 정부는 제로 금리에 가까운 공공 금리를 최대한 활용해서 천문학적 규모의 국채를 발행하였다. 그리고 그것으로 팬데믹 재정 수요(방역 대책, 국민의 건강·사회·경제 보호 및 보장 관련 예산)를 충분히 충당할 수 있었다. 어떤 면에서 넘치도록 충당하였다. 재정 남용의 여지와 여운조차 남겼다.

정치권이 가만히 있을 리가 없었다. 국가가 초대형 빚을 내는 만큼 정치권도 '통 큰 빚잔치'를 하고 싶어 하였다. 진짜 필요한 팬데믹 재정 수요에 정치적 환심과 생색(인기몰이)으로 가득 찬 정치적 재정 수요가 뒤섞였다. 이렇게 해서 국민의 건강과 생계 보호와 경제 회생을 위한 팬데믹 예산이 편성되었다. 늘 그랬듯이 정치적 재정 수요가 포함된 예산은 거의 제지 없이 국회를 쉽게 통과한다. 팬데믹과 국민의 이름하에 행정부(행정)와 입법부(정치)가 담합한 슈퍼 확장 예산이 국회에서 확정되었다. 그리고 신속히 집행되었다.

슈퍼 확장적 재정 지출과 사상 최저 금리, 통화 당국의 자금 풀기(공급 측면)와 정부를 포함한 다양한 경제 주체의 막대한 자금 수요(수요 측면)가 오케스트라처럼 조화를 이루었다. 이 모든 것이 가능하였던 것은 역사상 최저 수준의 (초)저금리 금융 시장 환경 덕택이다.

아이러니하게도 팬데믹 시기는 보이지 않는 코로나바이러스와 보이지 않는 초저금리(이자율) 두 변수가 인류의 운명을 좌우하였다. 코로나바이러스가 저주라면, 초저금리 환경은 축복이라고 할 수 있다. 다만, 역사적 최저 금리는 팬데믹 상황에서는 분명히 큰 행운이었지만, 그것이 포스트 팬데믹 기간에도 그럴지는 의문이다. 어쩌면 불운과 독으로 작용할 가능성이 없지 않다. 그것은 뒤에서 자세히 설명되지만, 초저금리 상황이 돌변하면서 '팬데믹 유동성' 때 만들어진 경제·재정 버블(bubble)이 폭발할 가능성이 있기 때문이다.

팬데믹이 점점 끝을 향해 가고 있는 지금 그동안 급팽창한 국가와 민간 부문의 채무에 대한 우려가 점점 커지고 있다. 이것은 주체할 수 없을 정도의 유동성 팽창, 가파른 금리 인상, 인플레이션 또는 스태그플레이션의 발생 가능성, 실물 경제와 자산 시장의 과도한 갭, 미·중 갈등, 코로나바이러스 불확실성 등이 복합적으로 작용하면서 나타나는 심각한 현실 위기감을 반영한다. 이는 제2부에서 다루는 경제 버블을 예고한다. 만일 이것이 현실화된다면, 역사는 '팬데믹 버블'(Pandemic bubble)로 기록할 것이다.

1918년도 팬데믹(스페인 독감(인플루엔저): 1918~1919) 이후 100년이 넘은 새 천년 시대에 바이러스에 의한 경제 버블과 재정 버블의 대폭발 가능성이 어렴풋이 윤곽을 드러내고 있다. 다만, 현재로서는 버블이 형성된 것은 분명하나, 그것이 앞으로 폭발할 것인지의 여부는 조금 더 지켜보아야 할 것 같다. 이는 어떤 시점과 상황에서 악성 종양인지, 암인지를 구분하는 것과 비슷하다. 또는 암이 급속히 전이되어 생명에 치명적인 위협을 줄 것인지, 아니면 어렵지만 치료가 가능한 것인지를 판단하는 것과 유사하다. 2020년 중반 이후 2022년 초까지 버블은 부동산, 주식, 가상 화폐 등 다양한 자산 시장에서 크게 부풀어 올랐다. 이 버블의 운명이 어떻게 될지에 대하여는 제2부에서 다룬다.

또 다른 역사적 행운(II): 준비된 디지털 기술 발전

팬데믹이 디지털 기술이 고도로 발전한 상황에서 발생한 것은 또 다른 역사적 행운이다. 만일 디지털 기술과 장비와 콘텐츠가 준비되지 않은 상태에서 팬데믹이 발생하였다면, 세계 경제는 최악의 상황으로 치달았을 가능성이 크다. 앞서 언급한 바와 같이, 팬데믹 경제 침체의 와중에서 글로벌 경제의 침몰을 막고 구원자로 등장한 것은 다름 아닌 ICT 주도의 디지털 산업이다. 만일 준비된 디지털 기술과 산업, 디지털 제품과 서비스를 강하게 필요로 하는 팬데믹 소비, 그리고 그에 대해 창의적이고 유연하게 대응하는 디지털 공급 체계가 없었더라면, 세계 경제는 어쩌면 1929년의 세계 대공황 못지않게 비참해졌을지도 모른다.

준비된 디지털 기술 역량이 있었기에 코로나바이러스에 대응하는 과학적 방역 대책을 추진할 수가 있었으며, 신속성과 정확성이 요구되는 첨단 행정 서비스를 제공할 수 있었다. 그렇지 않았더라면 개인과 기업과 정부의 존재와 활동이 활력을 잃어버리고 크게 무력화되었을 것이다. 마찬가지로, 만일 고도의 디지털 기술 발전이 준비되지 않았다면, 고강도의 방역 조치(인적·물적 이동 및 집합 제한)에 대해 정부와 국민 모두가 유연하고 효과적으로 대응할 수 없었다.

예를 들면, 원격 근무·교육·회의(재택근무, 온라인 교육, 화상 회의 등)나 온라인상에서 이루어지는 다양한 사회·문화·경제적 활동들이 실현될 수 없다. 전자 상거래나 빠르고 효과적인 배달 서비스 산업이 붐을 이룰 수가 없다. 소위 '보복 소비'도 팬데믹 와중에서 실현되기 어려웠을 것이다. 그 결과 개인과 기업의 활동 제약에 따른 경제적 손실이 불어나고 생활의 만족도가 현저하게 떨어질 수밖에 없다. 많은 사람들이 코로나바이러스의 위험과 두려움 속에서 생산과 소비 활동의 침체를 경험하고, 매우 음울하고 무료한 삶을 이어 나갔을 것이다.

종합적으로, 팬데믹이 디지털 기술과 역량 그리고 디지털 사회가 기반을 구축한 상태에서 발생한 것은 역사적 행운이다. 코로나바이러스가 창궐하는 가운데 물리적·공간적 이동과 활동에 제약이 주어졌지만, 본질적인 사회·경제 활동은 디지털 공간과 네트워크를 통해 방대하게 전개되었다. 팬데믹 속에서도 사실상 사회와 경제는 노-스톱, 노-단절 상태를 유지할 수 있었다. 물리적·대면적 요소의 많은 부분은 단절되었지만, 디지털 공간에서의 활동과 네트워크는 오히려 더 왕성하게 전개되었다. ICT 중심의 디지털 기술이 다방면에서 응용과 창의를 발휘하면서 인류는 팬데믹 상황 속에서도 다양한 제품과 서비스를 만족스럽게 즐길 수 있었다.

팬데믹의 선물: 인류 사회의 깊은 성찰과 새로운 희망 발견

팬데믹은 건강, 사회, 경제, 복지를 통틀어 전 지구적으로 말할 수 없는 고통과 피해를 몰고 왔다. 전체 인류 사회와 각국은 크고 작은 곤란과 절망적 상황을 겪어야 하였다. 그러나 이것이 끝은 아니었다. 놀랍게도 팬데믹은 인류에게 새로운 희망의 창문을 활짝 열어 주었다. 엄청난 인명 피해와 절망적 상황 속에서도 인류에게 깊은 성찰의 시간과 미래 희망의 씨앗을 남겨 두었다. 유연한 회복과 창의의 기회도 만들어 주었다. 팬데믹 초기에 완전히 쓰러질 듯하였던 인류 사회는 차츰 강인한 회복력과 탄력성을 되찾았으며, 미래에 대한 희망과 자신감도 가졌다.

팬데믹이 가져다준 가장 큰 선물은 인간의 존엄성, 자유, 공동체의 중요성과 상호 배려, 조화와 균형 등의 소중함을 깨닫게 해준 것이다. 인간 존재의 실존적 의미와 정체성(identity) 그리고 인간과 인간이 더불어 살아가는 국가와 사회의 실질적 의미와 중요성에 대해 깊이 생각하게 해주었다. 그 속에서도 팬데믹은 인류 사회의 공동체 의식과 공감대를 자극하는 강한 인상을 남겼다. 예를 들면, 진정한 인류 공동의 적이 무엇인지에 대해 확실히 깨닫게 해주었다. 그리고 그에 맞서 이기려면 세계의 모든 나라들이 일치 단합해서 싸우지 않으면 안된다는 사실을 지구촌 구석구석에 가르쳐 주었다.

그동안 세계화나 선·후진국 간 격차, 인구 구조 변화, 지정학적 위험(예컨대, 미·중 갈등, 중동 지역 분쟁, 아프가니스탄 문제) 등의 문제를 둘러싸고 수많은 글로벌 논쟁이 벌어졌다. 그러나 세계는 합치된 의견이나 협력 체제에 이르지 못하였다. 결국 각기 다른 이해관계나 가치 판단의 입장 차이와 동맹·비동맹국 관계만을 상호 확인하였을 뿐이다.

팬데믹을 경험하면서 사람들은 진정한 인류 공동의 적은 다름 아닌 팬데믹과 기후 변화라는 사실을 깨달았다. 그리고 코로나바이러스의 예방과 대응, 기후 변화의 심각한 현상과 징조들이 더 이상 다른 나라의 문제(남의 문제)가 아니고, 진정한 '우리들의 문제', 즉 인류 공동의 적이라는 사실을 확인하였다. 팬데믹이라는 괴물을 몸소 경험한 후 뒤늦게 말이다.

코로나바이러스 대응처럼 기후 변화 대응은 더 이상 자기 보호적이고 이기적인 행태로는 개별적 생존과 타인과의 공존이 어렵다는 것도 알아차렸다.

팬데믹과 같은 총체적이고 체계적인 위기 상황에서는 더 이상 개인주의적 사고로 사회와 공동체의 회복을 도모하기 힘들다. 사람들은 매일 접하는 생생한 팬데믹 뉴스와 개인적 경험을 통해 자연스럽게 팬데믹과 기후 변화를 연결시킬 수 있었다. 무엇보다도 코로나 사태를 겪으면서 지구촌이 하나의 거대한 세트로 움직이고 동일한 충격을 받는 현실을 확실히 인식하게 된 것이 큰 영향을 미쳤다.

이를 통해 기후 변화의 충격이 팬데믹 충격과 비슷할 것이라는 사실도 유추하였다. 즉, 기후 변화는 팬데믹과 모양과 속도를 달리할 뿐, 그것이 하나의 거대한 세트장인 지구촌 곳곳에 체계적이고 보편적인 충격을 가할 수 있다는 현실 가능성을 분명히 각인시켜 주었다. 나아가 앞으로 전 세계가 공동으로 대응하지 않을 경우 기후 변화는 언젠가 지구촌 전체에 거대한 충격을 가하는 재앙이 될 것이라는 인식도 강하게 불어넣었다. 이러한 사실이 팬데믹과 기후 변화를 이어 주는 중대한 연결점으로 작용하였다. 당면한 팬데믹을 제외하면, 현재 기후 변화 문제보다 더 전 지구적인 도전 과제는 없다. 이런 점에서 팬데믹은 인류에게 실감나는 생생한 교훈과 경각심을 심어 주었다. 큰 불행 중 다행이 아닐 수 없다.

팬데믹은 그동안 우리 사회에 내재해 있었던 심각한 문제와 위험의 민낯을 선명하게 노출시켰다. 구체적으로, 공공 보건(건강) 시스템과 사회·경제 보장 시스템이 얼마나 불충분하고 취약한지를 적나라하게 보여 주었다. 그리고 위기 상황에서 국가와 사회가 소외 계층과 취약 계층을 따뜻하게 품어 주는 '포용성 기제'(inclusiveness mechanism)가 얼마나 허술한지의 실상도 낱낱이 보여 주었다. 이는 역설적으로, 팬데믹이라는 '역사적 대충격'의 경험을 통해 생명과 건강, 생계유지와 인간 존엄성에 심각한 위협을 받는 계층을 사회·경제적으로 보호해 주고, 합리적 평등을 보장해 주는 국가 시스템이 얼마나 중요하고 필요한지에 대해 알게 해주었다.

팬데믹은 해묵고 뿌리 깊은 사회·경제적 불평등 문제에 대해 그동안 국가와 사회가 적절한 해법을 마련하지 못한 점도 깊이 성찰하도록 해주었다. 아울러 늦었지만 국가와 사회가 보다 적극적으로 나서서 문제를 해결해야 할 것을 촉구하였다. 팬데믹 상황에서 빈부 격차와 사회 양극화 현상이 더 심해지면서 사회 불안과 불평등이 고조되고 있는 현실을 많은 사람이 절감하기 때문이다.

팬데믹을 통해 사람들은 국가의 존재 이유(목적)와 사명에 대해 실감나게 재확인하였다. 특히, 국가가 사회의 위기 대응 시스템을 체계적으로 구축해서 작동시키는 것이 얼마나 중요한지에 대해 일깨워 주었다. 그 연장선상에서 각국 정부의 역량과 리더십은 국민의 냉엄한 평가를 받았다. 유능한 정부는 국민과 긴밀히 소통(사전·사후 소통)하면서 행정과 재정의 역량을 극대화하고자 최대한 노력하였다. 반면에 무능한 정부는 정책을 일방적으로 밀어붙이고, 주어진 행정·재정 역량과 자원조차 과소 활용하면서 타이밍을 놓치는 우를 범하였다.

한편, 팬데믹은 국가와 국민의 관계를 재정립하는 계기를 만들어 주었다. 위기 상황에서 국가가 국민을 거시적으로 통제하고 지혜롭게 인도하는 정책은 필요하다. 하지만 그 과정에서 개인의 자유와 권리가 얼마나 소중하게 다루어져야 하는지에 대해 몇 가지 풀지 못한 과제를 남겼다. 이는 미래에 새로운 대충격 상황이 발생하였을 때 국가와 국민이 상호 존중의 정신에 입각하여 어떠한 협력적 관계를 유지해야 하는지에 대한 합리적 해법을 모색하도록 자극한다. 이러한 긍정적 자극은 팬데믹을 넘어 언젠가 찾아올 수 있는 전 지구 차원의 '총체적 외부 충격'에 대해 지구촌 전체가 '체계적 대응'으로 맞설 수 있는 기반을 마련한 점에서 의미가 크다.

그 외 주요 세계적 현상

(1) 팬데믹 양극화와 불균등한 회복

COVID-19 팬데믹은 일견 모두에게 무차별적(평등하게)으로 접근하는 것 같았다. 그러나 실상은 그렇지 않았다. 팬데믹은 발생 초기에서부터 확산과 대응 과정에 이르기까지 철저히 인구·경제·사회적으로 차별적이고 불평등하게 작동하였다. 여기에 더해 팬데믹 이후의 회복 과정과 결과 또한 불평등한 상태로 전개될 가능성이 매우 크다. 소위 '불균등한(같지 않은) 회복'(uneven recovery) 현상이 국내적으로나 세계적으로 주류 경향이 될 것으로 전망된다.

비유를 하자면 다음과 같다. 애초 출발선이 다른 주자(소득·자산·교육 수준, 사회적 기득권 계층과 취약 계층, 신체·건강 조건 등)들이 어느 순간 폭풍(COVID-19 팬데믹)을 만났다. 그런데 그것을 피하고 극복하는 과정에서 가진 자와 갖지 못한 자 간에 여러 가지 여건과 기회와 역량의 차이가 나 결국 회복의 과정과 결과 또한 크게 차이가 난다는 이야기이다.

폭풍이 그치고 다시 일상생활로 되돌아가는 경우도 마찬가지이다. 가진 자는 쉽게 폭풍 이전의 상태로 되돌아가거나, 아니면 폭풍의 교훈을 되새기면서 더 나은 일상을 구축한다. 그러나 갖지 못한 자는 폭풍으로 인해 많은 피해(신체 건강, 주택, 기타 자산)를 입은 탓에 일부 외부의 지원(정부 재정 이전, 외부 인사의 도움 등)에도 불구하고 금방 과거의 일상으로 되돌아가기가 어렵다.

이러한 사실을 인식할 때, 경제, 사회, 건강 등 국민의 일상생활 회복의 관건을 상당 부분 쥐고 있는 정부가 국민의 세금과 현명한 정책 조치를 통해 이 문제를 적극적으로 해소할 수 있도록 최선을 다해야 한다.

(2) 탈세계화: 보호 무역주의, 자국 우선주의

세계 경제를 주도하는 선진국을 중심으로 보호 무역주의와 자국 우선주의 경향이 급진전되고 있다. 이는 팬데믹 수년 전부터 나타난 세계적 신조류이다. 대표적으로, 미국의 트럼프 대통령이 '미국 먼저(우선)'(America First)라는 정책 슬로건을 내세우면서 세부 전략과 정책을 구사한 것도 그 맥락이다. 영국의 유럽연합(EU) 탈퇴(브렉시트)나 미국과 중국 간의 사사건건 벌어지는 무역 마찰과 정책 충돌도 마찬가지로 이해된다. 탈세계화(de-globalization) 경향은 넓은 의미에서 지난 약 30년간 진행되어 왔던 세계화의 반동이라고 말할 수 있다. 글로벌 사회는 이미 탈세계화의 새로운 물결에 올라타 있다. 그 물결이 얼마나 빠르게 어떤 방향으로 흘러갈지는 현재 미지수이다. 분명한 것은 팬데믹이 탈세계화에 명분과 실리 모두를 부여하였다는 사실이다.

1990년대 이후 거의 최근까지 전 지구촌은 세계화의 물결로 출렁거렸다. 전 세계가 미국 등 서방 세계가 주도하는 자유 무역주의의 기치하에 총집결하였다. 그 결과 전 지구적으로 인적·물적 이동이 그 어느 때보다 활발하고 자유로웠다. 글로벌 자본은 값싼 노동력과 자원이 풍부한 지역으로 끊임없이 이동하고, 노동은 반대로 저임금 지역에서 고임금 지역으로 계속 이동하는, 그야말로 경제학 교과서에서 말하는 자본과 노동의 자유로운 교차 이동과 자유 경쟁 시스템이 새로운 글로벌 현상으로 자리 잡았다. 당시 기준으로 보면, 새로운 글로벌 규범 내지 정상(global new normal)이 만들어진 것이다.

세계의 재화와 서비스는 점점 표준화되었고, 다국적 기업들은 초호황을 누렸다. 글로벌 공급망은 전 지구적으로 일사불란한 거시·미시적 연계 고리를 형성하였다. 인체의 신경망처럼 글로벌 경제는 마치 하나의 거대한 경제권과 같이 구조화되고 체계화되었다. 효율과 생산성은 계속 향상되었다. 그리고 세계 경제를 지배하는 원리와 가치는 점점 단순화되고 표준화되었다. 누가 보아도 전 세계는 완전한 하나의 경제권을 구축해 나가는 방향으로 흘러가는 듯 하였다. 그러나 물밑에서는 급속한 세계화의 부작용과 폐해가 암세포처럼 퍼져 나가고 있었다.

세계화의 물결 속에 우리나라와 많은 선진국의 기업들이 양질의 저임금 노동력을 보유하는 국가로 사업장을 이전하거나 다양한 형태의 사업 확장을 시도하였다. 대표적인 선호 대상으로 중국과 동남아 국가들이 손꼽혔다. 그 중에서도 특히 중국이 출중하였고, 어느 순간 중국은 세계의 공장이 되었다. 그 동안 세계는 중국산 제품 덕에 다양한 저가 소비재를 즐길 수 있었다. 또한 물가 상승도 막을 수 있었고, 경제 성장도 이룰 수 있었다. 세계는 중국 생산품을 즐겼고, 중국 경제는 날로 부강해졌다. 미국과 선진국들은 그들대로, 신흥국과 개발 도상국 또한 그들 나름의 실적과 이해 달성에 만족하였다. 일종의 윈윈 게임(win-win game) 상황이 한동안 글로벌 무대에서 펼쳐진 것이다.

그런데 글로벌 윈윈 게임 상황은 2008년의 글로벌 금융 위기의 경험과 교훈을 간직하면서 2010년대에 서서히 바뀌었다. 사실상 그동안 세계가 즐겼던 윈윈 게임 상황은 더 이상 지속되기가 어려웠다. 이미 경제 대국으로 우뚝 선 중국은 그동안 잠복해 있었던 국내(국민)의 여러 가지 압력을 잠재우고, 국제 사회의 새로운 강자로서의 위치를 굳힐 목적으로 고도의 전략적 행태를 구사하였다. 구체적으로, 중국 정부는 중국 내에서 활동 중인 외국 기업에 대해 임금, 안전, 근로자 복지, 환경 등 과거와 다른 노동·환경·산업 정책과 규제를 강하게 펼쳤다. 어느 날 갑자기 기업 환경이 매우 엄격하고 까다로워진 것이다. 중국 내 외국 기업들은 졸지에 사면초가 상황에 빠지고 말았다. 마침내 많은 외국 기업들이 중국을 떠나 베트남, 인도네시아, 라오스, 미얀마 등 동남아 국가로 속속 이전하였다. 이를 감지한 미국 등 많은 선진국들이 그동안 기업하기 좋은 해외로 떠났던 자국 기업들에게 새로운 좋은 조건을 제시하면서 국내 복귀를 구애하는 소위 리쇼어링(reshoring) 정책이 활발하게 추진되었다.

글로벌 공급망(global supply chain) 차질(장애) 문제도 탈세계화를 가속화시키는 중요한 요인으로 작용하였다. 이는 팬데믹 이전에도 간헐적으로 발생해서 세계를 곤란하게 만든 적이 있다. 그러나 그것이 고강도의 전면적 현상으로 부상한 것은 팬데믹 위기가 처음이다. 이번에는 글로벌 사회 전체가 애로와 불편 그리고 치솟는 물가 상승을 실제로 체감하고 경제적 피해를 보게 되면서 그 반동으로 탈세계화를 진지하게 바라보게 되었다.

세계화 물결이 최고조에 다다랐을 때, 글로벌 공급망은 전 세계의 생산 비용을 줄여 주고 제품 생산의 효율성을 한껏 높여 주는 글로벌 신발명품과도 같았다. 실제로 글로벌 시장의 힘에 의해 체계적으로 잘 구조화된 글로벌 공급망은 전 세계 인류의 식탁과 일상생활을 저렴한 비용으로 즐겁게 만들어 주었다. 물가 상승 문제도 잠재웠다. 각종 생산과 소비 현장에서 적시에 다양한 신제품과 서비스가 출시되고 소비될 수 있는 조건과 환경도 만들어 주었다. 그러나 그러한 시대는 이제 끝났다.

그렇게 효율적인 것처럼 보이던 글로벌 공급망 체계가 팬데믹에 부딪히자 세계 경제의 생태계를 교란시키고 전 세계의 생산자와 소비자를 불편하게 만드는 악동으로 변하였다. 전체가 하나의 세트로서 매끄럽게 작동하였던 글로벌 생산 체제가 중간 과정에서 필수 생산 요소나 공정에 인위적·비인위적 차질이 생기면서 글로벌 사회 전체가 몸살을 앓게 되었다. 사회·경제적으로 중요한 제품과 서비스가 제때에, 제대로 생산되지 못하는 것이다. 예를 들어, 현대 사회의 필수품인 각종 전자 제품과 자동차 등에 장착되는 반도체 핵심 부품이 어떤 이유로 공급되지 못한다면, 관련 제품의 생산·공급은 중단된다(물론 그동안 비축해 온 부품이 완전히 소진된 다음에 중단된다). 당연히 생산자와 소비자는 발을 동동거릴 수밖에 없다. 팬데믹 기간 중에 실제로 이러한 상황이 벌어졌다.

이때 어떤 이유란, 앞서 언급한 글로벌 공급망 차질을 초래하는 인위적·비인위적 요인 모두를 포함한다. 여기에는 강력한 팬데믹 대응 정책(지역 봉쇄(록다운) 정책, 중국의 제로 코로나 정책 등)으로부터 자국 이익 보호(예컨대, 식량, 원자재 안보 정책 등), 자연재해, 지정학적 요인(국가 간 갈등, 전쟁), 기타 외부 충격 요인에 이르기까지 다양한 요인이 있다. 예를 들어, 러시아·우크라이나 전쟁 발생 후 일부 국가를 중심으로 전개되고 있는 식량과 비료 등을 무기화하는 극단적 보호 무역주의 경향은 인위적 공급망 차질에 해당한다. 사실, 자연재해나 외부 충격 요인을 제외하면, 글로벌 공급망 차질 문제는 모두가 인위적 요인에 의해 발생하고 있다. 이것은 글로벌 정치·사회·경제적 환경이 평화롭고 순탄한 시기에는 글로벌 공급망 체계가 순기능을 발휘하지만, 그렇지 못한 시기에는 세계 경제와 글로벌 사회의 발목을 잡고 괴롭히는 계륵이나 악동으로 변한다는 것이다. 문제는 팬데믹을 전후로 한 글로벌 사회의 환경은 그간의 평화기를 뒤로 하고 점점 분열과 갈등 그리고 지정학적 위험이 고조되는 새로운 격동기를 맞이할 가능성이 높다는 사실이다.

현재 많은 나라가 심각한 글로벌 공급망 차질 문제를 체감하면서 앞으로 다른 나라에 대한 의존도와 상호 관계를 어떻게 구축해 나가는 것이 바람직한지에 대해 진지하게 고민하고 대안을 강구하고 있다. 그동안 외국 기업과 긴밀한 생산·공급 관계를 유지해 왔던 기업들은 부품, 수송 등과 관련된 위험을 회피할 수 있는 방안을 마련하는 데 노심초사한다. 이와 관련하여 최근에 대안으로 제시되고 있는 몇 가지 개념을 정리해 보면 〈표 7-1〉과 같다. 핵심은 어떻게 하면 기업의 생산·공급과 관련된 주요 위험 요소를 최소화해서 유연하고 효율적인 기업 활동과 실적을 달성할 것인지의 방안을 모색하는 데 있다.

〈표 7-1〉 글로벌 공급망 관련 주요 개념

용어	핵심 내용
온쇼어링(onshoring)	제품과 서비스의 자국 생산
오프쇼어링(offshoring)	가격 경쟁력 확보를 위한 제품과 서비스의 해외 생산 (생산 시설 해외 이전)
리쇼어링(reshoring)	제품과 서비스의 해외 생산으로부터 자국 생산으로 전환 (해외 이전 생산 시설의 자국 이전)
니어쇼어링(nearshoring)	제품과 서비스의 근거리(인접) 국가 생산 (인접 국가에 생산 시설 / 생산 라인 분산)
프랜드쇼어링(friendshoring)	외교적 갈등이나 문제가 없는 동맹국, 우방국 등과의 협력 관계에 기반한 제품과 서비스 생산(공급망 차질 문제 해소)

그동안 지나치게 비대해지고 강해진 중국에 대해 미국이 정치, 경제 등 여러 면에서 견제에 나섰다. 여기에 서방 세계와 일본이 거들고 나섰다. 이는 넓게 보면 탈세계화 경향의 중요한 범주에 속한다. 이제 미국과 중국은 경쟁 관계를 넘어 갈등 관계의 대척점에 서서 서로를 노려보고 있다. 중국이 종이호랑이 나라란 말은 옛날이야기이다. 명실상부한 세계 경제의 제2인자가 된 지 오래되었다. 등소평의 역사적인 개방 정책 실시 이후 중국은 그 어떤 나라도 달성하지 못한 가파른 경제 성장을 이루었다. 2000년대에 들어서면서 경제 규모로 영국과 독일을 차례로 제쳤고, 2010년에는 일본을 따라잡고 미국 다음의 세계 제2위 경제 대국으로 우뚝 섰다. 2021년 현재 중국의 GDP는 미국 GDP의 약 3/4을 차지하는 초대규모이다. 현재 미국과 중국 두 나라의 GDP를 합치면 전 세계 GDP의 40%를 넘어선다(여기에 일본을 더하면 세 나라가 전 세계 GDP의 절반 이상을 차지한다).

돌아보면, 세계화 물결은 2008년의 글로벌 금융 위기 전후로 한풀 꺾였다.

어떤 면에서 선진국들이 세계화의 단물을 충분히 빼먹고 난 다음이라고 말할 수도 있다. 과거 세계화 움직임이 출현할 당시 많은 전문가가 세계화가 몰고 올 단·장기적 문제와 폐해에 대해 신랄하게 비판한 바 있다. 하지만 세계화의 경제적 과실을 따먹는 데 몰두한 선진국들은 그에 대해 전혀 아랑곳하지 않았다. 하지만 2000년대 중·후반부터 그동안 누적되었던 세계화의 부작용과 문제들이 하나둘씩 빠르게 수면 위로 부상하였다. 그 와중에 터진 2008년도 글로벌 금융 위기는 세계화의 부작용과 문제를 고스란히 안고 있었다. 글로벌 금융 위기가 탈세계화를 주도한 것은 아니지만, 적어도 탈세계화 움직임에 크게 무게를 실어 준 것만은 분명하다.

최근에 와서는 탈세계화 움직임이 새로운 글로벌 트렌드의 정중앙을 차지하였다. 앞서 언급한 바와 같이, 이번 팬데믹이 엄청난 속도로 글로벌 임팩트를 가하게 된 원인이 글로벌 사회가 하나의 세트처럼 구조화된 세계화에 있다. 말하자면, 세계화 초석 위에 구축된 초연결 사회, 일사불란한 글로벌 공급망, 원세트 지구촌에 코로나바이러스가 잠입하자 글로벌 사회가 순식간에 슈퍼 위기에 빠지게 된 것이다. 이러한 현상과 사실을 목도하고 경험하면서 글로벌 사회는 전에 없이 세계화의 위험성에 대해 심각하게 인식하게 되었다.

결론적으로, 팬데믹은 이미 촉발된 탈세계화 움직임에 불을 질렀다. 팬데믹 대응 과정에서 단행된 지역 봉쇄 등 엄격한 사회·경제적 활동 및 인적·물적 이동 통제는 세계 경제의 복잡한 신경망과 체계적인 연결망을 망가뜨렸다. 이 과정에서 발생한 글로벌 공급망 차질과 미·중 간의 강한 갈등과 힘겨루기, 엄청난 세계적 바이러스 폐해 등이 복합적으로 뒤섞여 거대한 불쏘시개가 되었다. 세계 유수의 미래 전망 기구들은 앞으로 있을 글로벌 위험 중 가장 영향력이 클 것으로 예상되는 탑 리스트에 미·중 갈등을 꼽고 있다. 이 문제는 당연히 글로벌 사회가 지혜롭게 대처해야 할 포스트 팬데믹의 우선 과제에 속한다.

(3) 기후 변화에 대한 세계적 대응 및 공조 체제 강화

팬데믹을 계기로 세계는 앞으로 기후 변화가 전 지구적 재앙이 될 수 있다는 인식과 두려움을 갖게 되었다. 아울러 팬데믹은 기후 변화 문제는 단일 국가가 독립적으로 대응할 수 있는 그 무엇이 아니라는 사실을 전 세계에 일깨워 주었다. 세계의 모든 나라가 연계·협력 체제를 구축해야만 극복할 수 있는 글로벌 재앙(체계적 외부 충격)이라는 사실을 확실히 각인시켜 주었다. 그 결과 팬데믹은 최근 수십 년 동안에 처음으로 국제 사회가 자발적으로 공조 체제를 도모하는 새로운 역사의 물꼬도 터주었다. 그동안 큰 진전을 보지 못하였던 기후 변화와 환경 문제에 새로운 관심과 경각심을 불러일으켰고, 새로운 실천 계획도 이끌어 내었다. 한마디로, 세계의 모든 나라와 사회가 전 지구적 이슈에 대해 얼마나 협력적이면서 적극적으로 대응해야 하는지에 대해 깨닫게 해준 것이다.

여기에 글로벌 리더를 자청해서 나선 국가는 세계적 역량과 영향력을 보유한 미국이다. 미국은 기후 변화에 관한 한 자국 경제 보호를 위해 줄곧 미온적이고 소극적인 입장을 견지해 왔다. 단연 후발주자인 셈이다. 그러나 팬데믹 상황에서 새로 등장한 미국의 바이든(J. Biden) 정부가 직전 트럼프(D. Trump) 정부의 정책을 백팔십도로 바꾸면서 마침내 글로벌 기후 변화 정책의 선봉에 섰다. 역사의 모순된 단면이다. 어쨌든, 지구촌의 미래를 위해서는 매우 다행한 일이다.

정치적 가치와 결단 요인도 있지만, 그보다는 COVID-19 팬데믹의 처참한 현실과 충격이 더 컸던 것으로 판단된다. 미국뿐만이 아니었다. 그동안 기후 변화 대응에 소극적이었던 많은 나라들이 팬데믹의 생생한 현실 경험에 자극을 받으면서 기후 변화가 미래의 중대한 글로벌 위험 요인임을 확실히 인식하였다. 그 결과 모든 나라가 합력해서 그에 공동 대응을 해야 한다는 위기의식을 통감하고, 나아가 글로벌 기후 변화 대응에 동참하는 결단을 하였다.

(4) 잠시 줄어든 이산화탄소 배출량

팬데믹이 발생하자 전 세계의 이산화탄소 배출량은 일시적으로 줄었다.[8] 그 원인은 사회적 거리두기나 록다운, 강력한 국내외 여행 제한 등 각종 사회·경제적 활동에 규제가 가해지면서 생산과 성장이 크게 둔화된 데 있다. 이러한 사실을 인식할 때, 이산화탄소 배출량 감소 현상은 일시적인 것으로 보인다. 이는 과거 세계 금융 위기(2008~2009 global financial crisis)의 경험 사례를 통해 알 수 있다. 글로벌 위기가 발생하였던 당시 이산화탄소 배출량은 일시적으로 줄어들었으나, 위기가 끝나자 배출량은 다시 크게 늘어났다.

이러한 현상은 이번의 팬데믹 사례에도 그대로 적용될 듯하다. 2022년 봄을 전후로 유럽 지역을 포함한 세계의 많은 나라들이 최소 조건만을 남겨 두고 국내외 여행을 자유화시켰다. 마찬가지로, 세계적으로 인적·물적 활동이 기지개를 켜고 경제가 팬데믹 초기와 달리 상당히 역동적으로 움직이고 있다. 이러한 추이를 볼 때, 조만간에 이산화탄소 배출량은 팬데믹 이전 수준으로 되돌아갈 것으로 예상된다.

앞으로 코로나바이러스의 세력이 크게 약화되고 경제가 회복 국면에 들어서면 생물 다양성(biodiversity)은 줄고, 에코 시스템은 점점 위험 수준에 근접

8 이와 달리 팬데믹 상황에서도 주요 온실가스(greenhouse gases)의 콘텐츠는 증가한 것으로 파악되었다.

할 것으로 전망된다. 참고로 국제연합(UN)에 의하면, 세계적으로 매 1분당 100만 개의 플라스틱 음료병이 소비되고, 매년 약 5조 개의 1회용 플라스틱 백이 버려지고 있다. 지구 환경에 치명적인 위협이 아닐 수 없다.

(5) 인구 구조 변화: 팬데믹이 더 크게 할퀸 고령 인구

글로벌 사회는 지난 수십 년간 중대한 인구 구조 변화를 경험하고 있다. 그 중심에는 인구 고령화 현상이 자리한다. 고령화 현상을 주도하는 것은 선진국이지만, 중국 등 일부 신흥·개발 도상국이 그 대열에 합류하고 있다. 우리나라와 이웃 일본은 고령화 현상과 저출산 현상을 동시에 경험하는 세계에서 몇 안되는 특수 국가에 속한다. 다만, 최근 일본은 저출산(일본에서는 주로 소자화(少子化)라는 표현이 사용되고 있음) 면에서 우리나라보다는 상대적으로 양호한 경향을 보인다.

팬데믹은 글로벌 사회의 고령(화) 인구 비율을 낮추었다. 나라마다 다르지만, 전체적으로 고령 인구들이 코로나바이러스로 인해 가장 많이 죽었기 때문이다. 산술적으로는, 이번에 코로나바이러스로 인해 죽은 고령층보다 신생아가 더 많이 태어나지 않는다면, 글로벌 사회(또는 각국)의 고령화 비율은 당분간 계속해서 팬데믹 이전보다 낮은 수준을 유지하게 된다. 세계에서 가장 많은 코로나바이러스 사망자가 발생한 미국의 경우(특히, 고령자 사망 비율이 높음), 평균 기대 수명이 팬데믹 직전에 비해 1년 만에 1.8세가량 줄어드는 인구 통계가 나왔다. 정도의 차이는 있지만, 다른 나라들도 1년 내외의 평균 기대 수명이 줄어들었다.

팬데믹이 인구 구조에 미친 영향은 다양하다. 그 가운데서도 이번에 뼈저리게 느낀 것 중 하나는 고령 인구의 건강 보호에 국가와 사회가 체계적인 취약성을 보였다는 사실이다. 고령층, 그중에서도 특히 기저질환을 앓고 있는 노인들이 팬데믹 상황에서 위험에 가장 크게 노출된 인구군이라는 사실을 이번 사태를 통해 모두가 알게 되었다. 중요한 점은 만일 이러한 지식과 정보를 팬데믹 발생 이전부터 충분히 인지하고 만일의 위기 사태에 대비하는 국가의 총체적이고 체계적인 준비가 있었다면, 그와 같은 고령 인구의 상대적 큰 희생 현상은 없었을 것이다. 국가와 사회는 이것을 미래를 위한 중요한 교훈이자 시사로 삼고, 그에 대한 철저한 향후 대책을 강구해야 한다.

제2부

포스트 팬데믹 대한민국:
경제 위기 위험

8. 서론

팬데믹 위기의 끝물, 희망이 보이는 출구

코로나바이러스가 지구촌을 뒤흔들어 놓은 지 근 3년이 다 되었다. 충격의 강도와 여파는 2022년 중반 이후 크게 수그러들었다. 하지만 변이 바이러스의 여진이 지구촌 곳곳을 간헐적으로 흔들어 댄다. 한동안 뜸하였던 국가 간 인적·물적 이동은 다시 활기를 되찾았다. 그러나 세계는 새로운 팬데믹 스트레스로 신음한다. 팬데믹이 이제 바이러스 대신 인플레이션과 스태그플레이션 둘 중 하나를 선택할 것을 강요하기 때문이다. 뜻밖의 복병이다. 코로나바이러스는 팬데믹 내내 인류의 생명과 건강 말고도 경제와 사회를 끈질기게 괴롭혔다. 그 바이러스가 팬데믹 끝물에서도 경제와 사회를 집중적으로 괴롭히기로 작정한 것 같다.

팬데믹은 지금도 우리 사회와 경제의 발목을 죄는 족쇄이다. 위기 상황은 종료되지 않았고, 전 세계는 아직 팬데믹과 전쟁 중이다. 그러나 지금은 코로나바이러스가 급속히 만연되던 초기와는 확연히 다르다. 확진자와 사망자가 곳곳에서 폭증하고, 세계가 우왕좌왕하던 시절은 지나갔다. 적어도 인류는 COVID-19의 정체에 대해 상당한 지식을 가졌고, 대항마 백신을 유례없이 빨리 개발해서 접종하였다.

많은 나라의 국가 방역 정책 기조가 강성 통제에서 유연한 연성 규제로 바뀌었다. 팬데믹 전성기에 유럽, 중국 등지에서 단행되었던 도시 봉쇄나 강력한 사회적 거리두기 조치들은 점점 역사의 뒤안길로 사라져 가고 있다. 개인과 기업의 일상과 사회적 경향이 빠르게 과거로 회귀하면서 비대면·비접촉 온라인이 주도하던 코로나 사회상에 점점 대면·오프라인 주도의 과거 모습이 크게 오버랩 된다. 개인, 기업, 정부 할 것 없이 과거로의 '행태적·현상적 회귀' 경향이 뚜렷하다.

팬데믹 시대는 분명 저물고 있다. 여전히 팬데믹의 터널 속이지만, 그 속으로 희미하나마 들어오는 빛을 감지한다. 분명 바깥이 보이는 지점에 당도한 듯한 희망과 자신감조차 든다. 이미 다수 선진국은 팬데믹 이후를 내다보면서 국가의 미래 비전과 전략을 모색 중이어서 우리에게 시사하는 바가 크다. 우리는 아직 그러한 준비가 되어 있지 않으므로 이를 의식하고 심기일전해야 한다.

위기 중에 꿈꾸는 미래: 살아남은 자의 몫

전쟁이나 심각한 위기(외부 충격)를 겪은 나라들 가운데 위기를 조기에 극복하고 성공한 나라는 공통점을 지닌다. 그것은 위기가 정점을 넘어섰을 때, 곧바로 위기 이후 미래를 구상하고 실천 계획을 마련하는 결단과 열정이다. 국가의 에너지와 시간 중 일부를 남은 위기 극복에 사용하면서 또 다른 일부를 위기 종료 이후의 미래에 투자하는 것이다.

미래, 그것도 좋은 미래는 선점하는 자의 것이다. 위기 속에서 미래를 탐색하지 않는 국가와 개인은 위기 종료 후 쉽게 과거의 타성과 안일로 되돌아간다. 험난한 위기에 지친 탓에 미래는 내일 구상해도 늦지 않다는 사고가 지배하게 되면 그러한 구상은 내일이 와도 실천되지 않는다. 개인, 기업, 조직, 국가 모두에 적용되는 경험적 사실이다.

국가의 경우 위기 상황이 종료된 후에 미래를 구상하고 행동 계획을 짜는 것은 미련하고 늦은 대응이다. 위기가 끝난 다음 국가와 국민 단위의 정책을 펼치려고 하면, 각종 제약과 많은 불평·불만이 앞을 가로막는다. 많은 국민과 여러 사회 조직들은 위기 속에서 절실히 깨달았던 자유와 권한 그리고 필수 재화와 서비스가 얼마나 소중한지에 대해 이미 감각적으로 많이 잊어버렸다. 이런 판에 나와 우리 조직을 넘어 사회를 조화롭게 가꾸어 나가는 문제는 오래전 위기 상황에서 회자되던 옛날이야기에 불과하다. 인간은 망각과 상실의 동물이다.

위기의 큰 고비는 넘겼지만, 여전히 위기의식과 냉정한 조심과 갈망이 생활 속에 자리하는 그때(즉, 조금 긴장된 상황)가 위기 후 미래를 논하고 구상할 최적기이다. 국가와 국민 모두 냉엄한 현실을 뼈저리게 느끼는 바로 그때가, 사회적 공감과 국민 연대를 끌어낼 수 있는 최고의 시간이자 기회이다. 여건과 환경이 무르익었기 때문이다. 이때 정부가 냉철한 지략과 따뜻한(포용적) 정책을 조화시킨 미래의 비전과 실천 계획을 제시한다면, 그 어느 때보다 훌륭한 국민 화합과 협력적 분위기가 조성될 수 있다.

모든 자연이 그렇듯이, 인간 또한 최악의 조건에서도 최선의 방책을 발견해 내는 본능적 감각과 역량을 보유한다. 지난 약 3년간 코로나바이러스에 의해 희생된 인구가 무수히 많은 것은 매우 안타까운 일이다. 하지만 절대다수의 인류는 앞으로 전개될 새로운 환경에서 새로운 인식을 가지고 대응하며 살아갈 것이다. 지금까지 인류 역사는 늘 그러한 형태를 반복해 왔다. 일부는 죽고 다치고 고통을 받았지만, 다수는 살아남아서 새로운 사회와 역사를 일구어 냈다. 회복의 길은 때로 더디고 거칠었지만, 때로 빠르고 순탄하였다. 늦었지만,

팬데믹 위기가 앞으로 어떤 모습으로 회복하고 발전해 나갈지 매우 궁금하다. 이는 살아남은 자의 몫이고, 그 현상과 결과는 고스란히 지금부터 하기 나름이다.

팬데믹으로 세계 경제는 비록 짧지만, 제2차 세계대전 이후 가장 큰 상처를 입었다. 그러나 결코 일어서지 못할 정도는 아니었다. 건강, 사회·경제 활동에 크나큰 제약과 위축이 있었다. 그러나 이 또한 완전히 감내하지 못할 그 무엇은 아니었다. 역설적으로, 극심한 팬데믹 속에서도 인간 사회와 제도가 보유하는 특유의 저항력과 탄력성이 강하게 꿈틀거렸다는 사실이 글로벌 사회에 새로운 희망을 준다. 이는 팬데믹 중에 관측된 지구상의 무수한 노력과 창의, 희생과 봉사, 소통과 협력, 연결과 연계, 꿈과 비전의 현상과 대응을 돌이켜 보면 충분히 확신할 수 있다.

새로운 각오, 포스트 팬데믹 한국 사회의 구상

인류 사회는 팬데믹의 마지막 길목에 서 있다. 팬데믹의 긴 몸통이 회고적으로 아련히 보이고, 남은 꼬리 부분도 이제 한눈에 들어오는 듯하다. 새로운 결단을 내리기에 충분히 좋은 시간이다. 팬데믹 초기와 중기는 그야말로 긴급 상황의 연속이었다. 그리고 신속한 처방이 무엇보다도 중요하였다. 당시 우리 정부도 다른 나라 못지않게 팬데믹 대책을 종합적으로 수립해서 대처하였다. 돌이켜 보면, 아쉽고 부족한 점도 많다. 하지만 대체로 정부 정책이 국민과 합심해서 일상생활 및 경제 활동과 조화를 이룬 것 같다.

그러나 안타깝게도 우리 정부는 팬데믹 발생 후 현재까지 팬데믹 이후를 합리적으로 예측하고, 짧게는 향후 3~5년, 길게는 10년 이상 시야에서 대한민국의 미래를 끌고 갈 비전과 로드맵을 마련하지 못하고 있다. '포스트 팬데믹 대한민국'이 어떤 가치와 방향성을 갖고, 어떤 정책의 틀과 전략을 꾸려 나갈 것인지에 대한 준비가 없다. 한 세기에 한두 번 있을까 말까 한 위기 상황을 직접 겪은 국가가 그 경험을 딛고 새로운 국가 미래를 구상하고 설계하지 않는다면, 철저히 무책임한 정부일 수밖에 없다.

현재의 국정 운영은 지나치게 현실 대응에 매몰된 '현재 중심적(집중적) 모드'를 반복하고 있다. 중앙 부처들은 팬데믹 상황과 당면 현안의 수습에 급급할 뿐, 팬데믹 이후의 우리 사회, 즉 '포스트 팬데믹 한국 사회'를 구축하는 문제에 대하여는 거의 손을 놓고 있다. 수십 년 전 한국 사회는 '먹고 사는 데 바빠서 다른 생각을 할 틈이 없는 사회'로 상징된 적이 있다. 지금의 우리 사회를 조금 빗대어 표현하자면, '코로나로 정신 차리기 힘들어 미래를 생각해 볼 겨를이 없는 상태'라고 말할 법도 하다. 대단한 유감이자 비극이다.

경황이 없는 긴급 상황이라 어쩔 수 없었다고 말할지 모른다. 그러나 유능한 정부라면 팬데믹이 절정을 넘어 통제 가능한 상황에 이르렀을 때, 포스트 팬데믹 국가의 비전과 운영에 대해 성찰하고 처방을 제시해야 한다. 팬데믹으로 인한 국민의 상처와 고통, 단절, 패배를 뒤로 하고, 새로운 치유와 회복, 소망, 연결, 포용, 국민 행복을 꿈꾸고 도모하는 포스트 팬데믹 국가의 거시 계획을 국민에게 제시해야 한다. 미래는 선점하는 자의 것이고, 특히 좋은 미래는 준비하고 노력하는 자에게 주어진다는 사실을 국민에게 각인시켜 주어야 한다. 역사를 돌아보면, 위기의 한복판에서 미래를 통찰하고, 위기의 극복과 미래 비전을 연결한 나라가 결국 미래를 선도해 나갔다.

미국은 일찌감치 '더 나은 재건'(build back better)이라는 슬로건을 내걸고 팬데믹 이후의 미래를 크고 종합적으로 탐색하고 있다. 팬데믹 이후 사회를 그 이전보다 더 낫게 건설하겠다는 정책적 의지로 충만하다. 유럽의 여러 선진국도 비슷한 시도 중이다. 우리나라가 결코 뒤처져서는 안 된다. 우리는 저들과 어떤 면에서 비슷하거나 같아야 하고, 또 어떤 면에서 분명히 다르고 다양해야 하는지에 대해 깊이 고민하면서 중장기 국가 전략을 수립해야 한다. 특히, 어떻게 하면 우리 고유의 여건과 환경에 맞는 창의와 정체성을 확보할 수 있을지에 대해 깊이 고민하고 지혜를 발휘해야 한다.

이를 위해서는 한국 사회가 현재를 중심으로 과거와 미래를 동시에 냉철히 바라보는 야누스의 얼굴과 사고방식을 가져야 한다. 하나의 얼굴은 과거의 경험과 교훈을 통해 현재를 지혜롭고 냉철하게 대응해 나가는 것이다. 그리고 또 다른 하나의 얼굴은 포스트 팬데믹 미래를 통찰하면서 국가의 성장과 안전 및 사회 복지를 위한 비전과 전략을 마련하는 데 총력을 기울여야 한다.

특히, 미래를 향하는 얼굴은 포스트 팬데믹 한국 사회의 꿈과 비전을 품는 희망의 여유를 간직해야 한다. 그 얼굴은 현재의 우리만이 아니고, 우리의 아이들과 아이들의 아이들에게 행복과 자신감을 부여하는 귀한 선택과 기회의 가능성으로 충만해야 한다. 이는 국가의 운영 모델을 새롭게 구축하고, 국가의 제도와 기관 그리고 관행과 정부의 일하는 방식을 크게 바꿀 때 가능하다. 사고의 전환과 행태의 변화도 있어야 한다. 무엇보다도, 국민의 건강과 인권과 자유, 더불어 살아가는 사회적 관계, 공정한 경제의 운영과 성장, 형평과 사회·경제적 포용, 민주 사회의 구현, 시민 정신과 사회 윤리, 세대 간 형평과 공생(지속성 유지)에 관한 이슈들을 하나도 빠뜨리지 않고 새로운 미래 설계도에 고스란히 담아야 한다. 그리고 국민과 진지하게 대화해야 한다.

종합적으로, 팬데믹 사태를 계기로 대한민국은 새로운 나라로 거듭나야 한다. 이를 위해서는 국가의 운영 시스템을 장기적으로 안전하고 지속 가능한 체제로 구축해야 한다. 아울러 앞으로 어떤 위기 상황이 닥치더라도 유연하고 탄력적으로 대응할 수 있는 국가 역량을 강화해야 한다. 국가는 그 어느 때보다 “냉철한 머리에 따뜻한 마음”(cool head and warm heart)을 갖고 창의적인 국정 운영을 도모해야 한다. 그리고 국민은 돈독한 공동체 의식을 지니면서 각자에게 주어진 삶의 현장과 기회를 최대한 성실하게 가꾸어 나가야 한다.

뜻밖의 난관: 바이러스 혼돈에서 경제적 혼돈으로

(1) 포스트 팬데믹 길목을 가로막는 경기 침체 가능성

코로나바이러스 위기는 확실히 포스트 팬데믹 전환 국면에 접어들었다. 하지만 세계 경제는 뜻하지 않은 커다란 골칫거리를 만나 고전하고 있다. 팬데믹이 끝나 가는 희망적인 상황에서 세계가 인플레이션 덫과 경기 침체의 늪이라는 뜻밖의 난관에 부딪힌 것이다. 그 원인은 이 책의 여러 곳에서 설명하고 있어서 부연하지 않는다. 문제는 그것이 글로벌 차원에서만이 아니고, 점점 우리의 현실로 다가오고 있다는 사실이다.

세계는 2022년이 되면 대부분의 경제 활동이 팬데믹 이전 상태로 돌아갈 것으로 예상하였지만 현실은 그렇지 않았다. 기대하였던 일들 가운데 지연되거나 해소될 기미가 보이지 않는 것들이 많다. 대표적으로, 코로나바이러스의 완전 종식 지연과 글로벌 공급망 차질 문제가 그러하다. 여기에 더해 지난해 내내 고개를 치든 인플레이션 우려가 세계 경제에 짙은 먹구름을 드리우고 있다. 2022년 후반 내지 2023년부터 세계 경제가 팬데믹 이전 상태(경로)를 회복할 것으로 예측하였던 국제기구들은 이미 크게 당황하였다.

팬데믹 와중에 생겨난 글로벌 공급망 차질 현상이 예상 밖으로 쉽사리 해소되지 않고 있다. 여기에 중국의 강력한 봉쇄 조치(제로 코로나 정책)가 더해지면서 문제는 점점 더 꼬이고 심각해졌다. 설상가상으로 주요 자원(원자재) 보유 국가의 보호 조치까지 겹쳤다. 이러한 상황에서 2022년 3월에 러시아의 우크라이나 침공 사태가 발발하였다. 전쟁은 원유와 천연가스, 주요 곡물 및 원자재(니켈, 코발트, 알루미늄, 철강석 등)의 품귀 현상과 가격 폭등을 유발하였다. 이는 곧바로 그동안 분분하였던 글로벌 인플레이션 우려를 강한 확신으로 바꾸어 놓았다. 아울러 주요 공급 요인(자원, 생산·공급망 등)에 큰 타격을 가하면서 기존의 글로벌 공급망 문제를 한층 더 복합화, 가중화, 전면화시켰다. 이보다 더 치명적인 것은 높은 인플레이션 고삐를 잡기 위해 세계의 금리가 숨 가쁘게 뛰고 있는 현상이다. 경제의 각 부문과 주체가 합리적 예측이나 준비할 틈도 없이 밀어닥친 단기의 가파른 금리 상승은 점점 경기 침체의 폭풍을 몰고 올 분위기이다.

팬데믹 중에도 비교적 선방한 우리 경제이지만, 이번에는 아닌 것 같다. 예사롭지 않은 불길한 조짐들과 장애물이 여기저기서 나타나고 있고, 주요 경제 지표가 급격히 나빠지고 있다. 어느새 우리 경제의 성장 길목마다 발목을 잡고 넘어뜨리려는 국내외 요인들이 즐비하다. 지금은 어떤 강한 외부 충격(예컨대, 글로벌 경기 침체)이 툭 치기만 해도 한국 경제가 위기에 빠질 듯하다.

(2) 글로벌 인플레이션, 치솟는 국내 물가

지난해(2022년)부터 미국, 유럽과 마찬가지로 우리나라에서도 인플레이션 문제가 불거졌다. 급기야 6, 7월에는 근래에 경험하지 못한 6%대의 고물가(7월의 6.3% 최고 수준)가 출현하였다. 물론 구미와 비교해 강도와 배경은 다소 차이가 있지만, 어쨌든 국민이 체감하는 생활 물가는 고공 행진 중이다. 인플레이션 기대 심리가 꺾이지 않고 있고, 당분간 5%대의 고물가가 이어질 것으로 한국은행은 예상한다. 저성장하에서의 물가 상승은 가계의 실질 소득을 감소시키고 기업의 생산 비용을 증가시키는 등 여러 면에서 경제에 악영향을 미친다. 이러한 문제를 인식한 한국은행은 2021년부터 기준 금리를 8차례나 계속 인상하였지만, 생각만큼 물가가 잡히지 않고 있다. 지금의 물가 상승이 우리가 통제할 수 없는 글로벌 요인에 의해 전개되는 경향이 더 크기 때문이다.

이러한 상황에서 계속 진행되고 있는 기준 금리 상승은 한국 경제의 최대 고민이다. 실로 진퇴양난이자 계륵과 같다. 현실적으로, 국내외 여건상(예컨대, 인플레이션, 외국 자본 유출) 어쩔 수 없이 미국을 따라가는 단기의 가파른 금리 인상은 기업과 가계 모두의 어깨를 점점 무겁게 짓누르고 있다. 고공행진 중인 물가와 가파른 금리 상승과 긴축 통화 정책은 이자 비용 부담 급증, 실질 소득 감소, 소비 둔화, 투자와 고용 감소, 가계 채무 압박과 기업 자금 경색 심화 현상을 유발하면서 한국 경제를 한 걸음씩 경기 침체의 터널로 내몰고 있다.

(3) 메가톤급 시한폭탄, 가계 채무

팬데믹 중에 급증한 세계 최고 수준의 가계 채무(약 1,900조 원)는 여차하면 터질 수 있는 우리 경제의 메가톤급 시한폭탄이다. 만일 국내외에서 큰 폭의 추가 금리 인상과 경기 침체가 동시에 진행된다면, 가계 채무 문제는 가장 먼저 터지는 사회·경제적 폭발물이 될 것이다. 불과 1년 남짓한 사이에 기준 금리가 3%나 오르고, 앞으로도 추가 인상이 예상되는 숨 가쁜 금융 환경 변화를 생각하면, 우리 사회는 잔뜩 긴장할 수밖에 없다. 이른바 '영끌족'(영혼까지 끌어모아 빚내어 투자하는 경제 주체)과 자영업자들은 자칫하면 채무 최전선에서 벼랑 끝으로 내몰릴 수 있다. 경제 위기의 도화선이자 최후의 보루이다.

한국은행에 따르면, 2021년 말 기준으로 금융 부채 고위험 가구(전 재산을 다 팔아도 빚을 갚을 수 없는 가구를 의미함)는 38만 1,000가구로 전체 금융 부채 보유 가구의 3.2%를 차지한다. 그리고 이들이 안고 있는 금융 부채는 총 69조 4,000억 원으로 전체 금융 부채의 6.2%를 차지한다. 앞으로 경제 상황이 나빠지면 그 비율은 급속히 증가할 것으로 예상된다. 이들은 빠른 금리 상승과 경기 침체의 직격탄을 맞게 될 대표적 집단이다. 정도는 다르지만, 일반 채무자의 이자 부담도 점점 가중되고 있다. 이대로 간다면, 경제적 압박을 넘어 심적 고통과 사회적 문제가 초래될 것은 불 보듯 뻔하다. 여차하면 국가 재정이 구원자로 나서지 않으면 안되는 상황이 빚어질 수 있다. 이 경우 수십조 원의 재정 자금이 필요한데, 이는 국가 재정에 과부하를 초래한다. 문제는 향후 국가 재정이 국민 경제에 직접 개입해서 지원하고 구제해 주어야 할 상황과 대상이 이뿐만이 아니라는 사실이다. 극단적으로는, 채무 문제가 경제 위기, 경제 위기가 다시 심각한 재정 압박이나 재정 위기로 번지는 최악의 상황이 벌어질 수도 있다.

(4) 한계 기업 증가, 기업의 자금 조달 빨간불

기업의 회사채 발행에도 비상등이 켜졌다. 국내외 경제 상황이 급격히 나빠지는 가운데 강원도의 채무 보증 불이행(강원도 춘천 레고랜드발 채권 시장 불안 및 불신 사태) 여파가 기업의 자금 조달 환경을 급속히 냉각시켰다. 강원도가 유사시 채무를 떠안기로 약정한 2,000억 원대의 자산 유동화 기업 어음(ABCP)을 사실상 부도 처리한 것이다. 그렇지 않아도 경제 여건이 나빠지고 금리가 가파르게 상승하는 상황에서 국가에 버금가는 신용도를 보유하는 지방자치단체(강원도)가 근시안적 판단으로 투자 시장의 기반인 신용과 신뢰를 한순간에 걷어찬 것이다. 그로 인해 약 3,000조 원 규모의 채권 시장에 일파만파의 문제가 생겨났고, 신용 위험 경고 사태까지 불거졌다. 채권 시장의 심리적 불안과 재무 불안정성이 커지면서 채권 펀드의 자금 유출 속도가 매우 빨라지고 있다. 특히, 현재 100조 원이 넘는 것으로 추정되는 부동산 관련 프로젝트 파이낸싱(project financing: PF) 대출 잔액(2022년 은행권 30조 8,000억 원, 비은행권 85조 8,000억 원; 한국은행 통화신용 정책 보고서, 2023. 3)은 사업과 관련된 채권의 부실 위험이 고조되어 사실상 패닉 상태에 빠졌다. 정부와 금융 당국이 도와주지 않는다면, 상당수의 관련 기업들이 도산하거나 정상적인 경영을 할 수 없다. 어불성설(語不成說)과도 같고, 상상하기 어려운 행위를 강원도가 자행한 것이다.

급기야 정부가 부랴부랴 나서서 단기 금융 시장의 숨통을 틔워 줄 목적으로 50조 원 규모의 유동성 공급 조치를 단행하였다. 이것은 단기적으로 효과가 있겠지만, 과연 앞으로 어떨지는 미지수이다. 경제 상황이 나빠지고 불확실성이 지배하는 상황에서는 한번 훼손된 금융 신뢰와 신용은 금방 복원되지 않는 경향이 있다. 채권 시장 참여자들은 이번 사태를 계기로 더욱 안전성과 위험 관리에 몸을 사리게 될 것이 분명하다. 아울러 기업의 자금 조달 수단과 공간은 앞으로 점점 더 협소해질 것이 거의 확실하다. 지난해 3분기에 발행된 회사채 중에서 A등급 회사채의 58%가 시장에서 팔리지 않은 사실은 여러 면에서 우려를 불러일으킨다.

최근 들어 신용도(신용 등급)가 높은 대기업들조차 전보다 크게 나빠진 발행 조건(높아진 회사채 금리, 기타 상환 조건 악화 등)에 원하는 만큼의 회사채 물량을 시장에서 팔아 내지 못하고 있다. 신용 등급이 낮은 기업들은 안절부절하는 상황이다. 지난 9월 신용 등급이 낮은 BBB- 기업이 발행한 회사채의 3년물 금리가 무려 11.382%를 기록하였다. 10월 20일 현재 회사채 금리(3년물 무담보)는 신용 등급이 좋은 AA-의 경우 5.555%, 신용 등급이 낮은 BBB- 기업의 경우 11.444%인 것으로 조사되었다. 이는 미시적으로는 최근에 있었던 레고랜드 사태의 여파이고, 거시적으로는 서서히 다가오는 경기 둔화 또는 경기 침체의 영향으로 분석된다.

앞으로 기업이 채권을 발행해서 자금을 조달하는 거래 비용은 눈덩이처럼 불어날 전망이다. 신용 등급이 낮은 BBB- 기업의 경우 15% 내외의 금리를 부담해도 시장에서 소화가 되지 않을 가능성이 있다. 마찬가지로, 최고 신용 등급의 AAA 채권도 최소 5% 이상의 금리를 부담해야 시장에서 소화가 될 것 같다. 참고로 초우량 채권으로 분류되는 은행 발행 채권 3개월물이 지난해 말 4% 금리에 시장에서 팔렸다.

통상 기업은 은행 대출과 주식 및 회사채 발행을 통해 자금을 조달한다. 최근 세 수단 모두 금리 인상의 영향을 받아 점점 얼어붙고 있다. 이른바 '돈맥경화 현상'이 나타나고 있다. 앞으로 날이 갈수록 기업의 자금 조달 경색 문제가 심각해질 것은 불 보듯 뻔하다. 그동안 기업의 채무 상황은 가계 채무에 비하면 상대적으로 나았다. 하지만 앞으로의 경제·금융 상황 변화에 따라 한계 기업은 물론 일반 기업의 채무 문제와 자금 조달 경색 문제가 크게 심각해질 수 있다.

현재 한계 기업(최근 3년간(3년 연속) 영업 이익으로 이자 비용을 다 갚을 수 없는 기업)은 약 2만 3,000개에 달하는 것으로 파악된다. 팬데믹 전보다 약 25% 늘어난 것인데, 이는 앞으로 급증할 가능성이 있다. 한국은행은 한계 기업 비율이 2021년의 14.9%에서 2022년에는 18.6%로 상당히 증가할 것으로 전망하였다. 일각에서는 계속되는 금리 인상으로 대기업 10곳 중 6개 기업이 영업 이익으로 이자를 다 갚지 못하는 취약 기업으로 전락하고 있는 것으로 본다. 앞으로 예상되는 추가 금리 인상, 경기 침체에 따르는 매출 부진, 수익 감소와 적자 전환 증가, 높은 생산자 물가, 원화 가치 하락 등을 고려하면, 한계 기업은 한국은행의 전망치를 훨씬 웃돌 가능성이 크다.

(5) 무역 수지·경상 수지 적자, 우려되는 쌍둥이 적자

우리 경제의 영원한 버팀목처럼 여겨져 왔던 수출과 무역 수지에도 적신호가 켜졌다. 수출 증가율 둔화와 함께 주요 수입품(원유, 천연가스) 등 물가 상승이 주된 원인이었다. 1997년 외환 위기 이후 처음으로 무역 수지가 10개월 연속(2022년 4월에서 2023년 1월) 적자를 기록하였다. 상품의 수출보다 수입이 더 큰 현상이 근 1년 가까이 계속된 것이다. 한술 더 떠 우리 경제에서 좀처럼 보기 드문 경상 수지(상품, 서비스, 자금 거래(배당, 이자 등)를 모두 포함하는 대외 거래 손익) 적자 현상이 간헐적으로 발생하고 있다(2022년 4월과 8월, 2023년 1월에 발생하였으며, 8월 경상 수지 적자는 근 10년 만, 그리고 올 1월 경상 수지 적자는 1980년 통계 집계 이후 최대임). 우리나라 수출의 약 1/4을 차지하는 중국의 경제 상태가 옛날만큼 못하고, 수출 점유 비중 또한 줄어들고 있는 점은 우리 경제에 어두운 그림자이다. 미국, 유럽, 신흥·개도국으로 수출 저변을 확대 강화하고 있지만, 단기에 중국에서 발생한 마이너스 부분을 만회하기에는 역부족이다.

아직은 추이를 좀 더 두고 보아야겠지만, 만일 수출 증가율 둔화가 수출 감소(마이너스 증가율) 추세로 완전히 전환된다면, 기업의 수익 감소를 필두로 투자·소득·소비·고용 감소 현상이 유발되면서 우리 경제를 침체 상황으로 내몰 가능성이 크다.

또한 경상 수지 적자 현상이 더 빈번해진다면, 이미 체질화된 국가 재정 적자와 더불어 이른바 '쌍둥이 적자'(twin deficit) 문제를 크게 염려해야 한다. 이는 과거 미국이 장기에 걸쳐 국가 경제와 재정의 큰 골칫거리로 고통을 받았음을 유념할 필요가 있다.

(6) 자산 시장 하락, 자산 거품 폭발 가능성

팬데믹 동안에 상위 소득 계층에 엄청난 자산 소득(부)을 안겨 주었던 주식 시장, 부동산 시장이 크게 기울어지고 있다(아직은 넘어지거나 완전 폭락장을 보인 것은 아니다). 주식 시장은 팬데믹 초반에 대폭락(2020년 3월, 코스피 지수 1,400선대로 추락)을 한 후 급상승 추세로 반전하였다. 2021년 7월에는 코스피 지수가 사상 최고치인 3,300선대의 신기록을 수립하였다. 하지만 2022년 들어 빠른 하락 추세를 보이면서 중반 이후 전성기 때 시가 총액의 약 1/3을 날려버리고 비틀거리고 있다. 앞으로 코스피 지수가 2,000 이하로 추락해도 전혀 이상하지 않다. 경제가 이제 막 하강 국면에 진입하고 있음을 고려하면, 충분히 그러한 예상은 신빙성이 있다.

부동산 시장은 그 정도는 아니지만, 평균적으로 팬데믹 중에 달성한 최고점 대비 10% 이상의 자산 가치를 상실하였다(팬데믹 절정 때, 많은 투자자와 전문가들은 부동산 가격이 더 올라갈 것으로 예상하였지만, 거기까지가 다였다). 그러나 이는 여전히 팬데믹 직전 수준보다 상당히 높은 가격대이다. 여러 가지 경제 상황을 종합해 볼 때, 부동산 시장의 추가 하락은 불가피해 보인다. 다만, 그 속도와 크기는 현재 속단하기 어렵다. 저자는 부동산 시장의 대폭락(현재 상태로부터 팬데믹 이전 상태 이하의 자산 가치 추락)이 한국 경제의 위기를 예고하는 확실한 신호라고 생각한다. 물론 이는 기존의 민간 부문 과잉 채무와 한 쌍을 이루면서 발생할 것이다. 뒤에서 상세히 언급하지만, 우리나라의 자산(자본) 시장은 팬데믹 중에 실물 경제가 죽을 쑤고 있는 상황에서도 나 홀로 뜨거운 호황을 누렸다. 이를 두고 '과열 투자·투기'로 표현하지만, 실제로는 '자산 시장 거품'(capital market bubble)과 '자산 가치 거품'을 만들어 내고 있었던 것이었다. 앞으로 이 거품이 터질지, 터지지 않을지에 대하여는 뒤에서 살펴보자.

(7) 추락하는 원화 가치, 순 대외 자산 감소

세계 경제의 주인공 미국이 금리를 가파르게 인상하자 초강달러(소위 '킹달러')의 기세가 세계를 뒤덮었다. 미국 달러화가 전 세계의 통화를 단연 압도하면서 세계 경제를 블랙홀처럼 빨아들이는 것이다. 달러 외의 (준)기축 통화인 유로화, 엔화, 파운드화조차 줄줄이 초약세로 가는 형국이다. 특히, 일본 엔화가 처참하였다. 엔화는 초강달러 상황과 자국 정책이 맞물리면서 20여 년 만에 달러당 145엔이 무너졌다. 그리고 10월 중순에는 32년 만에 처음으로 달러당 150엔을 돌파하였다. 통상 글로벌 위기가 발생하거나 불확실성이 고조될 경우, 미국 달러 다음의 안전 자산으로 일본 엔화가 선호되었다. 그러한 전통적 경향을 생각하면, 지금의 '엔화 초약세' 상황은 매우 이례적이다. 가장 큰 원인은 일본 정부와 중앙은행(일본은행)이 정책적으로 합작해서 '강달러·약엔화'를 용인한 데 있다. 그 핵심은 미국의 금리 인상을 따라가지 않고 기준 금리를 '제로 금리'로 고착시키는 통화 정책이다. 그런데 실제 상황은 일본 정부가 의도하고 바라는 수준보다 과도하게 엔화 가치가 떨어지고, 이상한 방향으로 물가가 올라가는 현상이 나타나 일본을 곤혹스럽게 만들고 있다.

이는 한때 달러당 150엔이 돌파되자 일본 정부가 외환 시장에 강력히 개입해서 엔화 가치를 150엔 이하로 떨어뜨린 사실이 말해 준다. 한번은 정부 당국이 공개적으로 외환 시장에 직접 개입하였고, 또 한번은 비공개적으로 외환 시장에 간접 개입('복면 개입'으로 지칭됨)해서 엔화 가치의 추락을 막았다(이와 관련된 내용은 뒤에서 구체적으로 설명된다). 주요국을 대상으로 달러의 강세 수준을 측정해 주는 달러 인덱스(dollar index)는 일찌감치 110을 넘었다가(100이 기준 상태임), 그 후 110 전·후로 약간의 변동성을 보였다(최근에는 그보다 많이 떨어졌다).

우리의 원화 또한 초약세를 면치 못하고 있다. 지난해 초 만 해도 달러당

1,200원 내외를 오르내리던 원화 가치는 불과 몇 달 사이에 달러당 1,400원대 초·중반 수준으로 급락(환율 인상)하였다. 불행히도 우리나라의 원화는 OECD 회원국 통화 중 가치가 가장 크게 떨어진 것 중 하나로 드러났다. 이러한 원화 가치의 취약성과 수출 전선의 경고음(특히, 우리 경제의 최대 교역 대상국인 중국의 경제 성장 둔화) 등의 현상을 두고 해외의 유력 언론에서는 한국 경제의 위기 가능성을 언급하기도 한다. 한때 외환 시장에서는 잘못하면 달러당 1,500원까지 갈 수도 있음을 경고하기도 하였다. 하지만 환율은 워낙 다양한 국내외 경제 변수와 얽혀서 변동되는 민감성과 복잡성을 지니는 문제여서 그 예측이 매우 어렵다. 단적인 예로, 한동안 계속 추락하기만 하던 원화(일본 엔화, 유로화도 마찬가지임) 가치가 예상치 못한 미국 연준의 금리 인상 속도 조절 조치(2022. 12)에 힘입어 달러당 1,200원대 후반으로 크게 상승 반전한 것을 들 수 있다.

환율이 한 나라의 경제 역량(경제 성장 실적, 경제 상태 등)을 말해 주기 때문에 원화 가치의 추가 하락(환율 상승)은 더 이상 용인되어서는 안된다. 이제는 우리 경제가 다변화·다양화되고 주력 기업의 해외 입지가 넓어지면서 '강달러·약원화'가 수입 증대로 이어져 우리 경제에 혜택을 주는 공식은 이미 옛날 방식이 되었다.

아직은 염려할 정도는 아니지만, 우리나라의 순 대외 채권(대외 채권 - 대외 채무)이 줄고 있고, 외환 보유 금액 또한 조금씩 감소하고 있다. 예의주시해야 할 대목이다. 2022년 9월 말 기준으로 우리나라의 외환 보유 금액은 4,167억 7,000만 달러로 세계에서 여덟 번째로 많다. 그리고 과거 외환 위기 때 단기 외채 비중이 너무 커서 경제의 둑이 무너졌던 것과 달리 지금은 그 비중이 비교적 낮은 상태이다. 하지만 단기 외채는 기업의 상황이 급해지면 언제라도 급증할 수 있고, 외환 보유 금액 또한 평상시와 위기 시의 안전장치 역할이 급격히 달라질 수 있음을 명심해야 한다.

(8) 종합

우리 경제의 앞날에 고뇌와 근심거리가 쌓이고 있다. 우리 경제의 구조는 2008년 글로벌 금융 위기 때보다 더 복잡해졌고, 둘러싼 문제는 1997년 외환 위기 당시보다 훨씬 복합적이다. 더 심각한 것은 마땅한 해결 방안이 없다는 사실이다. 지금은 우리가 주도적으로 해결할 수 있는 것보다 외부적 요인과 불확실성 요인이 훨씬 더 크고 강하게 영향을 미치는 상황이다. 아울러 우리 경제가 출중한 창의적 제품을 세계 시장에 출시하거나, 세계 경제에 강력한 영향력을 행사할 수 있는 무기를 보유하고 있지 않은 점도 분명히 인식해야 한다. 씁쓸하지만 현실을 냉철히 직시해야만 한다.

우리 경제의 가까운 미래는 점이나 단면이 아니고, 넓고 긴 시야 속의 어느 한 위치(부분)로 포착될 것이다. 그것은 완만한 물가 상승과 짧고 약한 경기 둔화로부터 극단적인 경제 위기, 그리고 그 가운데 위치하는 어떤 지점 또는 상태이다. 현재로서는 그 누구도 우리 경제의 단·중기(수개월에서 3~5년 내외) 상태에 대해 정확히 예측할 수 없다. 무엇보다도 예측과 예상을 둘러싼 불확실성이 크고 다양하며, 그 대부분이 우리가 통제할 수 없는 글로벌 환경 변수에 의해 결정되기 때문이다.

이 책에서 강조하고자 하는 것은, 가장 나쁜 상황, 즉 최악의 시나리오(worst scenario)를 상정하고, 국가 차원에서 대응 방안을 모색해야 한다는 점이다. 최악의 상황이란, 경제 위기를 뜻한다. 우리의 느낌에 와닿는 표현을 하자면, 1997년발 외환 위기와 같은 상황이다. 다만, 이는 머리에 들어오는 비유일 뿐 향후 경제 위기가 발생한다면, 그 배경과 원인, 과정과 결과 그리고 대응 방안 전체가 외환 위기와는 크게 다를 것이다.

팬데믹 끝물에서 자칫하면 우리나라의 경제와 재정이 복합 위기의 수렁에 빠질 가능성이 있다. 늦었지만, 지금부터라도 정부가 중심에 서서 국가, 기업, 가계, 개인이 결코 위기 상황에 내몰리지 않도록 최선의 전략과 방책을 마련해야 한다. 강조하지만, 최악의 상황과 시나리오를 염두에 두고 접근해야 한다. 아울러 국가와 사회, 가계와 기업 등 대한민국의 모든 구성 요소와 활동 체계가 합심해서 경제의 주요 길목과 요소요소를 점검하고, 체질을 개선하는 노력을 기울여야 한다. 그렇지 않으면 경제 위기의 파고를 넘지 못하고, 대한민국 사회 전체가 엄청난 시련과 고통을 겪을 수 있다. 당면한 미래를 지나치게 비관적으로 볼 필요가 없는 것처럼, 마찬가지로 무작정 희망과 낙관에 기대서도 안된다. 지혜롭고 냉정하게 직시하고 담대한 해법을 마련해야 한다.

9. 글로벌 경제 위기, 국가 경제와 재정 위기 가능성

세계 경제의 채무 축적 물결, 2000년대의 세계 경제 침체와 위기

(1) 세계 경제의 채무 축적 물결과 말로(末路)

세계은행(World Bank, 2020)에 의하면, 세계 경제는 지난 50여 년 동안 네 차례의 '채무 축적(또는 과다 채무) 물결'(four waves of debt accumulation)을 경험하였다. 처음 세 번은 1970~2009년에 발생하였는데, 크게 1970~1989년, 1990~2001년, 2002~2009년의 세 기간으로 구분된다. 세 차례의 채무 축적 물결은 각기 독특한 원인과 특성을 가졌다. 하지만 세 번 모두 많은 신흥국과 개발 도상국(EMDE)을 금융 위기(financial crisis)로 내몰고, 막대한 생산물 손실을 유발한 점에서 운명을 공유하였다. 다만, 위기를 겪은 국가마다 사회·경제·정치적 상황이 다르고, 각기 상이하고 다양한 채무 확장 과정과 양상을 보였다.

네 번째 물결은 2008년 글로벌 금융 위기(global financial crisis)를 계기로 2010년부터 시작해서 지금까지 이어지고 있다. 현재의 물결인 셈이다. 이 물결은 채무의 규모, 속도, 범위 면에서 이전 세 번의 물결과 비교할 수 없을 만큼 크고 빠르고 광범위하다. 이는 역사상 가장 높은 채무 파도를 타고 있으며, 점점 위험 지대에 근접하고 있다. 무엇보다도 물결의 끝물이 팬데믹 파고를 올라타면서 그 운명이 경각에 달려 있다.

팬데믹 중에 세계의 채무는 공공 부문과 민간 부문(가계+기업)을 통틀어 역사상 최대 규모를 기록하였다. 글로벌 채무는 팬데믹 이전에도 사상 최고 수준이었는데, 이 기록을 팬데믹 채무가 깨뜨렸다. 대부분의 나라에서 팬데믹 발생 후 재정 적자와 국가 채무가 급증하는 현상을 보였다. 국제통화기금(IMF)이 2022년 4월에 발표한 『세계 금융 안정 보고서』(*Global Financial Stability Report*)에 의하면, 신흥국의 평균 국가 채무 비율은 팬데믹 발생 후 사상 최대 규모로 증가하였다. 구체적으로, 팬데믹 이전의 GDP 대비 52% 수준에서 팬데믹 이후 GDP 대비 67% 수준으로 급증하였다. 아울러 신흥국의 자국 통화 표시 국채 발행량 중 자국 은행이 보유하는 비율(2020년 31.7%)은 큰 폭으로 늘어났다. 반면에 외국인 투자 비율은 감소하였다. 이는 팬데믹 중에 국가가 발행한 채무의 상당 부분을 외국 자본 대신 국내 자본이 소화하였음을 의미한다.

이러한 현상은 팬데믹 이후 신흥국의 재정 건전성 악화와 이자 비용 부담 증가 현상이 맞물리면서 재정 지출 여력이 급격히 축소되는 문제를 초래하고 있다. IMF는 2021~2026년 기간 중 신흥국의 세입 대비 이자 지출(이자 비용) 비율이 12% 수준까지 증가할 것으로 전망하였다(선진국의 경우 현재와 비슷하게 6%를 조금 넘는 수준을 유지할 것으로 전망). 만일 현재 진행 중인 세계적 금리 인상의 여파로 경제와 재정이 동시에 나빠진다면, 신흥국 국내 은행의 재무 건전성에 심각한 균열이 발생한다. 극단적으로, 신흥국 금융 기관의 도산 사태가 발생할 수 있다. IMF는 2021~2026년 기간에 신흥국의 GDP 대비 국가 채무 비율은 2022년의 67%에서 2026년에는 75% 수준까지 증가할 것으로 예측하였다. 이와 달리 선진국의 국가 채무 비율은 점진적으로 감소할 것으로 전망하였다(선진국의 총채무는 글로벌 금융 위기 발생 직후 거의 기록적인 수준에 도달하였다). 그러나 이러한 낙관적 전망은 예상을 훨씬 뛰어넘는 큰 폭의 금리 상승과 글로벌 경기

팬데믹 직전의 글로벌 채무, 당시 사상 최고 수준

팬데믹이 글로벌 채무의 역사적 기록을 깨뜨렸지만, 팬데믹 이전에도 세계 채무는 당시 사상 최고 수준으로 높았다. 2018년 기준으로 세계 채무는 글로벌 GDP(global gross domestic product(GDP))의 약 230% 수준으로 치솟았다. 신흥국과 개발 도상국(emerging market and developing economies: EMDE)의 공공 · 민간 채무를 모두 합친 총채무는 약 55경 달러이다. 이는 EMDE GDP의 약 170%에 이르는 기록적인 수준이며, 2010년 대비 54% 증가한 것이다(다만, EMDE 채무의 상당 부분을 중국이 차지하고 있는 점을 고려할 필요가 있다). EMDE 국가의 약 4/5가 2010년보다 2018년의 총채무가 더 늘어났다.

선진국의 총채무는 약 130경 달러이며, 이는 선진국 GDP의 약 265%에 해당하는 매우 높은 수준이다. 그중 정부 채무가 약 50경 달러(선진국 GDP의 약 104%)를 차지하는데, 이 또한 역사적 고점이다. 다만, 선진국 중에서도 2010년 이후 채무가 큰 폭으로 증가한 국가가 있는가 하면, 오히려 감소한 국가도 있다(선진국의 약 40% 정도는 총채무 감소를 기록하였다).

침체 가능성을 고려하면, 수정이 불가피할 것으로 보인다. 앞으로의 상황 변화에 따라 선진 경제 중 일부도 금융 위기의 가시권에 충분히 들어올 수 있다. 우리 또한 예외가 아니다.

신흥국·개발 도상국의 국가 채무는 여러 면에서 선진국과 차이가 난다. 따라서 국가 채무에 대한 인식과 접근을 달리할 필요가 있다. 선진국은 국가 채무를 관리할 수 있는 역량과 다양한 수단을 보유하지만, 많은 신흥국·개발 도상국은 그렇지 못하다. 다수의 신흥국·개발 도상국들은 팬데믹을 거치면서 계속되는 저성장, 각종 사회·경제·재정 취약성 누적, 외국 자본 이탈, 그리고 고조되고 있는 글로벌 위험성 요소에 직면하고 있다. 이러한 현실 상황을 고려할 때, 각국은 자신에게 적합한 정책 메뉴를 잘 선택해서 현재의 채무 물결이 금융 위기로 이어지지 않도록 선제적으로 대응해야 한다.

끝으로, 현재의 채무 누적 물결은 지나간 세 차례의 물결을 따라 역사적 운명을 다할 가능성이 크게 높아졌다. 네 번째 물결이 해일로 변해 일부 국가와 지역만 덮칠지, 아니면 글로벌 사회 전체를 덮칠지에 대하여는 미지수이다. 이와 관련된 우리나라의 미래 상황에 대하여는 조금 뒤에서 다룬다.

(2) 2000년 이후의 세 차례 글로벌 경기 침체

2000년대 들어 세계 경제가 침체(global recession)에 빠진 것은 크게 세 번 있었다(2000년에 미국에서 발생한 첨단 산업 중심의 닷컴 버블은 제외함). 첫 번째는 2007~2009년에 발생한 글로벌 금융 위기(global financial crisis)이다. 당시 불황의 골은 깊었고, 파장 또한 전 세계적으로 매우 컸다. 다른 말을 할 것 없이, 2009년 세계 경제 성장률이 0%로 급락한 사실이 모든 것을 대변해 준다. 당시 금융 위기의 극복을 위해 위기 진원지인 미국을 비롯하여 대다수 선진국이 강력한 확장적 재정 정책과 금융 정책(저금리·양적 완화 정책)을 펼쳤다. 다행히 정책의 효과가 있어서 2011년을 전후로 세계 경제는 되살아났다(경기 회복의 시점은 국가별로 다르다).

글로벌 금융 위기는 미국의 자산 시장(특히, 주택 시장과 부동산 시장) 과열, 즉 자산 시장 거품(버블: bubble)에서 비롯되었다. 그 기저에는 위기 발생 수년 전부터 저금리 정책에 의해 누적된 과잉 유동성이 자리한다. 위기가 발생하자 미국의 금융 시장은 물론 미국과 긴밀한 관계에 놓여 있는 유럽의 자본 시장과 금융 시장이 일대 혼란에 빠졌다. 반면에 미국의 금융·자본 시장과 밀접하게 연계되지 않은 우리나라나 신흥국·개발 도상국에서는 상대적으로 제한적인 영향과 충격만 있었다.

글로벌 금융 위기로부터 회복된 지 몇 년이 되지 않아 유럽에서 심각한 국

글로벌 경제 위기와 우리나라의 영향

2008년 글로벌 금융 위기 당시의 우리나라 경험을 되돌아보면, 2008년과 2009년의 경제 성장률은 각각 3.0%, 0.8%였다. 금융 위기가 끝나자 2010년의 경제 성장률은 2009년도 기저 효과와 회복 탄력성이 겹치면서 6.8%로 크게 상승하였다. 반면에 미국과 유로존은 금융 위기 당시 마이너스 경제 성장을 기록하였다. 이처럼 같은 글로벌 경제 위기 속에서도 위기의 충격과 여파는 지역과 국가별로 크게 다르다. 충격의 강도와 여파가 진원지와의 거리 등 구조적 밀접성에 따라 다르게 나타나는 지진처럼, 글로벌 경제 위기에 따른 경제·재정·사회적 영향도 국가별로 차이가 난다.

뒤에서 구체적으로 기술하지만, 우리나라에 직접적으로 매우 큰 영향을 미친 글로벌 경제 위기는 1970년대와 1980년대 초에 발생한 오일쇼크(1, 2차)와 1990년대 말에 발생한 동아시아 금융 위기(우리의 경우 속칭 외환 위기) 두 가지이다. 반면에 2000년에 미국에서 발생한 '닷컴 위기'(IT 버블)나 2008년의 글로벌 금융 위기 그리고 2015년의 유로존 채무 위기 등은 우리나라에 상대적으로 제한적인 영향만 미쳤다. 물론 그중에서 2008년 글로벌 금융 위기의 여파는 컸다.

가 채무(공공·민간 채무) 문제가 불거졌다. 이는 곧바로 2015~2016년 유로 지역 채무 위기(Euro area debt crisis)를 만들었다. 유로 지역은 2000년대 들어 장기간 적자 재정과 채무 문제로 시달려 왔다. 그런데 이 문제가 조금씩 완화되어 가는 상황에서 불행히도 중국 금융 시장의 불안정성 등 외부 요인이 유로 지역을 덮친 것이다. 유로 채무는 순식간에 심각한 위기 상황 속으로 빨려들어 갔다. 동 위기는 글로벌 금융 위기보다 강도와 여파는 약하였지만, 그래도 새로운 글로벌 불경기를 만들어 내기에는 충분하였다.

훗날의 중론은 당시 유럽 국가들이 2008년 글로벌 금융 위기 때 단행하였던 확장적 재정 정책의 후유증을 고려해서 지나치게 빠르고 과다하게 재정 구조 조정(세출 삭감 등)을 단행한 것이 화근이었다고 보았다. 이는 팬데믹 이후 우리나라의 재정 정책에 시사하는 바가 크다. 다만, 한국은 국가 채무가 과다하지 않아 급격한 세출 구조 조정을 하더라도 그에 따른 국가 채무 위기는 발생하지 않을 것이다. 그러나 경기 둔화의 가능성은 배제할 수 없다. 다행히도 2015~2016년도 유로 채무 위기는 오래 가지 않았다. 그 여파 또한 2008년도 글로벌 금융 위기에 비해 크게 약하였다. 그 후 세계 경제는 팬데믹 발생 전까지 비교적 무난한 안정적 성장 기조를 이어 나갔다.

(3) 점점 커가는 네 번째 글로벌 경기 침체 가능성: 제4차 글로벌 채무 축적 물결의 종언

어쩌면 2022년 들어 포스트 팬데믹의 희망과 낙관론을 밀쳐 내고 급부상한 글로벌 인플레이션·스태그플레이션의 징후가 2000년대의 네 번째 세계 경제 침체(global recession)의 신호탄일 가능성이 크다. 그리고 앞서 언급한 제4차 글로벌 채무 축적 물결의 종언(終焉)을 고하는 수순일 가능성이 있다. 무엇보다도 역대급 유동성(팬데믹 유동성) 힘으로 자산 시장에 거품이 가득 낀 상태에서 선진국 경제가 금리 인상 무기를 들고 인플레이션과 일대 전쟁을 벌이고 있는 상황이 그러한 생각을 하게끔 만든다. 신흥국·개발 도상국 상황 또한 만만치 않다. 무엇보다도 상당수 국가(특히, 저소득 국가)가 팬데믹 중에 크게 팽창한 국가 채무를 감당할 수 있는 재정의 공간과 역량이 거의 소진된 상황이 매우 심각하다. 아울러 경제 실적 부진(저성장)과 미국 등 선진 경제의 가파른 금리 인상으로 외국 자본이 속속 이탈하는 상황은 언제 위기가 터지더라도 그다지 놀라지 않을 만큼 다급하다.

그동안 국제기구들은 2022년부터 세계 경제가 활동 및 이동 통제에서 벗어나 교역량이 회복되고 정상적인 회복 경로를 찾아갈 것으로 예상하였다. 이 경우 신흥·개도국의 채무 문제는 소수 저소득 국가의 지역 위기 가능성을 제외하면 글로벌 차원에서 큰 문제가 없을 것으로 판단하였다. 하지만 그러한 예상은 세계 경제가 뜻밖의 복병을 만나자 자취를 감추는 분위기가 역력하다. 세계 경제의 노선이 완전히 다른 경로를 향하고 있기 때문이다. 이제는 부진한 경제 성장 속에 갚아야 하는 대외 채무 문제가 점점 확실한 위기 촉발 요인으로 떠오르고 있다.

최근에 와서 글로벌 채무와 신흥·개도국 채무 문제의 위험성이 고조되고 있다. 머지않아 적지 않은 저소득 국가들이 채무 불이행, 즉 디폴트(default)를 선언하고 국가 부도 사태를 맞이할 가능성이 크다. 그 전후의 어떤 시점에서 국제기구와 G7 등 선진국들이 채무 면제와 탕감, 구제 조치를 취하겠지만 모든 나라를 구제해 주기는 어려울 것이다. 글로벌 경제 위기를 차단하거나, 불가피할 경우 최소 수준의 글로벌 위기 발생을 허용하는 수준에서 자금 지원이 이루어질 가능성이 크다. 지금은 선진국들도 천문학적인 규모의 국가 채무 문제로 제 코가 석 자인 상황에서 다른 나라를 도와주는 데는 근본적인 한계가 있다.

그렇다고 선진국의 실물 경제가 팬데믹 이전 수준으로 회복된 것도 아니다. 겨우 팬데믹 원년(2020년)의 사상 최악 실적에서 벗어나 조금 의미 있는 반등을 하였을 뿐이다. 만일 지금과 같은 경제 복병을 만나지 않았다면, 반등세를 타고 조만간에 과거의 성장 경로에 무난히 재진입할 수 있을지도 모르겠다. 그러나 이것은 희망과 논리적 추론일 뿐 결코 현실이 아니다.

이러한 상황에서 현재 전개 중인 미국발 세계 금리 인상 경쟁은 일부 국가의 자산 시장 폭락 가능성을 예고한다. 이자율의 초단기 급등은 실물 경제의 성장을 가로막고, 자산 시장의 거품을 한 호흡에 날려버릴 수 있는 파괴력을 지니기 때문이다. 이런 배경에는 자산 시장 참여자(투자자, 투기자)의 대부분이 차입 자금을 적극적으로 활용하는 경제 행태와 관련이 있다. 많은 투자자가 돈이 없어서 자금을 빌려 투자하는 것은 아니다. 금융 시장에서 이용 가능한 싼 자금(팬데믹 상황에서의 초저금리 자금)을 이용해서 가치 신장성이 높은(소위 투자 시장에서 인기가 높은) 자산에 투자해 고수익을 남기고자 하는 것이 일반적인 투자 행태이다. 이는 경제 이론에도 부합한다. 문제는 일군의 투기적 세력이 자신의 채무 감당 능력(debt affordability)을 능가하는 과감한 차입을 감행하는 사회적 행태이다. 이러한 현상은 경제 안정기에는 큰 문제가 되지 않는다. 하지만 경제가 외부 충격을 받거나 침체에 빠지는 경우 심각한 사회·경제적 문제를 초래하는 치명적인 요인이 된다.

이자율 상승, 특히 단기 급등 현상은 자산 시장 전체의 거래와 자금 순환의 흐름을 막는다. 그 결과 순식간에 자산 거래 비용은 커진다. 그리고 자산 투자에 필요한 차입 자금의 활용 조건과 비용이 크게 불리한 방향으로 전개된다. 무엇보다도 치명적인 문제는 자금의 조달과 회전이 어려워지면서 자산 가치가 전반적으로 하락하는 현상이다. 확실한 자기 자금만으로 자산 투자를 하지 않는 모든 경제 주체는 단지 부담의 위험과 크기에 차이가 있을 뿐, 크고 작은 문제와 어려움에 봉착하게 된다. 확실한 자기 자금만으로 자산 투자를 한 경제 주체도 투자한 자산, 예컨대 부동산의 가치가 추락하는 것은 막을 수 없다. 자기 자본(자금)의 손실을 보는 것이다. 그러나 자기 자금 외에 타인 자본(금융 기관 대출 등)에 크게 의존하는 경제 주체는 '자기 돈'과 '빌린(남의) 돈' 모두에 걸쳐 손실을 본다. 이때 남의 돈이 자신의 경제 능력을 넘어설 경우에 큰 낭패를 본다.

이자율 상승은 실물 경제와 생활 경제에도 찬물을 끼얹는다. 세계 대다수 나라의 고용 상태는 여전히 팬데믹 이전 수준을 회복하지 못하거나, 겨우 회복 단계에 있다. 이러한 상태에서 단기에 금리가 급등하면, 실물 경제는 충격을 받고 고용 시장은 냉각된다. 이는 국가 경제의 소득 감소, 소비 감소, 투자 감소의 악순환을 만들어 낸다. 이자율 상승은 일반 소비자는 물론 제품을 생산하는 기업에도 큰 압박이다. 일반 소비자 중 기존 채무자의 경우, 이자 상환 부담이 높아져 실질 소득이 감소하여 결국 소비 감소로 이어진다. 그리고 신규 채무 예정자(대기자)의 경우, 자금 조달 비용과 이자 부담이 늘어나 소비를 줄일 수밖에 없다. 마찬가지로, 기업 또한 기존 채무의 이자 비용과 신규 자금 조달 비용이 증가해 경영 압박을 피할 수 없다. 이는 궁극적으로 기업의 투자를 억제한다. 이 과정에서 기업 활동으로 늘어난 이자 비용조차 부담하지 못하는 한계 기업이 증가하고, 신용도가 낮은 기업들이 자금 조달의 병목에 걸려 도산하는 사례가 빈번하게 발생한다. 심지어 회사가 멀쩡한데도 단기 금융(현금) 조달에 실패하여 흑자 도산하는 기업도 생겨난다.

결론적으로, 현재의 글로벌 경제 상황은 고물가와 그것을 통제하려는 급격한 금리 인상 그리고 누적된 자산 거품과 분출하려는 용암 같은 거대한 채무가 한꺼번에 요동을 치면서 폭발 직전의 매우 위급한 상태에 놓여 있다. 경제 회복은 이미 오래전에 물 건너갔다. 이제 남은 것은 경제의 충격이 얼마나 크고, 불황의 골이 얼마나 깊고 오래 갈지를 추측하고 기다리는 일이다.

폭풍 전야의 세계 경제: 글로벌 경기 침체냐, 경제 위기냐?

최근에 점점 불거지고 있는 세계 경제의 위기 발생 가능성 이야기는 완전히 새삼스러운 것은 아니다. 돌이켜 보면, 그 이야기는 불과 수년 전인 2018년 중반부터 간헐적으로 흘러나왔다. 그 배경에는 미국과 중국의 경제 갈등 심화와 탈세계화(deglobalization) 움직임, 커질 대로 커진 글로벌 누적 채무가 있다. 실제로 미·중 갈등과 마찰은 날로 더욱 심해졌고, 세계의 교역량과 생산량 감소 조짐도 일어났다. 그리고 글로벌 채무는 계속해서 사상 최고 수준을 향해 치달렸다. 그러나 다행히도 글로벌 경제 위기의 우려와 예측은 현실로 연결되지 않았다. 세계 경제가 다소 불안정하기는 하였지만, 비교적 완만한 성장을 이어 나갔기 때문이다.

그러던 중 아무도 예상하지 못한 팬데믹 위기가 발생하였다. 팬데믹 위기는 경제, 재정, 금융과 무관한 바이러스에 의한 건강 및 생명의 위기이면서 심각한 경기 불황을 일으킨 초유의 대사건이었다. 거의 모든 국가 경제와 세계 경제 전체가 큰 폭의 마이너스 경제 성장(역성장) 실적을 보인 역사적 대기록을 수립하였다. 짧지만 강한 'COVID-19 팬데믹 불황'이었다. 2020년도 팬데믹 불황 후 세계 경제는 완만한 회복세를 보였다. 하지만 그것은 뜻밖의 복병인 인플레이션을 만나게 되어 이에 맞서는 강력한 단기 금리 폭등 현상을 품어야만 하였다. 그 결과 지금 세계는 고물가를 수반하는 경기 둔화 또는 경기 침체를 목전에 둔 상황이다. 단기의 가파른 이자율 상승은 '인플레이션 포획 효과'는 있지만, 세계 경제와 각국 경제의 침체와 고용 및 소득 감소의 부작용을 피하기는 어려워 보인다.

(1) 팬데믹 경기: 단기 추락, 단기 반등

팬데믹 불황은 코로나바이러스 침입에 의한 독특한 '단기 경기 추락'이다. 팬데믹 원년(2020년)에 짧지만 강력한 경기 한파가 전 세계를 덮친 후 재빨리 반등세로 돌아서는 단기 경기 급락을 말한다. 실제로 2021년에는 세계 경제와 주요국의 경제 성장이 꽤 괜찮은 플러스 국면으로 전환하였다. 물론 워낙 안 좋았던 2020년도 기저 효과의 덕이 컸다. 이를 본 세계는 세계 경제가 예상대로 머지않아 회복 경로에 진입할 것으로 생각하였다. 사실, 팬데믹이 기승을 부릴 당시 많은 전문가와 국제기구들은 팬데믹이 끝나면 즉시 경기가 되살아날 것으로 전망하였다. 구체적으로, 2022년 중반 내지 2023년경에는 팬데믹 이전의 성장 경로에 재진입할 것으로 예측하였다.

하지만 그러한 예측은 틀렸다. 2022년 후반, 아니 2023년 초 현재에도 세계 경제는 완전히 혼미한 안개 속에 빠져들어 있다. 경기 회복이나 경제 정상화와는 거리가 먼 어두운 전망만 온통 난무하고 있다. 세계는 지금 인플레이션과 스태그플레이션, 또는 그 중간의 복합적 현상 중 어떤 것이 향후 1~2년을 지배할지의 심판을 기다리는 착잡한 심경이다. 아직은 많은 것이 불확실하고 불투명하다. 혹 인플레이션이 지속되더라도 이는 건전한 경제 성장과는 거리가 멀다. 지금의 글로벌 인플레이션은 경기 확장적 특성이나 튼튼한 경제 성장으로 인해 발생하지 않았기 때문이다.

(2) 뜻밖의 복병, 글로벌 인플레이션: 수십 년 만에 다가온 고물가 경제

현재 진행 중인 글로벌 인플레이션의 원인은 복합적이다. 역대급으로 풍부한 초과잉 유동성, 팬데믹과 탈세계화로 인한 글로벌 공급망 차질, 공급 부문의 탄력적 대응 부족, 각국의 기록적인 적자 재정 지출과 공채 발행, 팬데믹 보복 소비, 실물 경제와 자산 시장의 괴리, 그리고 우크라이나 전쟁에 따른 주요 원자재·곡물 가격 급등 요인이 지금의 인플레이션을 만들어 내었다. 이와 같은 복합적 요인에 의해 탄생한 글로벌 인플레이션을 두고 꼭 집어서 수요 주도형인지, 공급 주도형인지를 판단하기는 쉽지 않다. 굳이 논리와 분석을 통해 하나를 선택하더라도 그것이 완전한 설득력을 확보하기는 어렵다.

이번 인플레이션의 성격은 발생 초기(2021년 중반 전후 미국, 영국 등 일부 국가에서 발생하여 전개된 기간)와 그 후 글로벌 인플레이션으로 확고히 자리 잡은 현재의 2기로 구분해서 접근할 필요가 있다. 전자는 수요 측면이 주도하는 성격이 강하였다면, 후자는 공급 측면이 주도하는 성격이 강하였다. 2022년 말 현재 시점에서 볼 때, 논란의 여지는 있지만, 지금의 글로벌 인플레이션은 크게 보아 공급 측면이 주도하는 인플레이션으로 이해하는 것이 합리적이다(물론 팬데믹 초반에 억눌렸던 소비가 한꺼번에 분출하고 단기의 수요·공급 불균형(초과 수요) 현상이 나타나는 등 수요 주도 측면을 인정한다).

가. 일시적·국지적 인플레이션에서 지속적·세계적 인플레이션으로

팬데믹이 절정을 넘고 미국의 경기가 활황처럼 불타오르던 2021년 중반 이후 전 세계적으로 인플레이션 이슈가 대두되었다. 당시 미국, 영국 등 일부 국가에서 물가가 6% 이상 치솟으면서 사람들을 놀라게 하였다. 하지만 대다수 국가의 물가는 피부로 느끼고 아우성을 칠 만큼 높지 않았다. 얼핏 보아 물가 상승이 일시적 현상으로 비추어질 만큼 비교적 완만한 추세로 증가하는 듯하였다. 따라서 인플레이션에 대한 우려나 논쟁은 시기상조처럼 보였다. 특히, 미국의 경우 경제 성장 추이와 고용 상태가 매우 양호하였다. 따라서 주류 예측은 당시의 물가 상승(6%대의 고물가)은 충분히 감당 가능한 일시적·잠정적 인플레이션(transitionary inflation)이라는 기본 입장을 견지하였다.

실제로 2021년 10월, 11월 만 해도 다수의 국제기구와 많은 전문가는 그 당시 2022년에는 세계적으로 물가 상승 추세가 꺾일 것으로 전망하였다. 즉, 2021년 후반의 물가 상승 상황을 유동성 과잉과 경기 과열로 인해 불가피하게 나타나는 일시적 고물가 현상으로 인식하였다. 여기에 일시적일 것으로 보였던 세계적 공급망 차질 현상이 가속도를 붙였다고 생각하였다. 물론 그와 다른 견해, 즉 글로벌 인플레이션의 도래를 예견하는 전문가들도 없지 않았다. 하지만 그들은 소수였고, 소수 견해로 무시당하였다. 극소수이지만, 물가 상승과 경기 불황이 동시에 발생하는 스태그플레이션(stagflation)을 우려하는 목소리도 간혹 들렸다.

그러나 2021년 전체로 보면, 주류의 세계 경제 예측 기구와 전문가들은 인플레이션 문제를 미국을 중심으로 잠시 일어났다가 사라질 일시적·국지적 현상으로 간주하였다. 그러면서 세계 경제의 단·중기 낙관론을 펼치고 선전하였다. 즉, 포스트 팬데믹 세계 경제를 일단 확실한 회복세로 예상한 것이다. 하지만 그러한 예측과 기대는 완전히 틀어졌다.

인플레이션을 바라보는 세계 주류의 입장은 2022년에 들어서면서 백팔십도로 바뀌었다. 인플레이션이 점점 미국을 넘어 유럽, 아시아 등 전 세계로 확대되자 인플레이션 조짐이 심상치 않다고 판단한 것이다. 언론 매체들은 연일 글로벌 인플레이션 관련 뉴스와 기사를 속보로 쏟아 내었다. 처음에는 강하고 짧은 인플레이션(1년 내외 단기의 고물가)이 주류 전망으로 등장하였다. 그러다 어느 순간 2~3년 내외의 중기 인플레이션 대세론이 고개를 내밀었다. 그러는 동안 세계는 잠시 인플레이션을 기정사실로 받아들이는 문제를 두고 논쟁과 예측을 주고받았다. 그러나 그것은 오래 가지 않았다. 러시아의 우크라이나 침공이 글로벌 인플레이션 논쟁에 완전히 종지부를 찍은 것이다. 우크라이나 전쟁으로 오일과 천연가스 가격이 급등하고, 밀과 옥수수, 광물, 비료, 기타 광물자원(니켈, 석탄 등) 가격이 치솟자, 전 세계인이 인플레이션을 직접 피부로 느끼게 된 것이 결정적이었다. 인플레이션 논쟁은 더 이상 의미가 없어졌다. 세계는 인플레이션을 기정사실로 받아들였다.[1)]

인플레이션은 이미 세계의 가계와 정부와 정치권이 피부로 느낄 만큼 진

---

1 2022년 4, 5월 이후 세계는 인플레이션의 기세가 꺾이지 않고 오히려 더 살아나는 강한 추세를 확인하였다. 이때를 전후로 미국을 필두로 주요국들이 인플레이션 통제를 목적으로 급하고 강한 금리 인상 정책을 추진하기 시작하였다(미국의 금리 인상은 2021년 후반부터 시작되었지만, 초기에는 강력하지 않았다).

하게 가까이 와 있었다. 마치 코로나바이러스의 후속편을 예고하는 듯하다. 전편이 바이러스가 주인공이라면, 후편은 돈과 가격(재화와 서비스의 가격)이 주인공이다.

나. 초기의 수요 견인 인플레이션: 분출하는 소비, 못 따라잡는 공급

2022년에 들어서면서 우리나라를 포함한 대다수 선진국은 그동안 방역 차원에서 강하게 드라이브를 걸었던 각종 통제를 대부분 완화하거나 해제하였다. 코로나바이러스 방역과 일상생활의 다소 불편한 동거, 즉 양자 병행을 추구하는 방향으로 정책을 튼 것이다. 소위 '위드 코로나'(with Corona: 영미권의 표현이기보다 한국적 표현임)라는 개념이 새 정책을 상징한다. 그만큼 코로나바이러스의 위력과 위험성이 전만 못하다는 의미이다. 아울러 사람들도 오랜 방역생활에 지치고, 일상 중의 긴장감이 이전에 비해 크게 떨어졌음을 시사한다.

팬데믹 규제가 완화되자 그동안 억제되었던 수요가 분출하였다. 소위 '보복 소비'(revenge consumption)라는 말이 나돌 만큼 다양한 분야에서 소비가 폭발하였다(이는 팬데믹 중기 단계부터 전자 상거래 등을 통해 어느 정도 분출되었다). 이것은 그동안 통제되고 억제되었던 소비 활동이 팬데믹 이전 상태로 되돌아가는 정상화 과정이다. 소비자들은 그동안 많은 실탄(저축 증가, 새로운 자산·금융 소득 증가를 통한 부의 축적; 다만, 저소득 계층은 그렇지 못함)을 확보해 둔 상태이다. 환경만 바뀌면 언제든지 소비 사냥에 나설 수 있는 준비 모드가 되어 있었다. 팬데믹 상황에서 시중에 돈이 너무 많이 풀린 것이다. 그 돈은 소비, 투자, 저축, 비활동의 형태로 존재하는데, 팬데믹 규제가 완화되자 소비 쪽에 큰 힘이 실렸다. 단기간에 소비는 폭발적으로 늘어났지만, 공급은 폭발적으로 대응하지 못하였다. 아니 대응할 수가 없었다. 소비는 팬데믹 억제 상황이 완화되면 언제라도 일제히 시장에 출격할 수 있다. 가계의 소비 여력은 소득과 저축 등을 기반으로 언제나 사용 가능한 '시간 자유형' 구조를 지녔다. 그러나 각종 물자와 서비스의 공급은 다양한 소비 수요를 팬데믹 이전처럼 발 빠르게 따라잡을 수 없었다.

전체적으로 공급은 느리고 미적대었다. 공급은 팬데믹 이전의 몸과 기동성이 아니었다. 원인은 팬데믹 위기가 초래한 인력 부족, 주요 원자재의 공급망 차질, 일부 국가의 원자재 보호주의, 공급 시설(설비) 미정비, 새로운 소비자 수요 파악 및 대응 미비 등에 있다. 그중에서도 인력 부족 문제는 국가에 따라 원인과 형태에 차이가 있다. 크게 보아 팬데믹으로 인한 사망과 감염, 팬데믹 불안과 공포로 인한 사직, 수입이 더 좋은 분야로의 이직, 실업 수당과 각종 정부 지원금 및 사회 복지 시스템에 기대는 가사 선택, 이민 노동자 수 감소(미국) 등으로 파악된다. 그리고 그동안 수없이 냉·온탕을 거듭한 각종 방역 통제 정책을 잘 알고 있는 공급자들이 그와 관련된 위험과 불확실성이 확실히 사라지기 전까지는 완전 공급 체제로 돌아서지 않는 것도 중요한 원인이다. 소비 측면과 달리 기업은 축적된 재고와 미리 준비된 생산 체제가 충분하지 않을 경우, 소비에 대응하는 준비 과정(인력, 시설, 원자재, 운영 등)이 필요하다. 이는 단기적으로 수요와 공급의 불균형을 만든다. 요약하면, 팬데믹 정점 이후 급증하는 소비 수요(외부 활동 억제 소비 분출, 대면 서비스 회복, 기타)를 공급이 제대로 대응해 주지 못하는 초과 수요 상태가 인플레이션을 만들어 내고, 또한 가속화하였다.

수요와 공급 상황은 산업과 업종에 따라 천차만별이다. 예를 들어, 팬데믹 전성기 때는 방역 관련 산업(예컨대, 마스크 제조, 검사 키트 제조, 각종 팬데믹 관련 기기 제조 등 의료 산업)과 디지털 산업은 일찌감치 위험과 불확실성을 떨쳐버리고 초호황의 파도를 탔다. 여행, 숙박, 음식, 문화·관광, 화장품, 의류 산업은 여기저기에 가득한 위험과 불확실성 때문에 기업의 존폐 문제와 씨름해야 하였다.

일부 분야에서는 실수요 자체가 없었다. 포스트 팬데믹을 목전에 둔 현재도 이들 산업 시장에서는 팬데믹 먹구름이 완전히 걷히기 전까지는 수요와 공급의 불균형이 지속될 가능성이 크다. 즉, 수요가 갑자기 늘어나더라도 공급이 그것을 적기에 제대로 맞대응해 내지 못할 가능성이 크다. 하지만 길게 보면, 이는 구조적 불균형이기보다 일시적·상황적 불균형이다. 이러한 상황에서는 수요 측면이 주도적으로 끌고 나가는 인플레이션이 발생한다. 이는 팬데믹이 절정을 넘어선 후 미국, 영국 등에서 발생한 초기 인플레이션이 그랬다. 하지만 이는 바로 다음에 설명하는 공급 측면 주도의 인플레이션에 압도당한다.

다. 초기 이후 현재의 공급 측면 인플레이션

2022년에 접어들면서 세계적으로 수요와 공급의 구조적 불균형 현상은 점점 나빠졌다. 무엇보다 공급 면에서 심각한 문제가 발생하였다. 주된 원인은 주요 생산 요소의 글로벌 공급망 차질(일부 공급망 붕괴)과 함께 석유, 천연가스, 곡물, 반도체 등 주요 원자재 가격이 급등한 데 있다. 대표적으로, 국제 유가를 언급할 수 있다. 한동안 크게 낮아졌던 국제 원유 가격이 2021년 10월에 배럴당 80달러를 넘는 등 최근 수년래 가장 높은 가격을 기록하였다. 그리고는 급기야 100달러를 훌쩍 뛰어넘었다. 우리나라에서도 자동차 휘발유 가격이 빠르게 상승하는 등 각종 생활 물가가 위협을 받았다. 만일 정부가 유가 보전, 유류세 인하 등의 정책 조치를 취하지 않았다면, 차량용 기름값은 크게 올랐을 것이다. 마찬가지로 많은 공산품의 가격도 지금보다 더 많이 올랐을 것이다. 다만, 2022년 중반에는 글로벌 경기 둔화, 국제 정치(미국 등 G7 선진국의 주요 산유국에 대한 증산 요구 등) 등의 요인으로 유가가 다시 배럴당 80달러대로 하락하였다. 그러던 중 10월 들어 산유국들이 다시금 감산 정책으로 선회하여 향후 향배를 가늠하기 어렵다. 다만, 임박한 글로벌 경기 침체를 감안하면, 국제 유가가 이전처럼 급등할 가능성은 낮아 보인다.

이와 같은 공급 견인 인플레이션은 일부 국가(대표적으로 미국)의 임금 인상 움직임에 의해 탄력을 받고 한층 더 강화되고 있다. 예를 들어, 코로나 사태 중에 이런저런 이유로 산업 현장을 떠났던 노동 인력이 복귀하지 않자 심각한 구인난이 발생하였고, 그 결과 임금 인상 움직임이 확대되었다. 아울러 미국, 영국 등에서는 이른바 잘 나가는 기업(디지털 산업)의 선도적 임금 인상과 급격한 물가 상승에 후행적으로 대응하는 노동자의 임금 인상 압력이 복합적으로 작용하는 현상이 뚜렷이 나타나고 있다(이는 우리나라의 인플레이션과 크게 다른 점이다). 만일 지금과 같은 고물가가 앞으로도 계속된다면, 우리나라를 포함한 세계 각국에서는 노동자의 임금 인상 압력이 드세질 것이고, 이는 자칫 인플레이션의 조기 진화를 어렵게 만들 수 있다.

결론적으로, 현재 진행 중인 글로벌 인플레이션은 초기에는 수요 견인 힘이 강하였다가, 현재까지는 공급 측면의 힘이 더 강력한 구조로 바뀌었다. 다만, 1970년대에 전 세계를 풍미하였던 공급 충격에 의한 인플레이션과 비교하자면, 그 강도와 성격이 많이 약화된 점은 있다. 요약하면, 현재의 글로벌 인플레이션은 공급이 주도하는 모습이고, 이는 우리나라에서도 마찬가지이다. 특히, 우리나라와 같이 주요 원자재의 해외 의존도가 높은 나라는 이른바 '수입물가'가 국내 물가를 좌지우지하는 공급 주도형 인플레이션을 상대적으로 더 심하게 겪게 된다. 이에 비해 국내 소비가 경제 성장을 결정하고 견인해 나가는 미국과 같은 인구·경제 대국은 현재의 글로벌 인플레이션 상황에서도 인플레이션 현상을 공급 주도형보다 수요 주도형으로 간주할 가능성이 있다.

라. 인플레이션의 영향

인플레이션은 국가 경제와 국민 생활에 여러 가지 악영향을 미친다. 가장 치명적인 문제는 가계와 기업의 실질 소득(수익) 감소 현상이다. 똑같은 소득(월급)을 갖고 동일한 소비 활동을 할 때, 물가가 상승하면 지갑의 힘(즉, 구매력)이 떨어진다. 쉬운 예로, 물가가 5% 상승할 경우, 이전에는 200만 원으로 생활비를 충당하던 것이 이제는 210만 원이 있어야만 생활을 할 수 있다(연간 120만 원의 추가 부담 발생). 상품과 서비스를 생산하는 기업도 피해를 보기는 마찬가지이다. 무엇보다도 생산에 필요한 원자재의 가격이 상승하고, 일부 산업에서는 임금 상승조차 수반되기 때문이다. 그 결과 기업의 생산비는 증가하고, 수익은 나빠진다.

다음으로, 실질 금리가 영향을 받는다. 통상 물가가 올라가면 실질 금리는 반대로 떨어진다. 이때 금리 상승이 높아진 물가 수준을 따라잡지 못하면, 물가와 금리 차이만큼 실질 금리가 떨어진다. 단순히 표현해서, 물가 수준이 1%인 상태에서 9%로 치솟았고, 금리는 1%에서 3%로 인상되었다면, 현재의 실질 금리는 마이너스 상태가 된다(물가와 금리 간에 무려 6%의 차이가 존재한다). 예금자의 경우 은행으로부터 받는 이자 수입은 전보다 늘어나지만(이자율 상승 혜택), 그 돈으로 물건을 사려면 전보다 더 많은 돈을 지급해야만 이전과 같은 양의 상품을 살 수 있다(물가 상승 손해). 한마디로 경제 사정이 더 팍팍해진다.

인플레이션은 기존의 경제 역학 관계를 변화시킨다. 기존의 균형 상태에 자극을 가하면서 덕을 보는 주체와 손해를 보는 주체로 이분화한다. 구체적으로, 자금을 빌린 주체는 경제적으로 덕을 보게 된다(반대로 자금을 빌려준 주체는 상대적으로 손해를 본다). 빌린 자금의 규모(명목 금액)는 그대로인 상태에서 향후 지급하게 될 원금과 이자의 실질적 부담이 물가가 상승한 만큼 줄어들기 때문이다. 이는 개인, 기업, 정부를 막론하고 모든 차입 주체에게 적용된다. 누구보다도 초대형 채무를 안고 있는 국가 재정이 실질적으로 큰 덕을 본다. 이러한 상태에서는 거시적으로 자금을 빌려준 주체로부터 자금을 빌린 주체로 사회적 부가 이전되는 현상(wealth transfer phenomenon)이 나타난다.

하지만 인플레이션이 지속되면, 자금을 빌려주는 주체도 미래에 예상되는 손해(실질 수익 감소, 구매력 저하, 관련 불확실성 등에 따르는 경제적 손해)를 보지 않기 위해 새로운 경제적 조치와 행태 변화를 모색한다. 거시적으로, 미래의 차입 비용을 지금보다 더 올리는 현상이 나타난다. 대부자들이 인플레이션에 적응하면서 향후 예상되는 인플레이션과 관련 불확실성을 고려하여 차입자의 차입 비용을 상향 조정하는 것이 그 핵심이다. 따라서 인플레이션이 지속될 경우, 발생 초기에 차입자들이 실질적인 경제적 혜택을 보던 상황은 더 이상 존재하지 않는다. 즉, 이해관계자들이 경제 환경 변화에 상호 적응해 나가는 탄력적 행태를 통해 금융 시장에 새로운 균형이 만들어진다. 그 외에 인플레이션 상황에서는 연금 수령자, 봉급(월급) 근로자, 정기 예금·보험금 수급자 등 고정자금 수급자들이 상대적으로 손해를 본다(물론 연금 수령자나 봉급(월급) 근로자의 경우 제도적으로 일정한 물가 안전장치가 내장되어 있지만, 지금과 같은 고물가 상황에서는 제 기능을 발휘할 수 없다). 그리고 인플레이션은 실질 세금 납부에도 영향을 미치고(과표 등이 물가와 연동되지 않음), 조세 형평성 문제를 유발한다.

끝으로, 인플레이션은 기존의 소득(부) 불평등 상태를 악화시킨다. 물가가 높아지면, 서민과 빈곤층·취약 계층의 소비 부담이 다른 계층에 비해 상대적으로 커져 경제적 불평등 상태가 나빠진다. 여기에 더해 고금리 상황은 저소득 계층 가계의 금융 비용 부담을 상대적으로 더 무겁게 만들고 있다. 앞서 몇 차례 강조한 바와 같이, 팬데믹 위기 속에서 세계적으로 소득과 부의 불평등이 크게 왜곡되고 나빠졌다. 이러한 상황에서 팬데믹 끝물에 덮친 고물가의 망령은 국내외적으로 경제적 불평등 상태를 더 악화시킬 것으로 예상한다. 결론적으로, 코로나바이러스는 처음부터 끝까지 건강, 사회, 경제 전반에 걸쳐 불평등을 계속 심화시켰다.

인플레이션의 유형과 팬데믹 인플레이션

인플레이션은 크게 수요가 주도해서 만들어 내는 인플레이션(demand pull inflation)과 공급이 밀어내는 인플레이션(supply push inflation)의 두 유형으로 구분된다. 전자는 경기 활황으로 시중에 자금이 넘치고 소비자의 수요와 욕구가 충만할 때, 강한 수요의 힘이 제품과 서비스의 가격을 계속해서 끌어올리는 것을 뜻한다. 후자는 제품과 서비스를 생산·공급하는 요소의 가격(임금, 원자재 가격 등)이 높아지면서 시중의 물가를 계속해서 밀어 올리는 것을 의미한다. 많은 경우 임금 인상이 주된 인플레이션 유발 요인으로 작용한다. 때로는 물가 상승이 임금 인상을 불러일으키고, 임금 인상이 다시 물가 상승을 유발하는 나선형 악순환을 연출한다. 임금과 물가가 서로 경쟁과 자극을 주고 받으면서 상승 현상을 일으키는 것을 '임금-물가 악순환(상호 상승작용)' (wage-price spiral)이라고 한다. 이는 매우 통제하기 어려운 악성 인플레이션이다. 다만, 전문가들 사이에서는 임금 인상에 따른 물가 상승의 악순환에 대하여는 견해를 달리하는 경우가 많다.

매우 드물지만, 주요 원자재 등 생산 필수품의 조달이 중대한 장애와 차질을 겪으면서 물가가 상승하기도 한다. 하지만 물가를 산정하는 대상 품목이 수없이 많음을 고려하면, 그러한 물가 상승은 나타나기가 쉽지 않고, 혹 발생하더라도 일시적 현상에 그칠 가능성이 크다(다만, 1970년대에 있었던 오일쇼크는 매우 예외적이고 특수한 사례이다). 팬데믹 상황에서 전혀 예상치 못하였던 글로벌 공급망 차질 문제가 불거지면서(이번 경우는 글로벌 영향력이 매우 큰 주요 원자재와 곡물을 수반하는 복합적이고 광범위한 공급 문제임) 글로벌 인플레이션을 자극하였다. 하지만 이것을 글로벌 인플레이션의 본질적 요인으로 보기는 어렵다. 현재로서는 초유의 팬데믹 상황과 글로벌 통화 팽창과 같은 본질적인 문제에 글로벌 공급망 차질 현상이 더해져서 지금의 글로벌 인플레이션을 가속화하고 악화시켰다고 보는 것이 합리적이다. 종합적으로, 현재까지 관측되고 있는 팬데믹 인플레이션은 수요에 공급이 적절히 대응하지 못하는 공급 주도형 특징을 갖고 있다.

(3) 현재의 세계 경제 전망

2022년 초여름부터는 그동안 왕성하였던 포스트 팬데믹 낙관론은 완전히 사라졌다. 세상의 뉴스는 온통 비관적 전망 일색으로 도배되었다. 한순간에 세계 경제의 회복 가능성은 옛날이야기가 되어버렸다. 이미 글로벌 인플레이션

현대사 속의 인플레이션 단면

현대사에서 인플레이션과 스태그플레이션(stagflation)이 세계적인 골칫거리가 되어 집중적으로 주목을 받았던 것은 1970년대와 1980년대 초이다. 당시 세계 경제가 활황인 상태에서 매우 민감한 국제 정치와 지정학적 요인이 요동을 치면서 초대형 글로벌 인플레이션이 불붙었다. 구체적으로, 중동의 산유국을 중심으로 결성된 석유수출국기구(OPEC)가 전 세계 경제의 활력소인 석유 가격을 폭등시키자 세계의 물가가 치솟았다. 당시 유가는 단기에 4배나 급등하는 기염을 토하였다. 세계의 물가는 누구도 예상치 못하였던 공급 충격으로 단숨에 하늘로 날아올랐다.

OPEC은 1970년대와 1980년대 초에 악명 높은 오일쇼크(oil shock)를 두 차례 유발하였다. 그로 인해 세계 경제는 제2차 세계대전 이후 가장 길고 힘든 고난의 길을 걷게 되었다. 이는 무엇보다도 당시 전 세계인이 소비하는 제품과 서비스의 생산에 가장 필수적이고 중요한 요소가 석유(원유)였기 때문에 가능하였다. 즉, 필수 원자재의 압도적 우위를 점유하는 공급자가 주도하는 힘에 끌려 세계의 물가가 급등하였다. 단기적으로 오일을 대체할 수 있는 생산 요소가 부재하였고, 일부 대체가 가능하더라도 생산 비용과 시간 문제를 감당할 수가 없었다.

역사적으로, 미국은 이번의 팬데믹 인플레이션 말고 몇 차례 고물가 현상을 경험한 바 있다. 대표적으로, 1940년대 중반(1946년과 1947년에 발생한 각 12.9%와 11.0%의 물가 상승)과 1970년대 중반(1975년의 9.3%), 그리고 1980년대 초반(1981년의 9.5% 물가 상승)의 경험을 지목할 수 있다. 전자는 제2차 세계대전의 여파, 그리고 후자의 두 번은 오일쇼크 때문에 발생하였다. 1940년대에 발생한 인플레이션은 길게 가지 않고 진정되었다. 그 후 미국에서는 오일쇼크가 발생하기 전까지 약 30년 동안 인플레이션 문제가 사회·경제적 현안으로 떠오르지 않았다.

오일쇼크가 불을 붙인 인플레이션은 1940년대의 인플레이션보다 훨씬 길게 갔다. 설상가상으로 경기 침체 현상까지 나타나(고물가, 경기 침체의 스태그플레이션 발생) 미국 사회는 한동안 엄청난 고통을 받았다(현재 미국의 모든 세대와 가계가 피부와 감성으로 느끼고 있지만, 특히 오일쇼크 당시를 생생히 기억하는 세대들의 경우 인플레이션 공포감은 한층 더 클 것이다). 하지만 이 또한 OPEC의 세력이 약해지고 미국의 연방준비제도(Fed)가 초강도의 금리 인상 정책을 추진하면서 그 세력이 꺾였다. 당시 연방준비제도는 지금으로서는 도저히 상상하기 힘든 20%가 넘는 기준 금리를 설정하였다.

오일쇼크로 인한 물가 급등을 마지막으로 최근까지 글로벌 차원에서 인플레이션이나 스태그플레이션에 대한 논의와 우려는 사실상 없었다(다만, 일부 국가와 지역의 국지적 물가 상승은 있었다). 세계를 상대로 괴롭혔던 인플레이션의 망령이 그 후 약 40년간 어디론가 사라져버린 것이다. 그런

〈그림 9-1〉 미국의 역사적 인플레이션

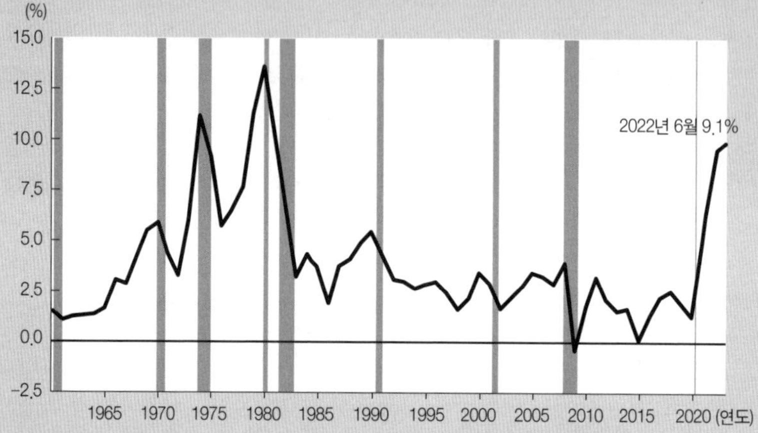

주: 음영 부분은 미국의 경제 침체 기간을 의미함.
자료: World Bank.

데 그 사라졌던 인플레이션 망령을 이번 팬데믹이 다시 불러들였다. 이제 그 인플레이션이 팬데믹 공포만큼이나 두려운 존재가 되어 미국은 물론 글로벌 사회의 심장을 쿵쿵거리게 만들고 있다.

을 현실로 받아들인 세계는 또 다른 고민에 빠졌다. 잘못하면 세계 경제가 고물가에 경기 침체가 겹치는 스태그플레이션의 늪에 빠질 수 있다는 국제기구와 많은 전문가의 지적 때문이다. 1970년대와 1980년대 초 오일쇼크가 발생하였을 때, 세계(특히, 미국)를 혹독한 경제 겨울로 내몰았던 그 스태그플레이션의 환영이 근 40년 만에 다시 어른거리는 듯하였다. 그러나 그것도 잠깐, 세계 경제는 스태그플레이션보다 경기 둔화나 경기 침체를 겪을 가능성이 더 크다는 주장이 제기되었다. 지금은 이러한 주장과 예측이 더 합리적이고 설득력이 있는 것으로 받아들여지고 있다.

뒤돌아보면, 불과 몇 달 사이에 세계 경제의 전광판은 빠르게 바뀌었다. 세계 경제는 거의 숨 가쁜 소리가 들릴 만큼 급박하게 돌아가고 있었다. 2022년 말 현재 전 세계의 향후 경제 기상도는 강한 인플레이션이냐 물가 상승과 경기 침체를 동반하는 스태그플레이션이냐, 아니면 그 중간의 그 무엇(예컨대, 물가 상승 없는 완만·중간·강한 경기 침체)인지를 두고 예측하는 형국으로 바뀌었다.

이제 관심의 초점은 앞으로 세 가지 현상 중 어느 것이 실제로 닥쳐올 것인지, 그리고 그것이 어떤 수준에서 얼마나 지속될 것인지에 집중되고 있다. 하지만 현 단계에서 그 가운데 어떤 것이 어떠한 양상을 띠고 다가올지에 대해 객관적으로 전망하기는 매우 어렵다. 세계 경제를 둘러싼 불확실성 요인이 너무 많기 때문이다. 다만, 세계적 전망은 앞서 언급한 바와 같이, 일반적인 경기 침체에 상대적으로 무게를 더 많이 두는 분위기이다. 그보다 조금 더 희망 섞인 낙관적 시나리오는 약간의 물가 상승을 동반하는 완만한 저성장의 경기 둔화이다.

현실적으로, 미국이 인플레이션 제압의 선봉장이 되어 물가를 잡는 가장 강력한 무기인 기준 금리를 워낙 강하고 집요하게 올리고 있어서 인플레이션은 시간 문제이지만 어느 정도 해소될 것으로 생각된다.[2)] 그리고 세계 각국이 서둘러 미국과 보조를 맞추는 금융통화 정책(금리 인상, 긴축적 통화 정책)을 추진하고 있는 것도 머지않아 물가 상승의 고삐가 잡힐 것으로 예상되는 대목이다. 만일 각국이 미국과 동조하지 않을 경우, 대다수 나라는 자국 통화 가치 하락(약세), 물가 상승(원자재 등 수입 물가 상승), 자본 유출, 투자와 소비 감소 등 일련

---

2 역사적으로 인플레이션을 통제하고 잡을 수 있는 입증된 확실한 수단은 시중의 유동성, 즉 통화량을 단기에 줄이는 이자율 상승과 통화 긴축 정책이다. 이때 중앙은행과 정부의 정책 능력과 전문성 기예가 얼마나 탁월한지(모자라는지)는 이자율을 어떤 방식(조절 폭, 시기, 횟수, 예측 가능성, 보완 조치 등)으로 변화시키면서 그것을 금융 긴축 수단과 조화시켜 나가는지에 달려 있다.

의 나쁜 연쇄 반응을 겪으면서 경제가 심한 타격을 입게 된다.[3)]

이러한 사실을 인식할 때, 글로벌 인플레이션은 조만간에 완전히 종식되지는 않더라도, 적어도 그 기세는 확실히 꺾일 것으로 보인다. 이 경우 스태그플레이션 대신 물가 상승 없는 일반적인 경기 침체(연성, 중성, 강성 등)가 발생할 수 있다. 만일 글로벌 경기 침체가 발생한다면, 경기 침체의 강약 수준과 길이에 대하여는 현재로서 쉽게 판단하기 어렵다. 세계 경제를 둘러싼 불확실성 요인이 너무 많기 때문이다. 가정이지만, 우크라이나 전쟁이 머지않아 종결될 수도 있고, 팬데믹 또한 생각보다 깔끔하게 종식될 수도 있다. 이 경우 세계 경제는 완만한 경기 침체를 겪겠지만, 적어도 침체의 깊은 늪에는 빠지지 않을 것이다. 이제 지구촌 전체가 바라는 바는 물가 통제가 수반되는 단기의 완만한 경기 침체가 빨리 와서 속히 사라지는 미래의 경제 물결이다. 현재로서 가장 좋은 시나리오는 2023년도 글로벌 경기 둔화(완만한 경기 침체), 2024년도 글로벌 경기 회복이다.

요약하면, 이제 최대 관심사는 언제 물가의 종착역에 도착하고, 경기 침체의 골과 크기와 기간이 얼마나 될 것인가이다. 이를 둘러싸고 여러 가지 추론과 전망이 난무하지만, 아직은 시장과 경제 주체들이 완전히 수용하는 예측과는 거리가 있다. 당면한 미래의 세계 경제 상황에 대한 확실한 윤곽과 판단은 좀 더 지켜보아야 알 수 있을 것 같다. 향후의 세계 경제 예측은 그 어느 때보다 풀기 힘든 수수께끼가 되었다.

끝으로, 세계 각국은 현재 급변하는 경제·금융 환경을 경험하면서 그것이 자국 경제의 '연착륙', '경착륙' 중 어떤 상태를 가져다줄 것인지에 대해 촉각

---

3 그동안 일본과 유로존만은 예외였으나, 유로존은 뒤늦게 황급히 금리 인상의 대열에 합류하였다. 무엇보다도 인플레이션의 장기화 조짐을 차단하고, 초강세 달러화에 유로화가 맥을 쓰지 못하고 폭락하는 현상에 대응하기 위해서이다. 이제 선진국 가운데 금리 인상을 단행하지 않은 나라는 일본이 유일하다.

을 곤두세우고 있다. 모든 나라가 원하는 바는 부득이 급격한 금리 인상을 단행하더라도 그것이 경제를 심하게 훼손시키지 않는 연착륙으로 이어지는 것이다. 하지만 그것은 희망 사항일 뿐, 지금은 아무리 잘 조율된 거시 경제 정책을 구사하더라도 개별 국가가 통제하거나 조절할 수 없는 외부 환경 요인의 힘이 드센 시절이다. 글로벌 불확실성이 완전히 가시지 않는 한 일반 비행기처럼 조종술을 통해 부드러운 착륙을 유도할 수는 없다.

미국의 세계 경제 패권 강화: 확인된 유일한 패권 국가

(1) 팬데믹 상황에서 승기를 잡은 미국 경제

미국 경제는 팬데믹 초기의 대추락 경험을 제외하면(이때는 세계의 모든 경제가 추락하였다), 팬데믹 내내 투자, 소비, 고용, 성장 모든 부문에서 매우 강건하였다. 물론 미국 내에서도 팬데믹 통제로 역성장을 한 산업과 기업도 많았다. 하지만 팬데믹 특수에 미국 특유의 기업 혁신과 창의에 기반을 둔 산업은 완전히 새로운 한 시대를 맞이하였다. 다름 아닌 첨단 정보 통신 기술(ICT) 산업이었고, 그중에서도 특히 빅테크(big tech) 기업은 사실상 전 세계를 지배하였다. 주식 시장, 부동산 시장, 가상 화폐 시장 등 자본 시장 또한 하늘 높은 줄 모르고 수직 상승하였다.

그동안 미국에서 잘 나가던 자본(자산) 시장도 2022년부터는 하강 국면에 접어들었다. 그러나 다른 나라에 비하면 주식 시장과 부동산 시장은 여전히 역동적으로 움직이고 있다. 예를 들어, 우리나라의 주식 시장은 현재 팬데믹 중에 달성한 시가 총액 최고 대비 약 1/3의 가치를 날렸지만, 미국의 주식 시장

(Dow Jones, S&P, Nasdaq)은 2021년에 있었던 시가 총액 최고 가치와 비교해 약 15~20%의 가치만 줄어들었다. 부동산 시장도 팬데믹 중 발생한 최고점 기준으로는 하락 추세이지만, 아직은 부동산 시장의 전반적인 침체를 논할 만큼 심각한 상태는 아니다. 2022년에 미국 부동산 시장에 큰 영향을 미치는 주택 담보 대출 금리(mortgage rate)가 상당히 올라 주택 수요와 매매가 줄어들고 주택 가격이 하락하고 있는 것은 분명하다. 하지만 아직은 시장이 살아 움직이고 있다. 적어도 지금까지는 우리나라의 부동산 시장 상황과는 크게 다르다.

글로벌 인플레이션의 진원지인 미국이 물가 문제를 해결해 나가는 과정에서 앞으로 어떤 금융·재정 정책적 입장을 택할 것인지가 매우 중요하다. 미국의 고용 상태(취업률, 실업률 등)는 팬데믹 초기를 제외하면 2022년 말 현재까지 다른 어느 나라보다 매우 양호하다. 미국의 실업률은 여전히 사실상 완전 고용 상태이면서 역사상 최저 수준이다. 이것은 미국의 경제 상태가 아직은 상당히 양호하다는 것을 의미한다. 미국의 연방준비제도가 연속 파격적인 금리 인상을 단행할 수 있었던 힘과 자신감은 그와 같이 튼튼한 고용 상태와 경제 상태에 있다. 물론 최근 들어 연준이 계속해서 과감한 금리 인상을 할 경우, 미국 경제가 내년에는 경기 침체에 빠질 것이라는 견해가 많아지고 있다. 그런데 그 속에는 객관적인 판단과 금리 인상에 직접적인 이해관계를 갖는 이익 집단의 의도적·전략적 주장이 뒤섞여 있어서 옥석을 가려내기가 쉽지 않다. 예를 들어, 월가(Wall street)와 자산 투자 은행, 기업 관련 전문가들이 의도적으로 고금리로 인한 경기 침체 우려를 강하게 부각시켜 관련 산업과 업계의 경영 이익과 입지를 유지하고자 한다.

일반적으로, 급격한 금리 상승과 고강도의 긴축적 금융 정책을 함께 실시하면, 물가는 잡을 수 있겠지만 경기가 위축될 가능성이 크다. 무엇보다도 유동성(자금) 위축이 팬데믹 경기 급락에서 벗어나 회복 기미를 보이는 경제에 찬물을 끼얹기 때문이다. 그렇지 않아도 이미 세계 각국의 실물 경제(상품 시장), 금융 시장, 자본 시장에서 볼멘 목소리가 터져 나오고 있다. 그러나 미국 연방 준비제도의 머릿속에는 중앙은행의 최고 목표는 물가 통제이고, 고금리 처방이 고물가 특효약이라는 정부 제도(기구)의 사명과 전략이 담겨 있는 것 같다. 아울러 물가를 잡지 못하면 국민 경제에서 가장 중요한 임금(wage)과 고용(실업)이 정상 상태를 벗어난다는 기본 원리·원칙을 확고하게 갖고 있다. 그리고 과감한 정책 수행 과정에서 부득이 경기 침체가 발생할 수 있지만, 그것은 짧고 약한 수준에서 끝날 것으로 예상하는 것 같다. 미국의 중장기 국익 차원에서 보면, 어쩌면 그것이 더 맞고 현명한 판단일 수 있다.

(2) 팬데믹이 강화한 미국의 세계 경제 패권

향후 세계 경제 향배의 결정적인 열쇠를 쥐고 있는 나라는 미국이다. 미국은 팬데믹 발생 후 사실상 세계 경제의 패권을 한층 더 강화하는 기회를 잡았다. 팬데믹 중에 세계의 어떤 나라도 따라올 수 없는 초슈퍼 확장적 재정 정책과 완화적 금융통화 정책을 구사해서 팬데믹 대응과 경기 확장 드라이브를 원없이 단행하였다. 그 결과 상상할 수 없을 만큼의 통화량이 시중을 장악하였다. 또한 강력한 중국 견제 조치와 자국 경제 보호 조치를 거침없이 펼쳐 나갔다. 러시아의 우크라이나 침공 사태가 벌어지자 미국은 서방 세계와 자유 민주주의 국가의 선봉에서 사실상 총사령관으로 세계를 진두지휘하였다. 그 결과 인구 약 3억 4,000만 명(중국, 인도 다음의 세계 3위 인구 대국)에 1인당 국민 소득 6만 달러가 넘는 초강대국이 선진국 중에서 사실상 '나 홀로 경제 성장과 완전 고용'을 성취하였다. 팬데믹 절정이 지나자 소비는 폭발하였고, 자산 시장은 일대 붐을 이루었으며, 고용 상태는 사상 최고 수준으로 탄탄하였다. 이와 같은 역동적인 경제 상황을 배경으로 미국은 40년 만의 글로벌 인플레이션을 탄생시켰고, 광폭의 금리 상승을 주도하면서 세계 경제 무대를 독차지하였다.

여기에 더해 미국의 경제 패권을 한층 더 강화하고 세계에 그 위력을 과시한 것은 세계 금리를 주도하면서 달러의 힘이 모든 통화를 압도하는 현상이다. 한동안 경쟁적으로 미국을 따라붙는 것처럼 보였던 중국은 이전과 차원이 다른 팬데믹 환경하에서 미국에 완패하고, 점점 세계의 주류 경제와 정치에서 밀려 나고 소외당하는 형국이다. 이런 상황에서 미국에 지지 않으려고 사사건건 대립각을 세우는 작금의 현상은 탈세계화 움직임과 맞물려 우리나라를 비롯한 많은 나라에 예측 불가능한 경제적 위험을 키우고 있다.

미국의 초고속 금리 인상과 초강력 달러의 힘(미국의 고금리와 양호한 경제 실적의 합작품임)이 글로벌 자본을 미국으로 빨아들이면서 미국은 그 어느 때보다 국가의 부를 더 축적할 수 있는 기반을 굳건히 하고 있다. 반면에 많은 나라는 저성장, 경기 침체, 고용 부진, 채무 악화, 자본 이탈 및 자금 경색, 무역 수지 악화 등 복합적 위기 상황으로 내몰리고 있다. 한마디로, 현재 미국은 세계에 인플레이션과 금리를 수출하고, 초강달러로 세계의 자본을 빨아들이면서 자국 경제 기반 강화와 세계 경제 군림이라는 새로운 장을 펼치고 있다.

지금은 미국을 제외한 나머지 G7 국가들조차 미국의 금융·재정 정책을 따라가지 않으면 자칫 경제가 도태될 수 있다는 불안감에 시달리고 있다. 사실상 우리나라를 비롯한 모두가 미국의 일거수일투족에 촉각을 곤두세우고 대응하고 있다. 지금으로서는 미국 경제가 침체에 빠지는 것보다 다른 선진국 경제와 글로벌 경제가 침체에 빠질 가능성이 훨씬 크고 더 빨라 보인다. 결론적으로, 팬데믹은 세계 최강대국인 미국의 힘과 위상을 팬데믹 이전보다 더 강하고 높게 만들었다.

극단적 상황: 팬데믹 쌍둥이 위기, 글로벌 경제 위기 가능성

극단적으로는, 일반적인 경기 침체보다 훨씬 강도가 강한 글로벌 경제 위기가 발생할 수도 있다. 이는 국제통화기금(IMF)이 최근(2022. 10)에 발표한 2023년, 2024년 경제 전망(세계 및 주요국)과는 다소 거리가 있는 주장이다. 전망에 따르면, 세계 경제와 주요국의 경제 실적은 마이너스 성장(역성장)은 거의 없고, 대부분 0%에서 3~4% 내외의 저성장을 보일 것으로 예측되었기 때문이다. 전체적으로 전망치가 기존 예상보다 큰 폭으로 떨어지기는 하였지만, 과거 글로벌 경제 위기 때에 나타났던 마이너스 성장은 예측하지 않았다(예외적으로 마이너스 성장이 예측된 국가(예: 독일 –0.3%)도 있다). 주요국의 2023년도 경제 성장률 전망을 보면, 미국 1.0%, 유로존(유로화 사용 19개 국가) 0.5%, 일본 1.6%, 중국 4.4%, 그리고 한국 2.0%가 예상되었다. 이러한 전망은 한마디로 세계 경제의 '저성장 속 경기 둔화'를 의미한다.

그런데 국제기구들은 여전히 낙관적 편향성에 치우치고 있는 듯하다. 앞서 몇 차례 강조한 바와 같이, 팬데믹 동안 국제기구의 세계 경제 예측 능력과 신뢰성에 얼마나 많은 금이 갔던가? 2021년 중·후반 이후 국제기구들은 여러 번 잘못된 예측을 하였고, 틈만 있으면 사후 수정 전망을 내놓았다. 예컨대, IMF는 2022년 초부터 10월까지 이미 세 번씩이나 세계 경제 성장률 전망치를 하향 조정하였다. 지난해 1월의 3.8% 전망으로부터 4월 3.6%, 7월 2.9%, 10월 2.7%로 계속 낮추었다. 한국 경제만 하더라도 국내외 주요 경제 예측 기관들이 2022년 12월에 2023년 경제 성장 전망을 일제히 1%대로 수정하였지만, IMF 전망치는 여전히 2.0%이다. 어디 그 뿐인가, 세계은행은 2023년 벽두(2023. 1. 10)에 세계 경제 성장률을 기존 전망(2022. 6)보다 무려 1.3포인트나 낮춘 1.7%로 하향 조정하였다.

여기에 더해 현재 진행 중인 고물가·고금리·고환율 현상과 예측 기구들이 통제하거나 합리적 추정이 어려운 글로벌 위험 및 불확실성 요인을 고려하면, 2023년의 세계 경제는 지금의 예상보다 더 나빠지고 위험해질 가능성이 크다. 비관적으로 보자면, 글로벌 경기 침체를 넘어 경제 위기가 발생할 가능성을 결코 배제할 수 없다. 저자는 글로벌 채무 문제, 특히 일부 신흥·개도국(저소득 국가 중심)의 과잉 채무가 급격히 형성된 '글로벌 고금리·경기 침체'의 과부하를 감당하지 못하면서 글로벌 경제 위기가 촉발될 가능성이 있다고 생각한다.

만일 글로벌 경제 위기가 발생한다면, 이는 짧게는 2018년, 길게는 앞서 언급한 2010년 글로벌 과잉 채무(채무 축적 물결) 경향의 중기 연장선상에서 이해되는 것이 합리적이다. 다만, 일련의 시간적 연속선상에서 팬데믹 대충격의 끝물이 강력하게 개입하면서 글로벌 경제 위기의 발생 시점을 앞당겼다. 어떤 면에서 현재 진행 중인 제4차 채무 누적 물결이 경제·재정 취약 국가에 경제(금융)·재정 위기를 몰아친 다음 그 운명을 다할 미래의 순간이 임박한 것이 현재 상황이다.

만일 거대 충격인 팬데믹이 없었더라면, 글로벌 경제 위기의 도래가 몇 년 더 연기되거나, 아니면 천만다행으로 이전의 세 차례 채무 누적 물결과 달리 위기로 귀결되지 않을 수도 있다. 다만, 도래 시점이 늦어지더라도 또 다른 글로벌 요인에 의해 제4차 채무 누적 물결은 결국 일부 신흥국·개발 도상국의 경제(금융)·재정 위기로 이어지고, 그로 인해 세계 경제가 충격을 받을 것으로 판단된다. 이때 경제·재정 위기의 크기와 파장은 위기 발생 전후의 세계 경제 상황에 따라 크게 달라질 것이다. 소수 국가의 위기일 수도 있고, 그보다 더 큰 위기가 되어 세계 경제를 뒤덮을 만큼 큰 영향을 미칠 수도 있다.

일본의 고집과 잘못된 판단, 제로 금리 정책 고수

2022년 말 선진국 중에서 금리 인상을 단행하지 않고 제로 금리 정책을 고수하는 나라는 일본뿐이다. 일본 중앙은행(일본은행)의 정책 금리는 장기간 유지해 온 단기 금리 마이너스(-0.1%), 중장기 제로 퍼센트 기조를 고수하고 있다. 그 배경에는 기준 금리를 인상하면, 정부의 국채 이자 비용 부담이 순식간에 천문학적 규모로 늘어나고 중앙은행의 운신에 무리가 생긴다는 판단이 있다. 잘 알려진 것처럼, 일본은 오랫동안 국가 예산의 40% 내외를 국채를 발행해서 조달하는 채무 재정(debt financing) 방식을 운영해 왔다. 그리고 정부가 발행하는 국채의 약 절반을 중앙은행이 사주는 공적 자금 운영 시스템을 가동해 왔다. 정부와 중앙은행의 공생 관계가 다른 어느 나라보다 공고히 구축된 것이 현재 일본이다.

일본이 정책 금리 인상을 꺼리는 또 다른 이유는 '잃어버린 10년, 20년'의 긴 시간 속에 일본인의 뇌리에 각인된 지속적인 물가 하락, 즉 디플레이션(deflation)에 대한 우려와 두려움에 있다. 장기간 마이너스 물가를 기록하였던 일본 경제는 최근 몇 년간 물가가 조금씩 오르고 경기가 회복되는 기미를 보였다. 이런 모처럼의 기회에서 금리가 갑자기 크게 오르면 다시 경기 침체와 디플레이션에 빠질 수 있다는 우려 심리가 작동하는 것이다. 그리고 미국의 금리 인상에 따른 '강달러·약엔화'의 외환 시장 구도도 종합적으로 일본에 유리하다고 판단하는 것 같다. 하지만, 2022년 후반에 달러 대비 엔화 약세가 너무 심해(20여 년 만의 1달러 대 145엔 돌파, 32년 만의 1달러 대 150엔 돌파) 위기감을 느낀 일본 통화 당국이 나서서 외환 시장에 개입하였다(한번은 직접 개입, 다른 한번은 간접 개입('복면 개입')이었음).

종합적으로, 현재 일본 정부와 중앙은행은 미국과 같은 가파른 기준 금리 인상이 단행되면, 국가 재정과 경제에 심각한 압박이 초래될 가능성이 크다고 보고 제로 금리 정책을 계속 유지하는 것으로 정책 기조를 다잡았다. 그러나 저자의 눈에는 여러 가지 상황을 종합해 볼 때, 일본의 제로 금리 정책이 무너지는 것은 시간 문제로 보인다. 무엇보다도 미국의 기준 금리가 지난 연말에 4%대를 돌파하고 5%대를 목전에 둔 상황이어서, 일본의 정책 금리 기조는 흔들릴 수밖에 없다. 그뿐 아니라 엔화 초약세로 수입 물가가 크게 오르면서 일본의 물가(구미에 비해서는 크게 낮은 수준임)가 계속 상승 압박을 받게 되는 상황을 일본 정부가 더 이상 용인하기 어려운 것도 금리 조정의 중요한 요인이 될 것이다. 다만, 근 10년간 일관되게 강력한 양적완화 정책을 펼쳐 왔던 일본 중앙은행이 비록 작은 폭의 금리 인상이라도 시도할 경우, 채권 시장과 주식 시장은 물론 금융 및 실물 경제 나아가 국가 재정에 완전히 새로운 시그널(signal)을 주어 광범위한 후폭풍이 발생할 수 있는 우려는 남아 있다.

결론적으로, 아무리 국가(일본) 고유의 특성과 잠재력을 인정해 준다고 하더라도, 선진 경제 간에 같은 시기에 4% 이상의 금리 차이가 나는 현상은 지속 가능할 수가 없다. 그러므로 연말 연초를 전후로 일본은행은 장기간 유지해 온 완화적 금융 정책의 출구 전략을 마련해서 시장과 소통할 것으로 예상한다. 아니나 다를까 일본은행은 2022년 끝 무렵(2022. 12. 20)에 장기 금리의 변동폭을 0.5%까지 허용하는 조치를 취해 일본의 금융 시장과 실물 시장을 깜짝 놀라게 하였다. 핵심은 장기 금리의 용인 폭을 기존의 ±0.25%에서 ±0.5%로 상향 조정하는 데 있다(일본은행은 그동안 국채 금리가 장기 금리 용인 폭을 넘어 갈 경우 정부가 발행하는 국채를 무한대로 구입하는 방식으로 사실상 '제로금리'를 유지해 왔다). 일본은행 측(구로다 총재)에서는 정책 금리 인상이 아니라고 강변하였지만, 시장(금융·주식·외환·실물 시장 등)에서는 사실상의 금리 인상으로 받아들이고 즉각 반응하였다. 일본은행의 정책 변화 배경에는 (1) 미·일 간 금리 격차 확대에 따른 채권 시장 기능 저하, (2) 연속적 무역 적자 확대, (3) 과도한 엔저 현상에 따른 수입 물가 상승이 있다. 아마도 이는 앞으로 있을 금융 완화 정책의 출구 전략을 겨냥한 서막일 것 같다. 그리고 출구 전략은 현재의 구로다 총재의 임기가 만료되는 4월 이후 본격적으로 모색될 것으로 예상된다.

10. COVID-19 팬데믹 위기와 과거 글로벌 경제·재정 위기의 차이

COVID-19 팬데믹 위기를 과거 몇 차례 있었던 글로벌 경제·재정 위기와 비교하면, 유사점도 있지만 대체로 차이점이 더 많다.

유사점은, 먼저 양자 모두 지구촌 전체에 심각한 부정적 영향을 미친 글로벌 위기라는 사실이다. 그 다음으로는, 위기의 영향이 각국의 사회·경제 전반에 걸쳐 광범위하고도 깊은 폐해를 초래한 점이다. 마지막으로, 정부가 위기 대응의 선봉에 나서서 다양한 재정·금융통화 정책을 적극적으로 실시하였다는 점이다. 다만, 이러한 유사성도 미시적으로 들어가면, 양자 간에 상당한 차이가 존재한다.

팬데믹 위기가 이전의 글로벌 경제·재정 위기와 거시적으로 관측되는 주요 차이점은 다음과 같다.

첫째, 위기의 근본 원인이 본질상 다르다. 이는 두 위기 간의 가장 큰 차이이다. 주지하다시피, 팬데믹의 원인이 코로나바이러스라는 생물학적 요인에 있어, 과거 위기와 달리 사망과 질병 등 인구·건강 요소가 수반되는 독특성을 지녔다. 반면에 기존의 글로벌 경제·재정 위기는 경제 역량을 크게 초과하는 대규모 채무가 주된 원인이었다. 그 중심에는 항상 가계, 기업, 국가의 과도한 채무(규모와 성격, 상환 조건 등이 주요 영향 요인임)가 있었고, 여기에 외부 충격, 급격한 경기 침체, 주요 기업의 부실 경영·관리가 결정적인 도화선으로 작용하였다. 무엇보다도 과거 글로벌 경제·재정 위기 때는 지금의 팬데믹 위기처럼 무수한 인구가 생명을 잃거나 바이러스 감염과 생활의 불안과 공포에 시달리는 인구·사회적 파괴 현상은 없었다.

둘째, 위기가 휘몰아친 인구·사회·경제적 파급 효과(피해와 손실)의 성격과 범위 면에서 크게 차이가 난다. 한마디로 팬데믹 위기는 기존의 글로벌 경제·재정 위기를 압도한다. 양자 모두 위기로 인한 피해 규모가 매우 크고 대상이 광범위하였다. 글로벌 경제·재정 위기 당시 가계·기업·공공 부문 전 방위적으로 실직, 소득 및 수익 감소와 상실, 조직 및 기관 붕괴, 파산이라는 엄청난 경제적 압박과 생활의 고통이 초래되었다. 하지만 그 피해와 고통은 전 국민과 전 사회가 아니고, 대체로 위기와 직·간접적으로 관련된 이해 당사자, 즉 특정 국민과 경제 주체를 중심으로 발생하였다. 따라서 위기의 처방도 전 국민, 전 분야를 대상으로 하지 않고, 특정 경제 주체를 대상으로 이루어졌다.

그러나 팬데믹 위기하에서는 일반 국민과 경제 주체를 총망라해서 피해와 고통이 발생하였다. 그리고 건강, 사회, 경제, 정치, 문화 등 국가와 사회의 운영과 관련된 거의 모든 부문에서 총체적이고 체계적인 충격과 악영향이 발생하였다. 또한 그 규모와 반경이 전 지구적이었다.

셋째, 위기에 대응하는 철학과 접근, 수단과 방법(대응 방식) 면에서 기존 위기와 팬데믹 위기 간에 차이가 난다. 이것은 위기의 원인과 파급 경로 및 영향 등에서 두 글로벌 위기가 확연히 다른 데서 비롯된다. 가장 뚜렷한 차이로 팬데믹하에서는 사회적 거리두기와 의무적 마스크 착용, 각종 활동 제한 등으로 상징되는 사회·경제적 활동 규제가 위기 대응의 중심축이었던 반면 기존의 글로벌 위기에서는 그러한 대응책이 전무하였음을 지적할 수 있다. 팬데믹 위기가 본질상 바이러스 위기였기 때문에 무엇보다도 바이러스 예방과 대응, 즉 방역이 최우선 목표로 다루어졌다. 매우 엄격한 사회·경제적 활동 통제와 각종 방역 대책이 단행되었다. 여기에 팬데믹으로 인해 고용, 소득, 경영, 투자 등에서 심각한 타격을 본 가계와 기업을 지원하고 보호해 주는 다양한 초대형 재정·금융 조치들이 합세하였다. 각종 사회 보장 제도와 사회 안전망 보강 조치는 두말할 필요도 없다. 기존 글로벌 위기 때도 정부의 규제가 없었던 것은 아니다. 그러나 그것은 대부분 경제·금융 활동과 관련된 제한적 규제들(예컨대, 금융 활동 및 채무 규제, 파산 규제 등)이었다.

넷째, 위기의 총기간(시작에서 종료까지의 기간)과 집중 기간 면에서 양자 간에 차이가 난다. 대체로 말해서, 기존의 경제·재정 위기는 발생에서 소멸까지 약 1~2년 정도 걸렸고, 집중적 위기(관리) 기간은 1년 미만이었다. 물론 위기의 영향은 국가에 따라 3~5년 이상 중장기로 확대된다. 이에 비해 팬데믹 위기는 3년이 다 되어 가는 지금도 여전히 위험성과 불확실성을 완전히 떨쳐버리지 못하고 있다. 팬데믹의 후유증은 국가에 따라 다르겠지만, 5~10년 이상 길게 갈 가능성도 있다. 이러한 사실을 인식할 때, 위기의 단기 영향은 물론 중장기 여파의 기간과 강도, 내용, 범위 면에서 기존의 경제·재정 위기는 팬데믹 위기에 도저히 비교될 수 없다.

다섯째, 위기 상황에 대응하는 정부와 금융통화 당국(중앙은행 등)의 각종 재정·금융통화 정책의 수단과 방법 면에서 양자 간에 질적·양적 차이가 난다. 국가에 따라 다르지만, 국가 재정이 막대한 공채 재정과 적자 재정을 감수하면서 슈퍼 재정 확장 정책을 단행한 점은 과거 글로벌 위기 때와 크게 다르다. 물론 과거 글로벌 위기 때도 당사국들은 공채에 기대는 적극적인 재정 정책과 금융통화 정책을 실시하였지만, 그 규모와 운영의 파격성 면에서 '팬데믹 정책'과 비교될 수 없다. 앞서 몇 차례 언급한 바와 같이, 팬데믹 위기는 1929년의 세계 대공황 이후 발생한 어떤 경제·금융·재정 위기보다 경제적 피해가 컸고, 그 결과 기존 위기 때보다 몇 배나 많은 천문학적 규모의 재정 자금이 필요하였다. 이러한 상황에서 글로벌 채무는 민간·공공 부문 할 것 없이 역사상 최고 수준을 기록하였다.

여섯째, 위기 상황에서 국가 재정이 팬데믹 위기 재정이 사회·경제적으로 곤란한 전체(또는 대다수) 국민과 특정 피해 국민을 대상으로 파격적인 현금 지원을 단행한 점에서 팬데믹 위기는 과거 글로벌 경제 위기와 차이가 난다. 이전의 위기 가운데 전체 국민이나 대다수 국민을 상대로 위로금 또는 지원금 형태의 현금(또는 현금 상당)을 지급한 경우는 없었다. 통상 위기로 인해 크게 손실을 보았거나 파산에 처한 기업을 대상으로 각종 구제 금융 조치(융자, 채무 상환 연기, 채무 탕감 등)를 취하였다. 그리고 팬데믹 재정 조치가 방역 관리 지출을 필두로 일반 국민과 사회·경제적 취약 계층의 사회 보장·보호를 위해 엄청난 자금을 지출한 것도 과거의 위기 대응과 다른 접근이자 특성이다.

마지막으로, 기존의 재정 위기는 자금 흐름과 정책 관리(국가 관리, 기업 경영 부실)에 그 원인이 있는 만큼 대응 방안과 해결 수단이 비교적 단순 명확하였다. 그리고 그것이 진행되는 과정과 결과를 충분히 예측할 수 있었다. 그러나 팬데믹 위기는 보이지 않는 바이러스와의 전쟁이고, 여파가 인구·사회·경제·정치·문화적으로 광범위해서 처방이 복잡하고, 또한 결과 예측이 어렵다. 예컨대, 각국이 앞다투어 두세 번 실시한 백신 접종이 중장기적으로 어떤 결과를 가져다줄지에 대해 사실 누구도 알지 못한다. 팬데믹 재정 조치가 팬데믹 대응에 필요하고 유효하였지만, 그것이 중장기적으로 재정의 지속 가능성을 담보해 줄 것인지, 아니면 재정에 압박을 가하고 극단적으로 재정 위기를 초래할 것인지에 대하여도 알 수 없다. 기존의 위기와 달리 팬데믹 위기는 위기의 진행 중이나 진행 후(포스트 팬데믹 초기)에도 워낙 큰 불확실성과 위험성이 그것을 둘러싸고 있기 때문이다.

종합적으로, 팬데믹 위기는 피해와 영향의 범위가 전 국민, 전 산업, 전 사

〈표 10-1〉 COVID-19 팬데믹 글로벌 위기와 기존 글로벌 경제·재정 위기의 유사점과 차이점

	팬데믹 글로벌 위기	글로벌 경제·재정 위기
1. 원인과 특성	• 신종 코로나바이러스 (*인구·생물학적 요인) • 역학 및 방역 정책 최우선 • 약 3년 내외 지속, 5~10년 중장기 영향 예상 * 슈퍼 글로벌 위기	• 과도한 정부·민간 채무 • 부실한 재정 관리와 기업 경영(채무·적자 관리 포함) • 경제·재정 회복 최우선 • 특정 국민/부문/산업 대상의 제한적 충격과 영향 * 경기 침체, 다수 기업 도산, 개인 파산 등 -1년 내외 지속, 3~5년 영향
2. 파급 경로 및 효과(영향/변화)	• 코로나바이러스의 국가 내 지역, 국가 간 /글로벌 확산 • 인구/건강/사회/경제/정치/문화 등에 걸치는 총체적·체계적 충격과 영향 • 사회·경제적 불평등 악화	• 국가 경제, 국가 재정 과부하 • 광범위한 사회·경제적 영향 • 사회·경제적 불평등 * 새로운 취약 계층 발생
3. 대응책	• 엄격한 사회·경제적 통제(사회적 거리두기, 이동 및 영업 제한, 마스크 착용 등) • 백신 개발과 접종 • 초슈퍼 재정 확장 정책, 완화적 금융통화 정책의 혼합(policy mix) * 선진국의 일부 개발 도상국 지원 * 대응 방안/해결 수단 복잡성·불확실성	• 대규모 재정 확장 정책, 완화적 금융통화 정책 등 정책 혼합(policy mix) • 국제기구, 선진국 등 외부 지원(구제 금융), 지원 주체의 엄격한 재정 및 금융 규제 • 지출 구조 조정, 정부 개혁 등 * 사회·경제 활동 통제 없음 * 대응 방안/해결 수단 단순 명확성
4. 기타: 위기 극복 조건/미래 구상	• 국가/국민 통합 • 공동체 정신 • 국가/공적 신뢰와 책임성 • 글로벌 공조 체제 구축 가동 * 특별한 국가·사회·경제 차원의 구조 조정 없음 *과잉 유동성, 경제 버블 이슈 * 국가·사회 전체의 중장기 포스트 팬데믹 미래 구축	• 국가/국민 통합 • 공동체 정신 • 경제·재정·정부 구조 조정(restructuring) * 경제·재정 안정성/지속 가능성 보장/중장기 실천 계획 구축 *채무 재조정 및 안정화 계획

회 활동을 총망라하는 체계적이고 총체적인 특성이 있다. 따라서 그 대응 방안도 특정 계층이나 산업, 분야, 부문을 목표로 하지 않고, 국가와 사회의 모든 영역을 아우르는 체계적이고 종합적인 접근을 요구한다. 이런 점에서 이번 팬데믹 위기는 인구, 사회, 경제, 정치, 문화 전반에 충격이 가해지는 '슈퍼 글로벌 위기'로 한 세기에 한두 번 있을까 말까 하는 총체적·체계적 외부 충격이다.

11. 대한민국 경제 위기 가능성

팬데믹 발생 후 주요 경제 상황과 경향

(1) 초과잉 유동성, 자산 시장에 쏠리는 시중 자금

글로벌 과잉 유동성은 팬데믹 이전부터 존재하였다. 그것은 멀리 보면 2008년도 글로벌 금융 위기 이후 전개된 세계적인 확장적 재정 정책에 따른 돈 풀림으로 거슬러 올라간다. 조금 가깝게 보면, 2010년대 초중반에 시작된 세계적 초저금리 경향과 그로 인한 공공·민간 채무 증가 현상에서 비롯되었다. 역사적·복합적 산물이다. 그러던 와중 발생한 팬데믹은 기존의 글로벌 과잉 유동성 화약고에 불을 붙였다.

팬데믹 발생 후 세계적으로 슈퍼 재정 확장 정책과 금융 완화 정책이 실시되었음은 앞서 수차 강조한 바이다. 선진국들은 팬데믹 중에 우리 돈으로 수백조 원에서 수천조 원(미국)에 이르는 천문학적인 공적 자금을 공공 투자와 기업·가계 지원에 투입하였다(슈퍼 재정 확장 정책의 시중 유동성 증가 경로는 박스 내용 참고). 각국 중앙은행은 유례없이 매우 느슨한 금융 정책(금리 인하, 자산 매입, 호혜적 융자, 상환 연기, 기타 유동성 확대 조치)으로 화답하였고, 수많은 공적 금융기관들이 자금 지원 사격에 나섰다. 그 결과 사상 최고의 유동성이 탄생하였다. 그 뒤에는 역사상 가장 낮은 초저금리가 든든한 버팀목으로 자리하였다.

우리나라의 유동성도 팬데믹 중에 최고조를 이루었고, 통화량은 2008년 세계 금융 위기 다음으로 크게 팽창하였다. 팬데믹 전후의 통화량(광의의 통화 M2, 평잔 기준)을 비교하면, 2019년의 2,809.9조 원에서 2020년과 2021년에 각각 3,070.8조 원, 3,430.4조 원으로 급팽창하였다. 평잔 증가율은 2018년 6.3%, 2019년 7.0%에서 2020년과 2021년의 각각 9.3%, 11.7%로 급증세를 보였다.

팬데믹 유동성 자금이 정확히 누구의 돈인지는 말하기 어렵다. 하지만 누구의 돈이든 그것은 크게 소비, 투자(투기 포함), 저축, 비활동(현금 보유)의 형태로 모습을 갖는다. 통상 부자와 상위 소득 계층은 빈자와 중·하위 소득 계층보다 그러한 자금을 확보하고 이용할 수 있는 역량과 기회가 훨씬 더 많다. 즉, 돈이 따라붙는 기회에 불평등이 존재한다. 돈이 돈을 번다("Money makes money")는 격언은 사실상 부자들의 이야기이다. 따라서 고소득자, 자본가들이 기존의 부에 팬데믹 유동성 기회를 얹혀서 자산(자본) 시장을 휩쓸었다고 보아도 무방하다.

팬데믹 중 실물 경제는 생산, 투자, 소비, 수익, 성장 등 모든 면에서 맥을 못 추었지만, 자산 시장에는 시중의 자금이 모여들면서 수요와 공급 모두 역동적으로 움직였다. 넘치는 유동성의 힘이 자산 시장을 뜨겁게 달구었다. 단기적으로 공급이 제한된 자산 시장(예컨대, 부동산, 주식, 채권, 가상화폐, 금, 미술품 등)에 시중의 자금이 쏟아지자 공급이 수요를 크게 못 따라가는 초과 수요 상태가 나타났다. 순식간에 자산 가격은 폭등하였고, 자산 시장 거품도 생겼다. 다른 선진국 이야기가 아닌 우리나라 이야기이다. 하지만 그것은 2021년 말 또는 2022년 초까지가 한계였다.

슈퍼 확장적 재정 정책과 시중 자금 팽창

팬데믹 상황에서 국가 재정을 통해 시중에 돈이 풀리는 경로는 크게 다음의 네 가지이다.

첫째 경로는, 팬데믹으로 인해 갑자기 경제적 어려움을 겪거나 피해를 본 특정 계층을 대상으로 정부가 자금을 무상 지원하거나, 좋은 조건으로 유상 지원하는 것이다. 예를 들어, 정부의 방역 정책과 비자발적 소비 축소로 큰 피해를 본 여행, 숙박, 음식, 운수·교통 사업 종사자와 소상공인에게 지원되는 각종 유·무상 자금이 그에 해당한다.

둘째 경로는, 정부가 팬데믹으로 심적·물적 고통을 받는 국민을 격려하기 위해 현금이나 현금에 상당하는 쿠폰(또는 상품권)을 직접 국민에게 제공하는 것이다. 주지하다시피, 팬데믹이 기승을 부렸을 때 적지 않은 나라들이 전 국민 또는 대다수 국민을 수급 대상으로 하는 보편적 현금 이전을 단행하였다(우리나라에서는 국민 재난 지원금이라는 제도하에 대다수 국민을 대상으로 지급되었다).

셋째 경로는, 정부가 기존의 사회 복지·보장 시스템을 확충해서 더 많은 예산을 사용하는 것이다. 여기에는 사회 복지 서비스 종사자에 대한 인건비(기존 및 신규 고용자의 임금, 특별 수당 등 포함)를 비롯하여 팬데믹 극복을 위해 대폭 늘어난 공공 의료와 사회 복지 서비스를 감당하는 예산 지출이 포함된다.

마지막 경로는, 전통적으로 정부가 수행해 온 각종 행정 서비스 공급과 사회 간접 자본(SOC) 등 자본 투자를 위해 정부가 재정을 집행하는 것이다. 이번 팬데믹 위기 속에서 세계 각국은 재정 형편과 수요에 따라 기존과 다른 다양한 팬데믹 자본 투자 사업을 시행하였다.

이처럼 다양한 형태와 용도의 재정 자금이 집행되면, 그것은 결국 불특정 국민의 주머니에 들어간다. 이는 곧 시중의 자금 유동성을 풍부하게 만든다. 팬데믹 재정이 슈퍼 확대 재정이었던 만큼 시중에 흘러들어 간 자금은 넘치고도 남을 만큼 풍부하였다. 이른바 '역대급 유동성 과잉 상태'가 만들어졌다. 이때 사회적으로 두 가지 중요한 이슈가 제기된다. 하나는 지출된 공적 자금이 누구의 주머니에 더 많이 들어갔는지에 관한 것이다. 경제 파이의 배분 문제이다. 또 다른 하나는 그 많은 돈이 적재적소에 사용되었는지에 관한 것이다.

전자는 경제적 불공평성(economic inequality)의 변동(즉, 개선, 악화)에 관한 사회적 문제와 직결된다. 이때 만일 경제적 불공평성이 팬데믹 전보다 더 나빠졌다면, 정부는 다양한 정책 처방을 통해 조속히 문제를 해결해야 한다. 실제로 팬데믹 발생 후 대부분의 나라에서 경제적 불평등 상태가 더 나빠졌다. 보이지 않는 코로나바이러스가 보이는 부의 배분 상태를 심하게 기울인 것이다.

후자는 재정 효율성 이슈와 국민 경제의 선순환·악순환 문제와 연결된다. 관건은 시중으로 흘러간 공적 자금이 어떤 형태로 탈바꿈해서 활용되는지에 달려 있다. 만일 시중에 유입된 자금이 가계와 기업의 소비와 투자에 적극적으로 활용되었다면, 국민 경제는 활기를 되찾고 강한 성장 동력을 확보한다. 하지만 가계와 기업이 미래의 불확실성 등을 이유로 적극적인 소비와 투자를 기피하고 저축 또는 유보(예컨대, 가계의 현금 보관, 기업의 사내 유보)를 선택하였다면, 문제가 생긴다. 경제는 내수 침체와 투자 불황을 겪고 성장 동력을 상실한다. 마찬가지로, 재정 지출 결과 재정의 효율성이 향상되었는지에 대하여도 점검해야 한다. 만일 긍정적 효과가 없었다면, 당연히 정부는 적절한 대응 조치를 취해야 한다.

크게 위축된 소비, 크게 늘어난 저축(초과 저축)

팬데믹 발생 후 통화량은 급팽창하였지만, 소비는 사회를 뒤덮은 비대면 환경과 각종 활동 통제 때문에 큰 폭으로 감소하였다. 전자 상거래나 배달 등을 활용하는 비대면·온라인 소비 양식이 새로운 소비 형태로 자리를 잡기는 하였지만, 그것이 거시 경제에서 차지하는 비중과 역할은 제한적이다. 특정 분야의 소비는 많이 늘어났으나, 시장의 전체 소비량은 팬데믹 이전보다 크게 줄어들었다. 소득이 일정할 때, 소비가 줄어들면 자연히 저축은 늘어난다(거시 경제 이론에 의하면, 소득은 소비와 저축의 합이다). 다만, 팬데믹이 정점을 치고 엔데믹(endemic) 상황에 접어들자 그동안 억눌렸던 소비가 빠르게 증가하기 시작하였다. 하지만 여전히 팬데믹 이전 수준에는 크게 못 미쳤다.

소비와 달리 저축은 팬데믹 이전 수준을 크게 웃도는 초과 저축(팬데믹 이전 수년간 평균에 비해 크게 많은 과잉 저축 상태를 의미함) 상태를 실현하였다. 전반적으로 소비가 감소하는 가운데 많은 나라가 상당한 금액의 재난 지원금과 추가 실업 급여를 지급하고 강한 경기 부양책을 편 것이 초과 저축 현상을 만들었다. 그리고 활동 제약에 따른 비자발적 소비 감소 외에 팬데믹을 둘러싼 미래 불안과 불확실성으로 인한 자발적 소비 감소가 초과 저축 현상에 일조하였다. 이런 점에서 초과 저축 현상은 팬데믹이 건강을 넘어 사회·경제적 심리조차 압도하는 강한 미래 불확실성도 전염시켰음을 시사한다.

일반적으로 소비는 경제가 거품 상태일 때 활성화된다. 그러나 이번의 팬데믹은 소비가 제도와 규제, 공급 요인, 불확실성에 의해 강하게 묶일 경우, 자산 시장 거품 상태에서도 소비가 줄어든다는 사실을 분명히 보여 주었다. 실제로 팬데믹 중 주요국의 자산 시장은 활황을 누렸지만, 정작 소비는 큰 폭으로 줄었다. 막강한 유동성의 힘도 소비는 마음대로 부릴 수가 없었던 셈이다. 부자들은 그 많은 자금을 각종 수익성 자산에 투자하였고, 예금이나 현금 보유는 최소화하였다. 메가톤급 팬데믹 자금이 자산 시장으로 흘러들어 갔다.

팬데믹 중 큰 폭으로 늘어난 저축, 즉 '초과 저축'(또는 과잉 저축)은 포스트 팬데믹 때 폭발적인 소비 증가를 유발할 수 있는 잠재적 경제 호재이다. 물론 투자 진작에도 큰 도움이 된다. 실제로 지난해에 미국, 영국 등에서 갑자기 인플레이션 현상이 출현한 주요 원인 중 하나가 소비(이른바 '보복 소비') 분출이었다. 지금도 여전히 우리나라와 세계 시장에는 초과 저축이 많이 남아 있어서 경제 회복에 필요한 실탄은 충만한 상태이다.

우리나라의 초과 저축 현상은 다음과 같다. 자본시장연구원(팬데믹 이후 우리나라 가계의 초과 저축, 2021. 12)에 의하면, 우리나라 전체 가구의 평균 저축률은 팬데믹 직전인 2019년의 24~29% 범위에서 팬데믹 발생 후 2021년 3분기까지 28~33% 범위로 높아졌다. 2020년 1분기부터 2021년 3분기까지의 가계 초과 저축액은 약 67조 원이며, 이는 2020년도 명목 GDP의 약 3.5%, 그리고 명목 가계 최종 소비 지출의 7.8%에 해당한다. 하지만 그것은 주요국의 초과 저축 상태에 비하면 크게 낮다.

예컨대, 미국의 경우 개인 초과 저축은 명목 GDP의 12~13% 수준으로 추정되었다. 팬데믹 중 미국 경제를 견인한 것은 사상 최고 유동성과 막강한 초과 저축의 백업을 받은 개인 소비의 힘이었다. 미국 가계의 초과 저축액은 팬데믹 발생 후 미국 정부가 강력히 추진한 슈퍼 재정 확장 정책(경기 부양, 사회 보호 및 보장 강화 목적; 가계 지원, 고용 대책, 의료기관 지원, 기업(대기업·중소기업) 지원, 기타)에 힘입어 2020년 중반부터 1조 달러를 넘어 급팽창하더니 2022년 내내 2조 달러를 웃돌았다(2022년 9월에는 2.3조 달러(우리 돈 약 3,000조 원)로 최고 수준을 기록하였는데, 이는 우리나라의 국내 총생산(GDP)보다 크다). 참고로 미국의 개인 저축률은 팬데믹 이전에는 10% 미만이었는데, 팬데믹 발생 직후 2020년 초에는 25% 내외로 껑충 뛰어올랐다.

그러나 현재와 같은 고물가가 지속된다면, 소득과 저축의 실질 가치가 크게 떨어져 '초과 저축 소비(지출)'의 경제 성장 효과는 줄어든다. 팬데믹 중에 많이 축적된 저축이 인플레이션으로 인해 거시경제의 총수요 진작에 이바지할 수 있는 효과가 크게 줄어든다는 의미이다.

위축된 실물 경제 투자, 충만한 자산 시장 투자와 투기

(1) 시중 자금의 실물 경제 투자 외면, 자산 시장 쏠림 현상

투자는 소비와 결이 조금 다르다. 투자는 크게 공공 투자(정부 투자)와 민간 투자(기업 투자)로 구분될 수 있는데, 팬데믹 중 공공 투자는 줄지 않고 늘어났다. 정부가 경제 활성화를 위해 각종 공공 투자 사업의 예산을 늘렸기 때문이다. 반면에 민간 투자는 팬데믹 기간 중 크게 줄었다. 풍부한 유동성과 대기업의 역대급 사내 유보금에도 불구하고, 소비 위축과 팬데믹 경기 불황 및 불확실성으로 쉽게 투자 확장 모드를 취할 수가 없었기 때문이다. 록다운 등 강력한 사회적 거리두기로 국내외의 생산량과 교역량이 크게 줄어드는 상황에서 기업들이 적극적으로 투자 확대에 나서는 것은 모험이자 매우 부담스러운 일이었음이 틀림없다(다만, 팬데믹이 엔데믹 상황으로 전환되자 민간 투자는 조금씩 늘어나기 시작하였는데, 그 양상은 설비 투자와 건설 투자 간에 차이가 난다).

소비와 투자가 크게 위축되자 경제의 기반인 실물 경제 시장은 일찌감치 꼬꾸라졌다. 경제의 활력소인 인적·물적 활동과 이동이 완전히 발목을 잡히면서 경제 활동과 실적이 급격히 위축되었다. 때로 경제 시간 자체가 정지되었고, 경제의 선순환과 성장을 기대하기 어려운 시간이 흘러갔다.

그러나 자산 시장(자본 시장)은 조금도 기가 꺾이지 않았고, 오히려 기세가 등등해졌다. 가계와 기업이 자금을 빌릴 수 있는 곳은 많았고, 차입 조건 또한 좋았다. 초저금리에 풍부한 시중 유동성이 그러한 기세와 맷집을 두둑이 키웠다. 자산 시장은 보고 접촉하는 유형적 상품과 서비스가 주도하는 실물 시장과 달랐다. 자산 시장에서는 이동과 활동에 제약이 없는 자금의 유·무형적 거래가 중심적인 역할을 한다. 따라서 비대면·온라인 방식의 팬데믹 환경 속에서도 거래와 활동이 활발할 수 있었다. 예컨대, 자금 이동(거래), 주식·채권·외환·가상 화폐 거래, 귀금속 투자 등은 온라인으로 거의 모든 거래가 이루어진다(다만, 부동산 시장은 일부 예외다). 즉, 자산 시장은 고강도의 사회적 통제 조치 속에서도 고도의 활성화가 가능하였다. 팬데믹은 세계 시장의 상품 교역과 흐름은 정체시켰지만, 돈의 흐름과 거래는 멈출 수 없었다.

자연히 시중에 넘치는 돈(과소 소비와 과소 투자, 초과 저축에 따른 여유 자금, 각종 차입 자금, 현금 보유)과 실물 경제 부진으로 남아도는 투자 대기 자금들이 자산 시장으로 쏠렸다. 이러한 자금은 물처럼 고수익처를 향해 자유롭게 이동하였다. 그야말로 팬데믹 중에도 경제학 교과서에서 말하는 '자본의 자유로운 이동'(free mobility of the capital)이 구현되었다. 투자자들은 풍부한 자금을 거머쥐고 다양한 유형의 고수익 자산을 향해 시시각각 사냥에 나섰다. 대표적으로 부동산, 주식, 채권, 가상 화폐 분야가 그랬다. 그중에서도 가장 인기가 있는 사냥감은 주식 시장과 부동산 시장, 특히 주택 시장이었다. 근년에 세계적으로 주목을 받기 시작한 가상 화폐(비트코인 등)도 고수익 대상의 탑 리스트에 포함되어 자산 시장을 뜨겁게 달구었다(이는 세계적으로 가파른 고금리·긴축 통화 정책이 전개되고 팬데믹 유동성이 끝나자 가장 먼저, 가장 심하게 폭락한 자산이다).

주식 시장에서는 잘 나가는 디지털 대기업(예컨대, 미국의 빅테크)의 주식이 대장주 위치를 차지하였다. 부동산 시장은 다른 자산에 비해 거래 가격의 덩치가 커서 큰돈이 필요하지만, 잘하면 큰 수익을 남길 수 있어서 특히 인기가 좋았다. 하지만 이는 자금 동원이 가능한 계층만 투자할 수 있는 진입 장애 시장이었다. 그러나 이번에는 시중 유동성이 워낙 풍부하고 이자율에 대한 심리적 부담이 거의 없어서 중산층도 충분히 부동산 시장에 뛰어들 수 있었다. 이에 빚을 내어 기존의 진입 장벽(미래의 진입 장벽이 너무 높을까 염려해서 현재의 진입 장벽을 뚫고자 하는 시도임)을 뛰어넘어 주택 시장에 과감하게 뛰어든 이른바 영끌족의 모험도 비슷한 맥락에서 이해된다.

(2) 자산 시장의 투자·투기 광풍

팬데믹 자산 시장에서는 일반 투자와 투기적 경제 활동이 일대 활개를 쳤다. 다만, 언제나 그렇듯이 투자와 투기의 경계를 명확히 구분해 주는 잣대와 통계는 없다. 양극단은 명확하다. 하지만 그 중간이나 가장자리는 투자와 투기가 뒤섞여 구분이 어렵다.

코로나바이러스가 투기를 조장한 것은 아니다. 그러나 투기 자금이 활개를 칠 수 있는 강력한 원인과 기회를 제공하였다. 코로나바이러스가 창궐하였을 때, 세계 각국이 이런저런 목적(방역, 사회·경제 보호 및 보장, 경제 활성화 등)으로 천문학적인 재정 자금을 시중에 뿌렸기 때문이다. 아울러 초저금리가 주도하는 완화적 금융 환경이 가계, 기업, 정부의 폭발적인 팬데믹 자금 수요를 다 받아 주면서 시중에 어마어마한 자금이 풀린 것도 그렇다. 그야말로 코로나바이러스가 팬데믹 유동성을 탄생시켰다고 해도 과언이 아니다. 그러나 팬데믹 유동성은 한 방향, 즉 자산 시장으로만 끊임없이 흘러들어 갔다.

팬데믹 시기의 거시 경제 전체를 조망할 때, 건전한 투자보다 위험한 투기가 기승을 부리는 징후와 현상이 곳곳에서 감지된다. 대표적인 예로, 실물 경제가 부진한데도 주식 시장이 활황이고, 부동산 시장이 과열되는 현상이 그렇다. 경제의 현재 상태와 부조화를 이루는 과잉 채무에 기대는 자산 시장의 과열된 역동성은 탐욕스러운 투기 풍조를 암시하는 거시적 현상이다. 그래도 외견상 우리 경제는 큰 문제가 없는 것처럼 돌아갔다. 일단 팬데믹 발생 이듬해(2021년)의 경제 성장률이 기저 효과를 고려하더라도, 비교적 견조한 4%를 기록하였다.

경제가 망가지지 않는 한, 풍부한 유동성을 머금은 자산 시장의 고수익 욕구는 결코 식을 수가 없다. 시장에서는 연일 과열 투자·투기의 행렬과 활동이 끊임없이 이어졌다. 소위 '돈이 돈을 낳고 만드는 현상(머니 게임)'이 자산 시장 참여자를 완전히 매료시키고 지배하였다. 한동안 주식(해외 주식 포함), 부동산, 가상 화폐, 채권, 금, 미술품 등 다양한 자산 시장에 뛰어든 경제 주체들은 만족하고 즐거워하였다. 하지만 그것을 먼 산 바라보듯이 해야만 하였던 다수의 군중은 여러 가지 심사로 씁쓸하였다.

문제는 자산 시장의 '뜨거운 단기 지속성'은 언젠가 자산 가치 하락이라는 거대한 암초에 부딪혀 결코 '냉정한 중장기 지속 가능성' 단계로 매끄럽게 넘어가기가 어렵다는 사실이다. 돌아보면, 스쳐 지나간 불과 1년 반 남짓한 기

투기의 단기 경제 효과와 장기적 사회 복지 잠식

일정한 수준의 투기는 자본주의 시장 경제가 충분히 포용할 수 있다. 때로 경제에 활력을 불러일으키는 양념 같은 긍정적 측면도 없지 않다. 하지만 적당한 투기가 실물 경제에 도움을 주는 효과는 투기가 초래하는 엄청난 사회적 기회비용과 비교하면, 그 의미는 상실된다. 중장기적으로 국민(사회) 복지에 마이너스 효과가 발생하기 때문이다.

투기의 문제는 경제와 재정의 정상적 작동을 방해하고, 사회 정의와 공정을 파괴하는 위험성에 있다. 예컨대, 투기 행위를 통해 일확천금을 얻는 사례가 빈번해지면 시장 경제에 왜곡이 생기고, 소득과 자산의 경제 불평등이 벌어진다. 아울러 사회적으로 '인위적 불공정·불평등 문제'가 발생한다. 이것을 옆에서 직접 보거나 언론 매체 등을 통해 알게 되는 국민은 허탈감과 분노를 금할 수가 없다(국민의 허탈감과 분노와 같은 사회적 비용은 계량화할 수 없다). 극단적으로, 모방적 투기 행위가 급증한다. 그중 상당수는 소위 막차를 타거나 상투를 잡는 격이 되어 큰 손실을 본다. 개인이 망가지고 가정이 피폐화된다. 한마디로, 투기가 만연할수록 그로 인한 사회적 기회비용은 한없이 커진다. 기업 또한 투기 자산 소득이 급증하는 현상을 목도하게 되면, 정상적 기업 활동을 접거나 줄이고 생산 자금을 투기 자금으로 전환한다. 생산에 왜곡이 생기고, 국민 경제의 선순환에 동맥경화가 발생한다.

결론적으로, 적당한 투기 현상이 국내 총생산(GDP)과 국민 소득을 향상시켜 주는 것보다 투기가 초래하는 시장 왜곡의 비효율성 비용과 국민 복지 손실 비용이 훨씬 더 크다. 이때 그 모든 사회적 비용은 성실한 국민이 고스란히 부담하게 된다. 얼마나 불공평하고 비효율적인 사회의 단면인가?

간(2020년 후반부터 2021년 말)이 우리나라에서 투자와 투기가 범람하고 고수익이 난무하면서 자산 시장의 '단기 지속성'이 보장되었던 한계 시간이었던 것 같다.

자산 시장이 초호황을 누렸을 때, 이따금 과잉 투자 논쟁과 파국(붕괴 가능성)에 대한 경고가 없지 않았다. 그러나 대다수 투자자는 귀 기울이지 않았다. 무엇보다도 실물 경제가 자산 시장에 충격을 주는 상황이나 사건이 없었기 때문이다. 그리고 언젠가는 그러한 시간이 올 수 있겠지만, 지금은 아니라고 생각하였다. 대다수 투자자는 그 시간은 한참 먼 미래의 것이고, 현재의 나와는 무관하다고 생각하였다. 특히, 투기자의 머릿속에는 항상 수익의 시간은 가까운 미래에 있고, 손실의 시간은 먼 미래에 있다. 시간 바이어스가 있는 것이다. 그런데 그 시간 바이어스가 진정한 현실에 의해 고쳐지는 시점이 점점 다가오고 있다. 일부는 이미 당도해 있다.

우리나라 자산 시장의 경제 거품

(1) 과열 투자 · 투기와 자산 시장 거품(버블) 징후

경제 거품은 실물 경제와 자산 시장이 정상적 관계를 벗어나 둘 사이의 간격이 벌어질 때 생겨난다. 그리고 그것이 점점 커지면 거품의 윤곽은 한층 뚜렷해진다. 대표적으로, 실물 경제 실적이 부진한데도 자산 시장이 활황이라면, 이는 자산 시장에 거품이 끼고 있는 징후이다. 경제 거품은 점점 커질 수도 있고, 반대로 줄어들 수도 있다. 자연적으로 사라지기도 한다. 그것은 실물 경제가 자산 시장 활황을 따라잡을 만큼 실적을 내는지, 아니면 계속해서 침체와 부진을 면치 못하는지에 달려 있다. 이때 정부의 정책적 판단과 가계와 기업의 심리와 행태가 매우 중요하다.

역사적으로 실물 경제와 자산 시장은 일정한 범위에서 '느슨한 균형(조화)과 탄력적 관계'를 유지해 왔다. 하지만 그것이 느슨한 균형의 범위를 벗어나는 순간 전체 경제는 서서히 흔들리기 시작한다. 이는 거품 경제(bubble economy)의 서막이며, 본격적인 거품 경제는 아니다. 다소 과장된 표현일지 모르겠지만, 경제가 거품 상태에 있는지, 아닌지를 판별하는 방법은 비교적 간단하다.

일반적으로 한 나라의 경제가 과도한 자산 시장 투자(투기)로 인해 거품 상태에 놓여 있는지는 다음의 주요 거시 경제 지표를 종합 진단해 보면 대개 알 수 있다. 그것은 국민 경제 성장의 척도인 경제 성장률(분기, 연간 등), 국내 총생산(GDP), 1인당 국민 소득, 소비·투자·저축, 이자율, 통화량, 물가, 실업률(고용 상태), 국가 채무(정부 채무, 민간 채무), 자산 시장 상태이다. 이를 통해 자산 시장이 실물 경제와 정상적인 관계를 벗어나 간격을 크게 벌려 나가고 있는지를 진단해 보는 것이 핵심이다.

그중에서도, 특히 다음의 점검 방법이 간단하면서도 실질적이다. 우선, 특정 기간 중(예컨대, 분기, 반기, 1년)의 자산 시장 규모(성장) 변화와 국가 경제 규모(성장) 변화를 비교하는 접근이다. 구체적으로, 경제 성장률과 자산 시장 성장률을 비교한다. 다음으로, 민간 채무의 규모 변화(GDP, 소득 대비 변화)와 채무 자금의 활용 상태를 점검하면서 소비, 투자, 저축, 고용 등 거시 경제 상황을 종합적으로 살펴본다(이는 보완적 점검이다).

이때 만일 거시 경제 상황이 좋지 않은데도 주식, 부동산 등 자산 시장이 계속 활황이고 민간 채무가 급증하는 추세를 보인다면, 이는 틀림없는 자산 시장의 거품 징후이다. 다만, 이상에서 설명한 내용은 경제 거품의 존재 여부에 대하여는 대체로 알 수 있게 해주지만, 거품의 수준과 향후 폭발 가능성을 판단하는 데는 한계가 있다. 지금부터는 이들에 대해 구체적으로 점검하고자 한다.

(2) 경제 성장률, 국내 총생산(GDP) 실적과 자산 시장 퍼포먼스(실적) 비교

우리나라 자산 시장의 거품 존재 여부를 대체로 파악하기 위해 국가 경제에서 가장 중요한 경제 성장률 및 국내 총생산(GDP)과 자산 시장의 실제 퍼포먼스(실적)를 상호 비교해 보면 다음과 같다.

먼저, 경제 성장률을 팬데믹 전후로 살펴보면 다음과 같다. 우리나라는 2011년부터 팬데믹 직전인 2019년까지 대체로 매년 3% 내외(2.2~3.7%)의 성장률을 기록하였다. 그리고 팬데믹이 발생한 2020년에는 −0.9%, 그 다음 해인 2021년에는 4.0%를 실현하였다(2022년도 경제 성장률은 2.6%로 추정된다). 그렇다면 같은 기간 중 자산 시장의 실적은 어떠하였는가? 먼저, 결론부터 말하면, 자산 시장은 급등하였다. 엄청난 유동성 물결을 타고 자산 시장에서는 투자와 투기를 구분하기 어려울 만큼 다양한 자금들이 좌충우돌하였고, 그것은 코로나바이러스만큼이나 빠르고 복잡다단하게 움직였다.

팬데믹 원년(2020년)에 우리 경제는 1997년 외환 위기 이후 처음으로 역성장(마이너스 성장)을 기록하였지만, 자산 시장의 수요와 가치는 폭발적으로 증가하였다. 실물 경제는 활동 및 이동 통제로 엉망이었지만, 자산 시장의 퍼포먼스는 고공 행진을 펼쳤다. 주식(해외 주식 포함), 부동산, 가상 화폐, 채권, 미술품 등을 중심으로 자산 시장은 강한 투자 열풍에 휩싸였고, 불과 몇 달 만에 실제 역량과 가치를 훨씬 초과하는 과열 상태에 돌입하였다. 자산 시장에 초기 거품이 생긴 것이다. 실물 경제의 규모와 역량에 변화가 없거나 오히려 축소되었는데도 말이다.

그 후 팬데믹이 정점을 치자마자 부동산 시장과 주식 시장으로 대표되는 자산 시장은 거대한 거품(massive bubble)을 만들었다. 이는 길게 보면 2021년 전체, 조금 짧게 보면 2021년 중반 전후에 나타난 현상이다. 어떤 면에서 팬데믹 중에 전 세계(특히, 선진국)를 뜨겁게 달군 것은 코로나바이러스와 부동산 시장과 주식 시장이라고 말할 수 있다. 그만큼 자산 시장의 열기는 특별하였다.

(3) 주식 시장

주식 시장은 팬데믹 초기에 대폭락하였다. 당시 시장의 자금은 매우 풍부하였다. 하지만 코로나바이러스 충격의 강도와 불확실성이 워낙 커서 자금력만으로 주식 시장을 떠받치기에는 위험성이 너무 강하였다. 그 후 팬데믹 불안과 불확실성이 조금씩 가시자 주식 시장은 대반등의 기염을 토하였다. 수많은 주식의 가치가 급상승하였다. 팬데믹 초반(2020년 3월)에 1,400선까지 급락하였던 코스피 지수는 2021년 중반에 사상 최고치인 3,300선대까지 상승하였다. 1년 남짓한 기간에 시가 총액이 무려 2배가 훨씬 넘게 불어난 것이다.[1)]

코스피(KOSPI) 시가 총액은 팬데믹 직전 2019년에는 1,475.91조 원이었는데, 팬데믹 원년인 2020년과 다음 해인 2021년에는 각각 1,980.54조 원, 2,203.37조 원으로 급증하였다. 주식 시장이 최고 활황이었던 2021년도 시가 총액은 2019년 시가 총액의 무려 1.5배나 된다. 불과 2년 사이에 시가 총액이 우리나라 GDP의 1/3이 넘는 727.46조 원 늘어난 것이다.

GDP 대비 시가 총액(주식 시장에 상장된 모든 주식을 시장 가격으로 평가한 총액)을 비교해 보면, 팬데믹 이전 2018년과 2019년에는 각각 82.8%, 89.2%였던 것이 2020년 122.4%(121.9%), 2021년 128.8%(127.9%)로 크게 상승하였다. 2021년의 기록은 역대 최고치였고, 이는 외환 위기가 발생한 1997년의 역대 최저치 14.4%와 크게 대비된다. 일반적으로 GDP 대비 시가 총액 비율은 1 내외(양자가 비슷한 규모)가 적정한 것으로 인식된다.

종합적으로, 국가 경제의 퍼포먼스(실적)에 비해 주식 시장이 나가도 너무

1 주식 시장과 부동산 시장 가운데 주식 시장은 비대면·온라인 방식의 거래에 이미 익숙해 있었다. 이와 달리 부동산 시장은 전통적 대면 방식(예컨대, 현장 방문(점검) 등)에 비대면·온라인 방식이 가미되는 거래의 특성을 보였다. 이것은 팬데믹 자산 거품 형성 과정에서 두 시장 모두 큰 역할을 하였지만, 상대적으로 주식 시장의 열기가 더 뜨겁고 역동적이었던 원인 중 하나이다.

나간 것이다. 확실한 거품이었다. 하지만 그 당시 많은 투자자는 그것을 거품으로 받아들이지 않고 정상 상태로 과신하거나 착각 또는 오판을 하였다. 이러한 과열 투자 현상은 그 후 1년 만에 시가 총액이 최고점 대비 약 1/3이 날아가는 주식 빙하 시대 앞에 무릎을 꿇어야만 하였다. 이는 2022년 후반 내내 그리고 2023년 초 현재 진행형 상황이기도 하다. 2022년의 주식 시장(코스피 기준)은 연초 대비 25%가 하락한 불황이었다.

그런데 이것이 끝이 아니다. 2023년 중에 코스피 지수가 2,000선 이하로 떨어지는 급락 상황이 벌어질 수 있다. 그동안 실물 경제를 마치 비웃듯이 우롱하였던 자산 시장의 거품이 꺼져야 하기 때문이다. 실물 경제 상황을 두고 보아야겠지만, 아직은 주식, 부동산 등 자산 시장의 남은 거품이 적지 않아 보인다.

현재의 우리 상황과는 크게 다르지만, 과거 일본이 1990년 전후로 엄청난 거품 경제를 겪었을 때, 일본 주식 시장(닛케이 시장)의 시가 총액은 일본 GDP의 3배를 넘었다. 물론 그 후 일본 경제는 침몰하였고, 일본 국민은 "잃어버린 10년"의 고통스럽고 씁쓸한 시간을 맞이해야 하였다.

(4) 부동산 시장(주택 시장)

부동산 시장은 비록 주식 시장만큼 '단기 최고점 돌파'의 위업은 이루지 못하였지만, 그래도 엄청난 활황을 누렸다. 서울과 수도권이 주도하였고, 뜨거운 투자 열기는 전국으로 확대되었다. 주식 시장과 마찬가지로 1년 남짓한 단기에 전국적으로 약 10% 내외의 엄청난 가격 상승이 있었다. 지역과 아파트 단지에 따라서는 지난 1~2년 사이에 주택 가격이 50% 이상 뛰어오른 사례도 적지 않다. 주택 시장의 과열 현상은 무엇보다도 우리나라의 주택 시가 총액이 팬데믹 중에 엄청나게 증가한 사실이 말해 준다. 주택 시가 총액은 2019년의 5,048.8조 원에서 2020년 5,725.7조 원(2019년 대비 1.13배 증가), 2021년 6,534.2조 원(2019년 대비 1.29배 증가, 2020년 대비 1.14배 증가)으로 크게 증가하였다.

국민은행에 따르면, 2021년 2분기 기준으로 서울 부동산의 '소득 대비 주택 가격 비율'(PIR)은 18.5로 역대 최고 수준을 기록하였다. 이는 평균적으로, 서울의 집 한 채를 사려면 개인이 18.5년 동안 벌어들인 소득을 모두 투입해야 한다는 것을 말한다. 동 비율은 팬데믹 직전인 2018년 말과 2019년 말에는 각각 14.3, 14.5였는데, 팬데믹 후 2020년 말 16.8배, 그리고 2021년 2분기 18.5로 급상승하였다. 이러한 사실은 우리 사회에 왜 '영끌족'과 '빚투족'이 출현하고, 이들이 사회적 주목을 받게 되었는지에 대해 충분히 이해할 수 있도록 해준다.

한국은행은 우리나라 부동산 시장의 거품이 2021년 3분기를 전후로 지난 25년 만에 가장 심하였던 것으로 파악한다. 그 근거로 부동산 부문의 금융 취약성 지수(FVI: 소득 대비 주택 가격 비율 등 3개 지표를 활용해서 산정)가 최고치인 100을 기록한 것을 제시하고 있다. 동 지수는 0에서 100의 범위값을 갖는데, 지수값이 100에 가까울수록 부동산 가격이 경제 상태와 실적에 비해 크게 고평가된 것으로 간주된다. 참고로 금융 취약성 지수는 팬데믹 이전에는 90 이하였고, 2020년 말(4분기)에는 91.6을 기록하였다.

종합적으로, 팬데믹 후(특히, 2021년) 주택을 중심으로 한 부동산 시장은 경제 성장 실적(2020년 -0.9%, 2021년 4.0%)과는 완전히 별세상처럼 과열 투자와 가격 급등 현상을 보이면서 급성장하였다. 팬데믹 위기 중 우리나라의 주택 시장에 거대한 거품이 형성된 것이다. 이렇게 형성된 경제 거품은 2022년 내내 크고 작은 형태로 빠졌다. 하지만 아직은 빠져야 할 거품이 많이 남아 있다. 2022년 후반부터 주택 매매가 크게 줄고(소위 매수세 실종), 주택 가격이 특정 지역에서 급락하는 사례가 발생하고 있지만, 이는 결코 거품의 끝이 아니다. 앞으로 경

부동산 시장 폭등과 '영끌족'

부동산 시장이 젊은 세대에 가하는 '인생 압박감'에 쫓겨 탄생한 이른바 '영끌족'이 과도한 빚 자금을 들고 부동산 시장에 뛰어든 것은 팬데믹 내내 코로나바이러스 못지않게 언론에 자주 등장한 단골손님이었다. 실질적 주택 수요와 빠른 부의 축적 욕망 그리고 풍부한 시중 유동성이 뒤섞여 만들어 낸 하나의 새로운 현상이자 에피소드이다. 마치 주식 경기의 끝물에 세간의 장밋빛 소문을 듣고 있는 돈 없는 돈 모두 끌어다 주식을 사는 사람들의 모습을 접하는 듯하다. 결과적으로, 이들은 이른바 파티(잔치)가 끝나 가는 판에 추격 매수에 나서는 주체를 상징하게 되었다.

소위 상투를 잡고 처참하게 경제적·심적 손실을 보게 된 안타까운 경제 주체(국민)이다. 안타깝다는 것은 영끌족과 주식 시장에서 상투를 잡는 많은 사람이 통상 전문적 투자자나 투기꾼이 아니고, 보통의 순진한 국민이라는 사실 때문이다. 그동안 소문과 뉴스만 듣고 보다가, 어느 순간 세상 사람들은 다 부자가 되는데 자신과 가족만이 소외되고 뒤처진다는 생각에 빠진 나머지 있는 돈 없는 돈을 다 긁어모아 어렵사리 자산 시장에 뛰어든 것이다. 이로써 낭패를 보고, 인생의 큰 근심거리를 떠안게 되는 파국의 장이었다.

냉정히 생각해 보면, 영끌(족)은 어쩌면 경제(자산 시장) 거품을 상징하는 시대적 사회 현상일 수 있다. 절박함과 초조함(조급함) 그리고 급등하는(누군가는 큰 수익을 챙기고 부자가 되는) 자산 시장에 편승하여 단기적으로 큰 수익을 보거나 적어도 장기적으로 다른 사람에 뒤처지지 않으려는 심적·경제적 행태가 고스란히 투영된 시대적 경제 주체의 씁쓸한 모습이다. 이는 유독 우리나라에서 더 심하였다.

기 침체 상황이 다가오면 그때 주택 시장의 남은 거품이 일시에 빠질 것이다. 이 경우 자산 시장과 실물 경제 시장 모두 큰 혼란에 빠지는 위기 상황이 벌어진다.

주식 시장과 부동산 시장을 비교하자면, 평균적으로 주식 시장이 부동산 시장보다 고점 기준으로 훨씬 높은 수익률을 성취하였다. 하지만 부동산 시장의 단가가 주식 시장 단가보다 월등히 높아 일반 투자자가 느끼고 실제로 누리는 자산 가치 증분은 부동산 시장 쪽이 훨씬 컸다. 따라서 사람들은 부동산 투자를 통해 부자가 될 수 있다는 생각을 쉽게 한다. 그래서 승부처를 주식 시장보다 부동산 시장에 거는 경향이 있다. 적어도 한국은 그렇다. 배경과 이유는 조금씩 다르지만, 이른바 과거의 '복부인'이나 최근의 '영끌족'이 그러한 경향을 상징해 준다. 다만, 주식 시장은 몇십만 원을 갖고서도 뛰어들 수 있지만, 부동산 시장은 거액을 가져야만 참여가 가능하다.

(5) 팬데믹 중 순 자산 가치는 큰 폭으로 증가

팬데믹 발생 후 아이러니하게도 우리나라의 순 자산 가치는 큰 폭으로 증가하였다. 가장 큰 요인은 부동산 가치(특히, 주택 가격) 상승이었다. 이것은 기존 부동산 보유자와 신규 부동산 투자자들이 팬데믹 과잉 유동성 덕에 막대한 자산 소득을 축적하게 되었음을 의미한다(이는 자산 소득 불평등 현상과 부의 쏠림 현상 심화를 시사한다). 이러한 사실은 국민 대차대조표(가계, 기업, 정부 등의 자산, 부채, 순 자산을 체계적으로 집계해서 정리한 회계 자료로 국부(國富) 상태를 알 수 있음)가 분명히 말해 준다.

2021년도 국민 대차대조표에 의하면 우리나라 국민의 순 자산은 2020년 대비 11.4% 증가하였고, 규모로는 2,000조 원 이상 늘어났다. 이는 2007년(13.3% 증가) 이후 가장 큰 증가율이다. 순 자산 증가를 견인한 것은 부동산(토지, 주택) 부문이며, 특히 보유 부동산의 자산 가치가 상승한 것이 결정적이었다. 국민 순자산의 증가 요인은 크게 자산 순 취득액 317조 원, 자산 가격 변동 등 1,712조 8,000억 원으로 조사되었다. 이것은 팬데믹 위기 중에 우리나라의 국부가 늘어난 주요 원인이 신규 자산의 활용보다 보유 중인 부동산과 금융 자산 등의 가격이 상승한 데 있음을 시사한다. 그만큼 2021년 중에 부동산을 중심으로 자산 시장이 활황이었음을 뜻한다.

주택 가격 상승과 실현 소득, 미실현 소득

주택 시장에서 주택 가격이 오르는 현상과 가격이 올랐을 때 주택을 팔아서 실제로 자기 소득으로 만드는 것은 완전히 다르다. 전자는 시장에서 가치 상승은 있었지만, 주택 보유자가 이런저런 이유로 실제로 주택을 팔지 않아 자기 소득을 만들지 못하였다. 이를 '미실현 소득'(unrealized income)이라고 한다. 후자는 가격 상승의 기회를 이용해서 보유 주택을 팔아 실제로 자기 소득을 만들었다. 이를 '실현 소득'(realized income)이라고 한다. 미실현 소득은 시간이 흐르면서 미실현 손실(주택 가격 하락 시), 실제 손실 발생(주택 가격 하락 시 주택 매각), 실현 소득(주택 가격 상승 시 주택 매각) 등으로 바뀔 수 있다.

미실현 소득과 실현 소득은 비단 부동산 시장뿐만 아니라 매일(또는 주기적으로) 거래 가격이 변동하는 주식, 채권, 코인, 금 등 모든 자산 시장에서 나타나는 현상이다. 투자의 귀재들은 경제 상황을 예리하게 주시하면서 미실현 소득과 실현 소득의 줄타기를 아주 잘하는 존재이다.

같은 맥락에서 2021년도 주택 시가 총액(6,534조 1,876억 원)은 2020년에 비해 무려 14.1%(808.45조 원)나 가치를 증식한 것으로 조사되었다. 불과 5년 전인 2016년 말의 주택 시가 총액이 4,005조 1,723억 원이었던 사실을 상기하면, 단기간에 1.6배 이상 가치가 급등하였다(부동산 시장이 상승 추세를 보이기 시작한 것은 2017년부터임). 쉽게 말해서, 팬데믹 중에 주택을 매입하였거나 보유한 가계는 가만히 앉아서 엄청난 자산 가치의 상승(즉, 자산 소득 상승)을 누린 것이다.

이러한 현상은 주식 시장과 부동산 시장에서 과열과 거품이 창출되었음을 뒷받침해 준다. 이때 가격이 크게 오른 부동산을 매각한 사람은 실제로 많은 소득을 확보하였지만, 그렇지 않은 사람은 시장과 심리적 상황에서는 값이 올랐으나 그로 인해 실제로 자기 주머니에 들어오는 소득에는 변동이 없다. 전자는 주택 투자를 통해 실현 소득을 확보한 것이다(박스 설명 참조).

(6) 주택 가격 폭등, 주택 공급 부족 요인보다 유동성의 힘

팬데믹 발생 이후 주택 가치(가격)가 단기에 급등해야 할 거시 경제적 실적 요인은 없었다. 하지만 어쨌든 주택 가격은 폭등하였다. 일각에서는 그동안 누적된 주택 시장의 공급 부족을 주된 원인으로 지적하지만 설득력이 약하다. 그러면 왜 팬데믹 발생 직전, 예컨대 2018년, 2019년에는 급격한 주택 가격 상승이 없다가(우리나라 부동산 시장은 2017년부터 상승 기류를 타기 시작하였음), 그 후 불과 1년도 채 안 되는 시점(2019년 말과 주택 시장이 급상승세를 타기 시작한 2020년 후반과는 채 1년도 되지 않음)에서 주택 시장에 불이 붙었는가? 굳이 온 세상이 바이러스로 불안하고 불확실성에 휩싸인 상황에서 주택 시장이 과열 투자(투기) 상태로 급변하였는가? 우리 경제가 팬데믹 충격으로 역성장 상태였다가 겨우 완만한 회복 상태를 보이는 2021년 상황에서 어떻게 주식 시장, 부동산 시장 등 자산 시장이 초과열 상태를 보일 수 있는가? 이러한 질문에 답하지 못한다. 정답은 시중에 넘치는 유동성의 힘에 있다.[2)]

사실, 시중에 넘치는 유동성 힘, 그 외에는 달리 설명할 길이 없다. 초과잉 팬데믹 유동성 상태에서는 누구의 돈이든 시중에 자금이 넘친다. 시장에서는 누가 그 자금을 당겨서 가장 유리한 자산에 투자할 것인지가 최대의 관심거리였다. 다소 과한 표현일 수도 있지만, 부자들부터 차례로 많은 자금을 끌어다 사용하였다. 현실적으로 중산층 이하의 소득 계층은 그러한 기회와 만질 수 있는 자금의 한계가 명확하였다. 부자들의 잔치가 벌어질 수밖에 없는 상황이었

2 부동산 시장의 과열이 우리나라보다 더 심하였던 나라들이 적지 않다. 대표적으로, 미국, 영국, 캐나다, 뉴질랜드, 호주 등을 지목할 수 있다. 이들 국가를 풍미한 '부동산 광풍'은 하나같이 고삐 없이 막무가내로 풀린 엄청난 통화량과 시중 유동성의 왕성한 다이내믹스가 만들어 낸 시대적 현상이다. 참고로 IMF에 의하면 2019년 4분기~2021년 4분기 중 뉴질랜드와 호주의 주택 가격은 각각 38%, 23% 상승하였고, 한국과 선진국은 각각 18%, 16% 상승하였다.

다. 그들은 보유 중인 기본 재산을 바탕으로 시중 자금을 쉽게 당겨쓰고, 고수익 자산을 상대적으로 쉽게 판별하며, 차입 자금의 변제 능력 면에서 가장 뛰어났다.

많은 사람이 값싼 이자를 등에 업고 고수익 기대에 들뜬 마음으로 부동산 시장에 뛰어들었다. 시장에서는 끊임없이 밀고 당기는 거래가 역동적으로 이루어졌고, 한동안은 사람들의 입이 딱 벌어질 만큼 하루가 멀다고 신고가를 경신해 나갔다. 부동산 투자와 관련된 각종 소문과 소식은 언론과 SNS상에서 비판, 탄식, 즐거움 등을 쏟아 내었다. 마침내 그동안 무관심하였거나 소외당하였던 사람들이 더는 방관하거나 가만히 있기가 매우 어려운 상황에까지 이르렀다.

문제는 여기에 의기투합해서 자신의 채무 감당 능력(debt affordability)을 크게 뛰어넘어 과감한 차입 투자를 감행하는 일군의 사회적 집단이 존재한다는 사실이다. 통상 이들은 자신의 판단이든 아니면 시류에 편승하였든 간에, 당면한 미래(적어도 1년 이상)를 '장밋빛 자산 시장'으로 낙관한다. 팬데믹 중 유행어가 되다시피 한 '영끌족'이 대표적인 사례로 지목될 수 있다.

과잉 유동성이 부동산 가격을 크게 끌어올렸던 만큼 유동성이 정상 상태로 줄어들면 부동산의 가치와 가격은 하락할 수밖에 없다. 부동산 가격 거품이 빠진다는 의미이다. 이때 부동산 시장이 연착륙할 것인지, 아니면 경착륙할 것인지의 향배는 향후 대한민국 경제의 위기 상황 진입 여부를 결정할 만큼 매우 중요하다. 부동산 시장이 한국 경제에서 차지하는 비중과 역할이 매우 크고 중요하기 때문이다.

만일 국내 경기가 침체로 치닫는 상황에서 부동산 가치가 급락한다면, 다음의 두 가지 측면에서 심각한 문제가 발생한다. 하나는 부동산 보유 가계와 기업의 자산 소득 급감에 따른 급격한 채무 변제 능력(채무 부담 역량) 저하 문제이고, 또 다른 하나는 그와 관련된 금융 기관의 재무 위험성 급증 문제이다. 현실적으로 부동산을 보유하는 경제 주체의 상당수가 그와 관련된 금융 부채를 안고 있다. 이러한 상황에서 갑자기 부동산 가치가 크게 떨어지면, 가계와 기업의 빚(채무) 감당 능력이 급격히 저하되고 그중 상당수가 경제 파탄과 파산을 맞이한다.

(7) 기타 자산 시장

증권 시장과 주택 시장 못지않게 각종 암호 화폐(crypto currency)로 구성된 '코인 시장'(coin market), 채권 시장, 귀금속(금) 시장, 미술품 시장도 급성장세를 탔다. 그보다 조금 덜하지만, 글로벌 공급망 차질로 주요 원자재 시장이 요동을 치자 관련 투자도 큰 폭으로 꿈틀거렸다.

자산 시장에 거품이 일기 시작할 때 가장 뜨거웠던 것은 코인 시장, 즉 가상 화폐 시장이었다. 2021년 전체로 볼 때, 비록 변동성은 심하였지만, 주식 시장과 부동산 시장은 그에 견줄 수가 없었다. 대표적인 코인인 비트코인(Bit Coin)을 예로 들면(종가 기준), 팬데믹 직전 2019년에 7,325.8달러였었는데, 팬데믹 원년인 2020년과 이듬해 2021년에는 각각 12,310.3달러, 47,000.1달러로 폭등하였다. 최고가를 구가하였던 2021년 가격은 2019년에 비해 무려 6.4배나 상승하였다. 이러한 가상 화폐 시장의 거품은 2022년에 완전히 폭발하였다.

가상 화폐 시장은 새로운 자산 시장으로 팬데믹 발생 전부터 선풍적인 인기를 얻었다. 이러한 인기가 팬데믹 유동성 바람을 등에 업으면서 가상 화폐는 완전히 새로운 자산 시장으로서 영역과 위상을 차지하였다. 그동안 가상 화폐의 기능, 효용, 실질성(가치 내재성), 지속 가능성 등을 둘러싸고 '실제와 허구'에 관한 논란이 끊이지 않았다. 그런데 가상 화폐는 지난해에 금리 인상과 유동성 위축 현상이 일어나자 주요 투자 자산 중에 가치(가격)가 가장 심하게 폭락하였다. 이러한 사실은 일단 그동안의 논란에 종지부를 찍은 셈이 된다. 가상 화폐는 아직 시장에서 자산으로서의 가치와 신뢰를 얻지 못한 것이다.

금값 또한 팬데믹 중에 크게 올랐다. 금값(순금 3.75그램, 매입가 기준)은 팬데믹 직전 2019년과 비교해 2021년과 2022년에는 각각 1.27배, 1.35배 증가하였다. 투자 자산으로서 톡톡히 한몫을 하였음에 틀림이 없다. 조금 다른 이야기이지만, 영국의 파이낸셜타임스(FT)에 의하면 세계의 중앙은행들이 매수한 금의 양은 팬데믹 발생 때, 근래 최저 수준(193.9 톤)을 기록하였다가 그 후 2~3배로 급속히 늘어났다. 이는 지정학적 위험 등 글로벌 불확실성을 회피하기 위해 전통적 안전 자산(달러, 금)을 선호한 결과로 이해된다.

비록 제한적이고 협소한 자산 시장이지만, 우리나라의 미술품 시장도 2021년에 뜨겁게 달아올랐다. 미술품 경매 시장이 활성화되었고(매출액 급증), 미술품의 NFT(대체 불가 토큰)가 새로운 경향으로 급신장하는 모양을 보였다. 세계적 아트 페어인 '프리즈'(Frieze)가 아시아에서는 처음으로 서울에서 개최되었다. 그런데 이러한 열기는 2022년에 들어 냉각되었고, 최근 경매 시장의 매출은 크게 떨어졌다.

(8) 종합

지금까지 살펴본 결과, 우리나라의 자산 시장은 2021년 초중반에 심각한 거품 상태에 돌입하였다. 그러한 판단의 근거는 실물 경제의 상태 및 실적과 비교할 때, 자산 시장(예컨대, 주식 시장 시가 총액, 부동산 가격 등)이 지나치게 과도하게 팽창하였고(과대평가 상태), 자산 시장의 열기와 역동성이 이성적 수준을 넘어선 현상에 있다. 실물 경제 시장과 자산 시장 간의 괴리가 심각한 수준이

〈그림 11-1〉 우리나라의 경제 성장률 변화 추이(1997~2022)

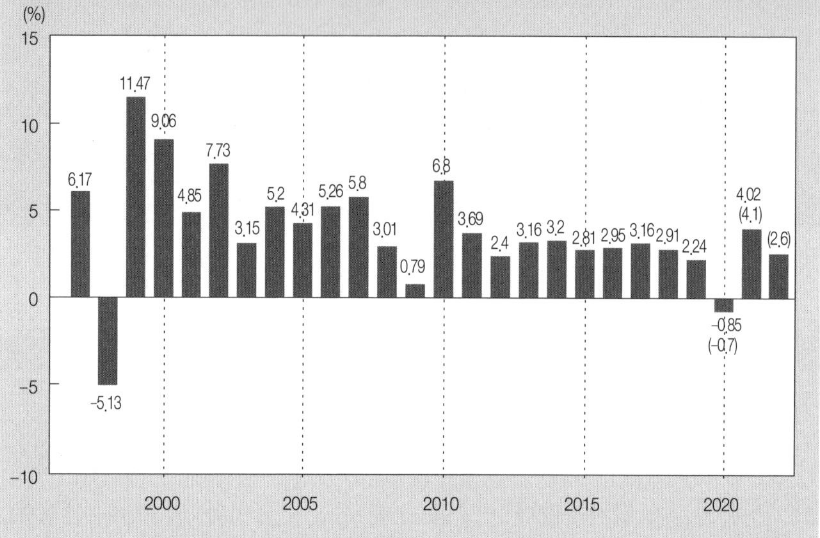

주: ( ) 안의 수치는 한국은행 통계로 산정 시점 등의 차이가 있음.
자료: World Bank.

라는 말이다. 팬데믹 원년에 우리 경제가 마이너스 성장을 기록하고 2021년에 4% 성장을 한 것을 인식하면, 주식 시장, 부동산 시장, 코인(가상 화폐) 시장 등으로 대표되는 자산 시장의 팽창은 투기, 과열에 따른 거품으로 정의되는 것이 마땅하다.

자산 시장 거품은 빠른 기간 내에 국가 경제가 자산 가치 상승만큼이나 성장하면 별문제가 없으나, 그렇지 못하면 어느 순간 터진다. 다만, 그 거품의 운명에 대하여는 아직 속단하기 어렵다. 국내외의 경제 환경과 경제 실적 변화에 따라 운명의 행방이 다소 유동적이기 때문이다. 그렇지만 2023년에 세계 경제와 한국 경제의 동반 둔화 또는 침체가 전망되는 만큼 자산 시장의 가치가 크

〈그림 11-2〉 우리나라의 국내 총생산(GDP) 변화 추이(2012~2022)

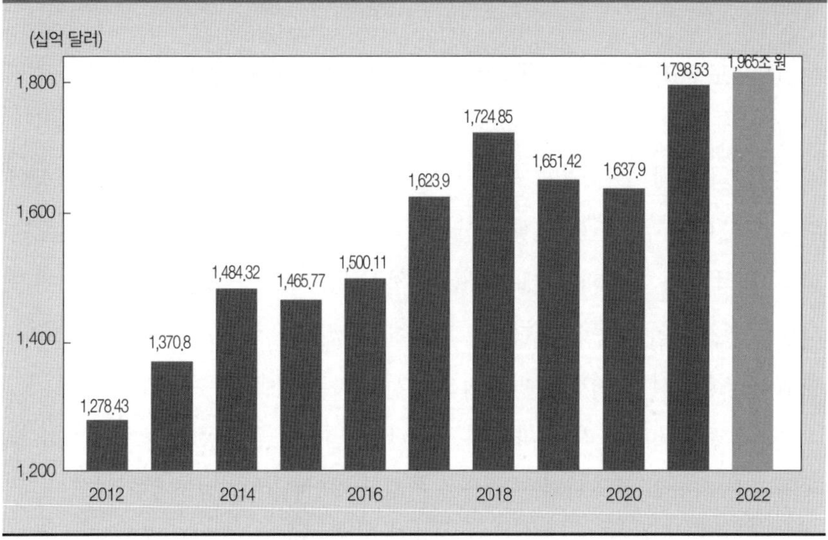

주: 한국은행의 GDP 속보치(2023년 1월 26일)에 의하면 2022년도 GDP는 1,965조 원으로 잠정 집계됨.
자료: World Bank(2022년 통계는 아직 미집계).

게 가라앉는 것은 불가피하다.

이미 주식 시장은 최고점 대비 약 1/3 수준의 가치(시가 총액 기준)가 빠졌고, 가상 화폐 시장은 폭격을 맞은 듯 거의 전멸 상태로 대폭락을 하였다. 하지만 자산의 덩치가 가장 크고 국민 생활과 경제에 미치는 파괴력이 가공할 만한 주택 시장은 아직도 버텨 내고 있다. 이러한 상황은 2023년 중반을 전후로 급변할 것으로 보인다. 그것이 단기에 폭락할 것인지, 아니면 큰 폭으로 계속 하락할 것인지가 초미의 관심사이다(2023년도 최고의 관심사이다).

한국 경제의 자산 시장 거품, 터질 것인가?

(1) 서로 달리 가는 길: 실물 시장과 자산 시장의 정해진 운명

팬데믹 내내 실물 경제 시장과 자산(자본) 시장 간에 심각한 괴리 현상이 나타났다. 이는 우리만의 현상이 아니고 세계적 현상이다. 실물 경제는 강력한 인적·물적 이동 제약과 세계적 공급망 차질 현상으로 크게 위축된 반면 자산 시장은 역사적인 유동성의 힘으로 단기에 급팽창한 것이 원인이자 실상이다. 팬데믹 상황에서 두 시장은 필연적으로 서로 다른 길을 갈 수밖에 없었다.

각국 정부도 팬데믹 때 파격적으로 단행한 재정·금융통화 정책이 실물 경제와 자본 시장의 부조화와 부작용을 초래할 것임은 어느 정도 인지하였다. 하지만 그동안 슈퍼 재정·금융 정책 수단을 총동원한 결과, 정부가 그것을 효과적으로 통제할 수 있는 정책 수단이 사실상 동이 났다. 아울러 결과적으로 문제의 심각성을 과소평가하였고, 또한 정교한 예측 능력도 갖추지 못한 것으로 드러났다. 포스트 팬데믹이 비교적 빨리 도래하고, 그즈음 세계 경제가 탄력적으로 회복될 것이라는 온건적 낙관론에 젖어 그 문제를 안일하게 다룬 점도 문제를 키웠다.

지난 3년간 막대한 국가 채무에 기대는 초대형 적자 재정을 운영하면서 그 어느 나라도 팬데믹 이후에 발생할 수 있는 재정 위기나 경제 위기에 대해 언급하지 않았다. 따라서 그에 선제적으로 대비하는 정책적 시나리오나 실천 계획은 마련조차 하지 않았다. 이러한 상황에서는 국가 채무 위기나 경제·금융위기 그리고 자본 시장의 투기 열풍이 초래하는 사회·경제·정치적 문제의 심각성은 결코 수면 위로 떠오르거나 공론화되지 않는다.

실물 시장과 자산 시장의 심각한 괴리 현상이 지속된다면, 이는 마치 자본

경제 위기와 재정 위기를 도외시하는 국제기구와 각국 정부

국제기구와 세계의 많은 나라는 그동안 팬데믹 과열 투기와 초과잉 채무로 인한 경제 위기나 재정 위기에 대해 크게 염려하지 않았다.[3] 그것은 다음의 요인과 관계가 있을 것이다.

첫째, 발등에 떨어진 팬데믹 위기 상황이 다소 멀게만 느껴지는 가상의 위기 상황을 압도한다. 둘째, 조만간에 팬데믹이 끝나고 세계 경제가 반등하면 그동안 급증한 채무는 충분히 갚고 줄일 수 있다고 생각한다. 마찬가지로, 실물 경제가 성장하면 그동안 누적된 자산 시장 거품이 자연스럽게 약화되거나 서서히 소멸할 것으로 전망한다. 셋째, 우리뿐만 아니고 많은 국가가 대규모 채무 확대를 통한 적자 재정을 운영하고 있다는 동류의식이 큰 위로와 합리적 변명거리를 제공해 준다. 마지막으로, 팬데믹 극복에는 천문학적인 자금이 필요한데, 사실상 국가가 국민 세금을 담보로 초대형 급전을 마련(공채 발행)하는 것 외에 뾰쪽한 조달 방안이 없다는 것이다.

주의 시장 경제가 폭발물을 안고 움직이는 것이나 다름없다. 물론 폭발물이 무턱대고 터지는 것은 아니다. 그러나 경제 환경이 여차하면 언제라도 터질 수 있는 위험성은 상존한다. 극단적으로는, 시장의 경제 심리가 극도로 불안해지면, 어떤 작은 외부 충격에도 시장은 폭발한다. 이러한 상황이 점점 한국 경제에 가까워지고 있다. 특히, 주택 시장을 중심으로 폭발할 가능성이 점점 고조되고 있다.

(2) 자산 시장 거품의 진행 단계: 발생, 성장, 종말(폭발 또는 소멸)

자산 시장의 경제 거품 진행 과정은 크게 다음의 세 단계(economic bubble stage I, II, III)로 구분할 수 있고, 단계별 상태와 조건은 다음과 같다.

---

3 다만, 최근에 경기 불황과 급격한 이자율 상승이 이어지자 개발 도상국 중 일부 국가는 비록 당장은 아니지만 수년 내에 과잉 채무 때문에 채무 위기(소위 국가 부도 위기)를 맞을 가능성이 크다는 견해가 늘고 있다.

첫째 단계는 실물 경제와 자산 시장의 간격(gap)이 벌어지는 상태이다. 이 단계에서는 자산 시장의 경제 활동과 실적이 실물 시장을 크게 웃도는 현상이 나타난다. 예를 들어, 실물 경제가 잠재 성장률을 밑도는 저성장 상황인데, 자산 시장의 경제 활동과 성장이 역동적으로 확대되는 현상이다. 실물 시장은 정적인 데 비해 자산 시장에서는 투자 붐이 활발하게 일어나는 동적인 경제 국면이 전개된다. 이와 달리 경제가 호경기인 상황에서도 자산 시장의 경제적 활동과 실적이 실물 시장 수준을 크게 웃도는 이상 현상이 나타나기도 한다. 1988년 서울 올림픽 이후 한동안 전개된 실물 경제와 자산 시장의 동반 상승 중에 부동산·증권 시장에 강한 붐이 일어났던 상황이 그러하다.

둘째 단계는 이미 벌어진 실물 경제와 자산 시장의 경제적 간격이 고착되거나 더 크게 벌어지는 상태이다. 이 단계에서는 투자와 투기가 자산 시장의 열기를 한층 더 달아오르게 만드는 과열 현상이 나타난다. 이때 투자·투기자들은 여전히 자산 시장에서 추가적인 수익과 부를 축적할 수 있다고 믿고 계속 왕성한 투자 활동에 매진한다. 물론 소수의 신중론자는 투자 자산 중 일부를 회수하여 이익을 실현하거나, 아예 시장을 떠나는 위험 방지 행태를 보이기도 한다.

셋째 단계는 크게 두 유형으로 구분될 수 있다. 하나는 거품이 폭발하는 것이고, 또 다른 하나는 거품이 서서히 자연 소멸하는 것이다. 전자는 실물 경제와 자산 시장의 간격이 너무 크게 벌어져 자산 시장이 누적된 거품 피로를 견디지 못하고 붕괴하는 상태이다. 후자는 실물 경제가 빠르게 성장을 실현하면서 두 시장 간의 실적 간격이 좁혀지는 동시에 자산 시장에 쏠렸던 투자가 실물 경제로 일부 환원되면서 거품이 천천히 꺼져 가는 상태이다.

전자의 상황에서는 어떤 작은 외부 충격(실질적·심리적 충격)이나 계기나 사건과 같은 마지막 작은 일격이 거대한 경제를 침몰시킨다. 그러나 실제로는 작은 일격의 힘이 아니다. 그동안 거품 폭발 직전까지 계속해서 경제 거품을 부풀어 올린 여러 가지 경제적 사건과 사회적 행위가 겹겹이 쌓인 상태에 마지막 원 터치(last one touch)가 가해졌을 뿐이다. 때가 되어 작은 일격이 위대한 일격이 된 것이다. 경제학에서 말하는 '한계'(marginality)의 역설적 단면이기도 하다.

실물 경제와 자산 시장이 양립 불가능한 상태에서는 자산 시장의 거품이 순식간에 터지면서 주택 가격 등 주요 자산의 가치가 폭락하는 상황이 발생하고, 이는 곧바로 금융 부문과 실물 경제에 연쇄적으로 충격을 전이시키는 도미노 현상을 초래한다.

실제로는 두 번째 단계의 후반부와 세 번째 단계의 초반부를 명확히 구분하기란 매우 어렵다. 많은 현상과 내용이 다소 애매모호한 상태에서 중첩되기 때문이다. 아울러 2단계 또는 3단계 초의 경제 거품을 확인하더라도 그것이 어느 정도 위험한 상태인지, 그리고 그것이 앞으로 터질 것인지 아닌지, 그리고 터진다면 언제쯤 터질 것인지에 대해 예측하기가 매우 어렵다. 즉, 거품의 존재 여부보다 미래로 연결되는 위험 상태와 수준을 올바로 진단해 내는 것이 더 어렵다.

(3) 우리나라 자산 시장의 현재 거품 상태

앞서 기술한 자산 시장 단계 가설에 의하면 우리나라의 자산 시장은 팬데믹 초기 이후부터 거품 상태에 진입한 것은 분명하고, 대체로 제2단계 상태에 머문 것으로 진단된다. 구체적으로, 주식 시장과 주택 시장의 거품은 첫째 단계를 거쳐 둘째 단계에 머물다가 셋째 단계의 진입을 눈앞에 둔 상태에서 멈춘 것으로 진단된다.

가상 화폐 시장은 이미 셋째 단계에 진입하였다가 2022년 중반 전후로 대

터지는 거품, 사라지는 거품

경제에 거품이 생겼다고 해서 금방 거품이 터지는 것은 아니다. 몇 가지 환경적 요인과 타이밍에 따라 거품 경제의 수명이 길어질 수도 있고, 머지않아 터질 수도 있다. 때로는 터질 듯하던 거품이 터지지 않고, 제풀에 꺼지기도 한다. 모든 것은 거품 발생 후에 전개되는 국민 경제(실물 경제)의 실적과 국내외 경제 환경 변수의 변화(변동성)에 따라 결정된다. 예를 들면, 이 책이 예상하는 글로벌 경기 침체가 발생하면, 투자 심리가 급랭하면서 자산의 가치가 급격히 추락하고 급기야 자산 시장의 거품이 터진다.

통상 경제 거품이 점진적으로 커지는 과정에서는 거품은 터지지 않는다. 거품이 터지는 것은 실물 경제와 자산 시장이 정상적인 관계를 한참 벗어나 위험 지대에 진입하였을 때이다. 일반적으로 자산 시장의 현재 상태가 실물 경제의 현재 상태나 실력보다 과대평가될 때, 투기적 요소(힘, 영향, 관심)가 득세한다. 한동안 시장에는 단맛이 넘치고도 남는다. 하지만 그것이 한계 상황(느슨한 균형과 안정 상태로부터 이탈하는 상황)에 도달하면 자산 시장은 점점 힘을 잃어버리게 되고, 마침내 몰락한다.

처음에는 작은 거품이 터진다. 이것이 차츰 빈번해지고 여러 곳에서 터지기 시작하면, 이는 거대 거품의 폭발 전조이다. 그동안 점점 커져 왔던 거품이 막바지에 접어들어 최후의 폭발 순간만을 기다리는 상태이다. 언제든지 거품이 터질 수 있다는 말이다. 경제가 심한 거품 상태일 때는 호재보다 악재에 더 민감하게 반응한다. 마지막 순간에는 작은 경제적 충격이나 나쁜 소문 하나만으로도 전체 시장 경제가 무너져 내린다. 경제가 풍전등화(風前燈火) 상태에 놓여 있기 때문이다. 국가의 위기가 최고조에 달하였을 때는 자그마한 소문 하나가 국가를 멸망시키는 역사적 사례는 많다. 동서고금을 막론하고 어느 순간 은행에 줄이 길게 늘어서거나 급격한 대규모 예금(현금) 인출(뱅크 런: bank run)이 있으면, 그 경제는 무너진다. 지금처럼 인터넷 뱅킹이 활성화된 사회에서는 뱅크 런이 과거와 달리 순식간에 대형 신용 위기를 초래하고 대처를 어렵게 만들 수 있다.

커질 대로 커진 거품이 터지는 것은 눈 깜짝할 사이의 일이다. 수많은 투자자(투기자)가 보유 자산에 손을 쓸 틈도 없이 막대한 손실을 보게 된다. 극단적으로는, 그동안의 투자 자금을 다 날려버리고, 벌었던 모든 수익을 토해 낸다. 소위 '주식 거지', '부동산 거지', '하우스 푸어'(house poor)가 탄생한다. 그동안 있었던 세계의 경제 거품 경험을 돌아보면, 거품 폭발 직전까지 수많은 투자·투기자들이 자신의 수익과 욕망을 극대화하고자 몸부림쳤다. 자산 시장 거품이 터질 때, 만일 실물 경제와 대비되는 자산 시장의 규모가 방대하고 그것이 거대한 시장 투기 세력(욕심 세력)과 연계되어 있다면, 경제 전체가 붕괴한다. 이는 2008년의 세계 금융 위기(global financial crisis) 경험 사례, 특히 그 진원지인 미국의 사례가 확실하게 보여 주었다.

폭락하였다. 거품이 폭발한 것이다. 가상 화폐 시장의 거품 붕괴는 다음의 몇 가지 사실이 뒷받침해 준다.

첫째, 다양한 가상 화폐 전체는 물론 대표적 가상 화폐인 비트코인 가격의 대폭락이다. 비트코인 가격은 2021년 후반부터 큰 변동성을 보이면서 하락하다가, 2022년에는 연초 대비 약 60% 정도로 엄청나게 빠졌다. 둘째, 전 세계 가상 화폐의 1일 거래량의 완전한 위축이다. 전 세계 가상 화폐의 1일 거래량이 최고조를 이루었을 때(2021년 5월)는 880억 달러였는데, 2022년 말에는 100억 달러를 하회하고 심지어 80억 달러로 크게 위축되었다. 가상 화폐 1일 거래량이 1/10 이하로 추락한 것이다. 셋째, 세계 3대 가상 화폐 거래소 중 하나인 FTX가 유동성 위기로 파산한 사실이다. FTX는 미국 연방파산법원에 파산을 신청하였고, 그로 인해 대규모 투매 사태가 초래되었다.

가상 화폐 시장의 거품이 사실상 폭발하였지만, 그로 인한 경제·금융 충격이나 대혼란은 일어나지 않았다. 그 이유는 가상 화폐 시장의 규모나 참여자(투자자)의 범위, 그리고 사회·경제·금융적 영향(결합 네트워크 파급 효과)이 전통적 자산인 주식, 부동산, 채권에 비해 크게 작아서 거품 폭발의 여파가 제한적이었기 때문이다.

종합적으로, 우리나라 자산 시장의 거품 상태는 다행히 거품 폭발을 염려해야 하는 3단계에는 이르지 않은 것으로 판단된다. 미국발 글로벌 인플레이션을 막기 위해 단행된 강력한 금리 인상 및 통화 긴축 조치가 거품 폭발의 필수 요건인 유동성 힘과 우호적 금융 시장 환경(저금리 자금 조달(차입) 용이성 등)의 동력을 약화시킨 것이 주된 원인이었다. 어떻게 보면 크게 다행스러운 일이다. 그렇지 않았더라면 우리나라 자산 시장의 거품은 2021년 중반의 절정을 훨씬 능가하는 새로운 최고조에 도달하였을 것이고, 그 후 어느 순간 폭발하는 순간을 맞이하였을 것이다.

경제 거품과 풍선껌(비눗방울)

어릴 적에 풍선껌을 불거나 비눗방울 놀이를 할 때를 상상해 보기 바란다. 거품은 생기자마자 바로 터지지 않는다. 또한 터진다고 해서 반드시 그 피해가 매우 심하지만은 않다(큰 비눗방울은 터지면 얼굴 전체를 뒤덮지만, 초기에 터지는 작은 비눗방울은 입가를 조금 덮을 뿐이다). 때로는 작은 거품들이 터졌으나 경제와 사회가 받는 충격과 영향은 생각보다 크지 않다. 경제와 시장이 진짜로 우려하고 두려워해야 하는 것은 작은 눈덩이 같은 경제 거품이 오랜 기간 서서히 커지다가 마침내 눈사람만큼 커버린 상황이다. 이런 거품은 시장의 신용에 자극을 주는 작은 외부 충격에도 순식간에 터져 버리는 매우 위험한 경제 거품이다.

그러나 사건과 이야기는 여기서 끝난 것이 아니다. 일단 자산 시장의 폭발 가능한 거품은 잠재워졌지만, 글로벌 경기 침체로 인해 다른 양상의 자산 시장 폭락 가능성이 다가오기 때문이다.

점점 우려되는 과잉 가계 채무, 기업 채무

팬데믹 중 시중 자금은 금융 부문을 통해 급팽창하였다. 사상 최저 금리와 각종 완화적 금융통화 정책이 그렇게 만들었다. 중앙은행은 정부의 슈퍼 확장적 재정 정책에 발맞추어 정부, 기업, 가계의 자금 수요를 가능하면 모두 충족시켜 주는 정책을 펼쳤다. 그렇지 않으면 경제가 급속히 냉각되고, 자금 부족으로 어려움을 겪거나 파산하는 가계와 기업이 속출할 것이라는 정책 판단에서다.

정부 부문은 슈퍼 확장적 재정 정책을 펼치는 데 필요한 대부분 자금을 공채(국채)를 발행해서 조달하였다. 그 결과 국가 채무가 급격히 늘어났다. 국가 채무의 대GDP 비율이 2019년의 37.7%에서 2020년 43.8%, 2021년 47.3%, 2022년 50.0%로 급증하였다. 그나마 전에 없는 초저금리가 국채의 이자 비용 부담을 크게 덜어주었고, 우리나라의 재정 역량과 재정 공간(fiscal space)에 어느 정도 여유가 있어 다행이었다.

민간 부문 또한 단 한 번도 겪어 보지 못한 건강, 사회, 경제의 복합 위기가 발생하자 많은 가계와 기업에서 긴급한 팬데믹 자금 수요가 생겨났다. 그것은 시간이 갈수록 크고 빠르게 증가하였다. 다행히도 금융 시장은 초저금리와 우호적인 금융 시장 환경(풍부한 자금 공급량, 손쉬운 대출 조건 등)으로 그에 화답할 수 있는 여건을 갖추었다. 가계와 기업들은 그러한 호기회를 십분 활용하여 막대한 자금을 외부에서 차입하였다.

가계는 주로 금융 기관으로부터 자금을 빌렸고, 기업은 금융 기관 외에도 증권 시장이나 채권 시장을 통해 자금을 조달하였다. 팬데믹 자금 수요 속에는 가계와 기업의 기본 운영과 적자(소득 감소, 경영 손실 등)를 메우기 위한 수요도 있고, 팬데믹 자산 시장 특수를 한껏 이용해 보고자 하는 투자·투기용 자금 수요도 뒤섞여 있었다. 팬데믹 상황에서 생겨난 독특하고도 다양한 자금 수요와 초저금리의 두 요소가 딱 맞아떨어지면서 민간 채무는 사상 최고 수준을 기록하였다. 그중에서도 가계 채무는 단연 압권이었다. 이러한 현상은 팬데믹 이전부터 기업(특히, 대기업)은 몇 가지 이유로 엄청난 규모의 사내 유보금을 확보해 두었지만, 가계는 특별히 저축을 많이 해두지 않았던 것과 관련이 있다.

가계 채무의 위험성은 GDP 대비 가계 부채 비율과 가계 소득 대비 가계 부채 비율의 최근 상태가 말해 준다. 먼저, GDP 대비 가계 부채 비율의 변화 추이를 팬데믹 전후로 살펴보면, 2019년에는 83.2%이던 것이 팬데믹 원년인 2020년과 그 이듬해인 2021년에는 각각 89.4%, 90.5%로 크게 높아졌다(한국은행, 통화금융통계). 이는 국가 경제 성장률의 변동 상태보다 훨씬 높다. 부연하면, 경제의 성장 실적보다 가계 채무의 성장 속도가 훨씬 빠르다는 의미이다. 이는 가계 경제에 압박을 줄 뿐 아니라 국가 경제에도 부담을 주는 요인이 된다.

다음으로, 가계 소득(처분 가능 소득) 대비 가계 부채 비율을 살펴보면, 앞의 GDP 대비 가계 부채 비율과 마찬가지로 팬데믹 발생 후 그 이전보다 크게 높아졌고, 또한 경제 성장률의 변동 상태보다 훨씬 높다. 구체적으로 동 비율은 2019년의 188.2%에서 2020년 197.8%, 2021년 206.5%로 크게 뛰었다(OECD, OECD National Accounts). 무엇보다도 팬데믹 후 가계 소득(처분 가능 소득) 대비 가계 부채 비율 증가율이 GDP 대비 가계 부채 비율 증가율을 웃도는 것이 문제의 심각성을 일깨워 주고 있다.

민간 차입으로 조달된 자금이 반드시 소모적이고 비효율적으로 사용되는 것은 아니다. 그러나 현실적으로 가계 채무가 가정 경제를 위한 용도뿐만 아니라 투자·투기적 용도로 활용되고 있음을 인식하면, 과도한 채무의 위험성과 비생산성 문제는 결코 쉽게 넘어갈 성질은 아니다. 현재 진행 중인 가파른 금리 상승 추세와 앞으로 예상되는 경기 침체 상황이 현실화할 경우, 가계의 경제적 압박은 매우 심해질 것으로 전망된다.

우리나라의 민간 채무는 전 세계에서 매우 높은 편이고, 그중에서도 특히 가계 채무는 위험 수위에 도달한 지 꽤 오래되었다. 최근의 국제 통계에 의하면 우리나라의 GDP 대비 가계 채무 비율은 세계 3~5위권에 속하는 심각한 상태에 있다(통계에 따라서는 1위를 기록하기도 한다). 비록 지금은 견딜 만할지 몰라도 앞으로 어떤 작은 글로벌 충격이라도 발생하면, 가계 채무는 폭발할 위험이 대단히 크다. 단연코, 우리 경제에서 위험성과 폭발 잠재력이 가장 큰 부문이자 요소이다.

올해(2023년) 글로벌 경기 침체로 우리나라의 수출이 큰 타격을 받고 그 여파가 거시 경제 전반(생산, 투자, 소비, 고용, 성장 등)에 악영향을 미치면서 최근 고조된 주택 시장의 위기 요인들 – 고금리에 따른 시장 불황(수요 감소, 주택 파이낸싱 애로, 거래 실종 등), 주택 가격 하락, 주택 관련 과잉 채무자 문제 등 – 을 동반 자극할 경우, 과잉 가계 채무 문제는 한국 경제 위기의 뇌관이 된다. 이에 대하여는 다음 장에서 자세히 다룬다.

12. 대한민국의 경제 위기 발생

만일 우리나라가 불행히도 '저성장 경기 둔화'나 경기 침체를 넘어 경제 위기에 빠진다면, 그것은 국내 요인이 아닌 해외 요인에서 비롯될 것이다. 해외 요인은 크게 다음의 두 가지이다. 하나는 2023년발 세계 경기 침체이다. 이 경우 현재 진행 중인 글로벌 인플레이션이 동반될 수도 있고, 그렇지 않을 수도 있다. 만일 전자라면, 심각성은 가중된다. 또 다른 하나는 중국 경제가 심각한 불황에 빠지거나 위기 상황에 봉착하는 경우이다. 그 외에 미·중 간 갈등 격화, 러시아·우크라이나 전쟁 확전, 다른 지역의 지정학적 충돌, 글로벌 공급망 차질 확대, 유가 폭등, 유로존(유로화 사용 20개 국가) 에너지발 경기 침체 발생, 남유럽 국가 재정 위기, 일부 신흥국·개도국 재정 위기, 중국의 COVID-19 재유행 등을 생각해 볼 수 있으나, 앞의 두 요인에 비하면 현실성과 영향력이 떨어진다.

세계 경제의 침체와 중국발 한국 경제 위기 가능성 중에는 전자가 현실성과 설득력이 훨씬 크다. 해외 요인(외부 충격)은 그 자체로도 파괴력이 크지만, 그것이 국내의 기존 위기(위험) 요인과 결합하면서 경제 폭발을 초래할 수 있다는 점에서 매우 위협적이다. 기존 위기(위험) 요인이란, 고금리·고물가·고환율을 비롯하여 과잉 채무, 유동성 축소에 따른 시중 자금 경색, 자산 가치(부동산 시장 등) 급락을 말한다. 글로벌 경기 침체가 발생하였다고 해서 경제 위기가 해일처럼 한순간에 덮치지는 않을 것이다. 그보다는 외부 충격의 힘이 그간 누적된 구조적 경제 문제와 한계 상황에 다다른 위험 요소들과 일정한 시간의 틀 속에서 좌충우돌하다가 경제 위기 상황이 몰아닥칠 것으로 본다. 가장 큰 위험 요소는 단연 과잉 채무와 자산 시장 거품 붕괴이다.

한국 경제 위기의 방아쇠: 글로벌 경기 침체, 중국 경제 위협

(1) 세계 경제 침체와 한국 경제 위기 가능성

최근에 주요 국제기구(IMF, OECD, World Bank)와 민간 경제 예측 기구들은 하나같이 2023년도 세계 경제를 비관적으로 전망하고 있다. 다만, 그 속에는 '저성장', '경기 둔화', '경기 침체' 등 여러 개념과 예측이 뒤섞여 있어 현재로서는 어느 정도 비관적인지의 강도와 색깔이 불분명하다. 지난 10월에 IMF가 발표한 2023년도 세계 경제 성장과 주요국 경제 성장의 면면을 보면, 일단 세계가 본격적인 경기 침체에 빠질 가능성은 작아 보인다. 무엇보다도 세계 경제 성장률이 2.7%로 전망되고(이는 팬데믹 발생 이전인 2011~2019년의 평균 성장률 3.5%보다 조금 낮음), 주요국 경제 성장률 또한 낮지만 대부분 플러스 성장을 예상한 점에서 그렇다. 한편, OECD(2022년 11월)는 2023년도 세계 경제 성장률을 직전 전망보다 크게 낮춘 2.2%로 예측하였다.

2008년도 글로벌 금융 위기나 팬데믹 원년(2020)의 경기 추락 때 주요국 경제가 모두 마이너스 성장을 기록한 사실을 상기하면, 세계 경제가 2023년에 심각한 경기 침체 국면에 접어든다는 예상과 주장은 논리적으로 취약하다. 만일 현재의 국제기구 전망이 맞는다면, 향후 세계 경제와 주요국 경제는 저성장 속의 완만한 경기 둔화를 겪게 될 것이라고 설명하는 편이 합당하다.

이 경우 대한민국 경제가 위기에 빠질 가능성은 작다. 그러나 다음과 같은 관점을 고려하면 그러한 추론은 충분히 틀릴 수 있다.

첫째, 2021년 말 이후 최근까지 국제기구들이 여러 번 연속해서 세계 및 주요국의 경제 성장 전망을 하향 조정해 왔다는 사실이다. 그때마다 불확실성 등 여러 가지 이유를 들었지만, 체면을 구기고 신뢰를 잃었다. 가장 최근의 사례(IMF 2022년 10월, 2023년 1월 수정 전망; OECD 2022년 11월 수정 전망; World Bank 2022년 6월, 2023년 1월 수정 전망)를 포함하여 지금까지 있었던 수차례의 반복적 하향 조정 경향을 종합적으로 고려해 보면, 세계 경제 실적은 기존의 전망보다 훨씬 더 부진할 가능성이 크다. 다름 아닌 글로벌 경기 침체를 말한다. 이 경우 수출로 먹고 사는 한국 경제는 단순한 '저성장 경기 둔화'가 아닌 위기 상황에 빠질 수 있다.

둘째, 국내외적으로 향후 상당한 수준의 금리 인상이 예상된다. 현재로서는 세계적 경기 침체를 가속화하는 요인 중 금리 인상보다 더 유력한 것은 없다. 세계 금리 인상을 주도하고 있는 미국은 자국의 인플레이션 추세와 기대심리가 확실히 꺾이는 것을 확인하기 전까지는 계속해서 금리를 올릴 태세이다. 이는 미국 못지않게 높은 물가를 겪고 있는 유럽도 마찬가지이다. 현재로서는 일각에서 기대하는 조기 피벗(금리 인하)이나 금리 인상의 중단 시기를 예단하는 것은 대단히 어렵다.

미국의 금리 움직임에 매우 민감한 우리 경제는 당분간 금리 상승 압박에서 벗어나기 힘들다. 현 단계에서 대체로 예상되는 기준 금리의 최종 지점은 2023년 상반기를 중심으로 미국 5%대 중반(5.5% 내외), 한국 3%대 중·후반이다(한국은행의 금융통화위원회 위원들은 3.5%, 3.75% 순으로 예상한다). 그 후 기준 금리는 서서히 낮아질 것으로 전망되고 있다. 그러나 이러한 대체적인 주류 전망은 낙관적 시나리오와 기대감에 경도된 경향이 농후하다. 이러한 전망은 충분히 빗나갈 수 있다.

한번 팽창한 사상 최고 수준의 글로벌 유동성 위력과 40년 만에 들이닥친 글로벌 인플레이션의 위세가 낙관적 예상처럼 1년 남짓한 단기에 그렇게 호락호락 꺾이지 않을 것이다. 역사적으로, 거대한 경제 경향과 힘은 무너지는 데도 시간이 걸렸고, 또한 그 여진도 상당히 컸다는 사실을 상기할 필요가 있다. 아울러 불확실성이 완전히 가시기 전에 어설프게 선제적으로 이자율을 인하하면, 오히려 부작용과 시행착오 비용이 더 크다는 점을 유념해야 한다. 대표적으로, 2차 오일쇼크 중 인플레이션이 완전히 꺾이지 않은 상태에서 미국의 연방준비제도(Fed)가 이자율을 성급히 인하하였다가 큰 낭패를 보았다. 기준금리의 정책 전환은 금리의 최종 수준과 타이밍에 대한 확실한 상황 판단과 객관적 확신이 주어졌을 때 단행되어야 함을 알 수 있다. 이러한 사실을 고려해 볼 때, 낙관적 시나리오와 기대감에 경도된 현재의 금리 전망은 틀릴 가능성이 크다. 이는 최종 금리 수준과 최종 금리의 지속 기간 양면 모두를 포함한다. 조금 뒤에서 언급하지만, 금리의 최종 수준 못지않게 최종 금리의 지속 기간 또한 경제적 파급 효과가 매우 크다는 사실을 유념해야 한다. 만일 그러한 낙관적 예상과 기대가 어그러진다면, 세계 경제와 한국 경제는 지금의 전망보다 훨씬 비관적인 상황을 맞이하게 된다.

지난 약 1년 동안 세계 각국이 여러 가지 사회·경제적 부작용에도 불구하고 미국을 따라서 과감한 금리 인상과 긴축 통화 정책을 감행한 결과 세계적으로 자산 가치 하락, 투자와 소비 감소, 기업과 가계의 이자 비용 부담 증가와 자금 경색, 글로벌 생산량 및 교역량 감소 등 일련의 경제 하락(경기 침체) 현상들이 줄줄이 나타났다(다만, 미국은 다른 선진국과 달리 아직 이러한 현상을 본격적으로 겪지 않고 있다. 어떤 면에서 미국만 나홀로 독주하고 있다). 두려운 것은 이러한 선진국 동향이 점점 우리 경제를 직접 위협하는 위험성과 압박감을 동반하고서 우리 곁으로 다가서고 있다는 사실이다.

한 가지 더 유념해야 할 점은 급격한 금리 인상 못지않게 최종 안착한 고금리 상태가 예상보다 길게 갈 경우(예컨대, 1년 이상), 경제에 심각한 충격이 주어진다는 사실이다. 이 경우 자산 시장, 특히 부동산 시장이 현상 유지(status quo) 상황을 견뎌 내지 못하고 곤두박질칠 가능성이 크다. 이는 한국 경제의 위기를 생각할 때마다 언제나 가장 먼저 주목해야 할 민감한 부분이다. 국민 경제에서 부동산이 차지하는 비중과 역할이 매우 크기 때문이다. 마찬가지로, 글로벌 경기 침체가 지속되는 기간도 매우 중요하다. 만일 그것이 1년 이상 지속된다면, 그 여파는 한국은 물론 전 지구적으로 대단할 것이다.

세계 경기 침체가 예상보다 심하게 나타날 경우, 수출 의존도가 매우 높은 한국 경제(2022년도 세계 6위 수출국, 무역(수입+수출) 규모 세계 7위 국가)는 다른 주요국보다 더 큰 타격을 입을 수밖에 없다. 이는 그동안 줄곧 2023년도 한국 경제 성장률을 2%대로 예측해 왔던 OECD, 한국은행, 정부(기획재정부), KDI 등이 2022년말에 1%대 후반(1.6~1.8%)으로 크게 낮춘 것과 맥을 같이한다. 주요 외국계 투자 은행들은 2022년 12월 그보다 더 낮은 1%대 초반의 성장률을 전망하였고(예컨대, JP모건 1.5%, 골드만 삭스 1.4%, UBS 1.1%), 심지어 노무라 증권은 −1.3%의 역성장 전망치까지 내놓았다.

국제기구의 향후 세계 및 주요국 경제 전망(2023년, 2024년)은 2022년 중반 이후 세계 경제를 급속히 뒤덮고 있는 불안한 현상과 위기감을 단편적으로 반영할 뿐, 설득력 있는 확실한 그림을 보여 주지 못하고 있다. 향후 세계 경제는 다음의 네 가지 치명적인 현상 – 세계 경제 전망(예측)에 대한 낙관적 바이어스의 오류 가능성, 멈추지 않는 글로벌 인플레이션, 고물가 대응의 가파른 금리 인상 추세와 고금리의 지속 가능성, 초과잉 채무(정부 + 민간 부문) – 을 동시에 고려해 볼 때, 국제기구의 전망보다 훨씬 비관적인 방향으로 흘러갈 가능성이 크다. 즉, 단순한 저성장의 경기 둔화가 아니고, 본격적인 글로벌 경기 침체가 발생할 가능성이 더 크다는 말이다.

만일 이러한 논리와 예측이 맞는다면, 대한민국 경제에는 대형 빨간불이 켜진다. 가장 먼저, 우리 경제의 대들보인 수출의 감소와 원화 가치 약세로 인해 수입 물가 상승이라는 적신호가 교역 현장에 나타날 것이다. 이는 무역 수지와 경상 수지를 악화시키고 국내 기업의 생산과 투자에 악영향을 미치면서 경기 침체를 가속화한다. 이러한 경기 침체 가속기는 진행 중인 고물가·고금리·고환율, 그리고 이미 곪아 있는 국내의 악성 경제 위험 요인(가계 부채, 기업 자금 경색, 자산 가치 하락 등)과 만나면서 빠르게 경제 위기 쪽으로 방향을 튼다. 여기에 더해 대외 순 자산 감소, 국가 신인도 저하, 국가 재정 압박 등이 가세할 경우, 한국 경제의 위기 가능성은 점점 현실이 된다. 이때 세계 경제가 0%대~1%대 성장이나 마이너스 성장의 위험 지대에 들어선다면, 한국 경제는 위기의 벼랑 끝에 서게 된다. 우리 경제와 사회에 긴급 상황이 발생하는 것이다.

(2) 중국발 한국 경제 위기 가능성

중국발 대한민국 경제 위기 가능성은 앞서 살펴본 글로벌 경기 침체로 인한 위기 가능성에 비해 크게 낮다. 그 이유는 다음의 두 가지이다. 첫째, 중국 경제가 단기에 심각한 수준의 경기 침체에 빠질 가능성이 크지 않다. '40년 고도성장'의 위업을 이룬 중국 경제의 성장세가 최근 조금씩 꺾이고 있는 것은 분명한 사실이다. 그러나 비록 전보다 성장 동력이 떨어지기는 하였지만, 중국 경제는 여전히 세계 평균과 주요국 평균을 크게 웃도는 실적을 구현하고 있다. 특히, 팬데믹 글로벌 경기 추락(2020년) 때 거의 모든 나라가 마이너스 성장

(역성장)의 나락에 빠졌지만, 중국만 플러스 경제 성장의 저력을 과시하였다(다만, 2022년에는 중국정부의 강력한 제로 코로나 정책과 세계 교역량 감소 등으로 인해 수십 년만에 처음으로 중국 경제 성장률이 세계 경제 성장률을 조금 밑돌았다). 아울러 주요 국제기구들이 2023년도 중국 경제 성장을 4% 이상으로 전망하고 있다. 이 또한 향후 하향 조정될 수도 있지만, 그렇다고 2~3%대 밑으로 떨어지기는 쉽지 않을 것이다.

둘째, 중국 경제가 내부적으로 심각한 문제(부동산 경기 침체, 과도한 국내 채무, 지방 재정 위기(건전성 위험), 제로 코로나 정책, 정치적 변화, 대미 강경 정책, 대만 갈등, 인구 고령화, COVID-19 재유행 가능성 등)를 안고 있기는 하지만, 이것이 중국 경제를 단기에 위기로 내몰 만큼 폭발 가능성과 충격 가능성은 크지 않다. 특히, 최근에 와서 중국 정부가 그동안 중국 사회와 경제에 엄청난 압박과 부하를 주었던 제로 코로나 정책을 완화하고 있는 점은 국내외적으로 고무적이다.

우리나라의 대중 무역 의존도는 한때 전체 무역의 약 30%까지 올랐다가 최근 25% 이하 수준으로 줄어들었다. 중국 경제의 부침이 국내 경제 성장에 큰 영향을 미치는 것은 분명하지만, 중국 경제가 완전한 위기에 봉착하지 않는 한(예컨대, 마이너스 성장을 수반하는 경기 침체) 한국 경제가 중국 때문에 위기에 빠질 가능성은 크지 않다. 물론 중국 경제가 연착륙 대신 경착륙을 할 경우, 우리 경제는 상당히 큰 타격을 입을 수 있다.

한국 경제 위기의 도화선, 폭발 지점

역사적으로, 경제 위기의 출발점(도화선)과 폭발 지점은 국가마다 다르다. 그리고 같은 국가라도 시대 상황에 따라 달리 나타난다. 하지만 국가와 시기

〈그림 12-1〉 한국 경제의 위기 발생 구도와 주요 경로

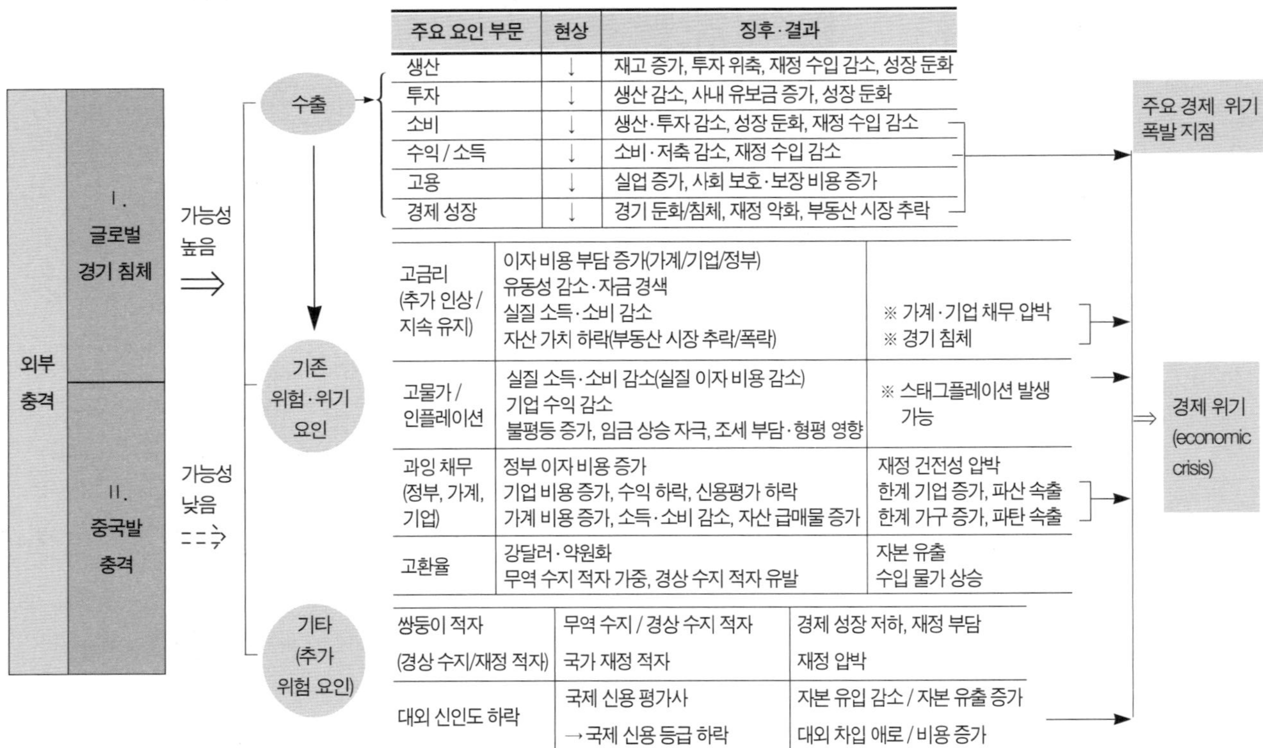

(상황)를 막론하고 공통으로 등장하는 경제 위기의 주인공은 시중의 자금 부족과 (초)과잉 채무이다. 관건은 무엇이 거기에 불을 붙이는가이다. 앞서 논의한 바에 따르면, 한국 경제 위기의 도화선은 글로벌 경기 침체(특히, 우리의 주력 수출 대상국의 경기 침체)가 될 것이다. 그리고 그것이 최종적으로 폭발하는 전장(戰場)은 시중 유동성 부족과 과잉 채무가 주요 경제 활동 요소(생산, 소비, 투자, 금융(자금 차입·상환), 계약·거래, 고용 등)와 부딪혀 씨름하는 그 어느 지점이 될 것이다. 이때 격전이 벌어지는 전쟁터는 한 곳이 아니고, 여러 곳이 될 것이다.

〈그림 12-1〉은 우리나라의 경제 위기가 발생하는 전체 구도(틀)와 주요 현상(징후) 및 경로에 대해 정리하고 있다. 기본 틀은 글로벌 경기 침체가 방아쇠를 당기자 우리 경제의 근간인 수출이 큰 충격을 받아 주요 거시 경제 상황(요소)이 급격히 나빠지고, 동시에 그 영향이 기존의 국내 위기 요인(고금리, 고물가, 고환율, 과잉 채무, 자산 가치 하락)과 빠른 복합적 상호 작용을 하면서 경제 위기가 발생한다는 구도이다. 지금부터는 이와 관련된 내용에 대해 구체적으로 기술하고자 한다.

(1) 수출 충격: 수출 증가율 감소를 넘어 마이너스 성장 영역으로 진입

세계 경제 침체는 우리 경제의 근간인 수출에 직격탄을 날린다. 그동안은 수출의 절대 규모는 늘어나는 가운데 성장률이 둔화되는 현상을 겪었다. 하지만 세계 경제가 본격적인 침체 국면에 접어들 경우, 수출의 절대 규모가 줄고 성장률이 마이너스로 전환되는 어두운 상황이 발생한다. 이러한 현상은 이미 지난 10월부터 관측되기 시작하였다. 수출 증가율(전년 동기 대비)이 10월 −5.7%, 11월 −14%, 12월 −9.5%로 나타났다. 더 심각한 것은 해가 바뀐 올 1월의 수출 증가율이 무려 −16.6%로 급락한 사실이다. 큰 충격이 아닐 수 없다. 문제는 2023

년에는 그보다 더 큰 폭의 마이너스 수출 증가율이 계속되거나 고착될 수 있다는 점이다.

이미 10개월째 연속되는 무역 수지 적자는 갈수록 규모가 확대되는 추세이고, 결국 2022년은 사상 최대의 무역 적자(472억 달러)를 기록하는 한 해가 되어버렸다(2023년 1, 2월에도 대규모 무역 수지 적자가 발생하였음). 진행 중인 세계 교역량 감소 추세와 중국 경제 문화 그리고 우리 경제의 동력인 반도체 분야의 불황과 주요 업종의 재고 누적 현실을 고려할 때, 우리나라의 향후 수출 전망은 매우 어둡다. 전통적으로 내수보다 수출의 경제 성장 기여도가 높은 우리 경제의 특성을 고려하면, 수출이 크게 흔들리면 한국 경제 전체가 휘청거리게 된다.

수출 감소는 국내 기업의 생산 감소와 재고 증가, 영업 수익 감소와 투자 감소, 무역 수지와 경상 수지 적자 악화를 유발하고, 그것이 심해지면 고용 감소와 소득·소비 감소 현상을 불러일으킨다. 이들은 총체적으로 우리나라의 경제 성장률을 크게 떨어뜨린다. 이때 만일 경제 성장률이 1% 이하로 떨어지거나 극단적으로 마이너스 성장(역성장)을 기록한다면, 그야말로 한국 경제는 위기의 수렁에 빠지고 만다.

역사적으로 우리나라 경제가 2% 미만의 성장률을 기록한 경우는 단 네 차례뿐이다. 그것은 1980년(오일쇼크) −1.6%, 1997년(외환 위기) −5.1%, 2009년(글로벌 금융 위기 직후) 0.8%, 그리고 팬데믹 원년인 2020년의 0.7%이다. 최근 우리 정부와 한국은행이 2023년 경제 성장률을 똑같이 1.6%로 전망한 것은 올해 우리 경제가 얼마나 험로를 걷게 될지를 단적으로 시사한다(한국은행은 작년 말에 1.7%로 예측했다가 2023년 3월에 1.6%로 낮추었음). 물론 상황과 여건은 다르지만, 정부 전망치가 팬데믹 원년이나 글로벌 금융 위기 당시의 경제 실적에 비해 불과 0.8~0.9% 밖에 높지 않다는 사실을 상기한다면, 앞으로 전개될 우리 경제의 거시 상황이 얼마나 어려울지를 암시한다.

수출 타격에 따른 거시 경제 파급 효과 요인 중에서도, 특히 기업의 경영 수익 감소(또는 적자)로 인한 고용 감소 현상은 기존의 국내 위험(위기) 요소 중 과잉 채무 문제를 한층 더 심각하게 만든다. 예를 들어, 과잉 채무자 중에서 수출 타격 기업에 근무하다가 실직하거나 소득 감소를 경험하는 노동자가 많이 나타난다. 마찬가지로, 수출 타격을 본 대기업과 연계된 중소기업 가운데 한계 상황에 달하거나 폐업을 하는 경우도 흔히 나타난다. 이러한 현상은 그와 직접 관련된 과잉 채무 가계와 기업의 채무 변제 능력과 신규 채무(자금) 조달 역량 모두를 크게 떨어뜨린다. 아울러 이들이 생활 자금과 운전 자금을 마련하는 데 심각한 애로를 초래한다. 한마디로, 과잉 채무자의 기존 어려움에 한층 무거운 짐이 얹히는 셈이다. 그것이 심하면 일부는 채무 변제 불능의 막다른 골목에 몰려 파산한다.

다음으로, 다수의 기업과 근로자의 경제력이 위축되면서 국민 경제의 소비 여력이 급격히 줄어드는 현상이 나타난다. 이렇게 되면 지난해(3분기까지) 우리 경제를 크게 지탱해 왔던 소비가 한계에 부딪히는 형국이 벌어진다. 수출이 줄어 투자가 감소하는 상황에서 국내 소비조차 급감한다면, 이는 최악의 경제 상황을 예약하는 것이나 다름이 없다.

수출 타격에 따른 소비 감소는 뒤에서 설명하는 또 다른 소비 감소 요인 – 고물가(실질 소득 감소에 따른 소비 감소), 고금리(이자 비용 부담 증가에 따른 소비 감소), 자산 가치 하락에 따른 소비 감소 – 과 함께 한국 경제의 총체적 소비 감소 현상을 확대 재생산한다. 다시 말해서, 글로벌 경기 침체는 기존 소비 감소 요인에 수출 타격에 따른 소비 감소를 추가시켜 전체 소비 환경과 여력을 악화시키고, 그 결과 거시 경제의 대들보인 총수요를 크게 떨어뜨린다. 이는 팬데믹 상황이 완화되면서 2021년 중반 이후 지난해(2022년) 후반까지 빠르게 늘어나던 소비 물결이 어느 순간 큰 역류에 부딪히면서 빠르게 뒤로 밀려나는 것을 의미한다.

올해(2023년)는 2022년 내내 우리 경제를 지탱해 오던 왕성한 소비와 회복 기미를 보이던 투자 두 축에 큰 균열이 생기는 문제가 발생할 것이 거의 확실하다. 다만, 소비 위축이 한국 경제 위기의 방아쇠를 당기거나 위기의 전쟁터가 되지는 않을 것이다. 그것은 구조적 문제이지, 단기에 국가 경제를 뒤흔드는 거시 경제 요인은 아니기 때문이다. 물론 위기가 발생하면, 소비는 더 크고 빠르게 위축될 것이다.

수출과 대척점에 있는 수입의 상황도 매우 중요하다. 수입과 수출의 역학 관계로 무역 수지와 경상 수지의 상태가 결정되고, 그에 따라서 우리나라의 대외 경쟁력과 신인도, 외환 포지션, 환율, 해외 차입 역량 및 조건 등 중요한 경제 요소들이 민감하게 영향을 받고 변하기 때문이다. 앞으로의 문제는 2023년 안(또는 적어도 상반기 내)에 글로벌 인플레이션이 종식되거나, 세계의 금리가 인하될 가능성이 낮아 수입 조건과 수입 물가 상황이 개선되기가 어렵다는 점이다. 이 경우 수입이 수출을 능가하는 초과 수입 상태가 지속되고, 날이 갈수록 무역 수지 적자 폭이 커지며 경상 수지조차 적자의 늪에 빠질 가능성이 있다.

수출 부문의 큰 타격은 2022년 4월 이후 계속되는 큰 폭의 무역 수지 적자(간헐적 경상 수지 적자) 상황을 만성 적자로 몰고 가면서 극단적인 경상 수지 적자의 주기화·만성화를 초래할 수 있다. 이러한 사태가 발생하면, 이미 체질화된 국가 재정 적자와 더불어 이른바 '쌍둥이 적자'(twin deficit) 문제를 크게 염려해야 하는 상황이 벌어진다. 이는 과거 미국이 일대 홍역을 치른 국가 경제와 재정의 최대 골칫거리였음을 상기할 필요가 있다. 만일 쌍둥이 적자 현상이 연 단위로 굳어진다면, 우리 경제와 재정의 심각한 구조적 문제로 고착된다. 이로 말미암아 경제와 재정의 성장·안정·지속 가능성이 불안정해지고, 잘못하면 경제 위기를 초래하는 경제·재정의 동맥경화가 발생한다.

이웃 일본과 달리 한국 경제는 수출로 먹고산다(일본도 수출 강국이지만, 1억 1,000만 명이 넘는 거대 인구가 떠받치는 내수 시장이 튼튼하다). 이러한 경제가 앞으로도 계속해서 대규모 무역 수지 적자를 겪는다면, 우리는 차치하고 해외의 입과 눈이 한국 경제의 위기 가능성을 들먹거릴 가능성이 커진다. 그것이 증폭되면, 국내의 외국 자본들은 빠르게 짐을 싸서 탈출한다. 이는 한국의 대외 신인도 하락과 국제 신용 평가사의 신용 상태(등급) 하향 조정으로 이어진다. 반드시 피해야 할 사태이다.

위기는 항상 불안하고 찜찜하였던 사안(사건)이 갑자기 현실이 되거나, 관련 소문이 항간에 강하고 빠르게 회자될 때 순식간에 발생한다. 그러므로 최대한 빨리 무역 수지 적자의 늪에서 벗어나야 하고, 중장기적으로는 수출 못지않게 국내 시장(내수)의 덩치를 키워야 한다.

(2) 기존 국내 경제 위기(위험) 요인의 꿈틀거림, 증폭 효과

글로벌 경기 침체는 기존의 국내 거시 경제 위험 요인, 즉 고금리, 고물가, 고환율, 과잉 채무, 자산 가치 하락(자산 시장 불황)에도 빠르고 큰 부정적 파급효과를 유발하면서 경제 위기의 폭발성을 고조시킨다. 그 속에는 수출 타격과 연계되어 가중 타격을 입는 요소도 있고, 그와 무관하게 글로벌 경기 침체로부터 직접 영향을 받는 요소도 있다. 중요한 사실은 어느 것이든 위험 증폭 효과와 가속 효과의 잠재력이 있어서 언제라도 우리 경제를 위기 상황으로 내몰 수 있다는 점이다.

이미 높아진 금리와 추가 금리 인상, 예상보다 긴 고금리 상태 지속

글로벌 경기 침체와 그로 인한 수출 타격은 이미 급상승한 우리나라의 금리(2022년 말 최종 기준 금리는 3.25%이고, 2023년 1월 현재 기준 금리는 3.5%임)가 거시 경제에 미치는 부정적 효과와 위험 요인을 급격히 악화시키는 기폭제(촉매제)로 작용한다. 특히, 앞서 살펴본 수출 타격에 따른 가계와 기업의 소득 및 고용 감소 현상과 경제 성장률 저하(경기 침체 촉진) 현상이 강력한 기폭제 역할을 할 것이다.

미국이 주도하는 가파른 금리 인상을 바짝 뒤쫓고 있는 우리나라의 금리 인상은 크게 네 가지 측면에서 거시·미시 경제에 부정적인 영향을 미치고 있다. 그것은 채무자의 이자 비용 부담 증가, 시중 유동성 감축에 따른 기업 자금 경색, 가계와 기업의 실질 소득 감소와 그에 따른 소비 위축, 자산 가치 하락이다. 이들은 총체적으로 국민 경제의 소비 능력을 크게 위축시키면서 그동안 전개되었던 소비 증가 추세를 증가율 하락 또는 규모(소비량) 감소로 완전히 반전시킨다. 특히, 소비 증가율이 마이너스로 돌아설 경우(소비량 감소), 우리 경제에는 치명적인 영향이 생긴다.

일반적으로 이자율이 상승하면 차입자의 이자 비용 부담은 증가하고, 시중의 자금 수요는 줄어든다. 아울러 돈을 빌리고 싶어도 빌리기 힘들거나 빌릴 수 없는 금융 환경이 만들어진다. 일부 경제 주체에는 사실상 차입선(돈줄)이 끊어지는 상황이 벌어진다. 우리나라에서는 2022년 초 이후 풍부한 유동성, 이자 부담 없이 쉽게 빌릴 수 있는 금융 시장 환경, 눈 뜨면 오르는 자산 가치 등으로 대표되는 '돈이 값싼 시기'(cheap money period)는 끝이 났다. 돈이 비싼 시기가 도래하였고, 이는 당분간 더 고조되고 길게 갈 것이다.

돈이 비쌀 때(돈 빌리는 이자와 차입 문턱(다양한 차입 조건)이 높아질 때)는 아무나 자금을 빌릴 수가 없다. 시중에 자금은 여전히 많지만(물론 저금리 완화적 통화 정책 때보다는 절대량이 크게 감소함), 돈이 가계와 기업을 엄청나게 차별적으로 다룬다. 시중 자금은 더 이상 쉽게 빌릴 수 있지 않고, 신용·경제 역량(소득, 부)·

성장성에서 월등한 경제 주체만이 접근 가능한 '차별재'(differentiating goods)가 된다. 지금부터는 이와 관련된 내용을 구체적으로 다루고자 한다.

(3) 이자 비용 증가 압박: 한계 가계와 기업의 파탄

고금리는 기존 채무자(정부, 가계, 기업)의 이자 비용 부담을 크게 높이면서 채무 변제 능력이 취약한 많은 민간 채무자들을 한계 가구(또는 취약 차주)와 한계 기업으로 전락시킨다. 특히, 지난해처럼 금리가 단기에 가파르게 오르면, 채무자들은 급등하는 이자 비용 부담으로 큰 경제적 압박을 받는다. 현실적으로, 대다수 채무자들이 그러한 이자율 급등 상황을 예상치 못하고 무방비 상태였던 만큼 심리적·실질적 압박 수위는 매우 컸다.

금융권에서는 그동안 단행된 한국은행의 금리 인상으로 가계와 기업의 이자 비용 부담은 연간 39조 6,000억 원(1인당 연간 이자 부담 196만 8,000원) 늘어난 것으로 추산하고 있다. 이는 한국은행의 추산 방식(기준 금리가 0.25% 상승하면 1인당 연간 이자 비용 부담이 16만 4,000원 증가)에 국내 대출자 수(약 2,000만 명)를 곱하여 산출한 것인데, 실제 상황과는 일정한 차이가 있을 수 밖에 없다.

앞으로도 추가 금리 인상이 예상되고 여기에 더해 글로벌 경기 침체에 따른 수출 타격과 시중 자금의 경색 현상이 강화되는 점을 고려하면, 기존의 한계 가구(취약 차주)와 한계 기업의 이자 비용 부담은 감당 불능 상태에 진입하게 될 것이다.[1] 이러한 상황에서는 불행히도 많은 가계와 기업은 결국 파탄에 빠지거나 파산할 수밖에 없다. 극단적으로는, 수십만 가구가 빚 문제로 시름하

1 빚은 반드시 갚는 것을 전제로 거래가 성립된다. 거래 시 금액, 이자율, 상환 기간·방법 등 채무(변제) 조건이 명확히 합의된다. 채무 변제는 시장의 상황과 관계없이 기일이 되면 이자 또는 원금과 이자를 채무 조건대로 갚아야 한다. 이는 시장이 호황이든 불황이든, 자금 시장에 병목 현상이 발생하든 않든 상관없이 날짜가 되면 원리금을 꼬박꼬박 갚아야 하는 금융 시장의 대원칙이다.

고 생활이 파탄 나는 상황을 겪게 된다. 사실 이것이 경제 위기가 아니면 무엇이 경제 위기란 말인가? 경제 위기란 비단 매우 낮은 성장(1%대 또는 마이너스 성장)이나 경기 침체로 실업자가 양산되고, 생산, 투자, 소비 모든 면에서 빨간불이 켜지며 금융 시스템이 정상 작동하지 않는 것만을 의미하지 않는다. 국민과 기업의 다수가 심각한 경제적 곤궁에 처한다면, 그것이 경제 위기이다.

그리고 그동안 정상적 범주에 속하였던 가계와 기업 중에서 채무 부담 능력이 약해지면서 새롭게 한계 가구와 한계 기업으로 전락하는 현상이 나타난다. 이미 경제적 부담 역량의 한계를 넘어선 이들은 고금리 외에도 고물가와 자산 가치 하락 등의 요인과 맞물려 언제 한계 선상에서 추락할지 몰라 안절부절하게 된다. 채무 변제 능력이 있는 가계와 기업도 잇따른 이자 비용 상승에 경제적 부담을 느끼게 된다. 이는 실질 소득 감소와 소비 감소로 이어진다.

참고로 지난해 이후 향후 예상되는 금리 인상(예컨대, 1% 내외)까지 포함할 경우, 팬데믹 끝물에 시작된 일련의 금리 인상 폭탄이 국민 경제에 준 추가 이자 비용 부담은 많으면 50~60조 원(국채 이자 비용 부담 증가 포함) 가량 될 것으로 추정된다. 이는 우리나라 GDP의 약 3%에 상당하는 규모이다.

(4) 시중 자금 부족: 값싼 돈에서 비싼 돈으로의 전환 대가

가. 자금 조달 경색 현상, 경제 동맥경화

금리 인상과 긴축 통화 정책은 시장 자금의 절대량 부족, 즉 통화량 급감 현상을 초래한다. 얼마 전까지 넘치던 시중 자금이 정부와 통화 당국의 정책으로 점점 줄어들고 사라지는 것을 말한다. 예컨대, 시중의 통화량이 3,000조 원이었는데, 불과 몇 달 사이에 200조 원이 줄어든 2,800조 원이 되는 경우이다. 그러나 같은 기간에 돈이 필요한 자금 수요자의 수요량은 크게 줄거나 변하지 않는다. 즉, 통화 공급 측면에서 일방적인 공급량 감소 조치가 있었을 뿐, 통화 수요량에는 큰 변동이 없다. 이는 단기적으로, 통화 수요 > 통화 공급의 초과 수요 상태를 만든다. 이것이 심해지면, 이른바 "시장에서 돈 구하기가 하늘의 별 따기만큼이나 어렵다"든가, "돈에 씨가 마른다"라는 말들이 항간에 나돌게 된다. 시중 자금이 급속히 줄어드는 가운데 남아 있는 돈들이 자금 수요자(가계, 기업 등)에게 제때 공급되지 못하는 현상이 발생하는 것이다. 아직은 그 정도는 아니지만, 한국은행의 계속된 금리 인상과 긴축적 통화 정책으로 시중의 자금이 빠르게 줄어들고 있는 것만은 틀림없다.

시중에 자금이 부족하면 유통되는 돈의 회전이 눈에 띄게 줄어든다. 이로 인해 돈이 돌지 않는 현상, 흔히 말하는 '돈맥경화 현상'이 생긴다. 시중 유동성 위축이 가계와 기업의 자금 조달 경색 문제를 초래하는 것이다. 그 이유는 자금의 수요에 비해 공급이 턱없이 부족한데다, 자금을 빌려주는 주체들(은행 등 금융 기관, 대부 업체, 기타 사적 관계 대부)이 이전처럼 쉽게 돈을 빌려주려고 하지 않기 때문이다. 대부자들은 이미 기존 관행을 벗어나 위험 관리(risk management) 모드로 경영 전략을 바꾸었다. 돈을 잘못 빌려주면 수익은커녕 원금조차 제대로 돌려받지 못할 수 있다는 불안감과 불신감이 전과 달리 팽배해지면서 생겨나는 현상이다.

그동안 손쉽게 자금 융통을 해주었던 금융 시스템이 돌연 자금 수요자에게 비우호적으로 바뀐 것이 핵심이다. 불과 몇 달 전만 해도 쉽게 대출을 받을 수 있었던 자금 수요자(대출 희망자)가 어느 날 갑자기 금융 위험 대출자 군에 포함된다. 자금이 필요해서 은행에 들렀는데, 지난해에는 별 어려움이 없었던 소액 융자 요청이 이번에는 눈앞에서(또는 온라인상에서) 거절당한다. 그뿐 아니라 비록 일반 대출보다는 이자율이 높지만, 사람들이 통상 편의적으로 사용해 오던 신용카드 현금 서비스 등 신용 융자의 한도액 축소 통보가 은행으로부터 날아온다. 이들이 금융 기관으로부터 대출을 받으려면, 전보다 훨씬 강화된 대출 조건을 충족하고 높은 이자 비용을 부담해야만 겨우 대출 문턱을 넘을 수 있다. 무담보 신용 대출이 축소되거나 폐지된 것도 비슷한 사례이다. 그 외에도 다양한 대출 규제가 신설되었지만, 핵심은 가계와 기업 대출의 조건을 이전보다 훨씬 엄격히 해서 신규 대출과 기존 대출의 위험성을 최소화하는 데 있다.

최근에는 채무 상환의 중요한 축의 하나인 채무를 통한 자금 조달 메커니즘에 장애가 발생하고 있다. 한마디로, 금융 시장의 수요·공급 체계와 전체 환경(분위기)이 완전히 바뀌었다. 돈을 빌리고 빌려주는 주체 간에 이전과 다른 큰 간격과 장애가 생겨났다. 빌리려는 주체는 자금 필요에 급급해 금융 위험을 상대적으로 느끼지 못하지만, 빌려주는 주체는 금융 위험(쉽게 말해서, 잘못하면 돈을 되받지 못하는 위험)에 대해 심각하게 인식한다. 전과 달리 자금을 빌려주는 데 따르는 위험 프리미엄(risk premium)이 점점 높아지고, 자금 수요자와 공급자 간의 접점은 점점 협소해진다. 자금 수요자 입장에서는 매우 당황스럽고 까다로운 상황이 벌어지고 있는 셈이다. 경우는 다르지만, 자금 공급자 또한 수익과 위험 모두를 동시에 잘 관리해야만 하는 어려운 경영 상황과 씨름해야 한다.

가계와 달리 늘 회계 장부를 챙기는 기업은 금리 인상에 따른 자금 부족, 자금 경색 문제를 일찌감치 알아챘다. 그것을 민감하게 받아들인 것은 지난해 중반부터이다. 일부는 전전긍긍하였고, 일부는 초기부터 신규 자금 조달을 위해 사방으로 수소문하였다. 상황이 더 심각하기 전에 미리 선제 조치를 취한 기업이 있는가 하면, 대다수는 지난해 10월 강원도 레고랜드발 신용 위험이 발생하고 나서야 부랴부랴 자금 조달에 나섰다. 이미 자금 조달 시장에서는 금융 기관으로부터의 직접 차입을 비롯하여 회사채와 증권 발행에 상당한 애로가

자금 회전 감소, 자금 경색 문제

돈이 돌지 않는 현상은 경제 상황이 안 좋게 돌아가고 있는 대표적인 징후이다. 시중의 자금이 원활하게 회전되지 않으면 다음과 같은 현상이 생겨난다.

첫째, 가계와 기업의 채무 부담에 빨간불이 들어온다. 현실적으로 많은 가계와 기업이 차입을 통해 기존의 채무를 유지 관리하고 있는데, 자금 확보 통로가 막혀 버리거나 협소해지기 때문이다. 특히, 늘어난 이자 비용 부담을 감당해야 하는 과잉 채무자들은 당장 다른 자금줄을 찾아야 하는데, 이는 유동성 축소 상황에서 보통 만만한 일이 아니다.

둘째, 가계의 생활 자금과 기업의 경영 유지(운전 자금) 및 투자 자금의 조달 통로가 축소·차단된다. 가계와 기업(특히, 기업)의 상당수는 일부 생활비와 운전 자금을 빌려서 조달하는데, 그에 문제가 생기는 것이다. 이것이 심할 경우 국민 경제의 생산, 소비, 투자, 수출이 위축되고, 많은 가계와 기업에 사회·경제적 압박과 고통이 가해진다.

셋째, 자산 시장이 위축되고, 자산 가치가 빠르게 하락한다. 통상 자산의 단가가 큰 부동산의 경우 일정한 차입을 끼고서 매매(전세 거래 포함)가 이루어진다. 그런데 시중 자금의 접근성과 유통에 제약이 생기면, 자금 조달이 어려워져 자산의 수요가 감소한다. 그 결과 자산 시장에서는 초과 공급(자산 수요 < 자산 공급) 현상이 나타나면서 자산 가격이 하락한다. 이는 급격한 이자율 상승으로 시중 유동성 감소와 자금 경색 현상이 나타날 때 더욱 심해진다.

나타났다. 최근에는 대기업, 중소기업 할 것 없이 매우 엄중한 자금 조달 상황에 직면하고 있다. 글로벌 경기 침체가 수출에 타격을 주고, 그것이 투자와 소비의 감소, 고용 감소와 (실질) 소득 및 수익 감소를 유발하면서 기존 고금리 여파(이자 비용 부담 증가 등)에 더해 채무자의 변제 능력을 급속히 악화시키고 있는 것이 지금의 냉엄한 현실이다.

앞으로 우리나라 기업이 직면하게 될 가장 큰 도전과 어려움은 다름 아닌 유동성 경색 환경 속에서 필요한 자금을 적기에 구하는 문제이다. 이는 기업의 사활이 걸린 과제로, 실패하면 도산해야 한다. 경제가 나쁜 상황에서는 현금(cash) 확보와 현금 동원 능력이 기업의 최고 생존 도구이다. 그러나 기업 자금 시장 환경은 녹록하지 않다. 고금리 자금 경색 환경에서 기업이 자금을 구하려면 기업의 대외 신인도(신용 평가 등), 담보 능력, 고이자 부담 준비, 정상적 경영 활동 유지 등 몇 가지 요건을 충족해야만 한다. 현실적으로 이를 충족시킬 수 있는 기업보다 그렇지 못한 기업이 훨씬 많다. 여기에 정부가 가계와 기업의 경제 상황에 개입해서 지원해 주어야 할 고민과 합리성이 있다.

예를 들면, 지난해 후반부터 회사채 발행 양극화 현상이 나타나면서 신용등급이 매우 높은 초우량 기업들을 제외하고는 회사채 발행을 통한 자금 조달에 큰 어려움을 겪고 있다. 금융감독원에 따르면 지난해(2022년) 기업의 주식 및 회사채 발행 규모가 전년 대비 26조 9,046억 원(11.6%) 감소한 것으로 나타났다. 이는 증시 약세와 가파른 금리 인상 여파로 기업의 직접 자금 조달에 큰 애로가 있었음을 시사한다.

나. 차환용 자금 차입 제약과 불능: 심해지는 기존 채무자의 경제적 압박

현실적으로, 기존 채무자의 상당수는 투자 목적의 채무 외에도 계속해서 은행 빚을 갖고서 가계의 생활비와 기업의 운전 자금으로 사용하고 있다. 이들은 앞으로 차환채(기업)나 소위 돌려막기식 채무 상환(일부 가계) 방식을 사용하기 어렵다. 자금 숨통과 경로가 갑자기 꽉 막히는 것이다. 국내의 대출자 수가 약 2,000만 명이고, 주택 담보 대출을 받은 사람들이 평균적으로 연소득의 60% 이상을 원리금 상환에 사용하고 있는 사실, 그리고 가계 대출이 1,870조 원(GDP의 105%)이고 자영업자 대출이 1,000조 원을 넘어선 현상(2020년 1분기 약 700조 원)은 그 심각성을 충분히 상상하게 만든다.

금리가 오르면 자연히 신규 대출 수요는 줄어든다. 같은 자금이라도 전보다 이자 비용 부담 압박이 생기기 때문이다. 가계와 기업은 자금이 꼭 필요한 경우가 아니라면, 금융 대출을 하지 않는다. 그만큼 자금 수요가 줄어든다. 이것은 초저금리 상황에서는 사람들이 꼭 필요한 자금 외에도 투자, 투기, 소비 등을 목적으로 챙기는 각종 여분 자금 수요(redundant money demand)가 존재하는 것과 크게 대조적이다. 따라서 초기의 심각한 초과 자금 수요(자금 수요>자금 공급) 상태는 다소 완화된다.

그러나 기존 채무자의 상당수가 여전히 은행 빚을 갖고서 가계의 생활비와 기업의 운전 자금으로 사용하고 있는 점을 고려하면, 자금 수요는 갑자기 크게 줄지 않는다. 예컨대, 기업이 기존 빚을 갚기 위해 돈을 새로 빌리는 차환채가 그러하다. 약간의 차이가 있지만, 극단적으로 개인이 몇 가지 신용카드를 이용해서(예컨대, 현금 서비스 돌려막기 방식) 생활을 유지해 나가는 것도 그와 비슷하다. 이러한 경제 행태가 새삼스러운 것은 아니고, 또한 반드시 잘못된 경제 활동이라고 말할 수도 없다. 어떤 면에서는 초저금리를 최대로 활용하는 재테크 전략적 측면도 없지 않다.

경제 상황이 안정되고 금융 시장이 일상 반복적으로 돌아가는 시기에는 그러한 경제 행태는 문제가 되지 않는다. 자연스럽게 반복되는 경제 활동의 한 부분이기 때문이다. 문제는 경제 상황과 금융 환경이 돌변하는 경우(예컨대, 고물가·고금리·고환율 상황 출현)이다. 이 경우 경제 활동을 은행 융자 등에 기대어 운영하는 경제 주체는 갑자기 나빠진 상황에 매우 난감해진다. 이때 재산과 현금 보유 능력을 지니면서 전략적으로 초저금리 자금을 활용하였던 가계와 기업은 큰 문제가 없다. 그러나 그렇지 못한 가계와 기업은 부랴부랴 대안을 찾아야만 한다. 채무자 관점에서 보면, 이용 가능한 자금이 급격히 줄어들고 차입 환경이 대출자 주도적으로 돌변한 것은 여간 심각한 일이 아니다.

이때 지난 2022년처럼 단기에 금리 인상 폭이 매우 클 경우, 기존 채무자의 자금 수요(늘어난 기존 채무의 이자 비용 조달)와 유동성 축소·자금 경색에 따른 신규 자금 수요가 겹치면서 자금 시장은 다시 심한 초과 수요 상태로 되돌아간다. 만일 그동안 몇 장의 신용카드를 이용해서 돌려막기 방식으로 겨우 변통을 해왔던 사람이 갑작스러운 한도액 축소 통보를 받게 된다면 매우 난감하게 된다. 이때 만일 고정 소득이 작거나 아예 없다면, 보유 중인 재산을 처분하거나 새로운 차입 수단을 마련해야만 한다. 특히, 큰 빚을 끼고 자산(예컨대, 주택)을 매입한 가계와 기업은 어느 순간 진퇴양난의 곤경에 빠진다.

(5) 고금리에 따른 실질 소득 감소

고금리 상태가 지속되면 빚진 가계와 기업의 실질 소득은 줄어든다. 가계 소득과 기업 수익은 변하지 않은 상태에서 이자 비용 부담이 늘어나기 때문이다. 우리나라 국민의 약 40%(약 2,000만 명)가 채무를 안고 있는 사실을 고려하면, 사실상 대다수 가계와 기업의 실질 소득이 감소한다. 그 결과 가계 경제와 기업 경영이 전보다 팍팍해지면서 경제 전반에 소비 감소 현상이 나타난다. 올해(2023년) 가장 우려되는 우리 경제의 문제는 글로벌 경기 침체에 따른 수출 타격과 국내 소비 감소이다. 한국 경제를 떠받치는 두 기둥인 수출과 내수가 동반 타격을 입게 될 경우, 우리 경제는 구조적 문제로 휘청거린다. 다만, 글로벌 경기 침체로 인한 심각한 수출 타격만큼이나 소비가 휘청거릴지에 대하여는 조금 세밀하게 살펴볼 대목이 있다. 이에 대하여는 뒤에서 구체적으로 다룬다.

고금리가 실질 소득을 감소시키는 것을 채무자 국민(많은 투자가와 일반 국민)은 처음에는 알아채거나 잘 느끼지 못하였다. 다소 무관심하거나, 언론에서 떠들 뿐 일견 자신과 무관한 것처럼 보였기 때문이다. 하지만 금리가 무섭게 올라가자 통장에서 빠져나가는 대출 이자(변동 금리 계약자)가 눈에 들어올 만큼 크고 확실해졌다. 처음 한두 달은 넘어갔지만, 차츰 물질적·심리적 압박으로 다가왔다. 그만큼 가계의 생활비가 줄어들고, 기업의 투자와 수익이 감소하는

이자율 상승과 물가 상승 효과: 실질 소득 감소

이자율 상승과 물가 상승은 본질상 다르지만, 둘 다 실질 소득 감소 효과를 유발하는 점에서 비슷하다. 양자 모두 가계의 소득이 불변인 상태에서 지출 금액은 종전보다 늘어나게 만든다. 물가가 오르면 물가 상승분만큼 가계의 실질 소득이 줄어들고, 금리가 오르면 이자율 상승분만큼(이자 비용 추가 부담액) 가계의 실질 소득이 줄어든다.

다만, 이자 비용의 추가 부담은 관련 경제 주체(차입자)에게만 해당되지만, 물가 상승분 추가 부담은 일반 국민에게 보편적으로 적용되는 점에서 차이가 난다. 그리고 이자 부담은 법률·대출 약관 등에 의한 의무적 사항이지만, 물가 상승 부담은 소비자의 선택에 따라 일부 회피가 가능하다. 예를 들어, 생필품의 경우는 사실상 모두에게 적용되는 일종의 의무적 지출 성격이 있지만, 그 외의 상품과 서비스의 경우 다소 불편하기는 하지만 개인의 선택적 사항이다.

것을 분명히 체감하게 되었기 때문이다. 늘어난 이자 비용 부담만큼 가계의 실질 소득이 줄어든 것이다. 이런 면에서 이자율 상승과 물가 상승은 비슷한 효과를 지닌다(박스 참조).

(6) 고금리로 인한 자산 시장 위축, 자산 가치 하락

고금리는 자산 시장의 신규 수요를 억제해서 자산 가치를 떨어뜨린다. 먼저, 신규 수요가 억제되는 이유는 대다수 자산 시장 투자자들이 일정한 금융 차입을 끼고 자산 거래를 하고 있어서 금리가 높아지면 이자 비용 부담은 커지고 자산 수익은 상대적으로 작아져 시장 참여자가 감소하기 때문이다. 다음으로, 고금리가 자산 가치를 떨어뜨리는 이유는 신규 수요가 감소하면서 자산 시장이 초과 공급(수요<공급) 상태로 전환되기 때문이다.

이론과 실제에 있어서 이자율이 자산 시장의 수요와 공급에 결정적인 영향을 미치는 요인임은 잘 알려져 있다. 예컨대, 시중 금리가 낮은 연 3%일 때와 크게 높아진 6%일 때 간에는 차입 비용이 크게 달라진다(2021년과 지금의 상황이 실제로 그렇다). 만일 1억 원을 빌렸다면, 종전에는 연간 300만 원(월 25만 원)의 이자 비용을 부담하였지만, 이제는 그 두 배가 되는 연간 600만 원(월 50만 원)을 부담해야 한다. 우리나라의 가계 대출 금리(은행 신규 대출 기준)는 2021년 6월만 해도 2.92%로 상당히 낮았는데, 그 후 금리가 연거푸 큰 폭으로 오르면서 2022년 6월 4.23%, 그리고 2022년 10월 5.34%로 크게 높아졌다. 최근 주택 담보 대출은 연 7~8%의 높은 수준으로 올라갔다.

같은 주택을 매입할 때 차입 비용이 큰 폭으로 증가한다면, 주택 수요자는 줄어들 수밖에 없다. 특별한 실수요자 외의 어지간한 투자·투기 목적의 수요자들은 자취를 감춘다. 실수요자조차도 이자 비용 부담을 고려해서 주택 매입 시기를 연기한다. 이때 주택 가격이 계속해서 하락 추세를 보일 경우, 실수요자들은 가격이 조금 더 내릴 때까지 기다렸다가 사는 것이 좋겠다는 심리를 갖는 경향이 있다. 이래저래 고금리 상황에서는 주택 수요가 크게 줄어들고, 주택 가격이 하락한다.

자산 시장의 불황으로 자산 가치가 떨어지면 가계와 기업의 자산 소득과 부가 줄어든다. 이때 발생하는 심각한 문제는 채무에 기대어 자산을 매입한 가계와 기업의 소득과 채무 역량이 급격히 떨어지는 현상이다. 빚을 끼고 자산(예컨대, 주택)을 매입한 가계와 기업은 어느 순간 삼중고의 곤경에 빠진다. 보유 자산의 시장 가치 하락에 따른 소득 감소, 채무 감당 역량 저하(소득 감소와 금리 인상에 따른 이자 비용 부담 급증), 그리고 자산 매각 애로 발생이라는 세 가지 곤경이다.

경제가 급격히 나빠지는 상황에서는 자산 처분이 쉽지 않고, 처분하더라도 제값을 받기가 어렵다. 이러한 상황에서는 거액의 빚을 끼고 주택을 매입한 자산 보유자들이 조여드는 원리금 상환 압박 때문에 주택을 헐값에 급매물로 내놓는 사례가 속출한다. 이들은 자금 조달을 위해 백방으로 수소문하고 노력해 보았지만, 결국 실패하고 빚내어 어렵게 산 부동산을 손해를 감수하면서 처분하는 사람이다. 소위 부동산 거지가 된다.

향후 예상되는 국내외 경기 침체를 고려한다면, 앞으로 주택 가격은 빠르게 하락하고, 팬데믹 중 큰 빚을 내어 주택을 매입한 상당수 가계가 급매물을 내놓을 수밖에 없다. 그렇지 않으면 빚을 갚을 수 없기 때문이다. 부동산 경기가 최고조였을 때(2021년) 큰 빚을 내어 부동산을 가장 많이 매입한 주체가 20대와 30대의 '영끌족'이라는 사실은 잘 알려져 있다. 임박한 경기 침체와 앞으로 더 늘어날 이자 부담과 주택 가격 급락 상황에서 이들 모두가 소득과 신규 차입으로 빚을 갚는 일은 불가능하다(이는 특정 계층을 폄훼해서가 아니고 객관적인 경제 통계가 그것을 뒷받침하기 때문이다).

발등에 불이 떨어진 자금 수요자들은 제2금융권, 사채, 기타 인적 네트워크를 총동원해서 급전을 구하고자 안간힘을 다할 것이다. 어떤 방법이든 필요 자금을 구하였거나 임시 대응조치라도 하였다면 다행이지만, 그렇지 못하다면 불가피하게 저가의 급매매(헐값 매매)를 할 수밖에 없다. 이도저도 여의치 않은 자금 수요자는 주체할 수 없는 채무의 나락에 빠지게 되고, 개인과 기업의 파탄, 파산 사태가 줄줄이 생겨난다.

이때 만일 주택 시장에 저가의 급매물이 한꺼번에 쏟아진다면, 주택 시장은 무너진다. 자산 가치는 속성상 금리 상승과 경기 침체가 동시에 진행될 때 급하게 떨어진다. 이러한 상황이 벌어지면, 당사자는 물론 그와 관련된 대출 금융 기관(대출 담보 등 부동산 파이낸싱 연계 금융 기관), 과잉 채무자(가계, 기업), 기업의 활동과 수익, 소비와 투자, 기타 자산 시장 추락 등 경제 전반으로 '위기 도미노 현상'이 나타난다. 한국 경제 위기의 매우 치열한 격전지이다. 투자와 소비 위축은 중대한 경제 문제이지만, 부동산 시장 급락이나 대규모 채무 변제 불능 사태와 같이 경제 위기로 내모는 순발력과 폭발력은 갖고 있지 않다. 특히, 가파른 부동산 가격 하락, 급매물 증가, 전세 시장 불안(가격 급락, 역전세, 깡통 전세에 따른 보증금 미반환), 신축 아파트 미분양 급증, 유동성 부족, 부동산 PF 부실(연체율 급증) 등 가계 부채와 부동산 금융의 모든 악조건이 순식간에 한데 얽혀버리는 순간 경제는 폭발한다.

자산 가치 하락에 따른 국내 소비 감소

자산 가치의 변동(상승과 하락)은 '부 효과'(wealth effect)를 수반한다. 부 효과란 간단히 말해서, 주식·부동산 등 자산의 가치가 상승하면 자산 보유자의 부가 늘어나 소비가 증가하고, 자산 가치가 하락하면 자산 보유자의 부가 줄어들어 소비가 감소하는 효과를 의미한다. 이러한 부 효과를 고려할 때, 실물 경제의 급랭과 경제 심리 공황 상태가 한꺼번에 밀어닥칠 수 있는 올해는 부동산 가격이 급락하고 소비가 큰 폭으로 감소(또는 소비 증가율 둔화)할 가능성이 크다. 지난해에 주택 시장, 주식 시장 등에서 1,000조 원이 넘는 큰 폭의 가치 하락이 있었는데(이는 우리나라 GDP의 약 절반에 해당함), 이는 올해에도 계속(특히, 주택 시장)될 것이 예상된다. 따라서 2023년도 소비는 지난해와 달리 큰 폭의 증가세 둔화 또는 감소가 거의 확실시된다.

한국은행은 민간 소비 증가율이 2022년의 약 5%에서 2023년에는 2.7%로 떨어질 것으로 전망하였다. 정부(관계 부처 합동; 2023년 경제 정책 방향, 2022. 12. 21)는 그보다 조금 낮은 2022년 4.6%, 2023년 2.5%를 예측하였다. 그 외 KDI, 한국금융연구원 등도 비슷한 수준의 소비 증가율 둔화를 예상한다.

그러나 실제로는 정부와 한국은행, 기타 경제 예측 기관(KDI, 한국금융연구원, 한국 경제연구원 등)이 예상하는 소비 증가율 둔화보다 훨씬 큰 폭의 감소 현상, 심지어 마이너스 소비 증가 현상까지 나타날 수 있다. 앞으로의 상황은 글로벌 경기 침체가 국내의 위험 요인에 얼마나 크고 복잡한 충격을 주면서 주택 시장을 강타할 것인지에 달려 있다. 그것은 우리 경제가 정부와 한국은행 등이 예상하는 1%대 중반보다 더 낮은 저성장(예컨대, 1% 미만, 즉 0%대 성장)에 빠지고 수출 타격이 생각보다 크게 발생하면서 부동산 시장이 2022년보다 더 크게 추락할 가능성이 있기 때문이다. 주택 가격은 팬데믹 발생 직전인 2019년 수준을 상당히 밑돌 가능성이 점점 높아지고 있다. 이는 현재의 주택 가격이 10% 이상 더 떨어지는 것을 말한다.

13. 우리나라 경제 위기의 최대 격전지: 과잉 채무 붕괴와 주택 가격 폭락

과잉 채무 전장: 터지는 가계 채무 폭탄, 채무·자금난으로 무너지는 기업

(1) 채무 변제 능력, 자금 조달 능력 급감: 한계 가계, 한계 기업의 붕괴

글로벌 경기 침체는 이미 과잉 채무 상태에 있는 정부, 가계, 기업의 채무 감당 역량(능력)을 크게 떨어뜨리면서 경제와 경영에 큰 압박을 가하고 있다. 정부를 제외한 가계와 기업의 상당수는 이미 채무 압박 상태를 넘어 감당 한계선(임계치)에 도달하였다. 작은 외부 충격에도 경제적으로 붕괴한다. 정부도 국채 금리 상승에 따른 이자 비용 부담 증가로 재정적 압박을 받지만, 아직은 재정 운영에 별문제가 없다. 그러나 기업은 정부보다 더 많은 이자 비용 증가를 감당해야 하므로 상황이 완전히 다르다. 적용되는 금리에 차이가 있고, 자금 동원력이 천양지차이기 때문이다.

2021년 8월 첫 금리 인상 조치가 있기 전의 금리 수준과 최근(2022년 말, 2023년 초)의 상황을 비교해 보면, 평균 3% 이상의 큰 금리 차이가 난다. 한국은행의 기준 금리는 그동안 3.0%(2023년 1월 13일 기준; 한국은행은 2023년 1월 13일에 작년 말 3.25%이던 기준 금리를 0.25% 인상함) 상승하였지만, 가계와 기업이 금융 기관을 통해 이용하는 대출 금리는 평균적으로 그보다 높다. 그리고 대출의 유형(종류),

<그림 13-1> 가계 대출 금리(신규 기준) 및 소비자 심리

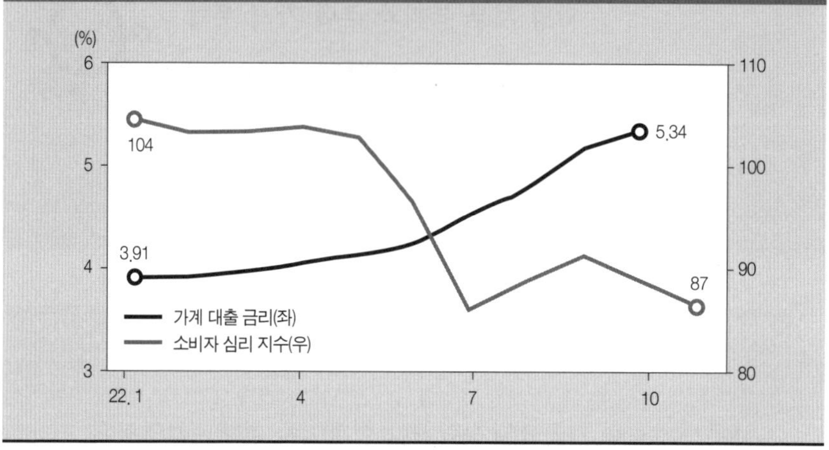

자료: 한국은행, 통계청.

차입자의 신용도, 소득, 담보, 보증에 따라 적용되는 이자율이 달라 실제로는 3%를 훨씬 뛰어넘는 추가 이자 비용을 가계와 기업이 부담하는 것으로 추측된다.

먼저, 가계 대출 금리(은행 신규 대출 기준)는 2021년 6월에 2.92%로 상당히 낮았다. 그 후 금리가 빠르게 인상되면서 2022년 10월 5.34%, 그리고 연말 약 6%에 근접하는 수준으로 크게 높아졌다. 올해는 6~7%대 이상의 높은 대출 금리가 예상된다. 다음으로, 기업의 대출 금리 상황도 비슷하다. 한국은행에 따르면 중소기업 평균 대출 금리(예금은행 신규 취급액 기준)는 2021년 9월 3.05%에서 지난해 9월 4.87%, 연말 5~6% 수준으로 크게 뛰었다. 이는 평균을 말하고, 기업의 신용도, 보증, 담보 상태에 따라 대출 금리는 천차만별이다. 현재는 신용, 매출, 보증, 담보 상태가 취약한 기업들은 연 10% 이상의 고금리 부담을 감수해야 하며, 그러면서도 기업의 선택지는 거의 없다. 경영에 엄청난 부담을 주는 자금 차입이지만 그것조차 조달할 수 없는 영세 기업이 즐비하다.

주택 담보 대출은 2021년의 3~4% 내외에서 최근 연 7~8%의 높은 수준으로 올라갔다. 2022년 말 국내 5대 은행의 변동형 주택 담보 대출 금리는 연 5%대 초반에서 8%대 초반까지 넓게 분포된 것으로 파악되었다. 만일 어떤 사람이 주택 담보 대출 금리가 연 4%일 때 3억 원의 돈을 빌려 집을 샀는데, 현재 금리가 8%로 치솟았다면 연간 1,200만 원의 이자 비용을 더 부담해야 한다(매달 100만 원의 추가 이자 부담). 청장년의 보통 근로자가 매달(연간) 늘어난 이자를 갚기 위해 100만 원(1,200만 원)을 추가로 마련한다는 것은 여간 힘든 일이 아니다.

한국은행은 시중의 대출 금리가 기준 금리와 같이 0.25% 상승하면 전체 가계와 기업 대출자의 이자 비용 부담은 약 3조 3,000억 원이 늘어난다고 추정한다. 따라서 복잡한 가정 없이 단순히 추정할 때, 2021년 중반부터 2023년 1월 초까지 인상된 금리가 총 3.0%이므로 그동안 약 40조 원(39조 6,000억 원) 규모의 추가 이자 부담이 발생한 셈이다. 그러나 실제로는 시중의 대출 금리가 기준 금리보다 더 크게 오르는 경향이 있고, 대출 상품의 유형에 따라 차이가 있는 점을 고려하면, 전체 채무자의 추가 이자 비용 부담은 그보다 더 클 것으로 추측된다.

가계 채무와 마찬가지로 기업 채무 또한 이자 비용 부담 압박에서 벗어날 수 없다. 가계와 달리 기업은 주식 시장과 채권 시장을 통해 자금을 조달하는데, 지난해 후반부터 채권 시장이 얼어붙으면서 기업들은 앞다투어 은행 등 금융 기관으로부터 자금을 빌리고 있다. 이는 전과 달리 고금리에 까다로운 신규 대출 조건의 적용을 받는 자금이다. 2022년 10월 말 현재 5대 은행의 기업 대출 잔액(개인 사업자 등 중소기업 대출 포함)은 총 704조 6,707억 원으로 2021년 말(635조 8,879억 원) 대비 10.8%(68조 7,828억 원) 증가하였다. 1년 사이에 기업 대출 금리가 적어도 2% 이상 올랐으므로 기업의 추가 이자 비용 부담은 단순히 계산

해도 10조 원은 넘을 것으로 추산된다(이러한 계산 과정에는 앞의 한국은행 추산과 중복된 부분이 있다). 여기에 제2금융권 대출과 채권(회사채) 발행 관련 추가 이자 비용 부담을 고려하면, 금리 상승에 따른 총이자 비용은 그보다 훨씬 많을 것이다.[1]

종합해 보면, 그동안 가파른 금리 상승에 따른 가계와 기업의 추가 이자 비용 부담은 40조 원 이상이 될 것으로 추산된다. 여기에 국채 금리 상승에 따른 정부의 이자 비용 부담 증가분을 포함하면, 대략 우리나라 GDP의 약 2~3%가 순수한 이자 비용 증가로 부담된 셈이다. 변동 금리의 적용을 받는 채무자는 가만히 앉아서 울며 겨자 먹기 식으로 늘어난 이자 비용을 부담해야만 하였다. 그중에서도 채무 변제 능력이 한계에 이른 가계와 기업은 절망적 상황에 부딪힌다. 그 못지않게 심각한 문제는 엎친 데 덮친 격으로 점점 많은 가계와 기업이 채무 한계 상황에서 자금 조달 불능 상태로 내몰리고 있는 냉엄한 현실이다.

지난해 후반부터 신규 채무를 조달하는 조건이 엄격해지고 수단에 제약이 가해지면서 가계와 기업은 심각한 자금 조달 애로를 겪고 있다. 누구보다도 기존 채무자들의 상황이 크게 난감하다. 많은 채무자가 대출 원리금의 상당 부분을 새로운 대출을 통해 메워 나가기 때문에 그렇다. 새로운 대출은 전보다 훨씬 높은 이자를 부담해야 하고, 시장 불안정성으로 상당수 채무자는 대출 대상에서 배제된다. 기존 채무자뿐만 아니라 돈을 빌려야만 하는 신규 채무자(대기자)의 자금 조달 통로 또한 꽉 막히고 있다. 이는 채무 변제 수단과 기회가

---

1 지난해 말 국고채와 회사채의 금리 차이(신용 스프레드)는 글로벌 금융 위기 이후 13년 만에 최고치를 기록하였다. 3년 만기 국고채와 우량 회사채(AA-) 간의 신용 스프레드는 작년 11월 18일에 164bp(1bp는 0.01% 포인트를 의미함)까지 벌어졌다. 이는 기업이 채권을 발행해서 자금을 조달하는 비용이 그만큼 늘어났다는 것으로 경제와 금융 상황의 불확실성이 고조되었음을 의미한다. 비우량 회사채(예컨대, BBB 등급)의 경우 연 10% 내외의 금리를 조건으로 제시하고서 겨우 발행할 수 있는 상태이다.

사라지는 것으로, 시쳇말로 돈줄이 마르고 돈 빌릴 데가 없어진다는 것을 의미한다. 사실상 모든 채무자가 가장 두려워하는 상황이다.

고금리에 경제 상황이 나빠지더라도 가계와 기업이 계속해서 신규 차입을 할 수 있는 통로가 있다면, 어느 정도 빚 감당은 할 수 있다. 힘들더라도 경제와 가계 사정이 좋아질 때까지 참고 버틸 수 있다. 그러나 지금의 현실은 신규 차입 통로가 크게 협소해졌고, 앞으로는 그마저도 더 좁아질 것이 거의 확실하다. 채무자의 경제 역량과 신용 상태에 따라서는 제도권 금융 기관에서 돈을 빌릴 수 있는 통로가 완전히 막히는 사태가 발생한다. 그 어느 때보다 절박한 자금 수요자들은 즐비한데, 자금 공급자(금융 기관)는 최고로 보수적 관점에서 자금 수요자를 선별하는 금융 시장의 '비극적 미스매치(mismatch)' 현상이 나타나고 있다.

가계, 기업과 달리 정부는 과세권(taxing power)을 담보로 최우량 채권(국채)의 발행이 가능하고, 중앙은행의 발권력에 기댈 수 있어서 자금 경색 문제는 겪지 않는다. 모든 부문이 사실상 과잉 채무 상태인데, 민간 부문은 엄청난 압박과 고통을 받고, 정부 부문은 별 부담 없이 무덤덤한 상태이다. 그다지 공평해 보이지 않는다.

이자 비용 부담이 빠르게 늘어나면 가계와 기업의 실질 소득이 떨어져 채무 변제 능력이 급격히 저하한다. 가계 채무가 시한폭탄이라는 표현은, 실질 소득이 줄어드는 가운데 금리와 물가 상승 등으로 빚을 갚을 수 있는 능력이 급격히 떨어져 가계가 파탄하고 금융 시스템이 마비된다는 의미이다. 현재 많은 가계가 그러한 한계 상황에 밀집되고 있다. 그리고 많은 가계 채무자가 그 뒤에서 대기 중이다. 현실적으로 주택 담보 대출을 받은 많은 채무자(특히, 영끌족)가 연소득의 60% 이상을 원리금 상환에 쏟아붓고 있는 상황은 보통 심각한 문제가 아니다.[2] 이러한 상황에서 만일 근로 시간 단축이나 실직, 주택 가격

〈그림 13-2〉 현재 경제·금융 상황과 과잉 채무자의 채무 변제 능력 급감

원리금 상환액 ↑	(1) 원금은 불변(약정일 만기 상환) (2) 이자 비용(고정 금리, 이자 부담 불변; 변동 금리, 가파른 이자율 상승으로 이자 부담 급증)
소득 ↓	(1) 실질 소득 감소: 인플레이션, 노동 시간 단축, 실직, 이자 비용 증가 등 (2) 자산 소득 감소: 주택 등 자산 가치 하락

추락, 개인적 환난 등을 만나게 된다면, 과잉 채무자의 채무 변제 능력은 현저히 떨어지고 심지어 제로 상태가 된다.

통상 가계(개인)의 채무 변제 능력은 소득(특히, 처분 가능 소득)에 대비되는 원리금 상환액으로 파악된다(〈그림 13-2〉 참조). 분자에 속하는 원리금 중 원금은 시중 금리나 경제 상황 변동과 관계없이 확정된 금액이다. 반면에 이자 비용은 계약 조건에 따라 시중 금리와 함께 변동되는 유형(변동 금리 적용)과 변동되지 않는 유형(고정 금리 적용)으로 구분된다. 전자는 지난 1년여 동안 가파르게 상승한 기준 금리로 수많은 채무자에게 이자 비용 부담을 계속 가중하였다.

다음으로, 분모의 실질 소득(처분 가능 소득)에 대해 논하면 다음과 같다. 소득 상태의 변화는 개인과 가계에 따라 각기 다르다. 그러나 물가 상승이나 경기 침체가 진행되면, 거의 모든 국민의 실질 소득이 감소하거나(물가 상승의 경

2 참고로 한국은행의 조사에 따르면 연령대별 가계 대출 면에서 20~30대의 비중이 가장 높았다(이른바 영끌(영혼까지 끌어 모아 투자)족, 빚투(빚내서 투자)족으로 상징됨). 주택 시장이 최고조를 구가하던 2021년도 연말 기준으로 20~30대 가계가 빌린 대출 총액은 475조 8,000억 원이었다(이는 2020년 말과 비교해 무려 35조 2,000억 원 증가한 것이다). 이러한 통계는 향후 본격적으로 전개될 경기 침체, 부동산 가격 하락, 고이자 부담 국면에서 많은 젊은 세대가 감내해야 할 상황이 보통 어려운 것이 아님을 예견하고 시사한다.

우) 대다수 국민의 실질 소득이 감소한다(경기 침체 경우). 이때 누구보다도 치명적인 경제적 타격(실질 소득 감소)을 보는 계층은 중산층 이하 계층과 취약 계층이다. 그중에서도 특히, 급증하는 이자 비용을 감당하게 되는 과잉 채무자가 가장 심각하다(이자 비용은 처분 가능 소득을 감소시킨다).

이와 같이 과잉 채무(자) 문제는 가파른 금리 인상에 따른 이자 비용 부담 급증(분자)과 고금리, 고물가, 경기 침체로 인한 소득 감소 현상(분모)을 동시에 강하게 겪을 가능성이 크다. 즉, 채무 변제 능력이 급격히 떨어진다.

현재와 가까운 미래의 경제 상황을 고려할 때, 이제는 그동안 누적된 총체적 이자 부담 체증이 한계치에 도달하였다고 말할 수 있다. 이는 거시적·평균적 관점이고, 중요한 사실은 그 속에 포함된 수많은 가계와 기업이 한계선상에 내몰리거나 이미 넘어졌다는 점이다. 구체적으로, 누가, 얼마나, 어떻게 되었는지에 대하여는 가장 최근의 미시 정보가 없어서 어떤 계층이 얼마나 한계 상태로 내몰렸고, 일부 붕괴되었는지에 관해 알 수가 없다. 다만, 분명한 사실은 이전에 분석된 취약 차주, 한계 기업, 금융 취약 계층의 상황이 그때보다 훨씬 나빠졌고, 앞으로 에 포함되지 않았던 많은 가계와 더 나빠질 것이라는 점이다. 아울러 이전에는 한계 영역 기업이 새로 '채무 궁핍(곤궁) 그룹'에 진입하고 있다. 정부가 채무 위기 대응 차원에서 예의 주시해야 할 대목이다.

결론적으로, 가계와 기업은 채무 감당 능력 저하(기존 채무 및 신규 차입 이자 비용 급증, 실질 소득 감소), 자금 조달 능력(차입 수단, 기회, 역량) 저하 등으로 심각한 경제·재무적 압박 상태에 놓여 있다. 한마디로, 현재의 경제·금융 상황은 과잉 채무자의 경제적 여건을 목 밑까지 압박하는 사면초가 형국이다. 이러한 상태는 결코 오래 지속될 수 없으며, 머지않아 채무 취약 계층의 채무 상환 능력을 급속히 떨어뜨리면서 대출 원리금 상환 연체와 지급 불능 사태를 초래할 것이다. 이러한 상황에서 경기 침체가 덮치면 전체 금융 시스템에 큰 충격이 발생한다.

(2) 가계 채무 폭발과 금융 위기

앞서 기술한 내용을 종합적으로 인식할 때, 우리나라의 과잉 가계 채무 문제는 앞으로 경제 위기의 최대 격전지가 될 공산이 크다. 이미 과부하가 걸린 과잉 이자 부담(채무 변제 능력 저하·상실)과 추가 자금 조달 애로(자금 조달 능력 장애)에 경제 성장 부진이 덮치면서 우리 경제 상황은 난마처럼 복잡하게 꼬여 버렸다. 이러한 상황에서 경기 침체로 인한 고용 악화(근로 시간 단축, 실업 증가), 소득 및 수익 감소, 주택 등 자산 가치 하락 현상이 한꺼번에 밀어닥치면 과잉 채무 문제는 경제 위기의 전쟁터가 된다. 그중에서도 특히, 바로 뒤에서 다루는 주택 시장 폭락과 연합하는 큰 전쟁터가 될 것이다.

경제 위기는 항상 과잉 채무(특히, 과잉 채무의 악성 채무 전환)와 시중의 현금 부족이 강한 외부 충격과 만나면서 발생한다. 지금의 한국 경제가 바로 그러한 상황에 근접해 있다. 곧 닥칠 글로벌 경기 침체 물결이 몰려오면 우리나라의 가계 채무는 폭발할 것이고, 그것이 기업 채무·자금 경색 문제와 결합해서 금융권을 강타하면 금융·경제 위기가 발생한다. 이때 주택 시장의 추락 또는 폭락 현상이 합세할 것이 거의 확실하다. 이들은 사실상 같이 맞물려 있기 때문이다. 우리나라 가계 부채의 약 7할이 부동산 관련 금융 부채라는 사실이 말해준다.

수년 전부터 세계 최고 수준을 보여 온 국내 가계 채무는 한국 경제 위기의 시한폭탄(뇌관)이자 격전지가 될 수밖에 없다. 최근의 경제 상황은 지난 몇 년간 가계 채무의 보호막처럼 작용해 왔던 '우호적 금융 환경'(초저금리, 풍부한 유동성, 손쉬운 차입 및 상환, 값싼 자금, 채무–자산 투자 수익의 선순환 등)을 일시에 날려버렸다. 마치 여름날 반바지에 반팔 티셔츠를 입고 있던 사람이 갑자기 북풍한설(北風寒雪)을 만나게 되는 급반전 상황에 비유할 수 있다.

현재 진행 중인 고위험 경제 상황이 기적처럼 변하지 않는 한 가계 채무 문제는 지난 몇 년과 완전히 다른 국면에 맞닥뜨릴 수밖에 없다. 가장 위험한 징후는 빚을 안고서 생활하고 채무(원금과 이자)를 갚아 나가던 '가계-금융 연결고리'가 약해지고 단절되는 현상이 경제 곳곳에서 확연히 나타나는 점이다. 이것이 경제의 '전형적 현상'이 되는 순간 가계 채무는 폭발한다. 매우 안타까운 일이지만, 가계 채무의 시한폭탄은 결국 터질 것이다. 이 경우 수많은 국민이 연루되어 엄청난 사회·경제적 고통을 받게 될 것임은 말할 필요도 없다(사실, 이것 자체가 경제 위기이다).

팬데믹 전후의 상황을 보면, 기업 부채보다 가계 부채 문제가 더 심각하였다. 그런데 최근에 기업의 부채와 자금난 문제가 급속히 나빠지면서 양자 모두 언제라도 터질 수 있는 우리 경제의 시한폭탄이 되었다. 가계와 달리 기본적으로 외부 자금을 빌려 경영하는 기업의 특성을 고려할 때, 불과 몇 달 사이에 갑자기 들이닥친 고금리·자금 경색이라는 금융 장애물은 기업의 생존을 위협하는 위험 요인으로 급부상하였다. 채무 변제 기한에 원금 또는 이자를 갚지 못하면 큰 낭패가 생기고, 극단적으로 부도 처리된다.

이미 높아진 금리에 경기가 점점 불황을 향하고 있는 현재, 기업의 자금난은 점점 더 어려워지고 있다. 소위 돈줄은 마르고, 기업의 가슴은 타들어 간다. 기업의 자금 수요는 크게 경영 유지와 확장(운전 자금과 투자 자금), 채무 상환, 기타로 구분된다. 그중에서도 특히, 채무 상환과 관련되는 자금의 융통 문제는 기업의 생존과 직결되는 피 말리는 문제이다. 자금 조달 문제가 심각해지면 누구보다도 한계 기업(영업 이익으로 이자를 감당하지 못하는 기업), 취약 기업, 실적(매출, 수익) 부진 기업, 단기·초단기 신규 채무 수요 기업이 위태로워진다.

경제 위기는 결국 중요한 경제 요소와 활동에 현금이 제때, 제대로 순환 공급되지 않을 때 발생한다. 많은 가계·기업 채무자들은 여태껏 자금을 빌려 가계와 기업(자영업 포함)을 꾸려 왔고, 주식·부동산 등에 투자하였으며, 그리고 자신의 소득과 수입 외에 빚을 내어 원금과 이자를 갚았다. 그랬던 만큼 앞으로도 계속해서 일정한 자금을 빌려야만 생활이 되고, 기업을 유지할 수가 있다. 그런데 그러한 순환 경로가 차단된다면, 많은 가계와 기업은 곧바로 위기 상황에 빠진다. 최근에 그러한 순환 경로가 이곳저곳에서 차단되고 있다.

올해 내내 기업들은 자금 조달 애로와 자금 조달 조건(차입 조건) 문제로 크게 시달릴 것이며, 안타깝게도 그중 많은 기업(한계 기업, 취약 차주(금융 기관 3곳 이상으로부터 대출을 받고 소득과 신용도가 낮은 대출자) 등)은 파산한다. 그에 그치지 않고, 새로운 한계 기업들이 물밀듯이 생겨난다. 통상 기업은 은행, 주식 시장, 회사채 시장을 1차 자금 조달 수단으로 하고, 그것이 여의치 않으면 제2 금융권, 대부업자, 사채(私債), 개인 네트워크 등의 순으로 막다른 골목을 향한다. 기업과 달리 주식 시장이나 채권 시장(회사채 시장)의 접근성이 없는 개인과 가계는 은행 등 금융 기관을 필두로 제2 금융권, 사채(私債), 개인 네트워크(부모·형제자매, 친척, 친구, 동료, 지인) 등의 순으로 자금을 조달한다. 이도 저도 어려운 막다른 상황에 내몰리면, 결국 가정 경제가 파탄이 나고 도산한다.

불행히도 앞으로 그러한 사태가 확대되면서 관련 금융 기관, 특히 제2 금융권 기관들이 동반 위기에 빠져드는 상황이 발생할 것이다. 현재로서는 그 폭발력이 얼마나 위력적이고, 얼마나 오래 갈지만 미지수이다. 그러나 분명한 사실은 이때 가계 채무 문제가 동시에 폭발하거나 그것을 강하게 자극한다면, 금융 위기는 피할 수 없다.

역사적으로, 많은 가계와 기업이 은행보다 제2 금융권, 사채(私債), 개인 네트워크에 집중되는 기미가 나타나면, 이는 금융 위기의 발생 징조로 보아야 한다. 그리고 제2 금융권 기관들과 대부업체·사채업체들이 금융 파탄에 빠지면 은행 등 대형 금융 기관들 또한 위기 상황을 모면하기가 쉽지 않다.

마지막으로, 그동안 진행되어 온 가파른 금리 상승이 경제에 큰 부담과 압박을 주는 것 못지않게, 앞으로 금리가 최고점에 도달한 후 그것이 얼마나 지속될 것인지(즉, 금리가 꺾일 때까지의 기간)가 경제 부하 면에서 관건이다. 지속 기간에 따라 이미 한계 상태에 놓인 채무자의 경제 붕괴는 물론 현재 그 상황에 근접해 있는 수많은 가계와 기업의 금융 및 채무 상황이 위태로워지기 때문이다.

부연하면, 그동안 계속되어 온 금리 인상이 올 상반기에 최고치를 친다고 가정할 때, 그 상태가 한두 달로 끝나는 것과 반년, 1년 이상 지속되는 것 간에는 과잉 채무자와 국민 경제 영향 면에서 엄청난 차이가 난다. 기간이 길어질수록 그 사이에 채무 부담 능력이 한계에 달한 금융 취약 계층이 급격히 늘어나 무수한 가계 경제가 파탄이 나고, 기업이 도산한다. 그만큼 채무 위기의 폭발력이 강해지고, 금융·경제 위기 발생 가능성이 커진다. 한두 달을 간신히 버틸 수 있는 가계와 기업이 서너 달이나 6개월을 버티기는 어렵다. 외부의 도움 없이 1년 이상을 버틴다는 것은 상상할 수 없다. 저자는 최고 금리 상태가 현재의 주류 예측보다 더 오래 지속될 것으로 본다. 올 상반기 중으로 기록할 것으로 예상되는 최고 금리가 꺾이는 것이 정점 후 몇 달이 아니라 길게 보면 내년까지 갈 수 있다.

그러므로 정부는 향후 예상되는 최고 금리의 수준과 고점 지속 기간에 대해 최악의 상황을 가정하는 경제 시나리오('worst economic scenario')를 정교하게 구상하고, 그에 기초해서 채무 부담 능력이 한계에 이른 금융 취약 가계와 기업을 체계적이고 실질적으로 구해줄 수 있는 비상 계획(contingency plan)을 마련해야 한다. 누구든지 위기의 내용과 기간(특히, 끝나는 시점)을 정확히 알면, 쉽게

포기하거나 몰락하지 않는다. 정부는 부정·불법이나 도덕적 해이(moral hazard)가 발생하지 않는 범위 내에서 경제적이고 위기에 빠진 가계와 기업을 최대한 도와주고 구원해 주어야 한다. 제 때에 충실히 지원된 정부의 재정 구제 조치는 수 많은 가계와 기업을 살려 내고, 이들은 다시 경제 위기가 끝나면 건강한 소비자와 투자자로 거듭나 한국 경제의 생산·고용·성장 증진에 일조하는 역사를 이룬다.

주택 시장 거품 붕괴: 주택 시장 폭락

아직 우리나라의 부동산 시장 구체적으로, 주택 시장은 추락하지 않았다. 여전히 대다수 주택 보유자는 자신의 소득, 부, 차입 역량 등에 기대어 저가 판매(2021년 최고가 대비, 또는 각 개인의 매입가 대비 등 상대적·주관적 개념임)에 나서지 않고 있다. 항간에 '부동산 시장이 꽁꽁 얼어붙었다'라고 말하는 것은 공급자와 수요자가 원하는 적정 가격에 시장이 움직이지 않고 있음을 의미한다. 주택 보유자는 전보다 크게 하락한 가격에 집을 팔고 싶지 않고, 주택 수요자는 주택 융자(담보 대출) 금리가 너무 높아 선뜻 집을 살 수 없는 상황이 지난 몇 달간 전개되고 있다. 아직은 주택 가격의 문제이지, 주택 수요 자체가 실종된 것은 아니라는 의미이다. 고금리가 문제이기는 하지만, 앞으로 집값이 더 크게 떨어질 것이라는 수요자의 기대 심리와 매입 연기 자세도 주택 수요를 표면에서 이면으로 감추고 있다.

현재 상황은 2021년도 주택 시장의 활황 기억과 순식간에 벌어진 주택 가격 하락 그리고 향후 주택 시장 불확실성이 묘하게 뒤섞이면서 수요·공급자들이 마치 무엇인가 일어나기만을 기다리는 듯하다. 정부가 먼저 선수를 쳤다.

지난해 연말과 새해 벽두에 그동안 묶어 두었던 각종 부동산 규제를 대폭 완화하였다. 특히, 2023년이 열리자마자 서울의 강남 3구(강남, 서초, 송파)와 용산구를 제외한 모든 부동산 규제 지역(조정 대상 지역, 투기 과열 지구, 투기 지역 등)을 해제하는 파격적 조치를 단행하였다. 최근에 벌어지고 있는 부동산 시장의 침체와 주택 가격 하락이 심상치 않다고 정부가 판단한 것이다. 이대로 부동산 시장이 추락할 경우, 시장 자체는 물론 우리나라의 경제와 경기에 심각한 영향이 있을 것이라고 믿는 판단이 강하게 작용하였다. 부동산 시장의 경착륙이 아닌 연착륙을 기대하고 유도하려는 정부의 고심 가득한 선제적 정책이다. 하지만, 현재 상황을 미루어 볼 때, 부동산 시장의 연착륙, 경착륙 문제는 이미 정부의 정책 영향력을 넘어선 것처럼 보인다. 고금리와 임박한 글로벌 경기 침체(특히, 우리나라의 주력 수출 대상 국가의 경기 침체)의 파고가 얼마나 높고 길게 계속될지가 칼자루를 쥐고 있다.

전국의 집값이 1997년 외환 위기 이후 가장 큰 폭으로 떨어졌다는 것은 통계적 정확성일 뿐, 현실 상황을 객관적으로 말해 주는 것은 아니다. 얼핏 들어서는 주택 시장이 무너져 내리는 듯한 인상을 주는데, 사실은 전후 맥락과 보충 설명이 필요하다. 무엇보다도 2021년에 우리나라의 주택 가격이 유동성 힘에 의한 비정상적 오버슈팅(overshooting)으로 사상 최고를 기록하였던 사실을 지적하고 강조할 필요가 있다. 그로부터의 연속적 하락은 정상 상태(정상 가격)로 되돌아가는 과정적 현상이다. 냉정하게 볼 때 지난해부터 주택 가격이 꽤 많이 하락하였지만, 여전히 우리나라의 평균 주택 가격은 높다. 정확히 말해서, 팬데믹 이전 상태와 비교해 상당히 높다. 팬데믹 발생 후 우리나라의 경제가 제대로 된 성장을 하지 못한 점을 생각하면, 주택 가격이 팬데믹 이후 급등하거나 2022년 말 현재의 수준으로 높이 유지되어야 할 이유나 합리성은 없다.

2022년 중반 전후로 미분양 주택이 급격히 늘어나고, 주택 매매량이 급감하고 있다. 국토교통부에 의하면 2022년 1월부터 10월까지의 주택 매매량은 44만 9,967건으로 2021년 같은 기간 89만 4,238건의 절반(49.7%)에 불과하였다(수도권보다 지방이 훨씬 심하였음). 이러한 현상의 배경에는 고금리와 경기 둔화에 따르는 수요 감소(수요 억제 효과)와 주택 공급(보유)자들이 전보다 크게 하락한 가격에 집을 팔고 싶지 않은 '공급(자) 유보 현상'이 있다.[3)]

현재 우리나라의 주택 시장은 2022년 중반 이후 수요와 공급 모두 시장 관망 상태(국면)에 들어섰다고 볼 수 있다. 이것도 일종의 수요·공급의 단기 균형이다. '관망'이란, 미래의 최적 선택을 위해 여러 가지 환경적 조건과 여건을 속으로 헤아리고 있는 상태를 말한다. 영어 속담에 "뛰기 전에 살펴보라"(leap before you leap)라는 표현과 어느 정도 어울린다.

관망 상태에서도 주거와 자금이 시급한 수요자와 공급자들은 시장의 분위기(주택 가격, 시장 이자율, 매매량, 전·월세 가격, 미분양 상황, 주택 공급, 정부 정책, 향후 주택 시장 전망)를 예의주시하면서 가슴을 졸이고 있다. 살아야 할 집을 급히 구해야 하는 주택 수요자와 큰 빚을 안고 잘못된 시점에 주택을 샀던 주택 보유자(공급자)들을 말한다. 가슴이 더 타는 쪽은 가격 하락 속에 담보 대출 상환 부담이 큰 폭으로 늘어나 채무 부담 능력이 한계에 다다른 주택 보유자임은 말할 것도 없다. 수요자 측에서도 주택 담보 대출 금리가 워낙 높아져 이자 비용 부담과 함께 투자 자산으로서의 가치(이자 부담이 높아지면, 주택 투자 수익은 자연히 떨어짐)에 큰 문제가 생겨서 주택 매입을 꺼리게 된다. 2022년 중·후반에 크게 오른 주택 담보 대출 금리는 현재 7~8%대를 넘나드는 매우 높은 수준이다.

---

3 현재 우리나라의 주택 시장은 지역과 구역에 따라 초과 수요(수요 > 공급)와 초과 공급(수요 < 공급) 현상이 달리 나타나고 있다. 이러한 상태에서 앞서 언급한 금융 요인(고금리, 통화 긴축 정책 등) 외에 지역·선호·어메니티(amenity)·소득에 따른 수요와 공급의 미스매치(부정합) 현상까지 겹치면서 주택 시장이 급격히 냉각되고 있다.

〈그림 13-3〉 서울 아파트 실거래 가격 지수

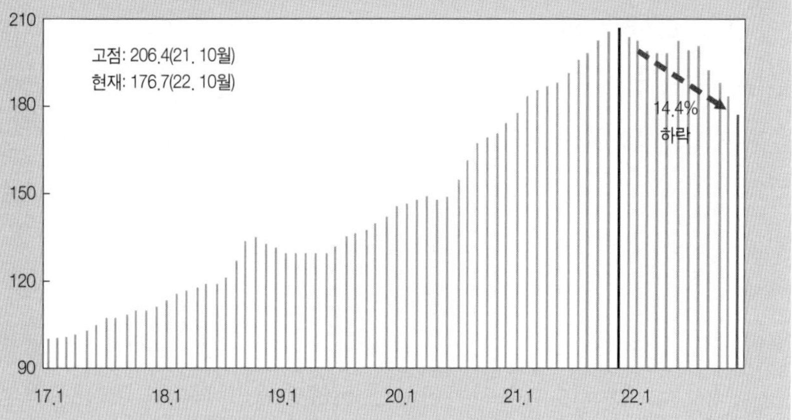

자료: 한국부동산원.

그러나 이유야 어쨌든 평균적으로 우리나라의 주택 가격은 팬데믹 이전과 비교해 여전히 상당히 높다. 단적으로, 앞서 언급한 2019년도 총주택 가치를 비교해 보면 알 수 있다. 아직 전국의 주택 가치(주택 시가 총액)에 대한 2022년도 통계가 나오지 않아 2021년 통계(6,534조 1,876억 원)를 활용해서 대체로 정리해 보면 다음과 같다. 2022년 전국의 주택 가치(주택 시가 총액)가 2021년 대비 약 5~10% 하락한 것으로 가정하면(326.71조~653.42조 원 하락(6,207조 4,782억~5,879조 7,689억 원)임), 사실상 현재의 주택 가치는 2019년 주택 시가 총액(5,048조 768억 원)보다 10% 이상 훨씬 높은 것으로 추정된다. 최근의 경제·금융 상황을 인식하면, 이러한 상태는 '불안정하고 불균형한 것'으로 지속될 수가 없다.

지금보다 집값이 더 하락하는 현상이 불가피하다는 말이다. 다만, 얼마나, 언제까지 집값 하락이 이어질지는 다소 불분명하다. 결정적인 변수는 금리 인상의 최고 지점과 지속 기간, 글로벌 경기 침체와 국내 경기 침체의 수준과 기간, 그리고 과잉 가계 채무의 폭발 가능성이다. 그 외의 변수들(예컨대, 규제 완화, 주택 공급 확대 등)은 당분간 큰 영향과 변화를 주지 못한다.

앞서 수차 언급한 바와 같이, 현재 진행 중인 주택 가격 하락 추세는 급격한 금리 상승과 유동성 위축·자금 경색 그리고 경기 침체 우려가 복합적으로 주택 수요를 급랭시킨 결과이다. 이러한 상황에서 앞으로 주택 시장에 기존 위험 요소 외의 새로운 충격 요인 – 추가 금리 인상과 고금리 상태의 지속, 글로벌 경기 침체에 따른 국내 거시 경제 파급 효과(수출, 생산, 고용, 소득, 소비 감소), 가계 채무 폭발 – 이 덮친다면, 주택 가격 거품이 급격히 빠지면서 시장이 붕괴할 수도 있다. 이 경우 주택 시장은 2019년 수준 또는 그 이전 수준(예컨대, 2018년 평균 또는 4분기)으로 돌아가거나 그 이하로 빠질 수 있다. 서울과 수도권의 주택 가격이 지금보다 10% 이상, 심지어 15~20% 수준까지 더 떨어질 수 있다는 의미이다.

팬데믹 이전 상황과 비교할 때, 현재와 가까운 미래의 시장 금리 조건은 훨씬 나쁘고, 경제 성장 실적은 부진할 것이 거의 확실하다. 게다가 팬데믹 때 큰 혜택을 보았던 사상 최저 금리와 유동성, 그리고 각종 우호적 금융 환경은 모두 사라졌다. 부동산 시장을 강하게 떠받치고 부양시켰던 주택 시장의 역동성(수요·공급)과 부동산 파이낸싱 수단들은 모두 겨울을 맞이한 듯 움츠러들었다. 이러한 상황에서 어떻게 주택 가격이 폭락하지 않으며, 2019년 수준보다 더 높게 버틸 수 있을 것인가? 거시 경제 환경과 논리 모두 그것을 수용하지 않는다. 이제는 시기와 모양(예컨대, 단기 일시 폭락, 지속적 큰 폭 하락)만 남았을 뿐, 추락 또는 폭락을 막을 수는 없다.

뒤돌아보면, 팬데믹 동안 뜨겁게 달아오른 자산 시장의 과열은 적어도 2021년 말 또는 2022년 초까지 폭발 잠재력을 지닌 경제 거품의 우려를 키웠다. 그러나 그 후 급격한 고금리·통화 긴축 정책이 단행되자 자산 시장의 과열 붐은 사라졌고, 각종 자산 가치가 급격히 하락하였다. 주택 시장 거품 중 일부가 갑작스러운 금융·경제 환경 변화로 자연스레 빠진 것이다. 잘 나가던 2021년 당시로서는 상상하기 어려운 상황이 현재 펼쳐지고 있다. 지금 상황으로는 머지않아 팬데믹 자산 투자 붐의 '자유 낙하 종말'을 보게 될 가능성이 점점 커지고 있다.[4)]

자산 시장 거품의 폭발 여부는 향후 이자율 상승 추이와 경제 상황에 달려 있다. 희망 사항은 그 거품이 큰 사회적 혼란을 불러일으키지 않고 서서히 소멸하는 것이다. 이것이 실현되려면, 한국 경제가 단기의 저성장 경기 둔화를 겪은 다음 곧바로 빠르고 강한 회복세로 국면 전환을 해야 한다. 현재로서는 기대하기 어려워 보인다.

주택 시장 거품 현상은 지난해 단행된 고금리의 여파가 올해 더 강하고 길게 갈 경우, 한층 더 심각한 대가를 치러야만 한다. 특히, 현재 많은 사람이 희망하고 기대하는 국내 금리 상승의 최종 지점과 시기 그리고 지속 기간이 '2023년 상반기 전후 3%대 중반'으로 정리되지 않을 가능성이 크다는 점을 강조하고 싶다. 여기에 더해 임박한 경기 침체의 강도와 길이를 논한다면, 앞으로 예상되는 부동산 시장의 행로는 보통 험악한 것이 아니다.

결론적으로, 발생하지 않기를 원하지만, 지금 한국 경제가 진행하고 있는 방향, 속도, 시야, 실적 등을 종합해 보면, 주택 시장의 추락 가능성은 가시권에 들어와 있다. 앞서 다룬 과잉 민간 채무와 명에를 함께 하는 한국 경제 위기의 아킬레스건이다. 앞으로 정부는 민간 부문의 과잉 채무와 주택 시장의 침체

---

4 대부분의 선진국에서는 팬데믹 유동성 덕분에 부동산 시장이 활황을 이루었다. 일부 국가에서는 시장 과열과 심각한 거품 우려가 생겼다. 예를 들어, 팬데믹 중에 세계적으로 주택 가격이 급등하였던 캐나다, 뉴질랜드, 호주 등에서는 2022년 중반에 팬데믹 절정 가격 대비 20~30%씩 하락하는 사태가 속출하였다. 우리나라도 팬데믹 동안에 서울과 수도권은 물론 웬만한 지방에서도 주택 가격이 폭등하였다. 초저금리와 초과잉 유동성이 만들어 낸 전형적인 자산 가격 거품(버블) 현상이었다.

상황이 별개가 아니고, 하나의 세트로 같이 움직이는 경제·금융 공동체라는 사실을 유념하고, 거시적·구조적 대응 정책을 펼쳐야 한다. 한국 경제 위기는 누가 먼저라기보다, 과잉 채무와 주택 시장 추락이 동시에 만들어 내는 급격한 채무 변제 능력 상실과 현금 공급·순환 단절에서 방아쇠가 당겨지고 그 현장에서 대폭발이 일어난다.

현재로서는 경기 침체와 더불어 부동산 가치가 급락하는 상황이 한국 경제 위기 발생의 최대 격전지가 될 것으로 예측한다. 팬데믹 초기 이후 수많은 가계와 기업이 엄청난 자금을 금융 기관 등으로부터 빌려 주식과 부동산에 투자하였고, 모두 급등하였다. 그 결과 가계와 기업의 자산 소득은 엄청나게 증가하였다(이에 대하여는 앞에서 충분히 기술하였다). 그러나 그것은 대체로 2021년 말까지였다.

2022년 들어 주식 시장의 시가 총액은 최고점 대비 약 1/3 정도 빠졌다(그렇지만 앞으로 더 빠질 거품이 남아 있다). 그러나 주택 시장은 아니다. 두 시장 모두 사상 최고의 팬데믹 유동성 힘으로 사상 최고 가치를 실현하였는데, 현재까지는 주식 시장만 추락하였다. 주택 시장은 하락 추세 속에 여전히 팬데믹 이전보다 높은 수준으로 버티고 있다. 2023년 벽두 현재의 금융·경제 상황은 2022년 중·후반보다 한결 더 나빠져 있고, 미래 전망은 더 어둡다. 어찌 주택 시장의 추가 하락이 없을 수 있겠는가? 가계와 기업의 경제·금융 여건이 전체적으로 나빠지고, 가계와 기업의 소득과 채무 변제 능력이 급격히 떨어지고 있다. 2022년도 초·중반에 우려 속에서 추정하였던 채무 취약·한계 그룹의 채무 상태가 지금은 그때보다 훨씬 나쁘고, 그룹의 범위는 훨씬 넓어졌다. 이제는 부동산 가격 급락과 그로 인한 금융·경제 위기를 진정으로 우려하고 대응해야 할 시점과 상황에 당도하였다.

주택 시장이 폭락하면 주택 담보 대출, 부동산 프로젝트 파이낸싱(project

〈그림 13-4〉 전국 미분양 주택 추이

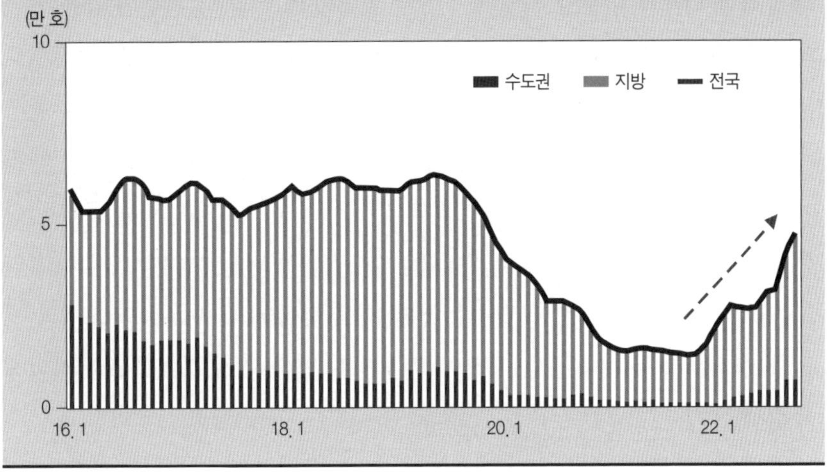

자료: 국토교통부.

financing: PF) 대출 등 각종 대출 계약을 맺은 금융 기관에 불똥이 튀는 것은 불보듯 뻔하다. 점화와 폭발은 앞서 언급한 가계·기업 채무의 폭발과 비슷하게 일어나거나 아니면 조금 시차를 두는 연쇄 폭발의 형태로 발생할 것이다. 어쨌든 금융 위기로 비화되는 상황은 피할 수 없다. 대표적인 예로 부동산 프로젝트 파이낸싱을 들 수 있다. 부동산 프로젝트 파이낸싱은 지난해(2022년) 3분기 기준으로 총 140조 6,000억 원으로 추산되었다. 그중 제2 금융권(보험사, 증권사, 저축은행 등)의 대출자금이 80% 가까운(78.1%) 109조 8,000억 원으로 파악된다. 최근 증권사의 PF 대출 연체율이 거의 10%에 육박하고, 저축은행의 부동산 PF 대출 연체율이 높아지는 등 PF 위험 상태(위험 노출)가 고조되고 있다. 이러한 가운데 PF 유동화 증권의 만기가 올 상반기에 대부분 몰려 있고, 그 규모가 약 23조 원인 것으로 추정되어 우려를 자아낸다.

건설 비용이 상승하고 임대 가격이 하락하는 악조건 속에서 부동산 시장의 급격한 위축과 미분양 사태가 급속히 확대될 경우, PF와 관련된 금융 기관의 금융 위기가 발생한다. 현재로서는 대형 은행보다 제2 금융권을 중심으로 금융 위기가 발생할 가능성이 크다. 제2 금융권 기관들이 경기 침체와 부동산 가격 하락에 더 많이 취약하고 민감한 위험 금융 거래를 많이 안고 있기 때문이다. 1차 금융 위기는 가계와 기업의 과잉채 무가 채무 변제 능력을 급격히 상실하면서(고금리에 의한 이자 비용 부담 급증, 부동산 가치 하락 등), 해당 가계와 기업 그리고 제2 금융권이 동반 폭발하는 상황이 될 것이다. 금융 폭발의 크기와 성격에 따라 은행 등 전체 금융 시장이 흔들릴 수 있다. 가장 경계하고 두려워해야 할 대목이다. 지금은 누구도 모른다.

종합: 금융 기관 위험성, 금융 위기로의 비화

급변하는 경제 환경 속에서 과잉 채무 가계와 기업이 무너지면, 그와 경제적 이해관계가 엮인 금융 기관들이 위기의 배를 같이 타게 된다. 현재로서는 대형 금융 기관들은 쉽게 위기에 연루되거나 침몰하지는 않을 것 같다. 과거 1997년 외환 위기와 2008년 세계 금융 위기의 뼈아픈 경험과 노하우(knowhow)를 통해 재무 건전성과 경영 안전성 장치를 상당히 단단히 해두었기 때문이다. 그러나 그렇지 못한 제2 금융권 기관들과 대부업체와 사채업체들은 많은 가계와 기업이 금융 파탄에 빠지면 순식간에 위기 상황에 빠진다. 이 경우 대형 금융 기관들 또한 크고 작은 직격탄을 맞으면서 휘청거릴 수밖에 없다. 이때 발생하는 영향의 범위와 크기가 어떤지에 따라 국가 단위의 금융 위기 발생 여부가 결정된다. 그 가능성은 결코 배제할 수 없다.

전세 시장도 작지만 가계 채무, 주택 가격 폭발에 일조한다

최근의 전세 시장 변동 상황도 과잉 가계 채무 문제와 주택 시장 불안정성 문제에 불을 붙인다. 물론 그 여파와 영향력은 주택 시장 추락에 비하면 상대적으로 미미하다. 하지만 위기 분위기에서는 큰 외부 충격뿐만 아니라 작지만 심리적으로 민감한 이슈도 큰 영향을 미치기 때문에 쉽게 간과할 수 없다.

집값 하락이 계속되면서 덩달아 전세 집값도 하락하고 있다(참고로 전셋값이 급등하였던 2020년(특히 중·후반) 서울 아파트의 전셋값은 1년에 12% 이상 상승하였다). 전국적으로 주택 거래와 전세 거래가 동반 위축되는 것과 맞물려 나타나는 현상이다. 전셋값 하락 원인은 전세 수요가 급격히 줄어드는 데 있다. 대출 금리가 높아서 전세 수요가 크게 줄고, 전세의 월세 전환이 빠르게 확대되어 전세 매물이 넘쳐나면서 전셋값 하락이 가팔라졌다. 아울러 한동안 유행하였던 전세 끼고 집을 매입하는 '갭투자'가 줄어든 것도 한몫을 하였다(갭투자 비율은 서울 아파트 매매 기준으로 팬데믹 이전에는 전체 매매의 10~20% 수준이었는데, 2021년에는 43%로 급증하였다). 한국부동산원에 따르면 지난해 1월부터 11월까지의 전국 아파트 전세 가격 변동률은 -5.23%로 2004년 이후 최대 하락 기록을 세웠다. 그동안 전세가가 많이 올랐던 세종시(-15.47%), 대구시(-10.93%), 인천시(-10.2%)는 10% 이상 가격이 떨어졌다. 극단적인 사례지만, 지역과 개별 아파트 단지에 따라서는 전셋값이 거의 절반 수준으로 하락한 곳도 있다.

전세 수요 급감 현상과 전셋값 추락 문제는 임대자(집주인)와 세입자 양측 모두에 전세 파이낸싱 문제를 초래한다. 전세 시장이 안정되었을 때는 수요와 공급이 시장 메커니즘에 의해 원활하게 작동하면서 일정한 균형 상태를 이룬다. 임대자-세입자 간의 자금 순환에 문제나 마찰이 거의 발생하지 않는다. 매우 예외적으로 전세 보증금 반환 문제가 생긴다. 그러나 전세 시장이 불안정하고 변동성이 심해지면, 수요와 공급의 시장 메커니즘이 제대로 작동되지 않고 전세 대출, 전세 보증금 등 전세 시장을 움직이는 파이낸싱 기제가 고장이 난다. 최근 상황이 그렇다.

최근 들어 전세 보증금을 돌려줄 현금이 없는 집주인들이 늘어나면서 세입자들이 전세 보증금을 돌려받지 못하는 소위 '깡통전세' 사고가 줄을 잇고 있다. 이는 사회·경제적 문제일 뿐만 아니라 주택금융공사, 주택도시보증공사 등의 보증금 반환 관련 보증 사고 금액이 급증하는 금융 문제도 유발하고 있다. 여기에는 악덕 사업자의 중간 개입도 있지만, 본질은 고금리에 유동성 위축으로 주택 수요가 감소하고 심각한 현금 조달 및 순환 장애가 발생하는 데 있다. 주택 시장과 금융 시장이 험악해지고 있다는 말이다. 앞으로 만일 집값 하락세가 가파라질 경우 집주인이 집을 팔더라도 세입자에게 전세 보증금 전액을 내주지 못하는 깡통전세 대란이 발생할 수 있다.

그보다 더 큰 문제는 전세를 내준 집주인 중 많은 사람이 크고 작은 가계 부채를 안고 있다는 점이다. 전셋값으로 받은 돈은 전세 계약 기간이 만료되면 돌려주어야 하는 일종의 부채이다. 만일 전세금의 일부(또는 전부)를 다른 용도로 활용하다가 날려버렸다면, 기존 채무에 새로운 빚이 가중된다. 점점 채무 부담의 무게와 압박이 커간다. 비록 전세 시장이지만, 주택 시장과 가계 채무가 밀접하게 연관된 현실을 생각하면, 한국 경제의 위기 우려를 하지 않을 수 없다. 특히, 전셋값이 급등하였던 2021년의 전세 자금 대출 잔액(약 170조 원)이 과거보다 2~3배나 많은 점을 고려하면, 전세 시장의 불안도 잘못되면 상당한 경제적 파장을 일으킬 수 있음을 유념해야 한다(아울러 전세 대출 자금 중 일부가 비전세 자금 용도로 사용된 사실에도 착안해야 한다).

끝으로: 보다 깊은 호흡, 먼 길에 대한 준비와 인내

현재 정부와 한국은행을 포함한 대다수 민간 경제 예측 기관의 금년도(2023년) 경제 전망을 '상저하고'(上底下高)의 틀과 시각으로 본다. 즉, 상반기의 경제 여건과 실적은 대부분 나쁘지만, 하반기로 갈수록 거시·미시적으로 회복되고 좋아진다는 기대 섞인 예측이다. 물론 아무렇게나 하는 전망이 아니다. 이용 가능한 객관적 통계와 과거 경험(치), 그리고 다양한 분석과 가정에 기반을 두는 전망이다. 하지만 낙관론(낙관적 가치 판단)적 기대와 희망이 분석과 전망의 기저와 행간에 스며들어 있어 보인다.

이미 발표된 대다수 거시 경제 전망에 차별성과 고유성을 찾기 어렵고, 무엇보다도 큰 틀의 거시 시나리오 분석에 의한 낙관적-비관적 범위 분석을 심층적으로 다루지 않고 있어서 크게 아쉽다. 역설적이지만, 지금은 매우 예리하고 정교한 비관적 시나리오에 기반을 두는 경제 전망이 절실히 필요한 때다. 그래야 정부와 민간 부문이 최악의 상황에 대비하는 단·장기 전략을 마련하고, 일상의 경제 활동과 행태를 위기 대응 방식으로 전환할 수가 있다. 경기 침체와 경제·금융 위기가 보는 시각에 따라 멀고 가까운 가시권에 들어온 상황에서 국내의 공공·민간 경제 예측 기관들이 대동소이하거나 천편일률적인 거시 경제 분석과 전망을 내놓고 있다. 단적인 예로, 앞서 언급한 '상저하고'의 전망이다. 이미 2023년이 시작된 지금, 상반기는 불과 3개월 남짓 남았고, 머지않아 봄이 지나면 곧 하반기가 된다. 점점 상저하고의 경제 전망에 다소간 의구심이 들고 있는 것은 아닌가?[5)]

세계적으로 40년 만에 찾아온 인플레이션과 그에 반응하여 연속으로 몰아친 금리 인상, 두 현상이 어떻게 1년 반 남짓한 기간에 정상 상태로 반전하거나 회귀할 수 있겠는가? 회의적이다. 언젠가는 정상 상태로 돌아가겠지만, 그 과정과 기간은 현재의 예상보다 더 지난하고 길게 갈 것이다. 따라서 정부와 중앙은행 그리고 모든 경제 주체는 현재의 경제 전망보다 한층 더 보수적 관점에서 훨씬 골이 깊고 갈 길이 먼 시계를 염두에 두면서 경제 생활과 활동을 해 나가는 것이 합리적이다. 앞서 강조한 바이지만, 정부는 최악의 시나리오를 상정하면서 대응 방안을 마련하고 선제적·후행적(대응적) 경제 정책을 적절히 잘 펼쳐야 한다.

끝으로, 앞서 강조한 우리 경제 위기의 최대 격전지인 과잉 채무(가계, 기업) 폭발과 주택 시장 폭락을 전후로 국가 재정을 관장하는 정부의 역할이 매우 중요하다. 그러한 사태를 정부가 수수방관할 수는 없다(물론 그럴 리가 없다). 당연히 금융 시장에 개입해서 최선의 해결 방안을 모색해야 한다. 이때 수십조 원의 재정 투입이 불가피하고, 경우에 따라서는 100조 원 이상이 소요될 수도 있다. 엄청난 국가 재정 압박 요인이다. 그러나 현재와 미래를 생각할 때, 국가 재

5 돌아보면, 경제 전망은 거의 틀린다. 많은 경우 처음 전망이 연도 중 두세 차례 수정 조정을 거친 다음 연도 후반 즈음 겨우 실적치와 비슷한 최종 전망이 만들어진다. 경제 예측 기관의 오류나 무능을 논하고자 하는 것이 아니다. 누구에게나 가보지 않은 미래를 예측하고 전망하는 일은 매우 어렵고, 틀리기 일쑤다. 말하고자 하는 핵심은 여러 면에서 경제 위기를 목전에 둔 현재 상황에서는 보통의 안정기와 달리 보다 넓고 깊은 관점과 내용으로 다양한 경제 전망이 제시될 수 있으면 좋겠다는 것이다.

정은 다른 선택지가 없다. 선택할 수 있는 것은 재정 투입에 앞서 전후좌우와 옥석을 가리는 일, 그리고 최적 투입 규모와 최상의 지원 및 구제 프로그램을 만들어 내는 일이다. 이는 결코 쉬운 과업이 아니다. 그러므로 정부는 지금부터 채무 위기와 관련된 최악의 시나리오를 상정하는 금융·경제 위기 대응 비상 계획(contingency plan)을 마련하고 관련 조치를 철저히 준비해야 한다. 이와 관련된 내용은 이 책의 맨 마지막 장이 되는 다음 장(국가 재정 압박과 역할)에서 구체적으로 다룬다.

14. 경제 위기와 국가 재정의 지혜로운 전략적 대응

서론: 책의 마지막 장에서 다루고자 하는 내용

지금까지는 우리나라의 경제 위기 발생 가능성에 대해 집중적으로 다루었다. 아울러 경제 위기를 사전에 막고, 유사시에 그것을 돌파할 때 국가 재정이 결정적으로 중요한 역할을 해야 할 것임을 강조하였다. 정부가 발 벗고 나서서 경제적 곤란에 처한 가계와 기업을 보살피고 경기 회복을 위해 재정을 투입해야 할 사안이 너무나 많고 중대하기 때문이다. 이는 국가의 기본적인 기능과 책무이다.

경기 침체가 진행 중인 현시점에서 국가 재정은 국가 경제와 국민 생활의 구원 투수 역할을 해야 한다. 역할은 시간상으로는 COVID-19의 연장선에 있지만, 상황과 내용은 팬데믹과 완전히 다르다. 바이러스로 인한 건강·경제·사회적 문제의 대응이 아니고, 순수한 경제적 문제에 대응하는 점에서 그렇다. 구체적으로, 수출 급감, 생산·투자·소비·고용 부진, 물가 상승, 개인과 기업의 채무 압박과 자금 경색, 부동산 시장 추락과 관련해서 발생하는 경제적 애로와 고통과 맞서는 대응이다.

이런 점에서 확장적 재정 정책의 재등판 필요성이 제기된다. 팬데믹 끝물에서 정부가 슈퍼 확장적 재정 정책과 완화적 통화 정책의 철수를 시작한 지

얼마 되지 않은 지금 다시 재정 기능을 확대하는 정책을 펼친다는 것은 다소 모순적일 수 있다. 그러나 지금은 정책적·논리적 모순을 따질 상황이 아니다. 그 당시 예상하지 못하였던 중대한 돌발 상황이 새로 발생하고 있고, 그에 대해 적극적으로 대응해야 할 국가적 필요성이 강하게 생겨났기 때문이다. 다만, 이번에는 이전과 다른 정교한 확장적 재정 정책을 한시적으로 추진해야 한다. 무엇보다도 국민 세금을 효율적이고 효과적으로 사용하고, 당면한 고물가(인플레이션)와 재정 건전성 문제를 최대한 자극하지 않기 위해서 그렇다.

이러한 현실을 인식하면서 이 책의 마지막 장인 여기에서는 우리나라 국가 재정의 현주소를 짧지만 예리하게 진단하고, 임박한 또 다른 위기의 시간에 국가 재정이 흔들리지 않으면서 어떤 바람직한 역할을 해야 할지에 대해 다룬다. 특히, 경기 침체와 경제 위기에 최적 대응을 할 수 있는 국가 재정 운용의 거시적 틀과 전략적 접근에 관한 내용을 집중적으로 논하고자 한다. 구체적으로, 재정 적자와 국가 채무의 현재 상태에 대한 진단과 향후 관리 방향에 대해 초점을 맞춘다. 이들은 향후 우리나라 재정의 건전성과 지속 가능성의 열쇠를 쥐고 있는 동시에 국가 재정에 강한 압박과 스트레스를 주는 요인이다. 아울러 국민 경제의 성장을 촉진하고, 경기 침체나 경제 위기 대응에 필요한 경제적 실탄과 주요 정책 프로그램을 제공하는 힘이기도 하다.

그리고 지난 10여 년간 급팽창해 오면서 현재와 미래의 국가 재정 수요 가운데 가장 중요하면서도 다루기 어려운 사회 복지 지출 문제를 앞으로 어떻게 접근해야 할지에 대하여도 국가 재정의 건전성, 지속 가능성 차원에서 개략적으로 언급한다. 마지막으로, 국가 재정의 총체적 상황을 인식하면서 앞으로 예상되는 경기 침체, 경제 위기와 맞서 싸우기 위해 국가 재정이 어떤 역할과 전략을 구사해야 하는지에 대해 논하면서 책을 마무리하고자 한다.

국가 재정의 위험한 곡예: 습관화된 대규모 재정 적자, 급팽창하는 채무

(1) 재정 수입이 양호한데도 빚내서 펼치는 확장적 재정 정책

팬데믹이 발생하자 우리나라도 다른 선진국들과 마찬가지로 강력한 확장적 재정정책을 펼쳤다. 전대미문의 바이러스 충격에 맞서기 위해 국가 채무를 거의 한도에 가깝게 늘렸고, 지출이 수입보다 훨씬 큰 적자 재정을 운영하였다. 즉, 막대한 국가 빚을 내어서 사상 최대 규모의 예산을 편성하고, 그것으로 다양한 재정 지출 프로그램을 추진한 것이다. 그중 많은 예산이 팬데믹 대응에 필요한 방역·건강·보건, 각종 경제·사회 보호 및 사회 보장과 관련된 분야에 사용되었음은 앞서 언급한 바이다.

국가 재정의 객관적인 상태와 위험 가능성을 진단하고 경고해 줄 수 있는 시금석은 재정 수지(적자, 흑자)와 국가 채무의 상태이다. 여기에서 상태란, 현재를 포함한 최근의 규모와 변화 속도, 경향, 상대적 위상을 망라한다. 국가 재정의 수지·채무 상태와 맞물려 돌아가는 것은 국가 재정의 수입과 지출이다. 재정 수입은 가계, 기업, 정부(공공 부문)가 필요로 하는 모든 국가 재정 수요를 충족시켜 주는 자금 실탄으로 국민 세금을 주 재원으로 한다. 그런데 최근 들어 국민과 기업이 최대한 세금을 부담할 수 있는 조세 역량(tax capacity)이 재정 수요를 감당하지 못하는 현상이 나타나고 있다. 수입이 지출을 따라가지 못하여 매년 정부가 국채를 발행해서 수입을 보충하는 재정 운영 현실이 그것을 말해 준다. 물론 재정 지출 수요가 과도하게 잡힌 면과 정부가 정책적으로 재정 확대를 도모한 점은 고려되어야 할 것이다.

이러한 현상을 다른 각도에서 보면, 국가 재정 지출(수요)이 현재와 가까운 미래의 재정 역량을 초과해서 과도하게 예산으로 편성되고 있다고 말할 수 있다. 이때 떠오르는 국가적 이슈는 과연 그만큼 많고 다양한 예산 지출을 꼭 해야 할 필요가 있는지, 그리고 그렇게 집행된 예산이 진정 효율적이고 효과적인 예산 운영인지에 관한 문제이다. 이에 대한 정답은 없다. 그것은 어떤 면에서 경제·재정적 문제이기보다 정치·정책적 문제이고, 가치 판단(value judge)의 영역에 속한다. 통상 국가의 재정이 행정부가 예산을 편성하고, 그것을 국회가 심의 결정하는 방식으로 운용되고 있음을 인식하면 그러한 주장은 설득력이 없지는 않다.

그러나 실제로는 어떤 규모와 내용의 지출이 바람직하고 적정한 것인지를 판단하기가 쉽지 않다. 무엇보다도 사회적으로 다양한 관점과 가치와 이해관계가 복합적으로 작용하는 현실 상황에서 국민의 공감과 합치를 끌어내는 '적정 재정 지출'을 도출하기가 거의 불가능하기 때문이다. 이러한 이유로 통상 적정 재정 지출은 주어진 재정(조세) 능력의 범위(즉, 수입 범위) 내에서 지출 예산의 조합을 균형 있게 편성하는 것을 의미한다. 이는 이론과 실제에 부합한다.

이러한 사실을 인식하면서 지금부터는 현재 우리나라 국가 재정이 직면해 있는 심각한 적자 재정 운영 실태와 채무 상태에 대해 살펴보고, 그로 인해 앞으로 국가 재정이 겪게 될 재정 압박(fiscal pressure)과 위험성에 대해 진단하고자 한다. 그리고 진단된 현실 상황과 예상되는 경기 침체 또는 경제 위기 상황을 함께 생각하면서 국가 재정이 어떠한 운신의 폭을 갖고 부여된 역할과 사명을 충실히 완수해야 할 것인지에 대하여도 논하고자 한다.

⑵ 흑자 재정 국가에서 적자 재정 국가로 전락

가. 들어오는 수입보다 나가는 지출이 훨씬 많은 국가 재정 운영

우리나라 재정은 2008년 글로벌 금융 위기 발생 직후인 2009년에 잠깐 재정 적자를 겪었을 뿐, 그 후 10년 이상 줄곧 흑자 재정을 이루었다. 그러다가 팬데믹 발생 직전인 2019년에 처음으로 적자 재정을 기록하였다. 이 상태에서 팬데믹 위기가 덮치자 위기를 극복하기 위해 과감한 적자 재정을 운영하였고, 그것이 2023년 현재까지 이어지고 있다. 특별히 우려되는 점은 5년 연속으로 적자 재정의 폭이 매우 크다는 것과 당분간 그것이 국가 재정 운영의 시야에서 사라지지 않을 것이라는 사실이다.

팬데믹 발생 후 우리나라의 재정이 얼마나 많이 늘어났고, 또한 그것이 얼마나 많은 적자 재정과 국가 빚(채무)에 의존하고 있는지에 대하여는 팬데믹 전후의 국가 재정 총수입과 총지출의 변화 상태를 점검해 보면 알 수 있다. 총수입은 국민과 기업 등이 부담하는 조세 수입과 조세 외의 수입(즉, 세외 수입) 등을 합친 것이다. 총지출은 국가가 사회 복지, 고용, 사회 간접 자본 구축, 교육, 국방, 산업·중소기업·에너지, 공무원 인건비 등에 사용한 모든 예산 집행(지출)을 망라한 것이다.

먼저, 국가 재정의 총수입(결산 기준)은 팬데믹 직전인 2019년의 473.1조 원에서 팬데믹 원년인 2020년의 478.8조 원으로 5.7조 원 증가(전년 대비 1.2% 증가)하였다. 재정 수입이 조금밖에 증가하지 못한 원인은 팬데믹 경기 불황으로 국세 수입이 줄어든 데 있다(국세 수입은 2019년 293.5조 원에서 2020년 285.5조 원으로 감소). 그 후 총수입은 본예산 기준으로 2022년 553.5조 원, 2023년 625.7조 원(전년 대비 72.1조 원 증가)으로 많이 늘었다. 최근에 수입(세입) 예산이 크게 증가한 것은 2021년부터 경기가 조금씩 회복되면서 국세 수입이 큰 폭으로 늘어났기 때문이다.

다음으로, 국가 재정의 총지출(결산 기준)은 팬데믹 직전 2019년의 485.1조 원에서 팬데믹 원년인 2020년의 549.9조 원으로 크게 늘어났다(64.8조 원 증가). 1년 사이에 총지출이 13.4%나 늘어난 것이다. 그 후 총지출은 본예산 기준으로 2022년 607.7조 원, 2023년 638.7조 원(전년 대비 31.0조 원 증가)으로 많이 증가하였다. 총지출이 계속해서 큰 폭으로 늘어났다는 사실은 정부가 예산 지출 사업을 계속해서 확장하였음을 뜻한다. 이는 우리나라의 국가 재정 규모가 팬데믹 발생 후 외형상 크게 팽창하였다는 의미이기도 하다.

종합적으로, 2019년부터 현재까지 국가 재정은 매년 수입보다 지출이 훨씬 많은 적자 경영을 하였고, 재정 적자는 국가가 빚을 내어 메꾸었다.

나. 정부는 과연 얼마나 큰 적자 재정을 운영하고 있는가?

국가 재정의 흑자·적자·균형 유지 상태(흔히 재정 수지 상태라고 말함)를 판단하는 것은 간단하다. 재정의 수입과 지출의 크기를 비교해서, (1) 수입 > 지출이면 흑자, (2) 수입 < 지출이면 적자, (3) 수입=지출이면 균형 재정 운영이 된다. 흑자가 발생하면 국가의 여윳돈(세계잉여금이라고 함)을 지방자치단체를 지원하는 지방교부세·지방교육재정교부금과 국가 채무 변제 등에 우선 사용하고 남은 자금은 다음 회계 연도의 수입으로 이월된다. 적자가 발생하면, 적자 금액만큼을 국채 발행 등 외부 차입을 통해 충당한다. 따라서 그만큼 새로운 빚이 국가 채무에 추가된다. 수입과 지출이 균형을 이룰 경우, 정부에 남는 돈도, 정부가 빚을 내어 조달할 자금도 없는 그 상태로 회계 처리된다. 즉, 회계 연도 말의 정부 예산 회계 장부(세입세출결산서)상에 수입−지출=0이 된다.

하지만 현실적으로 결산(모든 수입과 모든 지출을 다 셈하는 회계 처리) 단계에서 수입과 지출이 같아지는 것은 거의 불가능하다. 통상 균형 예산(또는 균형 예산 원칙)을 말할 때, 그것은 회계 연도의 회계를 최종 정리 마감하는 결산이 아니고, 한 회계 연도의 수입을 예상(추정)하고 지출을 계획하는 예산편성 단계에서의 수지 균형을 의미한다.

일반적으로 국가 재정의 수지 상태는 총수입과 총지출을 비교하거나 통합 재정 수지와 관리 재정 수지 지표를 활용해서 파악한다. 그중에서도 우리나라에서 보편적으로 산출되고 인용되는 것은 통합 재정 수지와 관리 재정 수지이다(박스 내용 참조). 이들을 통해 우리나라의 재정 수지 상태가 그동안 어떻게 변화해 왔고, 최근 들어 얼마나 큰 적자 재정을 운영하고 있는지에 대해 살펴보면 다음과 같다.

먼저, 가장 손쉬운 방법인 국가 재정의 총수입과 총지출을 회계 연도별로 비교해 보면 다음과 같다. 〈표 14-1〉에 나타난 것처럼, 국가 재정 수지는 2010년 이후 2018년까지 총수입이 총지출보다 큰 흑자를 기록하였다. 그러다가 2019년에 처음으로 총지출(485.1조 원)이 총수입(473.1조 원)보다 12.0조 원이 많은 재정 적자가 발생하였다. 불행히도 바로 뒤따라 팬데믹 위기가 발생하였고, 정부는 부득이 총수입보다 총지출을 크게 늘리는 슈퍼 확장적 재정 정책을 추진하였다. 그 결과 재정 지출과 재정 수입의 갭, 즉 재정 적자는 2020년 71.1조 원(결산 기준), 2021년 75.4조 원, 2022년 54.1조 원(2021년, 2022년은 본예산 기준임)으로 눈덩이처럼 커졌다.

다음으로, 통합 재정 수지와 관리 재정 수지 통계를 통해 국가 재정의 수지 상태를 살펴보면 다음과 같다(〈그림 14-1〉, 〈그림 14-2〉 참조).

역사적으로, 우리나라의 통합 재정 수지는 1995년 이후 크게 세 번의 적자 시기를 맞이하였는데, 세 번 모두 외부 충격에 따른 재정 영향에서 비롯되었다. 〈그림 14-1〉에 나타난 바와 같이, 첫 번째는 외환 위기와 관련된 1997~1999년(3년) 기간이고, 두 번째는 글로벌 금융 위기 발생에 따른 재정 영향(2009년 1

〈표 14-1〉 국가 재정의 흑자와 적자: 통합 재정 기준, 총수입·총지출 비교

(단위: 조 원, %)

연도	통합 재정 기준		총지출 기준		사회 보험성 기금 수지	공적 자금 상환	통합 재정 수지	관리 재정 수지	GDP	정부 규모 GDP 대비 비중		재정 수지 GDP 대비 비중	
	수입	지출	수입	지출						통합 재정 기준	총지출 기준	통합 재정 수지	총지출 수지
2010	270.9	254.2	299.5	282.8	29.7	-	16.7	-13.0	1,322.6	19.2	21.4	1.3	-1.0
2011	292.3	273.7	323.0	304.4	32.1	-	18.6	-13.5	1,388.9	19.7	21.9	1.3	-1.0
2012	311.5	293.0	341.8	323.3	35.9	-	18.5	-17.4	1,440.1	20.3	22.4	1.3	-1.2
2013	314.4	300.2	351.9	337.7	35.3	-	14.2	-21.1	1,500.8	20.0	22.5	1.0	-1.5
2014	320.9	312.4	356.4	347.9	38.0	-	8.5	-29.5	1,562.9	20.0	22.3	0.6	-2.0
2015	339.2	339.4	371.8	372.0	37.8	-	-0.2	-38.0	1,658.0	20.5	22.4	0.0	-2.4
2016	371.3	354.4	401.8	384.9	39.6	-	16.9	-22.7	1,740.8	20.4	22.1	1.0	-1.4
2017	403.8	379.8	430.6	406.6	42.5	-	24.0	-18.5	1,835.7	20.7	22.1	1.4	-1.1
2018	438.3	407.1	465.3	434.1	41.7	-	31.2	-10.6	1,893.5	21.5	22.9	1.7	-0.6
2019	443.9	455.9	473.1	485.1	42.4	-	-12.0	-54.4	1919.0	23.8	25.3	-0.6	-2.8
2020	446.6	517.8	478.8	549.9	40.8	-	-71.2	-112.0	1,933.2	26.8	28.4	-3.7	-5.8

자료: 기획재정부.

년)이다. 세 번째는 팬데믹 직전 2019년에 시작해서 팬데믹 발생 후 현재 진행(2019~2023 현재) 중인 재정 영향이다. 문제는 지금 진행 중인 통합 재정 수지의 적자 현상이 폭과 크기, 발생 요인과 지속 기간 등에서 이전과 다른 특이성과 새로운 경향을 보이는 점이다. 특히, 그것이 적어도 향후 수년간 이어질 것이라는 점에서 우리나라 국가 재정에 신기원을 수립하고 있다.

최근 수년간의 통합 재정 수지 상황을 살펴보면, 2016년~2018년까지는 재정 수지 흑자를 기록하다가 2019년에 처음으로 12.0조 원의 적자를 기록하였고, 이듬해 2020년에는 71.2조 원의 대규모 적자를 기록하였다(이상 결산 기준). 그 후 2022년과 2023년에는 본예산 기준으로 각각 54.1조 원(추경 예산 기준으로는

〈그림 14-1〉 통합 재정 수지와 관리 재정 수지(GDP 대비 비중, 1980~2020)

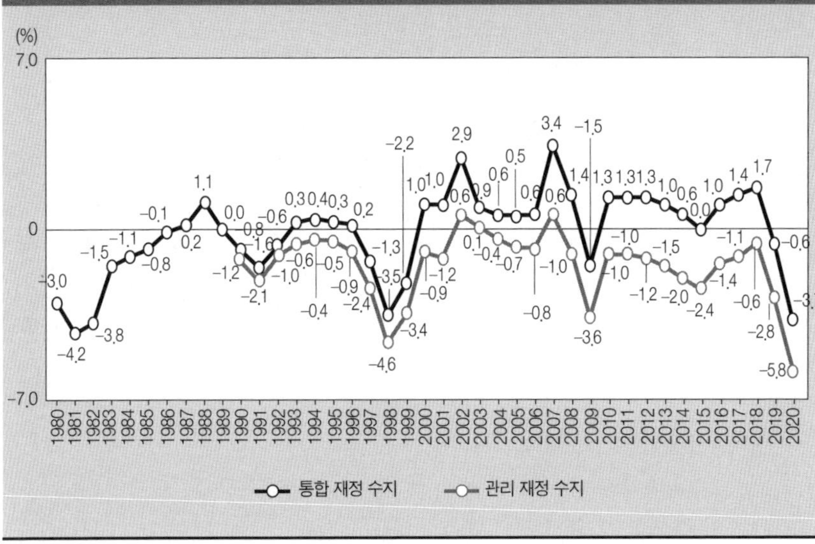

자료: 기획재정부.

70.4조 원임), 13.1조 원의 적자가 예상된다(올해는 현재까지 예산상 적게 잡혔을 뿐, 연도 중에 추가 경정 예산을 통해 적자가 큰 폭으로 늘어날 것으로 추측된다).

통합 재정 수지와 달리 매년 대규모 흑자를 실현하는 사회 보장성 기금(국민연금 등)의 수지를 제외하고 산출되는 관리 재정 수지는 1980년부터 현재까지 단 3개 연도(2002년, 2003년, 2007년)만 빼고 매년 상당한 수준의 적자를 기록하였다(〈표 14-1〉에서처럼 사회 보장성 기금은 매년 40조 원 내외의 흑자를 기록하였다). GDP 대비 관리 재정 수지의 적자 수준은 최저 -0.4%(1994년)에서 최고 -5.8%(2020년)에 이르는 비교적 큰 연도 간 변동 폭을 보였다. 그중에서도 특히, 외환 위기 직후(1998년 -4.6%, 1999년 -3.4% 적자 비율)에 적자 폭이 컸고, 팬데믹 발생 원년인 2020년에는 -5.8%라는 사상 최대 적자 기록을 수립하였다. 앞서 살펴본 통합 재정

〈그림 14-2〉 최근의 우리나라 국가 재정 수지(2015~2022)

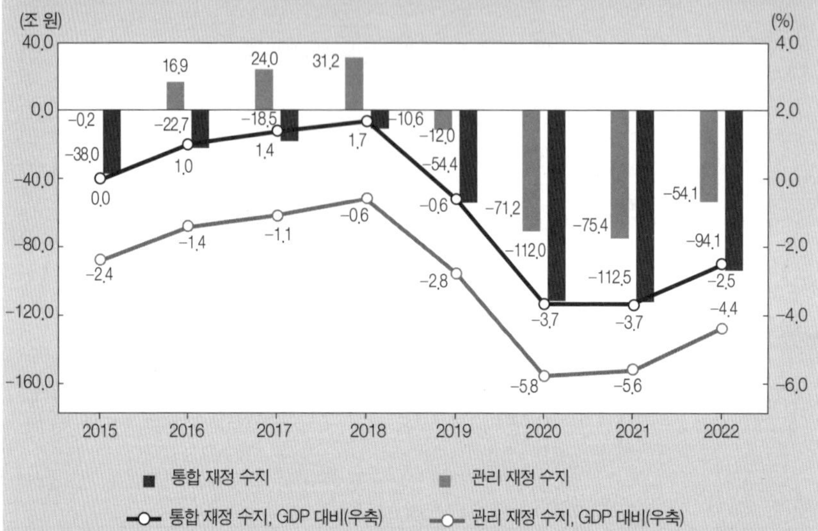

	2015 결산	2016 결산	2017 결산	2018 결산	2019 결산	2020 결산	2021 본예산	2022 본예산
총수입	371.8	401.8	430.6	465.3	473.1	478.8	482.6	553.6
총지출	372.0	384.9	406.6	434.1	485.1	549.9	558.0	607.7
통합 재정 수지	-0.2	16.9	24.0	31.2	-12.0	-71.2	-75.4	-54.1
(GDP 대비)	(0.0)	(1.0)	(1.4)	(1.7)	(-0.6)	(-3.7)	(-3.7)	(-2.5)
사회 보장성 기금 수지	37.8	39.6	42.5	41.7	42.4	40.8	37.1	40.0
관리 재정 수지	-38.0	-22.7	-18.5	-10.6	-54.4	-112.0	-112.5	-94.1
(GDP 대비)	(-2.4)	(-1.4)	(-1.1)	(-0.6)	(-2.8)	(-5.8)	(-5.6)	(-4.4)

주: 2020년까지는 결산, 2021년, 2022년은 본예산임.
자료: 디지털 예산 회계 시스템.

수지 또한 2020년에 1990년 이후 최대 적자 수준(-3.7% 적자 비율)을 기록하였다. 이러한 현상은 COVID-19가 우리나라의 건강·사회·경제는 물론 국가 재정에도 엄청난 영향을 주었음을 말해 준다.

국민연금 등의 흑자 반영 여부에 따라 국가 재정의 흑자·적자 상태가 바뀐다.

통합 재정은 회계 연도(1년) 동안 일반회계, 특별회계, 기금을 총망라해서 정부가 확보한 수입과 집행한 지출의 총체적 규모를 의미한다. 그리고 통합 재정 수지는 회계 연도 내의 일반회계, 특별회계, 기금을 모두 포괄하는 재정 수지로서 회계-기금 간 내부 거래 및 차입, 채무 상환 등 보전 거래(financing: 재무 거래 또는 재무적 활동)를 제외한 순수한 재정 수입에서 순수한 재정 지출을 뺀 수치를 의미한다(기획재정부).

정부는 국가 재정의 건전성 상태를 잘 판단하기 위해 통합 재정 수지 외에 관리 재정 수지 개념을 사용하고 있다. 관리 재정 수지는 재정 수지(= 세입 − 세출 및 순 융자 = 총수입 − 총지출)에서 사회 보장성 기금(국민연금기금, 사립학교교직원연금기금, 고용보험기금, 산업재해보상보험 및 예방기금) 수지를 제외하고 산정된다. 이러한 접근을 하는 이유는 국민연금과 같은 사회 보장성 기금의 수입과 지출을 다루는 회계의 재정 수지와 국민 세금을 기반으로 국민과 기업 등에 공공 서비스를 제공하는 일반적 재정 활동(운영)에 따른 재정의 흑 · 적자는 본질상 차이가 있기 때문이다.

사회 보장성 기금 중 규모가 가장 큰 국민연금을 예로 들면, 서구에 비해 역사가 오래되지 않은 우리나라에서는 아직 연금의 수혜자와 수혜 금액이 상대적으로 적어 이 부분에서 매년 큰 흑자가 발생하고 있다(국민연금기금 외의 다른 사회 보장성 기금은 소폭의 흑자를 유지한다). 이는 정부의 일반적인 재정 활동(인프라 구축, 사회 복지 프로그램 운영, 교육, 국방, 경찰·사법, 각종 행정 서비스 제공 등)에 따른 재정의 흑·적자 발생 상황과 전혀 다르다. 그러므로 사회 보장성 기금의 흑·적자를 국가 재정 수지에 반영할 경우와 그렇지 않을 경우에 따라 국가 재정의 흑·적자와 건전성 상태가 달라진다.

그동안 통합 재정 수지(국민연금 등의 수지 반영)가 대다수 연도에 흑자를 보이다가 최근에 적자를 보인 것과 달리 관리 재정 수지(국민연금 등의 수지 제외)의 경우 거의 매년 적자를 보인 사실이 말해 준다(〈그림 14-1〉 참조). 요약하면, 통합 재정 수지와 관리 재정 수지 간에는 개념과 크기 그리고 지표의 해석과 기능에서 차이가 난다.

끝으로, 통합 재정 수지와 관리 재정 수지의 산정 내용과 방법은 전문적이고 다소 까다로워서 독자들은 이에 대해 반드시 알 필요는 없다. 다만, 두 지표(통계) 모두 국가 재정의 흑·적자 상태를 비교적 정교하게 산출하고 있는 점과 거시적으로 상호 맥을 같이 하면서 보완적으로 활용될 수 있는 점은 알아 둘 필요가 있다. 따라서 국가 재정의 거시적 상태와 변화의 흐름을 판단할 때 두 지표를 상호 비교하면서 판단하면 여러 면에서 유용하다.

〈그림 14-2〉는 최근(2015~2022년) 우리나라의 재정 수지(통합 재정 수지, 관리 재정 수지)에 대해 규모와 비율(GDP 대비), 변화 추세와 특징을 종합적으로 보여 준다.

다. 대규모 적자 재정 운영이 키운 허울 좋은 국가 재정 덩치

최근에 매년 대규모의 적자 재정을 운영한 결과 아이러니하게도 국가 재정의 덩치가 갑자기 커졌다. 통합 재정 기준으로 우리나라의 국가 재정 규모는 절대적·상대적 잣대 양면에서 팬데믹 발생 후 크게 팽창하였다. 〈그림 14-3〉에서 보면, GDP 대비 국가 재정 규모 비율은 2010년부터 완만한 증가세를 보이다가 갑자기 2019년과 2020년에 큰 폭으로 증가하였다. 구체적으로, 동 비율은 2010~2018년 중에는 19.5%~21.5%로 연도 간에 미미하게 변동하였지만, 2019년과 2020년에는 각각 23.8%와 26.8%로 크게 뛰었다. 불과 1년 사이에 국가 재정 규모 비율이 2~3%로 뛴다는 것은 굉장한 도약으로, 대규모 세수 확충이나 대규모 지출 확대가 있을 때만 가능한 일이다. 우리나라의 경우 후자 즉, 적자 재정 운용에 따른 대규모 재정 지출 확대로 인해 발생하였다.

2019년은 경제와 재정 면에서 외부 충격이 없었던 평상적 연도였지만, 정부와 정치권이 대규모 사회 복지 프로그램을 확대 신설하는 확장적 재정 정책을 밀어붙인 결과 국가 재정 덩치가 갑자기 쑥 커졌다.[1] 아이러니하게도 국가 재정의 덩치가 1년 사이에 크게 불어난 것이 다름 아닌 공채 발행, 즉 '빚의 힘'에 의해서였다. 매우 씁쓸한 일이다. 재정의 외형은 커졌지만, 과정과 내용

---

1 정부의 확장적 재정 정책은 경기 대응이나 경제 활성화에 목적이 있지 않고, 사회 복지(고용 포함) 중심의 다양한 사회 포용적(social inclusion) 서비스를 강화하는 데 중점을 두었다(일부 SOC(지방의 생활 SOC 포함) 투자 보강이 있었지만, 전체로 보아 크지 않았음). 당시 정부의 확장적 재정 정책이 이례적인 것은 국세 수입이 양호(초과 조세 수입 상태)하였음에도 불구하고 초과 세수에 더해 큰 적자 예산을 편성해서 막대한 국채를 발행하는 정책적 강수를 둔 점이다.

〈그림 14-3〉 국가 재정(중앙정부 재정) 규모 추이(GDP 대비 지출 비중, 통합 재정 기준)

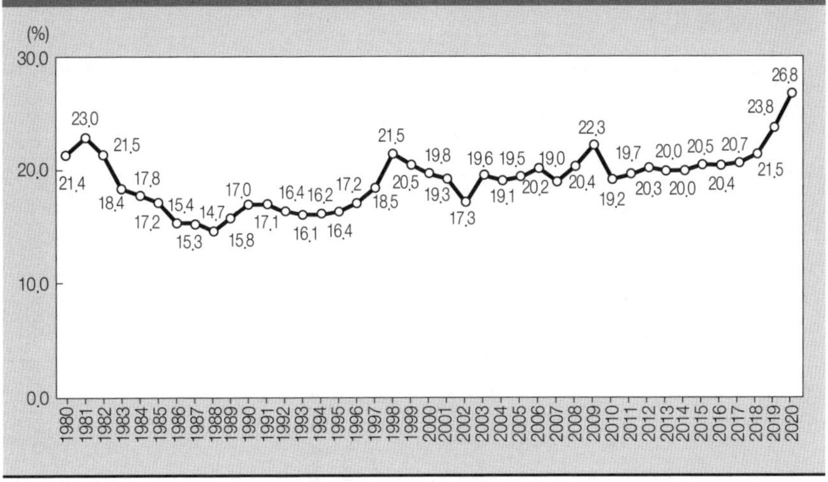

자료: 기획재정부.

이 충실하지 못하였다. 이는 당장 그다음 해에 예상하지 못한 팬데믹 충격이 발생하면서 국가 재정을 압박하는 요인으로 작용하였다.

라. 이미 들어선 위험한 경로와 새로운 경향

우리나라 국가 재정 수지의 역사적 흐름과 최근의 악화 상황을 전반적으로 살펴본 결과 다음의 몇 가지 중요한 사실을 확인할 수 있다.

첫째, 역사적으로 국가 재정은 흑자 기조를 유지해 왔고, 예외적으로 외부 충격(1997년의 외환 위기와 2008년의 글로벌 금융 위기)에 의해 비교적 짧은 적자 시기를 경험하였다. 그러던 재정 기조가 2019년을 시발점으로 5년 연속(금년도 포함) 대규모 적자 재정을 운영하는 '위험한 경로 변경'을 하고 있다.

둘째, 팬데믹 발생 후 재정 능력보다 지출이 훨씬 큰 대규모 적자 재정이 운영되었고, 그것을 뒷받침하기 위해 대규모 국채 발행이 이루어지면서 국가 채무가 급팽창하였다. 이로 인해 전에 없었던 재정 압박 현상과 재정 건전성 문제가 불거졌다.

셋째, 국가 경제와 재정에 특별한 위험이나 외부 충격이 없고 긴급한 적자 재정 수요가 많지 않은 상황에서 단행된 2019년도 적자 예산 편성은 국가 재정 운영의 새로운 신호탄이자 국가 재정을 초기 위험 지대(red zone)로 내몬 출발점이었다. 이때 단행된 막대한 '재정 적자-국채 발행 패키지'는 연이은 팬데믹 슈퍼 적자 예산 편성과 상호 상승 작용을 일으키면서 국가 재정의 아킬레스건이 되었고, 나아가 미래의 재정 운영을 압박하고 재정 위험에 노출하는 예산 행위가 되었다.

종합적으로, 최근 몇 년간 연속 진행 중인 국가 재정 적자는 규모와 내용과 기간 면에서 과거에 없었던 새로운 '위험한 경향'이다. 이러한 신경향은 많은 문제들을 안고 있어 어떻게 해서라도 막아야 한다. 무엇보다도 국가 재정의 적자 운용 폭을 줄이고, 적자 재정의 습관화·구조화 현상을 강력히 차단해야 한다. 이 문제는 곧이어 살펴보는 국가 채무 상태를 진단한 후에 다시 한번 종합 정리하기로 한다.

(3) 팽창하는 국가 채무, 늘어나는 국민 부담

가. 멈추지 않는 국가 채무 과속

앞서 살펴본 국가 재정 적자는 결국 국가가 국채 발행, 즉 빚을 내야만 해결될 수 있다. 빚을 내지 않는다면, 세금을 더 많이 걷거나(증세), 아니면 재정 지출을 대폭 축소 조정해야 한다. 양자 모두 불가능한 일은 아니다. 하지만, 최근의 정치·행정 상황을 두고 보면 그 어느 것도 실현되기 어려워 보인다. 무엇보다도 최근에 신설·확장된 재정 지출이 현금 복지 성격을 지니고 있어서 한

번 실시되면 단기에 줄이거나 폐지하기가 힘들기 때문이다. 그리고 경제가 좋지 않은 상황에서 정부가 증세 정책을 채택한다는 것은 상상하기 어렵다. 결국 대규모 공채를 발행해서 정부와 국회가 결정한 재정 지출 수요를 충당하는 수밖에 없다. 이런 점에서 최근에 관측되고 있는 '재정 수요 확대–적자 재정–공채 재정(국채 발행)–국가 채무 급증–재정 건전성 악화 현상'은 하나의 습관적 경로나 경향으로 굳어지는 듯하다.

우리나라의 국가 채무는 크게 중앙정부 채무와 지방자치단체 순 채무로 구성된다. 연도별로 조금 차이가 있지만, 대체로 중앙정부 채무가 전체의 95% 이상을 차지한다. 따라서 중앙정부 채무를 사실상 국가 채무로 간주해도 큰 무리가 없다. 2020년도 결산에 의하면 국가 채무는 중앙정부 채무 96.8%(819.2조 원: 국채 815.2조 원, 차입금 3.3조 원, 국고 채무 부담 행위 0.7조 원)와 나머지 3.2%(27.5조 원)의 지방자치단체 채무로 구성된다. 특히, 최근에는 중앙정부가 적극적인 확장적 재정 정책을 추진한 결과 국가 채무의 97% 이상을 중앙정부 채무가 차지한다.[2]

역사적으로 국가 채무 수준은 2000년대 초반까지는 GDP 대비 20% 미만, 그 후 2010년까지는 GDP 대비 30% 미만의 채무 비율을 유지해 왔다. 그러다가 2011년에 처음으로 국가 채무 비율 30%대 시대가 열렸다. 세부적으로는, 2010년대 초반(2011~2014)에는 국가 채무 비율이 30.3~34.1%를 기록하였고, 중후반(2015~2019)으로 갈수록 그 비율은 빠르게 상승하였다(35.7~43.8%).

최근 10여 년을 돌아보면서 국가 채무의 변곡점(시기)을 짚어 보면 다음과 같다. 그것은 크게 국가 채무의 규모와 GDP 대비 국가 채무 비율 두 관점에서

2 중앙정부 채무와 지방자치단체 채무 간에 규모와 비중이 크게 다른 이유는 중앙정부와 지방자치단체 사이에 존재하는 기능, 권한, 재정(재원 조달) 역량, 발권력, 기채 자율 및 통제 등에서 차이가 나기 때문이다. 아울러 국채와 달리 지방채 발행에 대하여는 중앙정부의 엄격한 관리 통제가 이루어지고 있는 점도 중요한 원인이다.

파악될 수 있다(〈그림 14-4〉 참조).

먼저, 국가 채무 규모 면에서 보면, 2008년에 처음으로 300조 원(309.0조 원)을 돌파한 것을 필두로 2011년 400조 원대(420.5조 원), 2014년 500조 원대(533.2조 원), 2016년 600조 원대(626.9조 원), 2019년 700조 원대(732.3조 원), 2020년 800조 원대(846.65조 원)로 진입하였다. 그 후 2021년에는 900조 원대에 진입(965.3조 원)하였고, 2022년에는 드디어 1,000조 원(1,064.4조 원)을 돌파하였다(2020년까지는 결산 기준이고, 2021년은 2차 추경, 2022년은 본예산 기준임). 돌아보면, 우리나라 국가 채무는 2011년에 처음 400조 원대에 들어선 이후 10년 남짓한 기간에 무려 600조 원 이상 증가하였고, 그 결과 바람직하지 않은 국가 채무 1,000조 원 시대를 열었다.

다음으로, GDP 대비 국가 채무 비율을 살펴보면 다음과 같다. 동 비율은 2010년대 이전에는 오랫동안 10%대, 20%대를 유지해 오다가 2011년에 처음으로 30%대에 진입하였다. 그 후 2015년에 35%를 돌파한 다음, 정부가 대규모 확장적 재정 정책을 펼친 2019년부터 가파른 상승세를 타기 시작하였는데, 여기에 팬데믹이 가세하였다. 팬데믹 위기는 국가 재정이 발 벗고 나서야만 하는 상황이었고, 이로 인해 슈퍼 확장적 재정 정책이 추진되었다. 당시 여유 자금이 없었던 터라 막대한 공채 발행에 기대야 하였고, 그 결과 국가 채무는 단숨에 급증하였다. 2019년에 이미 40%대에 근접하였던 국가 채무 비율(37.7%)은 껑충 뛰어 2020년에 43.8%가 되었고, 곧이어 2021년 47.3%, 2022년 50.0%를 치고 나가면서 최고 기록을 계속해서 갱신하였다(2020년까지는 결산 기준이고, 2021년은 2차 추경, 2022년은 본예산 기준임).

불과 10여 년 전만 해도 국가 채무 비율이 20%대였던 것이 무려 50%대 초입에 들어선 것이다. 특히, 2019년과 2020년을 비교하면 불과 1년 만에 국가 채무 비율이 6.1%, 그리고 국가 채무가 17.1%나 증가(2019년 723.2조 원에서 2020년 846.6조 원으로 123.4조 원 증가)하는 놀라운 일이 벌어졌다. 단순한 계산으

〈그림 14-4〉 국가 채무 추이(2008~2022)

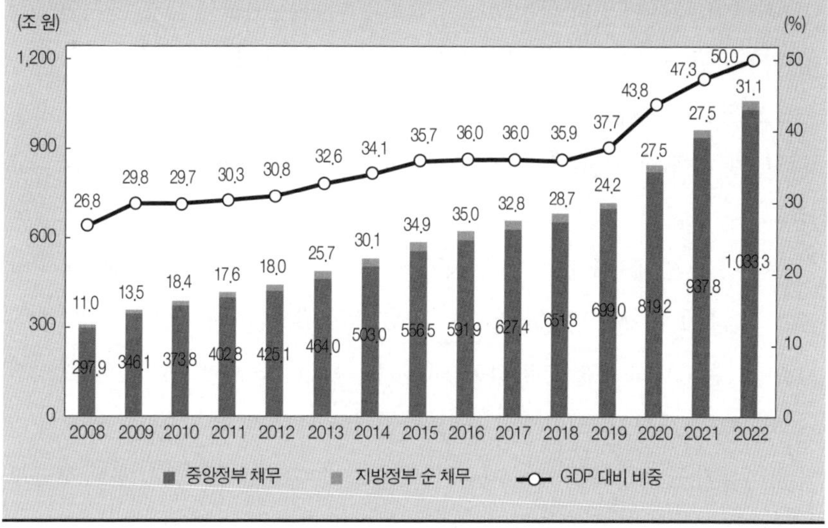

자료: 기획재정부 재정 정보 공개 시스템(openfiscaldata.go.kr).

로 1년 사이에 국민 1인당 국가 빚이 약 240만 원 정도 새로 늘어난 것이다. 무엇보다도 놀라운 점은 최근 5년 사이에 국가 채무가 600조 원대에서 1,000조 원을 넘어서는 천문학적 '국가 빚 팽창'을 한 사실이다. 같은 기간의 연평균 경제 성장률과 GDP 규모 변화를 생각해 보면, 국가 재정이 크게 월권을 하고 비정상적이고 위험한 경로를 걸었던 것이 분명하다.

현 정부(윤석렬 정부)는 건전 재정 기조를 내세우면서 국가 재정의 적자와 채무 수준을 그동안의 팽창 추세로부터 낮추려고 시도 중이다. 그 결과 2023년도 예산에 반영된 국가 채무 비율은 2022년도 본예산 대비 불과 0.4% 오른 50.4%로 추정되었다. 다행한 일이다. 하지만, 최근 수년간 회계 연도 중에 큰 폭의 확대 지향적 추가 경정 예산이 편성되었던 경험 사례를 인식하면, 그 실현 여부는 불투명하다.

나. 급증하는 적자성 채무

최근에 국가 재정이 들어오는 수입보다 나가는 지출이 더 많아지면서(적자 재정) 국민 세금으로 충당하지 못한 재정 지출을 모두 국채로 메워 나가는 공채 재정(public debt financing)이 완전 가동되고 있다. 이는 국가 채무 중 적자성 채무로 통계에 잡히는데,[3] 팬데믹 이후 적자성 채무 비중이 빠르게 늘어나고 있다.

〈그림 14-5〉에서처럼, 적자성 채무 비중은 2012년까지는 40%대를 유지하였고, 그 후 2013~2019년 중에는 50%대(51.7~57.4%)로 뛰어올랐다. 그러던 것이 2020년에는 60.6%로 껑충 뛰었고(2019년 56.4% 대비 약 4% 도약), 그 후 2021년 63.1%, 2022년 64.1%로 고공행진 중이다. 이러한 사실은 국가 채무가 급격히 늘어난 이유가 급팽창하는 재정 지출 수요를 조세 수입이 따라붙지 못해 대규모 차입에 의존하는 적자 재정의 운영에 있음을 말해 준다. 일반적으로 국가의 조세 수입이 경제 성장과 비슷한 보조를 유지하는 점을 고려하면, 최근의 국가 재정 지출 증가 속도는 국민 경제와 조세 역량의 증가 속도를 크게 뛰어넘는 과속 질주였고, 지출 규모는 과다 팽창이었다.

(4) 종합: 이미 위험 지대에 들어선 국가 채무

국가 채무는 2010년대 초에 새로운 영역(국가 채무 비율 30%대)에 진입하였고, 그 후 팬데믹 위기를 맞이하면서 사실상 국가 재정을 압박하는 위험 지대

---

3 우리나라의 국가 채무는 크게 적자성 채무와 금융성 채무로 구분된다. 전자는 정부가 재정 적자를 메우고(일반회계 적자 보전) 공적 자금의 국채 전환 등을 목적으로 국채 발행 등의 방법으로 빚을 내는 것을 말한다. 후자는 정부가 시행하는 정책의 목적을 달성하기 위해 국가가 빚을 내는 것으로 크게 외환 시장 안정용, 서민 주거 안정용 등으로 구성된다. 적자성 채무 자금은 정부가 그해에 예산으로 집행하면 자금이 완전히 소진되고 사실상 빚(원금, 이자)만 남는다.

〈그림 14-5〉 국가 채무 중 적자성·금융성 채무 추이(2008~2022)

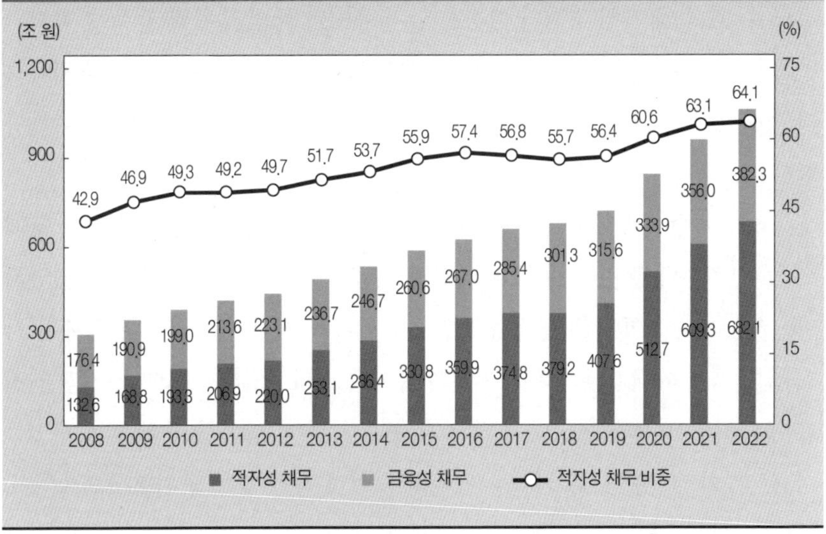

자료: 기획재정부 재정 정보 공개 시스템(openfiscaldata.go.kr).

에 발을 들여놓았다. 위험 지대란, 단순히 '국가 채무 1,000조 원, 국가 채무 비율 50%대 시대'를 두고 말하는 것이 아니고, 채무 증가의 속도와 채무의 질과 증가 배경(과도한 국가 재정 수요 반영)에 방점을 두고 하는 말이다. 특히, 2019년과 팬데믹 기간에 급팽창한 적자 재정과 국가 채무는 점점 국가 재정을 압박하면서 재정의 유연성(탄력성)과 운신의 폭을 좁히고 있다. 그 결과 지금과 같이 한국 경제의 침체가 예상되는 상황에서도 정부가 대규모 국채 발행을 통해 가계와 기업을 적극적으로 지원하고 경기를 진작시키는 확장적 재정 정책을 선뜻 추진하기가 어렵게 되었다.

최근 수년간 과속 질주하고 있는 국가 채무를 멈추게 만들어야 한다. 당장 정지시키기가 어렵다면(이미 벌어진 상황이 크고 복잡해서 현실적으로 당장 채무 확대를 정지시키는 어려움) 진행 속도를 크게 낮추어야 한다. 그렇지 않으면 경제 저성장 시대에 국가 재정조차 역량과 기능과 역동성이 현저히 떨어지는 중병에 걸릴 수 있다. 국가의 경제와 재정은 국가 유지와 국민 생활의 활기 및 복지와 만족을 창출해 내는 원동력이자 엔진이다. 그 엔진이 고장 나지 않도록 지금부터 정신 바짝 차려서 국가 채무 문제를 체계적으로 정비하고 잘 관리해 나가야 한다.

국가가 수년째 대규모 적자 재정을 운영하는 상황에서는 국가 채무가 계속 늘어날 수밖에 없다. 물론 팬데믹 위기 극복이라는 시대적 명제가 있었지만, 대규모 적자 재정은 팬데믹 직전 2019년부터 시작되었고, 그 중심에는 사회 복지 지출 확대라는 정치적 동력과 유인이 자리하였다. 막강한 정치적 엔진을 장착하고 자율적 조절이 어려운 대규모 의무성·영속성 사회 복지 사업들이 신설·확장되면서 국가 재정의 미래는 점점 강한 압박과 위험성으로 둘러싸이고 있다(사회 복지 지출과 관련된 국가 재정 압박 문제는 조금 뒤에서 다룬다). 이제는 '과다 국민 수요(재정 지출) 반영 – 재정 적자 – 국가 채무 확대'의 삼각형 연계 고리가 구조화, 습관화되는 것을 막아야 한다.

국가 재정의 새로운 변신

(1) 일본처럼 적자 국가, 공채 국가가 될 것인가?

최근에 점점 심각해지는 국가 재정의 대규모 적자와 급팽창하는 국가 채무 상태를 진단해 보면서 다음과 같은 교훈과 미래의 과제를 갖게 된다.

첫째, 2010년 이후 줄곧 재정 흑자(총수입–총지출, 통합 재정 기준)를 기록해 오던 국가 재정이 2019년에 처음으로 적자 영역에 진입하였고, 그 후 곧바로

정부와 국회의 향후 주요 재정 전망

현재 정부(기획재정부)는 매년 향후 5년을 전망하는 중기재정계획을 수립하고 있고, 국회는 직접 재정 전망을 하지 않지만, 국회예산정책처(NABO)가 일종의 입법부 차원에서 10년을 전망 시야로 하는 중기 재정 전망을 한다. 이들 두 기관이 발표한 가장 최근의 국가 재정 전망(기획재정부, 2022~2026년 국가 재정운용계획, 2022년 9월; 국회예산정책처, 2022~2031년 NABO 중기 재정 전망, 2022년 10월)의 주요 내용(총수입과 총지출, 재정 수지와 채무 상태)은 대동소이한데, 여기서는 정부 계획을 중심으로 살펴보고자 하며, 주요 내용은 다음과 같다.

첫째, 2023~2026년 중 총수입 증가율 연평균 4.1%, 총지출 증가율 연평균 1.8%로 예상한다.

둘째, 2023~2026년 중 관리 재정 수지 비율과 통합 재정 수지 비율(GDP 대비 비율)은 -2.6~-2.2% 수준을 유지하고, 국가 채무 비율은 약 50% 수준에서 매년 조금씩 증가하다가 2026년에 52.2%에 도달하는 것으로 예상한다. 다만, 국회예산정책처는 2026년도 국가 채무 비율을 52.7%로 조금 높게 전망하고 있다.

셋째, 정부는 재정 준칙을 도입할 예정이며(새 정부 경제 정책 방향 발표(2022. 6. 16), 그 핵심은 관리 재정 수지(재정 적자)를 GDP 대비 3%로 제한하고, 국가 채무 비율이 GDP 대비 60%를 넘어설 경우 동 한도를 GDP 대비 2%로 축소하는 데 있다.

넷째, 국가 재정 운용 계획 수립 과정(전제)에서 전망하는 경상 GDP 성장률은 연간 4% 이상(4.0~4.5%)으로 예상한다.

정부와 국회가 전망하는 향후의 국가 재정 상태를 종합하면, 정부가 연평균 총지출 증가율을 총수입 증가율보다 크게 낮추는 전략적·정책적 접근을 취하면서 국가 재정의 적자와 채무의 증가 속도는 완만해지고, 재정 건전성은 향상되는 분위기이다. 이는 당분간 확장적 재정 지출을 하지 않고, 또한 정부가 천명한 건전 재정 원칙을 제대로 준수할 때 가능하다.

다만, 재정 전망의 기반이 되는 경제 성장 전망이 견고하지 못하고 불확실성 요소를 안고 있어서 정부의 계획대로 국가 재정 상태가 개선될지는 다소 불확실하다. 정부는 2023~2026년 중 연평균 경상 GDP 성장률 4.2%를 예상하는데, 이는 과다 전망 가능성이 있다. 당장 2023년도 정부 전망(경상 GDP 성장률)이 4.5%인데, 그 실현이 어려워 보인다. 정부가 지난해 연말(12월)에 수정 발표한 2023년도 실질 경제 성장률이 그 이전보다 크게 낮은 1.6%로 전망된 사실만 두고 보더라도 그렇다.

경제 성장이 정부 예상보다 낮아지면, 총수입은 계획보다 줄어들고 총지출(추경 포함)은 늘어날 가능성이 크다. 이 경우 계획 기간 중 정부가 예상하는 수입 주도 재정 운영(총수입 증가율 연평균 4.1%, 총지출 증가율 연평균 1.8%)은 실현되기 어렵다. 특히, 본격적인 경기 침체나 경제 위기 상황이 발생할 경우, 수입과 지출 모두 결정적인 타격을 입고 대대적인 예산 조정이 불가피하다. 수입보다 지출이 더 큰 상황이 확대되고, 그 결과 재정 적자 폭이 커지고 국채 발행이 늘어나는 악순환('재정 적자-국가 채무 확대 재생산') 현상이 발생한다.

팬데믹 위기를 겪으면서 재성 적자 상태가 매우 심각해졌다. 우려를 더하는 것은 정부와 국회(기획재정부, 국회예산정책처) 모두 향후 5~10년 시야에서 국가 재정 수지의 흑자 전환 가능성이 없는 것으로 전망하고 있는 사실이다(박스 내용 참조).

이는 한국 재정의 새로운 '정형화된(기정화된) 사실'(stylized fact)이 되고, 또한 재정 적자와 국가 채무의 체계적 연동화가 국가 재정의 구조적 문제로 굳어질 수 있음을 시사한다. 이는 우리나라보다 먼저 사회 복지 시스템을 구축해서 실현하고, 인구 고령화, 1인당 국민 소득 3만 달러·4만 달러 시대, 사회·정치적 다원화와 갈등을 경험하면서 국가 재정이 적자 공채의 덫 또는 함정(public debt trap, pitfall)에 빠졌던 선진국의 전철을 우리도 밟을 수 있음을 경고하는 대목이다.

멀리 갈 것 없이, 서구와 제도와 경향을 달리하면서 우리나라와 유사한 국가 재정 운영 시스템을 운영하는 이웃 일본의 생생한 경험을 반면교사로 삼을 필요가 있다. 일본은 1990년대 초에 거품 경제(bubble economy)가 폭발한 이후 만성적인 '대규모 재정 적자-대규모 공채 발행의 늪'에 빠졌고, 그 후 근 30년이 다 되어가는 지금도 그 속에서 헤어나오지 못하고 있다. 지난 10~20년 동안 일본은 매년 국가 예산의 30~40% 내외를 빚을 내어(국채 발행) 조달하는 사실상 '공채 국가'로 전락하였다(가장 심하였던 경우 국가 예산의 절반에 가까운 자금을 국채로 조달하였다). 일본도 과거에는 우리나라처럼 GDP 대비 국가 채무 비율이 50~60% 수준을 기록하였는데, 그 후 10년이 채 안 되어 동 비율이 100%를 훌쩍 넘었다.

앞서 기술한 바와 같이, 전 세계가 글로벌 인플레이션을 극복하고자 가파른 금리 인상을 펼치는 상황에서 일본만 제로 금리 정책을 고수하고 있는 가장 큰 원인 중 하나가 금리 인상으로 일본 정부의 국채 이자 비용 부담이 눈덩이처럼 커지는 것을 막기 위해서이다. 이미 GDP 대비 국가 채무 비율이 260%를 넘어선 현재 상황에서 기준 금리가 1~2%만 올라도 엄청난 이자 비용이 발생하는데, 이를 감당하려면 또다시 많은 국채를 발행해야만 한다. 새로운 국가 빚은 기존 국가 채무의 이자 비용에 더해 할증된 신규 이자 비용 부담을 가중하고, 이는 또다시 더 큰 규모의 적자 예산 편성을 요구하는 악순환을 초래한다.

더 많아진 국가 빚의 이자 비용을 물기 위해 새로 막대한 빚을 내는 재정 행위는 국가 재정의 건전성과 질을 떨어뜨리고, 국민 세금의 가치를 추락시키는 매우 심각한 문제이다. 특히, 국민은 자신이 내는 세금의 상당 부분이 국가 기반 시설이나 장래 교육과 복지 사업에 사용되지 않고, 국가의 빚 상환에 사용되는 사실을 아는 순간 큰 실망과 자괴감에 빠지게 된다.

우리는 이러한 일본의 현재 진행 중인 사례를 타산지석으로 삼아 가능하면 빨리 국가 재정의 과도한 적자 운영과 채무 수준을 정상 상태로 돌려놓는 확고한 정치·행정적 결단을 하고, 그에 상응하는 노력을 기울여야 한다.

둘째, 역사적으로 우리나라의 재정 적자는 외부 충격(요인)으로 발생하였는데, 그에 대한 예외적 상황이 수년 전부터 발생하면서 국가 재정의 위험한 경로를 새로 만들었다. 정치가 주도하는 신노선이다. 당시에는 특별한 위험이나 외부 충격 요인이 없었고 재정 수입도 괜찮았는데, 정부와 정치권이 큰 폭의 사회 복지 지출 확대를 시도하면서 막대한 적자 재정 운영과 공채 발행이 이루어졌다(이에 대하여는 구체적으로 논하지 않기로 한다).

이러한 새로운 경향은 앞으로 국가 재정을 균형 예산 원칙과 건전 재정 원칙에 따라 엄격히 관리하지 않으면, 언제라도 사회 복지 관련 적자 재정 수요가 정치권을 중심으로 강하게 분출하면서 재정을 압박할 가능성이 있음을 시사한다. 부연하면, 이제는 외부 충격이 아니라도 국내의 행정·정치적 요인과 힘에 의해 얼마든지 대규모 적자 재정과 국채 발행이 강요될 수 있는 환경이 조성되었다. 이런 관점에서 팬데믹 이전부터 단행된 대규모 적자 재정은 나쁜 선례이자 한국 재정의 새로운 '적자 재정 – 공채 재정 구조화(포퓰러)' 프레임의 첫 단추를 끼운 현상으로 기억될 것이다.

사실, 그때 과도한 적자 재정과 공채 재정을 운영하지 않았더라면, 이듬해(2020년)에 COVID-19가 발생하였을 때 국가 재정이 좀 더 운신의 폭과 유연성을 가지고 효과적인 재정 활동을 전개할 수 있었을 것이다. 그리고 나아가 그 후(현재 포함) 국가 재정이 겪는 재정 압박의 강도와 긴장감이 완화될 수 있었을 것이다. 하지만 지나간 일이다. 기억해야 할 사실은 앞으로의 재정 적자와 국가 채무 관리는 과거와 달리 외부 충격 대응 못지않게 국내의 행정·정치적 요인에 대한 합리적 조절과 대응이 중요하다는 점이다. 현재 중요한 것은 국가 채무를 예의 주시하면서 체계적으로 관리해 나가는 창의적 노력에 힘쓰는 일이다.

셋째, 종합적으로, 국가 재정의 적자 운영과 채무 상태가 초기 위험 지대에 진입하였음을 분명히 인지하고, 그에 대응하는 재정 관리를 해야 한다. 이를 위해서는 재정 적자와 채무에 대한 단·장기 종합 관리는 물론 그에 직접적인 영향을 주는 재정의 수입과 지출을 체계적으로 관리하는 방안을 구체적이고 전략적으로 마련해야 한다. 수입은 국민 경제의 퍼포먼스와 같이 움직이지만(조세 정책 등을 통해 일부 통제 가능), 지출은 정부와 정치권의 합리적 의사 결정에 따라 사실상 대부분 통제가 가능하다. 그러므로 세수 확충도 중요하지만, 그보다 지출의 절제와 조절 통제가 더 중요하고 시급하다.

(2) 국가 재정의 미래 방향: 압박과 우려로부터의 탈출, 장기 영속성과 세대 간 공정하고 공평한 재정 자원 공유

현재 우리나라의 국가 재정은 외형상 건전성 범위 내에 들어 있지만, 실제 상황은 그와 다르다. 미시적으로 뜯어보고 코앞에 놓인 굵직굵직한 재정 수요를 고려하면, 결코 안심할 수 있는 상황이 아니다. 당장 조만간에 밀어닥칠 경기 침체에 대응해야 할 재정의 규모와 대상이 매우 크고 다양하다. 가계와 기업에 대한 국가 재정 지원을 필두로 적자 재정 충당, 국채 원리금 상환, 건강보험과 주요 사회 보험(연기금) 적자 보전 등을 종합적으로 고려하면, 국가 재정의 건전성에 경고등이 켜진다. 지금으로서는 대부분 추가 국채 발행을 통해 메울 수밖에 없다. 재정 곳간이 비어 있고, 재정 공간(fiscal space)에 여유가 없기 때문이다. 그동안 정부와 경제·재정 예측 기관들이 전망한 국가 채무의 상태와 수준에 부정적 수정이 불가피해 보인다.

정치권 등 일각에서 우리나라의 국가 채무가 GDP 대비 50% 수준이라 별 문제가 없다든지, 아직은 OECD 국가 중에서 상태가 양호하다는 등의 안일한 낙관론은 떨쳐 버려야 한다. 그러한 낙관론은 경제와 사회가 지속적으로 안정적이고 경제가 선순환 국면에 들어서 있을 때는 기대할 수 있다. 이때는 국가 채무 수준이 빠르게 변하지 않으며, 많은 경우 오히려 채무 상태가 개선된다. 경제 성장에 따른 세수 확대가 국가 채무의 부담을 줄일 수 있기 때문이다.

문제는 경제가 계속 잠재 성장률을 밑도는 저성장 추세를 나타내거나 갑작스럽게 경기 불황이 닥칠 때 발생한다. 그리고 지금과 같이 금리가 가파르게 상승하고, 또한 금리 상승세가 언제 멈출지 모르는 불확실한 상황이 지속될 경우도 문제가 발생한다. 이때는 GDP 대비 50~60%의 국가 채무라도 위험성을 지닌다. 수치상으로는 큰 문제가 없어 보이지만, 뜻밖의 외부 충격이 가해지면 그에 대응해야 하는 재정의 기능과 맺집에 문제가 생겨나기 때문이다. 급격한 경기 침체나 경제 위기 상황이 발생하면 정부는 가계와 기업을 도와주고 경제 회복을 촉진하는 재정 정책을 펼쳐야 하는데, 이때 재정의 역량과 공간(여유)이 부족하면 단기에 막대한 공채를 발행하기가 어렵다. 재정이 스트레스를 받기 시작하고, 그 강도가 점점 강해지면 재정 압박(fiscal pressure) 현상이 나타나고, 극단적으로는 재정 위기(fiscal crisis)로 연결된다.

예컨대, 만일 경제 위기로 국가 신인도에 치명적인 손상이 생기는 상황에서 재정이 심한 압박 상태에 있다면, 작은 외부 충격에도 순식간에 그것이 재정 위기로 비화될 수 있다. 비록 국가 채무가 GDP 대비 50~60% 수준이라도 평시에 안전 자산으로 여겨지던 국채가 어느 순간 위험 자산의 범주에 포함될 수 있기 때문이다. 경제 위기가 발생하면 국가 채무는 순식간에 급증하고, 자금 조달은 평시와 달리 많은 어려움에 직면한다. 국채 발행과 거래 시장도 전과 같은 정상적 상태를 유지하지 않는다. 개인과 조직과 국가가 망가지는 것은 순식간이다. 물론 이러한 극단적 상황은 현재와 가까운 미래의 우리나라 재정에서 발생할 가능성은 매우 낮다. 하지만 지극히 경계해야 하는 것만은 분명하다.

현재의 우리나라 국가 채무 수준은 경제 역량이나 재정 공간에 비추어 당장에 국가 재정을 심하게 압박하거나 위기 상황으로 내몰 정도로 위험한 것은 아니다. 그러나 최근의 추세가 멈추지 않고 계속된다면, 중기 시야(3~5년)에서 국가 재정이 압박을 받을 가능성이 매우 크고, 혹 그 사이에 어떤 글로벌 충격이 발생한다면 위험한 상황에 내몰릴 수도 있다. 그러므로 지금은 어떻게 해서라도 국가 재정의 수지 불균형 상태를 조절하고, 재정 적자와 채무의 증가 속도를 크게 줄여야 한다.

선진국의 역사적 경험을 보면, 국가 채무는 몇 가지 결정적인 사회·정치·

경제적 이유로 새로운 영역(예컨대, GDP 대비 국가 채무 비율 60% 초과)에 일단 발을 들여놓으면, 그 후에는 과거의 낮은 국가 채무 구조로 회귀하지 못하는 경향을 보였다. 점점 늘어나는 국가 채무 이자 비용 부담이 적자 재정 부담과 함께 국가 재정을 압박하기 시작하고, 그것이 심해지면 2010년 전후로 세계에 충격을 준 (남)유럽국가 채무 위기(European sovereign-debt crisis)와 같은 국가 재정 위기를 불러일으킨다. 당시 '피그스'(PIGS: 포르투갈, 이탈리아, 그리스, 스페인 4개 국가를 지칭하는 폄훼성 조어로 영어의 '돼지들'이라는 의미를 함축함)라는 비아냥대는 용어가 난무하였는데, 이들은 막대한 재정 적자와 국가 채무로 국가 부도 또는 부도 직전 상황을 경험하였다.

결론적으로, 우리나라의 재정은 지금 운명적 기로에 서 있다. 전통적으로 유지해 왔던 건전 재정·흑자 재정·균형 예산의 기조가 흐트러지고 적자 재정·과다 채무·재정 압박 시대를 활짝 열어제쳤다. 국가 재정은 한 나라의 장기 영속성과 세대 간 부존자원과 공공 서비스 혜택의 '공정하고 공평한 공유'(fair and equal sharing)를 보장해 주는 가장 중요한 수단이자 제도이다. 이 제도가 공정과 공평의 추를 잃어버리고 지속 가능성과 세대 간 형평을 담보하지 못하는 방향으로 운영된다면, 그 기능과 사명은 상실되거나 현저히 도태된다. 더 늦기 전에 국가 재정의 건전성, 지속 가능성, 형평성, 그리고 국민에 대한 설명 책임성(fiscal accountability)을 회복하는 결단과 지혜와 노력을 총집결해야 한다.

지금과 같이 경제와 재정의 여건과 조건이 빡빡해지고 있는 상황에서는 그야말로 국민의 생활과 복지에 필수적인 재정 지출 수요 외에는 모두 우선순위를 정해서 과감하게 재구조화하고, 중기 시야에서 재조정해야 한다. 아울러 예산 지출을 최대한 국가의 경제와 조세 역량, 즉 예상되는 재정 수입에 맞추어 나가는 균형점을 찾아야 한다. 될 수 있는 한 국가의 빚에 기대는 적자 재정은 피하고, 정 불가피할 경우 국채 발행과 재정 적자의 수준을 최소화·최적화하는 원칙을 갖고 전략적으로 맞서야 한다.

한국 경제 위기에 대응하는 국가 재정의 역할과 전략

우리나라의 재정은 최근 수년간 대규모 적자 재정과 공채 재정을 시행한 나머지 여유와 탄력성을 잃어버렸다. 이 상태에서 만일 경제 위기가 닥친다면 국가 재정이 구원 투수로서 역할과 책임을 다하기에는 무리가 있다. 따라서 국가 재정을 신속히 재정렬하고 위기 대응 체제와 전략을 갖추어야 한다. 이미 경기 둔화를 넘어 경기 침체로 치닫는 현재, 국가 재정은 최악의 상황을 염두에 두는 비상 체제를 준비해야 한다. 구체적으로, 예상되는 가계와 기업의 경제적 애로와 문제를 면밀하게 파악하고, 수출, 생산, 투자, 소비, 고용 등 주요 거시 경제 요소를 자극해서 진작시키는 전략적 방안을 마련해서 선제적으로 조치해야 한다.

단도직입적으로 말해서, 정교하게 다듬은 한시적 재정 확장 정책을 단행해야 하며, 그 속에 일종의 비상 경제·재정 조치를 포함해야 한다. 그리고 추진될 각종 재정 지출 프로그램의 목적과 목표를 분명히 하고, 모든 재정 사업의 수혜자와 수혜 내용 및 산출물(output)과 성과(outcome)를 명확히한다. 이는 비상 재정 정책의 목적 달성 차원에서 중요할 뿐 아니라 정부가 지원하고 제공하는 금전 및 서비스 혜택이 비효율적으로 활용되고 낭비되는 현상을 막아 준다.

무엇보다도 도덕적 해이(moral hazard)나 무임승차자(free rider) 행태가 발생하지 않도록 사전적·사후적 장치를 마련해서 엄격히 통제해야 한다. 국가 재정이 압박을 받는 상태에서 가계와 기업 등 국민 경제가 처한 긴급한 상황을 국가가 채무 확대를 불사하고 재정 확장 정책을 추진하는 만큼 지원 및 구제 자금을 남용하거나 악용하는 사례는 어떤 형태로든 차단되어야 하기 때문이다. 예를 들면, 팬데믹 기간에 기업의 파산(도산) 건수가 이전에 비해 크게 줄었다거나(이는 자연적으로 도태(파산)되어야 할 기업이 정부의 팬데믹 금융 지원 프로그램을 이용해서 생존을 유지하기 때문임), 정부의 각종 재정·금융 지원 혜택을 일부 가계와 기업이 오·남용한 경우가 그렇다.

경제 위기에 대응하는 비상 재정 정책은 위기 예방과 경기 회복 그리고 위기에 휘말린 경제 주체를 구원하고 회생(회복)시키는 데 집중해야 한다. 구체적으로, 수출 감소, 투자·소비·고용 감소, 가계와 기업 부채 및 자금 경색, 부동산 시장 추락 등 경제 위기의 도화선과 주요 폭발 지점과 요인에 집중하는 것이다. 한국 경제의 위기라는 최악의 시나리오를 가정할 때, 국가 재정이 구원투수로서 역할을 해야 할 사항은 너무나 많다. 이와 관련해서 이 장에서는 구체적인 역할과 세부 정책 조치에 대해 논하기보다 한국 경제 위기의 도화선과 폭발 지점(전장(戰場))을 중심에 두고 국가 재정이 수행해야 할 거시적 기능과 전략 및 중점 정책 방향에 대해 기술하고자 한다.

(1) 국가 재정 악화와 압박의 최대 난적, 사회 복지 지출 통제

가. 국가 재정 적자와 채무 팽창의 주범인 사회 복지 지출

최근 수년간 재정 적자와 국가 채무가 급증한 원인은 정치권과 정부가 엄청난 예산이 들어가는 사회 복지 지출(사회 보호·보장·고용 프로그램)을 계속해서 신설 확대한 데 있다. 그중에는 굵직굵직한 현금 이전 지출(소위 '현금 복지') 프로그램이 많다. 각각의 사회 복지 지출 프로그램과 세부 사업 내용을 보면, 모두 나름의 필요와 명분이 있다. 그리고 그것을 구체적으로 지지하고 혜택을 보는 수요자들이 존재한다. 그러나 재정 수요가 있다는 것과 그것을 모두 충족시켜 준다는 것은 근본적으로 다르다. 국가의 재정 공간을 살펴본 다음, 사업의 우선순위와 단·장기 계획을 종합적으로 검토해서 연단위, 3~5년 단위로 재정을 적절히 안배하는 것이 정상적인 국가 재정 운영이다. 하지만 최근의 국가 재정 운영은 그렇지 못하였다.

구체적으로 거론하지는 않지만, 지난 약 10여 년간 신설·확장을 거듭하면서 급팽창한 다양한 유형의 사회 복지 지출은 이미 국가 재정을 압박할 만큼 거대해졌고 기성화되었다. 대부분 의무성·영속성 지출로 매년 국가 재정을 구속하고 있으며, 여기에 더해 수급 대상과 혜택 및 금액을 계속 확대 재생산하면서 국가 재정 운용에 제약과 압박을 가하고 있다. 사회 복지 지출 프로그램 중 상당수는 기계적으로 복지 수혜자 수에 단가를 곱하여 예산 산정이 되어 한번 만들어지면 정부와 국회는 사실상 예산에 손을 댈 수 없다.

그동안 실시된 사회 복지 지출의 확장 내용(프로그램, 사업)과 추세는 우리 경제와 재정의 역량, 미래의 잠재력과 재정 공간(여유), 단·장기 우선순위, 경직성 의무 지출 특성 등을 종합해 볼 때, 분명히 과도하고 일부는 예산 낭비와 비효율의 전형적인 모습을 지니다. 따지고 보면, 2019년에 시작해서 팬데믹 기간에 급증한 재정 적자와 국가 채무의 주원인도 사회 복지 지출 팽창에 있다. 사회 복지 지출은 이제 에베레스트산만큼이나 극복하기 힘든 예산 대상이 되었다.

국가 예산 중에서 법에 따라 반드시 지출해야 하는 것을 '의무 지출'이라고 한다(그 외 예산은 국가가 자율적으로 사용할 수 있는 '재량 지출'이라고 함). 가장 최근에 발표된 정부(기획재정부)의 국가 재정운용계획(2022~2026년)과 국회예산정책처(NABO)의 중기 재정 전망(2022~2031)에 의하면 의무 지출 중에서 가장 큰 분야가 다름 아닌 사회 복지 법정 지출이다. 그 다음이 지방 이전 재원(중앙정부가 지방자치단체의 재정을 균형(형평) 있게 지원할 목적으로 만든 제도이며, 지방교부세, 지방교육재정교부금, 유아 교육비 보육료 지원(한시적)이 있음), 이자 지출(공공자금관리기금 등), 기타 의무 지출 순으로 나타난다. NABO의 중기 재정 전망에 따르면, 의무 지출이 총지출에서 차지하는 비중은 2022년의 49.4%에서 2026년에는 55.1%로 크게 증가하고, 2026년도 의무 지출은 복지 분야 189.3조 원, 지방 이전 재원 175.4조 원, 이자 지출 25.5조 원, 기타 의무 지출 7.3조 원으로 구성되는 것으로 예측되었다. 이러한 의무 지출은 2010년대 후반부터 빠르게 늘어났는데, 그 주범은 바로 사회 복지 지출이다.

현재 운영 중인 사회 복지 분야의 주요 의무 지출을 소개하면, 국민기초생활보장(생계 급여, 의료 급여, 주거 급여, 교육·해산장제 · 자활), 건강보험(가입자 지원, 공무원·교직원 국가 부담금), 4대 공적 연금(국민연금, 공무원연금, 사학연금, 군인연금), 노인 부문(기초연금, 노인장기요양보험 사업 운영), 아동·보육 부문(영유아 보육료, 아동 수당), 고용·노동 부문(구직 급여, 산재보험 급여), 보훈 부문 등이 있다. 그중에는 과거 오래전부터 실시되어 오던 것이 있는가 하면, 2010년을 전후로 신설 확대된 것들이 있는데, 예산 규모와 재정 압박은 후자가 더 크다. 후자의 예로는 고령층을 대상으로 현금 지급되는 기초연금을 비롯하여 영유아 보육료, 아동 수당, 구직 급여, 산재보험 급여 등을 대표적으로 지적할 수 있다.

나. 국가 재정 수요의 대전환: 건설(SOC 투자) 국가에서 복지 국가로의 전환

글로벌 금융 위기는 우리 사회에 잠복해 있던 경제·사회 보호 및 사회 보장과 관련된 각종 재정 수요를 완전히 드러냈다. 그동안 국가 경제와 1인당 국민 소득 수준이 증가하면서 다양한 사회 복지 재정 수요가 사회의 각계각층과 여러 분야에서 나타나고 소득 양극화 현상과 불평등 문제가 불거졌는데, 이 모든 것이 사회 복지 지출 수요로 분출되어 나타났다.

그것을 정치권이 예민하게 간파하고는 발 빠르게 정치적 어젠더와 예산

(재정) 항목으로 만들어 내고 유권자의 표심에 구애하였다. 급기야 사회 복지 프로그램과 예산이 매년 봇물 터지듯이 폭발적으로 늘어났다. 이는 2008~2010년을 기점으로 중앙 재정과 지방 재정 모두에서 사회 복지 예산의 금액 규모와 전체 예산 점유 비중이 급팽창한 현상이 절절히 말해 준다. 2000년대 초중반에 10%대이던 사회 복지 지출 비중이 2010년대 초에는 20%대에 들어섰고, 최근에는 마침내 30%대를 돌파하였다.[4)]

〈그림 14-6〉이 보여 주는 것처럼, 국가 재정에서 사회 복지 지출은 이제 규모나 예산 비중 면에서 다른 예산을 압도한다. 사회 복지 지출은 사실상 국가의 '주력 예산' 또는 '주도 예산(hegemony budget)'의 자리에 등극하였다.

우리나라의 재정(중앙정부 재정, 지방자치단체 재정)은 지난 10여 년간 완전한 구조 조정을 하였는데, 그 중심에는 전통적인 SOC 주도형 재정 구조가 사회 복지 주도형 재정 구조로 세대교체를 이룬 일대 전환이 있었다. 앞서 언급한 바와 같이, 그동안 잠복해 있었던 사회적 수요가 민주화, 소득 향상, 사회 다원화 등을 업고 한꺼번에 분출되었고, 그것이 정치적 수요(정치권의 정치적 목적 달성)와 딱 맞아떨어지면서 재정의 구조와 운영의 틀을 완전히 바꾸어 놓았다. 이는 우리나라 재정의 신기원을 수립하는 대변화이고, 국가 재정의 새로운 정상(new normal)을 뜻한다. 아울러 우리나라의 국가 정체성이 건설(토건) 국가에서 복지 국가로 전환되는 의미를 함축한다.

종합적으로, 우리나라는 복지 국가를 향해 전진 중인데, 그 과정에서 재정 지출이 국가 재정 역량을 크게 뛰어넘는 크고 빠른 걸음을 내딛는 바람에 국가 채무가 급증하고 재정이 압박을 받기 시작하였다. 현실적으로 대부분의 사회

4 중앙정부가 지방자치단체를 지원해 주는 국고보조(금) 사업 중 사회 복지 보조 사업이 차지하는 비중이 과거에는 30%대 중반이었으나, 2010년을 전후로 50%대에 진입한 다음 최근 60%대를 돌파하였다. 이것은 국가가 지방 공공 서비스를 지원해 주는 자금 중 60% 이상이 사회 복지 분야에 투자된다는 의미이고, 동시에 국민 세금이 어떤 분야에 집중적으로 사용되는지를 말해 준다.

〈그림 14-6〉 국가 재정의 주요 예산 부문별 예산 추이(2016~2025)

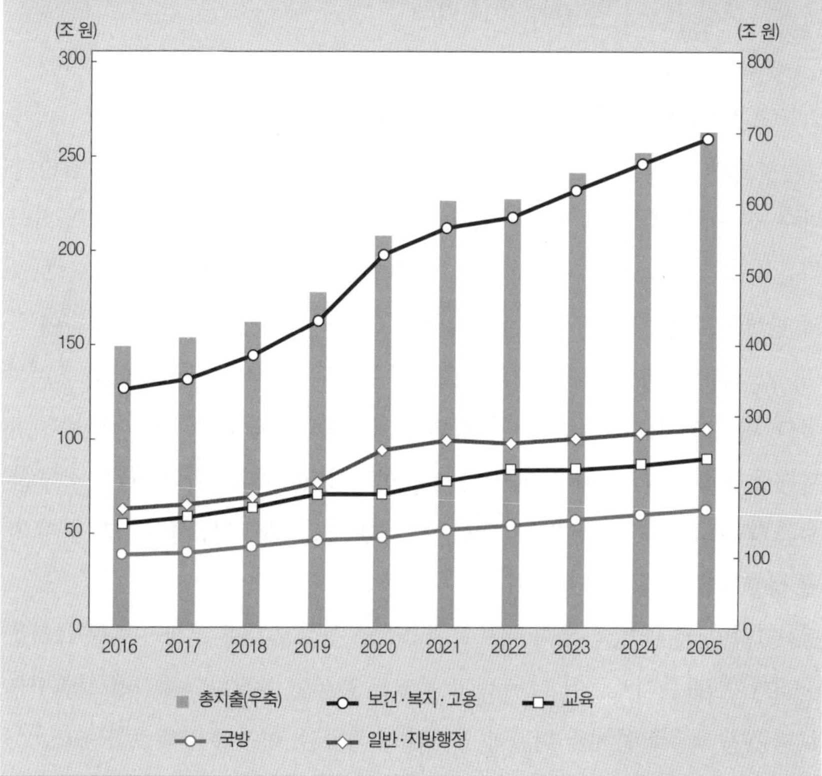

주: 2021년까지 추경, 2022년 본예산, 2023년 이후 국가 재정운용계획 기준임; 국가 재정운용계획(2021-2025년)에 따르면, 정부 총지출은 2025년(691.1조 원)까지 연평균 3.4% 증가하고, 이 중 보건·복지·고용 분야의 예산은 중앙정부 총지출의 약 40%(37.5%, 259.3조 원)를 차지하는 수준으로 확대됨(전체 12개 예산 부문 중 가장 중요한 4개 부문만 표현하고 나머지는 생략하였음).
자료: 기획재정부.

복지 지출이 매년 국가 재정이 의무적으로 지출해야만 하는 법정 경비이고, 그중 상당 부분이 국가 빚으로 조달되고 있다. 이러한 상황에서는 국가 재정이 환경 변화에 유연하고 탄력적으로 대처할 수 있는 공간과 여력이 점점 줄어들고, 그 결과 팬데믹이나 경제 위기와 같은 강력한 외부 충격이 발생했을 때 적극적인 재정 기능을 발휘하기가 어렵다.

다. 사회 복지 지출 예산의 합리적 조절과 통제를 향하여

사회 복지 지출이 급팽창하는 일련의 과정을 보면, 정치권이 주도하면 대다수 또는 일부 국민이 따라가고, 또한 일부 국민이 주도하면 정치권이 따라가는 상호 상승 작용이 지난 10여 년간 전개되고 있다. 그 결과 사회 보호·보장과 관련된 각종 재정 지출이 급증하였고, 그 속에는 현금 복지를 포함하여 한 번 제도화하면 경직성과 불가역성을 지니는 의무적 재정 지출이 다수 포진해 있다. 이러한 재정 지출이 급팽창하면서 그것을 뒷받침하기 위해 지난 수년간 막대한 재정 적자와 대규모 공채 발행이 이루어졌다. 최근 우리나라의 국가 채무가 OECD 국가 중 가장 빠른 속도로 증가한 배경에는 다름 아닌 사회 복지 지출 팽창이 있다.

그동안 쉴 새 없이 사회 복지 프로그램을 신설 확대한 결과 이제는 그것을 둘러싼 이해 관계자들이 너무 많고 문제와 현상이 복잡다단해져서 정치적으로나 정책적으로 문제의 해결이 쉽지 않게 되었다. 여기에 더해 2025년이면 65세 이상 고령 인구가 전체 인구의 20%를 넘는 초고령 사회가 등장하여 사회 복지 지출 문제를 더 어렵게 만들 것이다. 그러나 국가 재정의 단·장기 건전성과 지속 가능성을 확보하려면, 어떻게 해서라도 사회 복지 지출의 구조와 내용을 조절하고 증가 속도를 크게 낮추어야 한다. '사회 복지 지출 확대-적자 재정-국가 채무 패키지'의 악순환 틀을 국가가 제대로 통제하지 못하면, 가까운 장래에 국가 재정 압박 그리고 다소 먼 미래에 국가 재정 위기 상황이 초래될 수 있음을 명심하고 이제는 대전환을 결행해야 한다.

아울러 먼 시야를 내다보면서 사회 복지·보장에 관한 중장기 틀과 실행

계획을 마련해서 국민에게 제시해야 한다. 이제는 지금처럼 계속 국가 빚을 통해 사회 복지 지출을 확장하는 재정 행위는 멈추어야 한다. 국가 재정의 압박과 위험 상황을 고려하면, 더는 미루기 어려운 시점에 당도하였다. 정치적으로 어렵고 위험을 내포하는 과제이고 결단일 수도 있다. 그렇다고 반드시 선거나 유권자의 표 등에 있어서 위험하고 불리한 것만은 아니다. 어떤 원칙과 비전을 갖고 국민 앞에 다가서고, 어떤 내용과 실천 계획을 창출해서 국민과 소통하고 공감을 도출하는지에 따라 정치와 행정 양면에서 윈윈 게임(win-win game) 상황을 만들어 낼 수 있다. 상식적인 말이지만, 하기에 달려 있다.

그동안 사회 복지 지출 팽창 현상을 두고 적지 않은 언론과 사람들이 인기영합주의(populism)라고 비판하였다. 하지만 실상은 그것이 국민 다수가 내심 구체적으로 원하거나 아니면 다소 모호하게 원하였던 바를 정치권이 간파해서 조금 다듬어 과도한 형태로 국민에게 화답한 측면이 없지 않다. 다수가 원하지 않는 포퓰리즘은 없다. 다만, 그것이 국가 재정의 단·장기 역량 범위 내에서 실현 가능하고, 또한 실현해 낼 필요가 있는 것인 지의 여부는 충분히 판단해야 하는데, 지금까지는 이 점에서 크게 부족하였다.

정부와 국회와 온 국민은 현재 심각한 수준에 있는 국가 재정 적자와 빚 문제가 앞으로 다양한 사회 복지 지출(수요) 문제를 얼마나 지혜롭게 잘 관리하는지에 따라 계속 위험한 경로를 걷게 될지, 아니면 위험 지대를 벗어나 안전지대에 안착할지가 결정된다는 사실을 명확히 깨달아야 한다. 그렇지 않으면, 절제되지 않는 국가 채무로 재정 건전성은 물론 국가 신용 등급이 부정적 영향을 받고, 외국 자본 이탈, 나아가 외환 시장과 금융 시장이 흔들리는 현상이 발생할 수 있다. 이를 위해서는 정부와 국회가 국가 재정의 건전성과 지속 가능성에 대해 확실한 인식과 사명감을 지니고 국민에게 참신한 비전을 갖고 다가서야 한다. 그리고 진솔한 대화와 소통을 통해 해법을 찾아야 한다.

과도한 재정 적자와 국채 발행(국가 빚)은 미래 세대가 사용해야 할 경제적 자원을 현재 세대가 당겨 사용하는 불합리하고 불공정한 '세대 간 월권(위반) 행위'이다. 미래 세대와 미래 자원을 담보로 현재 세대가 국가(국민)적 외상 거래를 하는 것이나 다름 없다. 정부와 국회(정치권)는 사회 복지 지출 확대를 목적으로 적자 재정 운영과 공채발행을 결단할 때, 항상 그것이 세대 간 공평성을 실현하는 것인지에 관해 냉철하게 판단하고 나서 실행해야 한다. 최근 수년 간 신설 확대된 사회 복지 지출 사업 중 상당수는 세대 간 공평성 원칙에 부합하지 않는다. 현재 세대와 미래 세대 모두에 혜택을 주는 자본 투자 사업(도로·철도·공항·항만 등 사회 간접 자본, 상하수도·전기·가스 등 공익사업), 공원, 교육 등을 위해 국채를 발행하는 것은 세대 간 공평성에 부합한다. 하지만 최근 실시된 많은 사회 복지 지출 프로그램들은 세대 간 공평성 조건 충족에 적지 않게 부족하다.

경제와 재정은 한정된 자원 제약하에서 최대의 경제적 혜택과 사회 복지와 국민 만족을 산출해 내는 데 기능과 존재의의가 있다. 한편으로 사회 복지 수요가 충족되지만, 또 다른 한편으로 국민이 그 대가로 국가 빚을 갚느라고 열심히 세금을 부담한다면 그것은 바람직한 국가 재정 운영으로 보기 어렵다. 다원화되고 복잡한 현대 민주 사회에서 국가 운영의 정도와 정답을 찾기는 쉽지 않다. 하지만 우리 모두의 돈(세금)을 모으고, 그것을 사용하는 데는 반드시 사회적 합리성과 공정과 공평의 저울이 작동해야 한다.

결론적으로, 국가 재정은 현재와 가까운 미래의 재정 역량과 재정 환경을 정확히 판단하고, 재정 지출 수요(사회 복지 지출 수요를 포함한 총국민 지출 수요)를 그에 맞추어 절제되고 균형 있는 방식으로 운영되어야 한다. 현시점에서 가장 경계해야 할 것은 국가 재정이 대규모 적자 재정과 국채 발행을 습관화하고 구조화하는 현상이다. 그 어느 때보다 경제와 재정 운영에 절약과 절제가 필요한 상황에서 쉽게 빚을 내어 예산을 운영하는 경제 행태와 습관은 여러 가지 수사와 이유를 대더라도 질병이다. 굳이 표현하자면 국가 재정의 '빚 중독증'이다. 우리보다 앞서간 여러 나라가 겪었던 재정 질환이다. 이를 고치지 않는다면 당장은 아니라도 미래의 경제적 파국과 파탄을 예고하고 예약하는 것이나 다름없다.

'빚내는 재정 지출 확장(재정 수요 충족)' 습관과 빚을 활용하는 재정 운용 기법을 과감하게 떨쳐 버려야 한다. 이러한 변화가 있을 때 비로소 대한민국이 가까운 미래와 먼 장래를 예측 가능한 길을 따라 현재 세대와 미래 세대가 형평과 조화를 이루면서 함께 전진해 나갈 수 있다. 재정 압박과 재정 위기는 일견 멀리 떨어져 있는 것 같지만, 양자는 보이게 보이지 않게 연결되어 있다. 재정 압박 상태를 빨리 제대로 통제하지 않으면 재정 위기가 기다린다.

경제 위기에 맞서는 국가 재정: 최악 상황에 대비하는 창의적 집중

(1) 최악의 경제 상황에 대비하는 한시적 재정 확대 정책 실시

윤석렬 정부는 건전 재정 기조를 천명하였다. 늦었지만 잘한 일이다. 재정의 원칙과 현상을 존중하면서 멀리 내다보고 길게 가는 국가 재정을 운영하겠다는 정책 의지이다. 건전 재정은 국가 재정의 수요(지출 요소)를 재정 역량의 범위 내에서 최대한 충족하고, 가능하면 적자 재정과 공채 재정(public debt financing)은 운영하지 않거나 최소화하겠다는 의미이다. 중장기적으로 지속 가능한 재정 운용을 실현하는 것이기도 하다. 국가 재정이 건전하고 지속 가능하다는 것은 국가적으로 긴급한 상황이 발생하였을 때 재정이 국민 경제를 지원하고 응급조치를 하고, 장기간 포용할 수 있는(사회 보호·보장적) 역량을 지닌다는 것을 의미한다.

그러나 정부가 금년에 건전 재정 원칙에 집착해서 긴축적 재정 정책을 펼치는 것은 바람직하지 않다. 올해(2023년) 우리 경제가 새로운 외부 충격(글로벌 경기 둔화, 경기 침체)으로 침체 또는 위기 상황에 빠질 가능성이 큰 점을 인식하고 예외적으로 그에 대응하는 확장적 재정 정책을 펼치는 방향으로 정책 기조를 재정렬할 필요가 있다. 굳이 표현하자면, 건전 재정 원칙과 정신은 확실히 견지하되, 당면한 위기 상황 타개를 위해 한시적으로 예외적인 재정 운영을 할 필요가 있다는 말이다.

일견 확장적 재정 정책이 건전 재정 원칙과 상충 되는 것 같지만, 실제는 그렇지 않다. 경제와 재정의 상황 변화에 따라 적시에 잘 구조화되어 집행된 확장적 재정 정책은 가계와 기업을 적절히 지원하고 경제 회복을 도와주며, 궁극적으로 재정의 수입과 지출의 선순환을 이끌어 내기 때문이다. 오히려 가계와 기업이 국가 재정의 지원과 수혈을 강하게 필요로 하는 상황에서 국가가 건전 재정 원칙(재정 건전성)을 고수하느라 실기(失期)한다면, 그것이 국가 재정의 중장기 건전성에 손상을 가한다.

그러므로 올해는 한국 경제의 미래와 가계와 기업의 애로와 한계 타개를 위해 건전 재정과 긴축적 재정 정책에 치중하기보다 확장적 재정 정책을 추진하는 것이 맞다. 늦었지만 정부는 추경 예산 편성을 통해 임박한 위기에 대응하는 재정 전략과 프로그램을 만들어서 추진해야 한다. 다만, 확장적 재정 정책을 시행하되, 핀셋을 사용하듯 재정 프로그램과 사업 및 조치를 정교하게 설계해서 경제 위기에 대응해야 한다. 아울러 여전히 높은 물가를 자극하지 않도록 조심해야 한다. 재정 운영의 창의적 집중과 실천적 전략이 꼭 필요하다는 의미이다. 또한 확장적 재정 정책과 관련된 모든 수단과 방법이 위기 대응을 위한 한시적 조치임을 국민에게 알리고 약속해야 한다.

(2) 목적, 목표, 대상이 명확하고 정교한 비상 재정 조치

만일 최악의 경제 상황, 즉 경제 위기가 발생한다면, 향후 국가 재정이 담당해야 할 역할과 떠안아야 할 부담은 재정 위기(fiscal crisis)급은 아니지만, 단기에 강한 재정 압박(fiscal pressure)을 체감할 만큼 매우 심각하고 막중할 것이다. 그러므로 국가 재정을 비상 체제처럼 신속하면서도 정교하게 운영해야 한다. 확장적 비상 재정 정책은 경제 위기 예방과 경기 회복 그리고 위기에 빠진 가계와 기업을 구원하고 회복시키는 데 집중되어야 한다. 구체적으로, 수출·생산·투자·소비·고용 감소 현장과 가계와 기업 부채 및 자금 경색, 부동산 시장 추락 등 우리 경제의 주요 위기 폭발 현장(전쟁터)을 찾아가 선제적이고 적극적으로 대응해야 한다. 이와 관련해서 이 책에서는 비상 재정 정책의 구체적인 역할과 세부 조치를 다루기보다 경제 위기에 맞서서 국가 재정이 총력을 기울여 집중적으로 수행하고 투입해야 할 역할과 전략 및 중점 정책 방향에 관해 기술하려고 한다. 그것은 이 책이 예상하는 한국 경제 위기의 구도(글로벌 경기 침체가 우리 경제의 근간인 수출에 큰 타격을 주면서 거시 경제 상황이 급격히 나빠지고, 그 영향이 기존의 국내 위기 요인(과잉 채무, 자금 경색, 자산 가치 하락 등)과 빠른 복합적 상호 작용을 하면서 발생하는 구도)를 염두에 두고 기술된다.

(3) 수출 충격 대응과 수출 충격으로 불붙는 국내 위기 전선의 방어, 보호

지난해 말부터 올 초(1, 2월)까지 우리 경제의 근간인 수출에 충격적인 현상이 벌어졌다. 10월부터 연거푸 큰 폭의 마이너스 성장률을 기록한 것이다. 일찍이 없었던 일이다. 우리 경제의 기함(旗艦)인 반도체 분야가 죽을 쑤고, 중국 경제와 세계 경제가 고전하고 있는 것이 주된 원인이다. 크게 보면, 우리나라의 수출 패러다임 재편성 과정의 일환이다. 그러나 이 상황이 2023년 내내 지속된다면, 우리 경제는 사실상 위기에 빠지거나 위기에 상당하는 상황에 봉착할 것이다.

정부도 문제의 심각성을 알아채고 연초부터 대대적인 수출 진작 캠페인을 벌이고, 다양한 금융·조세·재정 지원책을 내놓았다. 세일즈 외교, 수출 진작 외교, 공급망 애로 타개, 수출 지역 다변화, 주력 수출 산업 재편성·기술 고도화 및 중점 지원(조세·금융·기타 지원)을 적극적으로 추진하고 있다. 바람직하지만, 아무리 노력해도 시간이 걸리는 일이다. 따라서 임박한 경기 침체나 위기 상황에 대처하는 전략적·실천적 방법이 될 수가 없다.

수출 충격은 기업의 수익 감소를 필두로 생산, 투자, 소비, 고용을 차례로 가격하면서 이미 위험 수위에 놓인 가계 채무와 기업의 자금 경색 문제에 결정타를 날릴 것이다. 따라서 수출 충격의 실제 전쟁터는 가계와 기업의 일상 현장이 된다. 구체적으로, 과잉 채무와 저신용·차입 불능, 저소득(저수익) 상태에 놓인 한계 가계와 한계 기업이 몸부림치는 위기 현장이다. 이 현장은 팬데믹을 거치면서 대상 범위와 수를 크게 확대하였는데, 만일 수출 충격으로 경제 전체가 내려앉는다면 사실상 출구 없는 지경에 내몰린 경제 주체로 가득 차게 된다. 일견 수출 충격과 가계 채무 사이는 멀고 무관해 보이지만, 수출이 위기를 맞게 되는 순간 두 사이는 지척 간에 서게 된다.

그러므로 정부가 재정 자금과 정책을 수출 및 투자 활성화와 소비 진작에 집중하는 것도 중요하지만, 그보다 급선무는 급속히 늘어날 한계 가계와 기업의 몰락과 파탄을 저지하고 그들을 보호하는 일이다. 냉철히 생각해 보면, 지금 한계 선상에 놓인 많은 가계와 기업은 가계 운영과 기업 경영을 잘못해서가 아니고, 팬데믹이라는 시대적 위기 상황에 희생된 면이 크다. 이 책의 전반부에서 다룬 바와 같이, 팬데믹 위기 극복을 위해 정부가 강력한 인적·물적 활동 제약을 가한 결과 자영업자를 포함한 많은 경제 주체가 소득(수익) 감소와 채무 증가라는 우울한 성적표를 들고 한계 상황에 내몰렸음을 모두가 인식하고 인정해야 한다. 그러므로 정부는 비상 재정 정책을 추진할 때, 최우선으로 적극 대처해야 할 역할이 과잉 채무와 자금 경색으로 위기 상황에 내몰리는 가계와 기업을 지원하고 보호하는 일이다.

(4) 과잉 채무, 자금 경색 문제에 집중적 · 창의적 지원, 보호, 회복 유도

그동안 가파르게 오른 금리에 추가 금리 인상과 고금리 상태의 장기화조차 예상되는 현재, 채무 상환이 어려운 한계 가구와 한계 기업들이 크게 늘고 있다. 아울러 시중의 유동성이 크게 위축되고 금융 기관의 위험 경계심이 고조되면서 가계와 기업이 생활 자금, 운전 자금, 채무 변제 자금을 융통(차입)하는 데 큰 어려움을 겪고 있다. 이러한 상황에서 경기 침체가 가속화되거나 경제 위기가 발생하면 수많은 가구와 기업이 빚 문제로 파탄에 빠지거나 파산할 수 있다.

현실적으로 자금 조달 경색 문제는 가계 채무 문제 못지않게 심각하며, 양자는 서로 맞물려 돌아간다. 가계든 기업이든 과잉 채무자는 항상 경기가 나빠지면 극심한 자금 조달 애로(자금 경색 문제)에 시달린다. 그러므로 정부의 비상 재정 정책은 양자를 한통에 넣고 종합적으로 다루어야 하며, 그 속에는 재정과 금융을 아우르는 지원 및 구제 조치가 포함되어야 한다.

무엇보다도, 가계 채무와 기업의 자금 경색 문제의 폭발 위험성을 인식하고, 신규 차입 통로가 막히지 않고 늘 열려 있도록 조치하는 것이 중요하다. 고금리에 경제 상황이 나빠지더라도 신규 차입의 기회와 통로가 열려 있다면, 이럭저럭 빚 감당은 해나갈 수 있다. 여전히 애로와 어려움이 많지만, 경제와 가계 사정이 좋아질 때까지 참고 버틸 수 있다. 무엇보다도 자금 변통이 되지 않아 좌절하거나 절망하지 않을 수 있다. 만일 한계 상황에서 차입 통로가 막힌다면 파산할 수밖에 없다.

그러므로 정부는 그 통로가 막히지 않고 계속 열려 있을 수 있도록 재정·금융 지원과 구제 조치를 통해 가계 채무의 가장 취약하고 위험한 부분, 즉 '가계-금융 연결고리'가 약해지고 단절되는 현상을 해소해 주어야 한다. 여기에는 수십조 원의 공적 자금(즉, 국민 세금)이 필요할 것이지만, 이를 '위기 극복 자금(실탄)'으로 생각하는 것이 좋다. 이 자금은 완전히 소비되어 사라지는 것이 아니고, 재정 자금과 조치의 혜택을 받은 경제 주체가 경제 위기를 잘 극복한 다음에 자금 회수가 가능하고 큰 틀에서 국가 경제 성장에 기여하는 성질의 것이다.

극단적으로는, 정부가 한시적으로 민간 영역에 개입해서 파탄을 막고 자금 경색의 숨통을 터주는 기능과 역할을 해야 한다. 위기를 극복하고 경제가 정상 상태로 회복될 때까지 가계와 기업의 합리적인 채무와 부실과 자금 경색을 유예·보호·순환시켜 주고, 매우 예외적이지만 일부 대상의 채무 탕감 방안까지 정책 시나리오에 포함할 필요가 있다. 다만, 조건이 있다. 보편적인 재정·금융 혜택으로부터 특별한 혜택을 받은 가계와 기업에 이르기까지 이들이 향후 위기가 끝난 다음 경제적으로 회생하고 여유를 가지게 될 때, 정부 혜택에 대한 반대급부로서 금전적 상환을 하는 의무적 계약 장치를 마련하는 것이다. 즉, 정부로서는 위기 때 지원 및 구제 용도로 사용한 공적 자금과 각종 우대 조치의 혜택을 위기 종료 후에 수익으로 환수하고, 그것을 국가 재정에 환원하거나 공익을 위해 사용하는 것이다.

끝으로, 가계와 기업의 과잉 채무 문제는 정부가 어떤 조건과 방식으로, 얼마나 오랫동안 기존 채무를 유예(연기, 연장), 조정, 부담 경감(극단적 상황에서의 채무 탕감 포함)을 해 줄 것인지가 관건이자 최대 과제이다. 이 문제를 적극적으로 공략하기 위해서는 수십조 원의 공적 자금(즉, 국민 세금)이 투입될 뿐 아니라, 잘못하면 걸러내기 힘든 수많은 도덕적 해이(moral hazard)와 결코 잃어버려서는 안 되는 사회적 신뢰와 책임이 위태로워지는 위험성을 감수해야 한다. 이것이 왜, 이번의 확장적 재정 정책이 구체적인 재정 지원과 구제에 앞서 재정 지출(사업)의 목적과 목표 그리고 수혜 대상, 내용, 산출물, 성과를 정교하게 설계해서 집행되어야 하는지에 대한 이유이다.

(5) 부동산 시장 폭락 차단: 규모와 속도와 심리에 대한 적극적 대응

그동안의 가파른 금리 상승은 부동산 시장(특히, 주택 시장)의 신규 수요를 억제해서 가격을 크게 떨어뜨렸다. 현재 진행 중인 경기 침체를 고려하면, 주택 가격의 추가 하락은 불가피하다. 그 자체도 문제이지만, 부동산 시장의 불황과 가격 하락이 가계와 기업의 자산 소득과 부를 크게 위축시키는 영향과 파급 효과가 더 심각하다. 부정적 연쇄 작용(negative chain effect)이 일어나기 때문이다. 이미 쇠약해진 주택 시장은 앞으로 경기 침체나 경제 위기가 덮칠 경우, 시장이 급락하고 극단적으로 무너질 수도 있다. 이 경우 팬데믹 때 자신의 경제 역량을 초과해서 큰 빚을 내어 주택을 매입한 수많은 가계가 심한 경제적·심리적 어려움을 겪거나 극단적으로 파탄에 빠진다.

상황이 크게 나빠지면 관련된 가계와 기업(건설사, 투자사)은 물론 대출 금융 기관이 재무 건전성 문제와 위기에 신용 위기에 빠질 수 있다. 금융 기관 중에서도 특히, 팬데믹 초반 이후 주택 담보 대출, 부동산 프로젝트 파이낸싱

(project financing: PF) 대출 등 각종 대출 계약을 저돌적으로 체결한 제2금융권(보험사, 증권사, 저축은행 등)이 위험해진다(특히, 정부는 부동산 프로젝트 파이낸싱(PF) 상황을 매우 주의 깊고 예민하게 점검하고 적극적으로 대처해야 한다). 만일 이들이 심한 충격을 받는다면 대형 금융 기관 또한 위험 반경에서 벗어날 수 없고, 극단적으로는 금융 위기가 발생할 수 있다. 정부는 일부 금융 기관의 파산이라는 극단적인 상황을 고려하면서 국가의 재정·금융 수단을 총동원하여 예금자의 자금을 완전히 보호할 수 있는 자금 역량과 신뢰를 철저히 확보해야 한다. 이를 위해서는 공적 보증 기관의 보증 여력을 강화하고, 부실 채권 발생 시 정부 주도하에 한국자산관리공사(캠코, KAMCO) 등이 신속히 적절한 조치(인수, 사업 정상화, 매각 등)를 취하여 시장 불안정성과 불확실성을 조기에 차단해야 한다.

정부는 과잉 채무와 주택 시장 침체가 하나의 세트로 움직이는 경제·금융 공동체임을 분명히 인식하고, 현상 대응과 해결 방안 모색의 두 문제를 하나의 틀 속에 두고 질서 있게 다루어야 한다. 한국 경제 위기는 수출 충격에서 출발할 가능성이 크지만, 실제 위기는 과잉 채무와 주택 시장 추락에서 파생되는 채무 변제 능력 상실과 현금 공급(순환) 단절을 겪는 수많은 가계와 기업의 일상 현장에서 벌어진다는 사실을 명심해야 한다.

종합적으로, 우리 경제 위기의 최대 격전지인 과잉 채무(가계, 기업) 폭발과 주택시장 폭락 사태의 예방에 국가 재정과 금융 조치의 역할이 매우 중요하다. 다만, 이들 지원 및 구제(회복) 프로그램을 시행하기에 앞서 공적 자금의 건전하고도 효율적인 집행을 위해 적재적소의 대상과 규모를 선별하고, 의무와 책임 그리고 기간을 명확히 하는 정책의 창의력과 집중력을 보여야 한다.

마지막으로: 새로운 정책 방안

수출 충격과 생산·투자·소비·고용 위축은 분명 중대한 경제 문제이기는 하지만, 그것이 금방 직접적으로 수많은 국민의 일상에 부정적 영향을 미치거나 그들을 경제적 추락이나 파탄(파산)으로 내몰지는 않는다. 그러나 부동산 시장 급락이나 대규모 채무 변제 불능 사태는 곧바로 가계와 기업의 일상을 마비시키고, 심하면 파탄이 나게 만든다. 그러므로 정부의 비상 재정 대책은 민간부문의 과잉 채무와 부동산 시장에 충격과 위기가 발생하지 않도록 최선의 전략과 노력을 기울여야 한다.

정부도 위기감을 느끼고 해가 바뀌자마자 굵직한 정책과 조치를 내놓았다. 대표적으로, 각종 부동산 규제 해제를 필두로 한계 가계·기업 및 취약 차주에 대한 금융 지원 및 채무 조정 프로그램 보완·확대, 정책 금융 확대(금융 안정 및 중소기업·수출 지원 등), 회사채 및 금융 기관 유동성 지원·안정 조치, 부동산 프로젝트 파이낸싱(PF) 시장 연착륙 유도 조치 등을 거론할 수 있다. 기존의 정부 정책 외에도 여러 가지 중요하고 효과적인 처방들이 있을 것이다. 저자는 대안들 가운데 경제 위기를 염두에 두고 다음의 몇 가지 방안을 제안하면서 이 책을 마감하고자 한다.

첫째, 부동산 시장이 지금보다 크게 위축되거나 주택 가격이 급락할 징후가 나타날 경우(이것은 정부가 수출 충격, 가계 채무 상황, 금리 변동 등 주요 거시 경제 상황을 두고 선제적, 객관적으로 판단해야 함), 쏟아지는 급매물 주택(또는 급매물이 쏟아지기 직전)을 정부가 팬데믹 이전 가격이나 경제 위기 종식 후 1~3년 내의 '회복 예상 가격'으로 매입하는 조치를 한다. 물론 한시적·잠정적 조치이다. 부동산 시장의 폭락이 금융·경제 위기로 이어지는 것을 막고, 부동산 가격 추락으로 가계와 기업이 막다른 골목에 몰리는 상황으로부터 보호하고 구제해 주는 데 목적이 있다. 이때 필요한 재원과 제반 관리는 바로 다음에서 설명하는 가칭 '경제 회복 특별 기금'이 담당한다.

둘째, 과잉 채무와 자금 경색 문제 그리고 주택 시장 폭락 문제를 지원·회복·해소하는 데는 수십조 원의 공적 자금이 소요될 것인데(금전 외의 여러 가지 규제, 제도, 관습 등 비금전적 조치도 수반됨), 이를 주도하는 수단과 방법으로 '경제 회복 특별 기금' 또는 '경제 위기 대응 특별 기금' 회계를 설치하고 특별 공채(가칭 '경제 위기 극복 공채')를 발행하도록 한다. 이에 대해 간단히 설명하면 다음과 같다.

- 경제 위기 대응 특별 기금 회계는 특별 공채('경제 위기 극복 공채')를 발행해서 조달되는 자금을 주 재원으로 하고, 여기에 일부 정부 예산을 씨앗자금(seed money)으로 태우는 방식으로 운영한다. 동 특별 기금은 경제 위기의 전 단계와 진행 단계에서는 조달된 재원으로 주로 지출 활동(경제 위기 지원 및 구제)에 집중한다. 그 후 경제 위기가 종료되고 새로운 국면에 접어들면, 그동안 재정 지원과 구제의 혜택을 본 가계와 기업으로부터 다양한 형태의 수입을 받아들이고 그것을 활용하는 운영 관리에 치중한다.
- 경제 위기 극복 특별 공채는 기존 국채와 별도로 운영 관리되며, 그 기한은 예상되는 경제 위기 회복 시기와 연계되고, 각종 조건은 기존 국채보다 좋게 설정한다.
- 정부의 비상 재정 프로그램과 관련된 일반적(보편적) 지원과 특별히 수혜자와의 계약 체결이 필요한 모든 사항에 대하여는 특별 기금이 담당한다.
- 정부의 비상 재정 프로그램에 관한 주요 내용은 공개하고, 그중에서도

국가 재정의 건전성과 지속 가능성에 결정적으로 중요한 사안에 대하여는 국민과 약속을 통해 신뢰성과 책임성을 확보한다.

셋째, 재정 지원 및 구제 프로그램이 가동되는 과정에서 예산의 부정, 낭비, 도덕적 해이를 범하는 경제 주체에 대하여는 '원 스트라이크 아웃'(one strike out) 제도를 도입해서 적용한다. 예를 들면, 이들에 대하여는 향후 모든 공적 혜택 프로그램으로부터 차단을 하고, 법에 따라 자금을 환수한다. 국가 재정이 반드시 지원하고 도와주어야 할 가계와 기업에 대하여는 자금 이전과 지원, 채무 상환 유예·탕감, 자산 구입 등 각 상황과 주체에 맞도록 적극적으로 조치해 주지만, 이를 악용하거나 남용하는 행위는 사전에 차단해서 재정의 적재적소 활용과 효과를 높여야 한다. 만일 어려우면, 사후적으로 점검해서 반드시 책임을 묻는 이중 장치를 가동해야 한다.

이를 위해서는 각종 지원 및 구제(회복) 프로그램을 시행하기에 앞서 그것의 오·남용과 각종 도덕적 해이를 차단하는 관련 인프라(관련 데이터, 정보 등 소프트웨어)를 사전에 충실히 구축해야 한다. 그리고 정부는 재정 지원 및 구제 프로그램을 가동할 때, 대상 주체에게 확실한 원칙과 과정 및 비전 등에 대해 명확히 설명하고, 필요할 경우 계약을 체결해야 한다. 끝으로, 향후 경제 위기가 종료된 이후 정부와 위기 프로그램 수혜자 간에 상호 정산, 정리해야 할 내용(예컨대, 지원 자금 상환 및 환수, 주요 우대 조치 성과의 사회적 환원, 추가 지원 및 회복 조치 등)에 대해 면밀하게 설계해야 한다.

넷째, 그동안 가파르게 상승한 금리가 거의 정점에 가까운 가운데 이제 모든 이목이 앞으로 금리가 최고점에 도달한 후 그것이 얼마나 지속될 것인지에 집중되고 있다. 즉, 기준 금리 피벗(정책 전환: 금리 인상 추세에서 인하로의 방향 전환)이 언제 단행될 것인지가 초미의 관심사이다. 그 결과에 따라 한계 상태에 놓인 채무자와 그에 근접해 있는 수많은 가계와 기업의 채무와 금융 상황이 위태로워진다. 지금까지 정부를 포함한 대다수 경제 주체가 올 상반기에 금리 인상이 마무리되고 하향 추세로 전환될 것으로 전망하고 바랐는데, 이제 그러한 낙관론에서 벗어나야 한다. 최고 금리 상태가 기존의 예측보다 더 오래 지속될 가능성이 높기 때문이다. 정부의 정책은 최악의 상황을 상정하는 새로운 비상 재정 정책을 마련해서 펼쳐야 한다.

마지막으로, 향후 불행히도 우리 경제에 위기 상황이 발생한다면, 과거 우리나라가 외환 위기를 겪었을 때의 상황과는 완전히 다를 것이다. 당시는 우리의 실물 경제가 좋지 않은 상태에서 급격한 유동성 위기를 맞이하였지만, 국가 재정이 매우 튼튼한 버팀목이 되어 우여곡절 끝에 성공적으로 위기를 극복할 수가 있었다. 그러나 지금은 국가 재정 상태가 과거에 비해 크게 약화되어 위기 발생 시 재정이 주도적으로 나서서 국가 경제의 회복을 견인하기에는 벅차다. 이러한 사실을 인식할 때, 앞서 강조한 정교하게 구조화된 한시적 재정 확장 정책을 선제적으로 펼쳐야 한다.